CODE OFFICIEL

DU

CÉRÉMONIAL

IMP. CH. LÉPICE, 10, RUE DES CÔTES, MAISONS-LAFFITTE.

CODE OFFICIEL

DU

CÉRÉMONIAL

Contenant :

1º LES DÉCRETS SUR LES PRÉSÉANCES DANS LES CÉRÉMONIES PUBLIQUES
SUR LES HONNEURS CIVILS ET MILITAIRES
COMMENTÉS PAR LA JURISPRUDENCE DU CONSEIL D'ÉTAT
ET LES INSTRUCTIONS MINISTÉRIELLES
2º DES ÉTUDES SUR LES *Allocutions, Discours, Éloges funèbres
Harangues, Toasts*
SUIVIES D'UN CHOIX TRÈS IMPORTANT DE MODÈLES

PAR

D. de MAILHOL

PARIS

LIBRAIRIE SPÉCIALE

33, RUE JACOB, 33

—

1894

INTRODUCTION

En réunissant les décrets qui fixent les préséances et règlementent les honneurs civils et militaires, on a eu pour but de permettre aux intéressés d'éviter les malentendus qui amènent parfois des incidents fâcheux dont les suites sont toujours regrettables.

Bien que le décret de Messidor ait été abrogé dans nombre de ses dispositions, il nous a paru utile de maintenir les articles abrogés, afin d'en permettre la comparaison avec les textes nouveaux.

Le législateur, en réglementant la matière, n'a pas

eu seulement en vue d'assigner certaines places d'honneur dans les cérémonies publiques à ceux qui, à des titres divers, sont dépositaires de tout ou partie de l'autorité publique ; il a voulu surtout établir entre ces diverses personnes des relations de nature à entretenir les bons rapports que les autorités se doivent entre elles.

Nous n'insisterons donc pas sur l'importance de ces décrets et sur la nécessité de suivre à la lettre les prescriptions édictées.

Quant au choix d'allocutions, de discours, etc., que l'on trouvera dans le cours de l'ouvrage, on en constatera la réelle utilité, soit que l'on veuille s'en servir uniquement comme modèles, soit que, par suite du manque de temps, on veuille les prononcer textue lement, ou avec de légères modifications nécessitées par les circonstances locales.

La plupart de ces textes ont été composés par des hommes éminents dont le talent et l'autorité ont consacré la réputation.

En s'inspirant de leurs travaux, on s'évitera la

peine d'une préparation parfois fort laborieuse, et on aura l'avantage de traiter des sujets instructifs, intéressants et patriotiques, dans un style à l'abri de toute critique.

CODE OFFICIEL
DU CÉRÉMONIAL

Cérémonies publiques. — Préséances. — Honneurs civils et militaires

Toutes les nations anciennes ont eu des règles précises pour fixer l'ordre et le rang, dans les cérémonies publiques, des diverses autorités.

Il est nécessaire, en effet, que l'usage ou la législation déterminent d'avance les places respectives que doivent occuper les autorités constituées dans les cérémonies publiques et officielles.

S'il en était autrement, il serait à craindre, ou que les cérémonies ne présentassent le spectacle d'une fâcheuse confusion, ou qu'elles ne donnassent naissance à des discussions aussi nuisibles pour le principe d'autorité que pour la morale, discussions que feraient naître l'amour-propre, les distinctions honorifiques, les classifications hiérarchiques de corps constitués, soit par rapport aux individus qui les composent, soit par rapport aux autres corps constitués.

En France, les usages sur les préséances remontent aux premières époques de la Monarchie. Pendant longtemps cette matière fut réglée par les usages, les arrêts des cours souveraines et les édits royaux. Il existait un grand nombre de décisions des parlements et d'arrêts du conseil du roi, déterminant les préséances entre la noblesse militaire et la noblesse de robe, le sénéchal et

1

le présidial, le lieutenant criminel et le prévôt des marchands, etc. L'absence d'une législation générale et régulière faisait naître dans toutes les circonstances des rivalités et des prétentions, que des décisions particulières venaient régler, mais qui n'établissaient pas un principe absolu pour l'avenir.

Toutefois, des règles générales étaient bien reconnues. Les personnes se divisaient en ECCLÉSIASTIQUES, NOBLES GENS, GENS DU TIERS ÉTAT ET SERFS. Les seules personnes comprises dans les trois premières catégories formaient les trois ordres de l'État.

Au clergé appartenait le *premier rang*, après le roi et les princes du sang. Encore est-il à remarquer que le cardinal de Sainte-Suzanne prit le pas sur le duc d'Anjou, prince du sang et roi de Jérusalem et de Sicile, lors des états généraux qui eurent lieu à Tours, en 1447, sous Louis XI. Les cardinaux passèrent encore avant les princes du sang aux états généraux de Tours et d'Orléans en 1485, 1506 et 1560, ainsi que dans les cérémonies publiques. Ce ne fut qu'aux états généraux de Saint-Germain-en-Laye, en 1561, que les princes du sang, qui étaient en même temps pairs du royaume, réclamèrent contre la prétention de ces hauts dignitaires du clergé, et obtinrent du roi Henri III un édit favorable.

L'Université assistait toujours, soit en corps, soit par députation, aux cérémonies publiques.

Le *second rang* était échu à la *noblesse*; mais sous Henri IV, l'opinion « qu'au sacre et couronnement du roi, et en la séance « du parlement, qui sont les fonctions particulières des pairs, les « *pairs* non princes devaient précéder les princes non pairs, » était encore assez répandue.

Au *troisième rang* venait le *tiers état*. Cependant le droit de préséance de la noblesse sur la bourgeoisie n'était pas absolu, et il était de règle que les officiers de justice précédaient dans leur ressort les simples gentilshommes de race, et cela en raison de ce qu'ils étaient dépositaires d'une partie de l'autorité royale, toute justice émanant du roi.

Indépendamment de cette classification générale, on divisait les laïques en huit ordres, savoir : 1° les militaires ; 2° les ministres et ceux que le prince honore d'une place dans son conseil ; 3° les magistrats et les officiers faisant partie de l'administration de la justice ; 4° les officiers des finances ; 5° les personnes professant les sciences et les arts libéraux ; 6° les commerçants ; 7° les ouvriers et artisans ; 8° enfin, les cultivateurs, les bergers et les pâtres, qui par l'importance et la nécessité de leurs travaux, si précieux pour la société, devraient être les premiers, si leur ignorance et leur grossièreté ne les mettaient au-dessous des autres hommes.

Louis XIV réglementa l'ordre des préséances par un édit du mois d'avril 1695. — Deux arrêts du parlement de Paris des 15 mars 1698 et 5 février 1699, enjoignent à tous gentilshommes, même aux seigneurs des paroisses y demeurant, d'exécuter l'article 45 de cet édit, qui voulait que le *corps ecclésiastique* fût honoré comme le premier du royaume. Le parlement de Bordeaux déclara même par un acte officiel « que ses membres n'avaient jamais prétendu aucune préséance sur les évêques ».

L'édit de Henri III n'avait réglé la préséance des *princes* du sang qu'en faveur de ceux qui étaient pairs du royaume. Un nouvel édit de mai 1711 accorda aux princes issus du sang royal, qu'ils fussent pairs ou non, le pas sur tous les pairs et grands, en tous lieux, dans toutes les cérémonies, et dans toutes les assemblées.

Le rang des pairs entre eux se réglait par la date des lettres d'érection de chaque pairie. Ils tenaient, aux audiences de la grand'chambre du parlement, la droite du premier président, et occupaient de hauts sièges.

Toute cette législation disparut complètement dans le grand mouvement de 1789.

Depuis cette époque, un nombre assez considérable de lois, décrets et ordonnances ont réglementé cette matière.

Il suffit de signaler parmi ces nombreux documents le décret du 24 messidor an XII qui a été, pour ainsi dire, la base de la réglementation actuelle.

La première partie de ce décret est intitulée : *Des rangs et préséances*. Or, le rang ne doit pas être confondu avec la préséance. Le *rang* est la place que doivent occuper entre eux des fonctionnaires de même ordre ou de même classe. La *préséance* est le droit de se précéder, entre fonctionnaires d'ordres ou de classes différents. Il y a dans chaque ordre de fonctions une hiérarchie de grades qui partent tous d'un centre commun. Mais par des liens étroits et subordonnés les uns aux autres, tous les membres de cette hiérarchie se classent naturellement entre eux d'après la place qu'ils y occupent : celui qui commande marché avant celui qui reçoit les ordres, le supérieur avant l'inférieur. D'un autre côté, dans le même ordre de fonctions, le traitement est basé sur l'importance de l'emploi : ainsi pour fixer le rang que doit occuper le fonctionnaire dans son ordre, il faut considérer le degré hiérarchique où il est placé par ses fonctions et comparer son traitement à celui des autres fonctionnaires. Entre fonctionnaires et employés de la même classe, le rang se règle par l'ancienneté.

Quant aux préséances, on ne consulte pas les principes qui déterminent les rangs proprement dits, ni surtout la quotité respective des traitements. Il y a, en effet, des fonctionnaires et des employés rétribués dans des administrations d'une manière plus large que dans d'autres, quoique ne remplissant que des fonctions relativement moins élevées. Ce n'est pas l'homme qu'il faut considérer, mais la nature, l'étendue et l'importance des fonctions. La préséance est due à celui qui est investi des plus hautes attributions et qui exerce la plus grande influence.

Il importe de remarquer qu'il appartient *seul au chef de l'État* d'occuper la première place dans les cérémonies publiques auxquelles il assiste : cette prérogative est toute personnelle et ne saurait s'étendre aux autres personnes de sa famille du sexe féminin. Ces dernières ne paraissent pas dans les cortèges et ne prennent pas rang dans les cérémonies publiques. Elles y assistent dans des tribunes d'honneur.

Décret du 24 messidor an XII

Iʳᵉ PARTIE

DES RANGS ET DES PRÉSÉANCES

TITRE Iᵉʳ

Les rangs et séances des diverses Autorités dans les Cérémonies publiques

Section Iʳᵉ. — Dispositions générales

Art. 1ᵉʳ. Ceux qui, d'après les ordres de l'Empereur, devront assister aux cérémonies publiques, y prendront rang et séance dans l'ordre qui suit :

Les princes français ;

Les grands dignitaires ;

Les cardinaux ;

Les ministres ;

Les grands officiers de l'empire ;

Les sénateurs dans leur sénatorerie ;

Les conseillers d'État en mission ;

Les grands officiers de la Légion d'honneur, lorsqu'ils n'auront point de fonctions publiques qui leur assignent un rang supérieur ;

Les généraux de division commandant une division territoriale dans l'arrondissement de leur commandement ;

Les premiers présidents des cours d'appel ;

Les archevêques ;

Le président du collège électoral de département, pendant la tenue de la session, et pendant les dix jours qui précèdent l'ouverture et qui suivent la clôture ;

Les préfets ;

Les présidents des cours de justice criminelle ;

Les présidents des cours d'assises prennent rang après le préfet ; les conseillers délégués pour la tenue des assises marchent à la suite ; mais les juges du tribunal composant la cour d'assises n'ont d'autre rang que celui attribué aux tribunaux dont ils font partie.

Les généraux de brigade commandant un département;

Les évêques;

Les commissaires généraux de police;

Le président du collège électoral d'arrondissement, pendant la tenue de la session, et pendant les dix jours qui précèdent l'ouverture et qui suivent la clôture;

Les sous-préfets;

Les sous-préfets ne doivent point avoir d'escorte lorsqu'ils jouissent de la préséance, parce que le décret ne leur en attribue pas, et que l'article 14 du titre XXV défend à tout fonctionnaire d'exiger qu'on lui rende d'autres honneurs que ceux que le décret lui attribue.

Les présidents des tribunaux de première instance;

Le président du tribunal de commerce;

Les maires;

Les commandants d'armes;

Les présidents des consistoires;

Les préfets conseillers d'État prendront leur rang de conseiller d'État.

Lorsqu'en temps de guerre, ou pour toute autre raison, Sa Majesté jugera à propos de nommer des gouverneurs de places fortes, le rang qu'ils doivent avoir sera réglé.

2. Le Sénat, le Conseil d'État, le Corps législatif, le Tribunat, la Cour de cassation, n'auront rang et séance que dans les cérémonies publiques auxquelles ils auront été invités par lettres closes de Sa Majesté.

Il en sera de même des corps administratifs et judiciaires, dans les villes où l'Empereur sera présent.

Dans les autres villes, les corps prendront les rangs réglés ci-après.

3. Dans aucun cas, les rangs et honneurs accordés à un corps n'appartiendront individuellement aux membres qui le composent.

4. Lorsqu'un corps ou un des fonctionnaires dénommés dans l'article 1er invitera, dans le local destiné à l'exercice de ses fonctions, d'autres corps ou fonctionnaires publics pour y assister

à une cérémonie, le corps ou le fonctionnaire qui aura fait l'invitation, y conservera sa place ordinaire; et les fonctionnaires invités garderont entre eux les rangs assignés par l'article 1er du présent titre.

SECTION II. — Des invitations aux Cérémonies publiques

5. Les ordres de l'Empereur pour la célébration des cérémonies publiques seront adressés aux archevêques et évêques, pour les cérémonies religieuses; et aux préfets, pour les cérémonies civiles.

6. Lorsqu'il y aura dans le lieu de la résidence du fonctionnaire auquel les ordres de l'Empereur seront adressés, une ou plusieurs personnes désignées avant lui dans l'article 1er, celui qui aura reçu lesdits ordres se rendra chez le fonctionnaire auquel la préséance est due, pour convenir du jour et de l'heure de la cérémonie.

La convocation pour les cérémonies doit être faite, dans les départements, par les préfets ou sous-préfets ou les maires, quand les ordres sont adressés à l'autorité civile, en remplissant les formes prescrites par l'article 6 du décret de messidor, en se concertant avec le fonctionnaire le plus éminent en dignité, et non par le fonctionnaire qui doit jouir du droit de préséance dans la cérémonie ordonnée. — Cons. d'Etat, 13 janvier 1814.
Quant à la réquisition des escortes attribuées aux autorités administratives et judiciaires, l'évêque ne pouvant la donner, c'est, dans tous les cas, au préfet à la faire, soit au commandant militaire, soit au maire de la ville.

Dans le cas contraire, ce fonctionnaire convoquera chez lui, par écrit, ceux des fonctionnaires placés après lui dans l'ordre des préséances, dont le concours sera nécessaire pour l'exécution des ordres de l'Empereur.

SECTION III. — De l'ordre suivant lequel les Autorités marcheront dans les Cérémonies publiques

7. Les autorités appelées aux cérémonies publiques se réuniront chez la personne qui doit y occuper le premier rang.

Le Conseil d'Etat a émis, le 4 août 1858, un avis duquel il résulte que les autorités appelées aux cérémonies publiques (à l'exception des autorités judiciaires pour lesquelles l'usage consacre d'autres dispositions), se réunissent chez la personne qui doit y occuper le premier rang : elles forment cortége pour se rendre à la cérémonie.

Lorsque la cérémonie est terminée, les autorités ayant rang individuel se retirent suivant leur ordre de préséance; les corps se retirent également dans l'ordre prescrit par l'article 8 du titre Ier du décret de messidor an XII. — Il n'y a pas de cortège à former pour reconduire à son domicile la personne ayant occupé le premier rang. — Circ. int., 11 nov. 1858.

Certaines autorités militaires, se fondant sur l'exception consentie à l'égard des cours et tribunaux, ont cru pouvoir se rendre directement au lieu de la cérémonie sans se réunir au cortège du préfet, quand ce fonctionnaire a la préséance. Le ministre de la Guerre, d'accord avec son collègue de l'Intérieur, a décidé qu'on devait revenir à l'exacte observation de l'article 7 du décret de messidor, c'est-à-dire que, dans les localités où l'autorité militaire a le second rang, elle doit se réunir au cortège du fonctionnaire civil qui a la préséance; et dans celles où elle a droit au premier rang, les autorités administratives se rendent, au contraire, chez le fonctionnaire militaire à qui est dévolue la préséance. — Circ. int., 24 août 1847.

8. Les princes, les grands dignitaires de l'Empire, et les autres personnes désignées en l'article 1er de la section Ire du présent titre, marcheront dans les cérémonies suivant l'ordre des préséances indiqué audit article; de sorte que la personne à laquelle la préséance sera due, ait toujours à sa droite celle qui doit occuper le second rang; à sa gauche, celle qui doit occuper le troisième, et ainsi de suite.

Ces trois personnes forment la première ligne du cortège;

Les trois personnes suivantes, la deuxième ligne.

Les corps marcheront dans l'ordre suivant :

Les membres des cours d'appel;

Le procureur général a la préséance sur les présidents de chambres; il a droit avant eux aux places réservées dans l'église.

Les officiers de l'état-major de la division, non compris deux aides de camp du général, qui le suivront immédiatement;

Par un avis du Conseil d'Etat du 5 brumaire an XIII, il a été décidé : 1° que les officiers généraux et supérieurs de l'artillerie et du génie, qui seront attachés à une division militaire, doivent, dans les cérémonies publiques, marcher avec l'état-major de la division, et prendre, parmi les officiers qui la composeront, leur rang en raison de leur grade et de leur ancienneté dans ledit grade; 2° que les officiers de ce corps qui ne seront attachés qu'à un seul département, marcheront avec l'état-major dudit département et prendront, parmi les officiers qui le composeront, leur rang en raison de leur grade et de leur ancienneté dans ledit grade; 3° enfin, que les officiers desdits corps qui ne seront attachés qu'à une place devront marcher avec l'état-major de ladite place, et prendre, parmi les officiers qui la composeront, leur rang en raison de leur grade et de leur ancienneté dans ledit grade.

Sont classés dans cet état-major par grade et ancienneté de grade : les officiers supérieurs ou autres du corps d'état-major attachés à la subdivision ;

Les sous-intendants militaires et adjoints de l'intendance ;

Le commandant de la compagnie de gendarmerie et le capitaine trésorier ;

Les officiers de recrutement. — Déc. min. just., 14 juillet 1855.

Les membres des cours criminelles;

Les conseils de préfecture, non compris le secrétaire général, qui accompagnera le préfet;

Pour l'exécution de cette disposition, on a réglé que le secrétaire général devait se placer entre la première et la seconde ligne, et vers la droite du préfet. Le décret porte, relativement au lieutenant général, qu'il sera suivi de deux aides de camp; et, relativement au préfet, qu'il sera accompagné du secrétaire général. Par la première disposition, on a dit, grammaticalement parlant, que les aides de camp marcheraient après ; et par la seconde, que le secrétaire général se joindrait au préfet.

Cependant l'usage a déjà établi tout le contraire. On a lieu de croire que la première disposition n'est qu'une erreur grammaticale : la première ligne ne doit être composée que de trois fonctionnaires, et en raison de cette disposition, on a décidé que le secrétaire général ne pouvait pas faire partie de cette ligne; mais la même raison est applicable aux deux aides de camp. Il semble donc que ces aides de camp et le secrétaire général devraient former une seconde ligne.

On n'a pas encore résolu la question de savoir si, lorsque le préfet est absent, le secrétaire général devait faire partie du cortège. On a émis cependant l'opinion négative, parce que, d'après le décret, ce fonctionnaire n'y est appelé que pour accompagner le préfet, et qu'il ne lui donne pas de rang parmi les membres du conseil de préfecture.

Les membres des tribunaux de première instance;

Les suppléants des juges ne sont pas membres des tribunaux, et ils ne sont conséquemment pas compris dans le décret; mais, lorsqu'un suppléant est en fonction à l'époque où la cérémonie publique a lieu, il est momentanément membre du tribunal, et, dans cette circonstance, il peut être admis avec les autres membres.

L'état d'avoué est une profession libre, soumise seulement à des règlements de discipline comme plusieurs autres professions. Les avoués ne sont point fonctionnaires publics et ne forment point un corps politique. Aussi le décret ne les appelle point ni implicitement ni explicitement aux cérémonies publiques.

Le décret ne fait aucune mention des huissiers établis pour le service des cours judiciaires; ils n'y sont compris ni implicitement ni explicitement, parce que le décret désigne spécialement les membres des tribunaux et non les corps judiciaires : les huissiers ne doivent donc point, dans les fêtes et cérémonies publiques, faire partie des autorités auxquelles ce décret assigne un rang.

Le corps municipal;

Il est composé du maire, des adjoints et des membres du conseil municipal.

Suivant une décision ministérielle de juin 1830, l'adjoint ne peut prendre la place du maire absent.

Les officiers de l'état-major de la place ;

Sont classés dans cet état-major et par ancienneté de grade : les officiers de l'état-major de la place ;
Les commandants de lieutenance de gendarmerie ;
Les officiers de la garde nationale ;
Les officiers de sapeurs-pompiers ;
Les officiers des troupes de la garnison qui ne sont pas sous les armes ;
Les officiers supérieurs et autres en disponibilité, en non-activité et en retraite, revêtus de leur uniforme. — Déc. min. just., 14 juillet 1855.

Les membres du tribunal de commerce ;

Dans les cérémonies publiques, les chambres de commerce prennent rang immédiatement après les tribunaux de commerce. — D., 3 sept. 1851, art. 16.

Les juges de paix ;

Entre juges de paix d'une ville, la préséance se décide par l'ancienneté. — Déc. min., 30 sept. 1882.
Entre deux suppléants de juge de paix, la préséance appartient de droit au plus ancien. — Déc. min., 5 janv. 1829.
Les suppléants marchent immédiatement après les juges de paix. — Déc. min., 23 mars 1865.
Les huissiers, dans les cérémonies publiques, doivent précéder la cour ou le tribunal. — Circ. min., 22 octobre 1816.
Les greffiers des tribunaux de paix et de simple police suivent les juges de paix présents ; dans le cas où ces derniers sont absents, les greffiers n'ont droit à aucune place. — Déc. min., 16 octobre 1867.
Les greffiers de justice de paix ne pourraient avoir rang s'ils assistaient seuls à une cérémonie publique.

Les commissaires de police.

Les commissaires de police sont convoqués aux cérémonies publiques, et y prennent le rang qui leur est assigné par le décret de messidor an XII ; le commissaire central se place immédiatement après les juges de paix ; il a à sa droite et à sa gauche les deux commissaires de police les plus anciens, les autres commissaires de police marchent à leur suite par ordre d'ancienneté. — Inst. min., 21 juillet 1858.
Les commissaires de police ne doivent pas être placés, ainsi que cela a eu lieu dans certains départements, après les fonctionnaires départementaux, tels que les ingénieurs des ponts et chaussées, les trésoriers-payeurs, etc., qui n'ont pas de rang assigné par le décret de messidor. Le rang assigné aux commissaires de police a toujours été scrupuleusement observé à Paris dans les cérémonies et présentations ; il n'appartient pas à un préfet d'apporter des modifications au décret de messidor.
Les commissaires de police, comme tous les fonctionnaires publics, doivent assister au convoi funèbre de toutes les personnes désignées avant eux dans le décret sur les préséances. — Déc. messidor, titre XXVI, art. 16.

SECTION IV. — De la manière dont les diverses Autorités seront placées dans les Cérémonies

9. Il y aura, au centre du local destiné aux cérémonies civiles et religieuses, un nombre de fauteuils égal à celui des princes, dignitaires ou membres des autorités nationales présents qui auront droit d'y assister. Aux cérémonies religieuses, lorsqu'il y aura un prince ou un grand dignitaire, on placera devant lui un prie-Dieu, avec un tapis et un carreau. En l'absence de tout prince, dignitaire ou membre des autorités nationales, le centre sera réservé, et personne ne pourra s'y placer.

Si l'article 9 du décret de messidor, en accordant aux dignitaires ou membres des autorités nationales une place spéciale, déclare qu'en leur absence, cette place sera réservée, aucune disposition semblable n'existe à l'égard des fonctionnaires ayant dans les cérémonies un rang individuel. Ainsi, lorsque l'absence d'un de ces fonctionnaires est certaine, sa place doit être occupée par celui qui vient immédiatement après dans l'ordre hiérarchique. — Extrait d'un avis du Conseil d'Etat du 11 août 1859. — Circ. int., 23 nov. 1859.

Les généraux de division commandant les divisions territoriales,

Les premiers présidents des cours d'appel,

Et les archevêques, seront placés à droite ;

Les préfets,

Les présidents des cours criminelles,

Les généraux de brigade commandant les départements,

Les évêques seront placés à gauche ;

Un commandant de département dont le commandement s'étend sur deux départements a la préséance sur le préfet, d'après un avis du ministre de l'Intérieur du 3 floréal an III.

Un commandant de département, lorsqu'il jouit de la préséance, ni dans toute autre circonstance, ne doit pas être suivi par son aide de camp : 1° parce que le décret ne le dit pas ; 2° parce que les honneurs sont personnels, et qu'on ne peut pas, par assimilation au droit concédé au lieutenant général, reconnaître ce droit dans la personne du maréchal de camp.

Un aide de camp du maréchal de camp commandant le département ne doit pas avoir la préséance sur les membres de la cour d'assises, parce que le commandant même ne l'a pas sur le président de cette cour. L'aide de camp doit se placer avec les officiers de l'état-major de la place ; mais le décret ne parlant pas de ce grade militaire, l'ordonnateur de la cérémonie n'a point à s'occuper de lui dans le programme, ni des commissaires des guerres (aujourd'hui sous-intendants militaires), ni de tous autres grades, qui ne sont point désignés particulièrement dans le décret. C'est aux individus qui veulent faire partie des cortèges à s'entendre, à cet effet, avec les corps auxquels ils appartiennent.

Le reste du cortège sera placé en arrière.

Les préfets conseillers d'État prendront leur rangs de conseillers d'État.

Ces fonctionnaires garderont entre eux les rangs qui leur sont respectivement attribués.

Lorsque les membres du corps consulaire ou étranger manifestent le désir de prendre place dans les cérémonies publiques, les préfets peuvent leur assigner, dans le cortège des autorités, une place exceptionnelle qui sera déterminée d'après une juste appréciation des convenances locales. — Si les membres du corps consulaire désirent assister individuellement à la cérémonie, il peut leur être réservé, selon l'usage, des places distinguées.

Les préfets doivent, d'ailleurs, pour ces dispositions, se concerter avec l'autorité qui doit avoir la préséance dans la cérémonie, conformément à l'article 6 du décret du 24 messidor an XII. — Circ. int., 17 février 1859.

10. Lorsque, dans les cérémonies religieuses, il y aura impossibilité absolue de placer dans le chœur de l'église la totalité des membres des corps invités, lesdits membres seront placés dans la nef et dans un ordre analogue à celui des chefs.

11. Néanmoins il sera réservé, de concert avec les évêques ou les curés et les autorités civiles et militaires, le plus de stalles qu'il sera possible; elles seront destinées, de préférence, aux présidents et procureurs impériaux des cours ou tribunaux, aux principaux officiers de l'état-major de la division et de la place, à l'officier supérieur de gendarmerie, et aux doyen et membres des conseils de préfecture.

Cet article ne doit pas être exécuté arbitrairement. Pour savoir quels sont ceux des fonctionnaires indiqués qui doivent être appelés de préférence, il faut distinguer les chefs des corps. Les premiers sont par le décret appelés isolément pour former les premières lignes du cortège ou de la réunion; ce n'est que lorsque ces lignes sont placées dans le chœur que l'on doit s'occuper des corps. Ces corps doivent y être appelés successivement dans l'ordre de préséance établi entre eux, et avec cette attention que, si quelques membres de l'un de ces corps ne pouvaient pas être réunis dans le chœur à leurs collègues, il conviendrait de les placer tous dans la nef, et de donner alors les places vacantes dans le chœur à ceux des fonctionnaires désignés dans l'article 11, et ce, dans l'ordre de la préséance, établie entre leurs corps, par le décret.

Ainsi, d'après cet ordre, le doyen du conseil de préfecture, par exemple, y serait placé de préférence au procureur près le tribunal civil.

Des places d'honneur doivent être réservées dans toutes les cérémonies publiques aux sénateurs, aux députés et aux conseillers d'Etat qui se présenteraient revêtus de leurs costumes. Il ne s'agit pas toutefois d'assigner aux membres de ces trois grands corps de l'Etat des places individuelles dans un cortège en marche, par exemple. Les préfets doivent veiller seulement à ce que des places distinguées leur soient réservées dans toutes les cérémonies civiles ou religieuses, ayant les caractères d'une cérémonie publique. Il doit être pris, dans ce but, des dispositions analogues à celles prévues par l'article 11 du titre Ier du décret du 24 messidor an XII. Le fonctionnaire à qui appartient le droit de convocation doit avoir soin d'adresser des invitations spéciales à ceux des sénateurs, députés et conseillers d'Etat dont il connaîtra la présence dans la localité où devra se célébrer la cérémonie. — Circ. int., 6 juillet 1859.

12. La cérémonie ne commencera que lorsque l'autorité qui occupera la première place aura pris séance.

Cette autorité se retirera la première.

On a entendu par ces dispositions qu'on ne devait point former de réunion ailleurs que dans le lieu où doivent se faire les cérémonies religieuses. Ainsi, chaque autorité se rend isolément dans ce lieu avec l'escorte qui lui est affectée.

Il en résulte de cette décision que les réunions chez le fonctionnaire qui doit jouir de la préséance, et les cortèges, n'ont lieu que pour les fêtes civiles.

Lorsqu'une cérémonie religieuse n'est pas ordonnée par le gouvernement, les invitations faites par l'évêque n'obligent point les fonctionnaires publics.

Dans le cas de cérémonie religieuse privée, de réunion directe au lieu même où la cérémonie doit avoir lieu, et à plus forte raison de marche isolée de la part de chaque autorité, aucune ne peut savoir si les autres se rendront à l'invitation. Il convient donc que chacune reste dans l'église à la place qui lui a été assignée, quoique d'autres paraissent devoir rester vacantes, puisqu'il serait possible cependant que l'autorité à laquelle la préséance serait due vint tard, et que l'autorité qui occuperait sa place fût dans le cas de la quitter pour la céder à la première.

L'article 12 n'est pas applicable à des cérémonies privées.

Dans les cérémonies religieuses, le curé a la police de l'église ; il peut rappeler à l'ordre et faire expulser ceux qui s'en écartent.

Il ne saurait régler le rang des autorités ; mais il doit se conformer, quant aux préséances, aux règlements en vigueur.

La fabrique est tenue de fournir les fauteuils, sièges, bancs et autres objets nécessaires à la cérémonie.

Quant aux autorités civiles ou militaires, elles ne doivent intervenir dans la cérémonie que pour rétablir l'ordre, et lorsqu'elles en sont requises par le curé.

Elles ne peuvent également introduire des troupes dans l'église, faire battre le tambour, ni rien changer à l'ordre de la cérémonie, sans l'autorisation de ce dernier.

13. Il sera fourni aux autorités réunies pour les cérémonies,

des escortes de troupes de ligne ou de gendarmerie, selon qu'il sera réglé au titre *des Honneurs militaires*.

IIe PARTIE
DES HONNEURS MILITAIRES ET CIVILS

TITRE II
Saint-Sacrement

ART. 1er. Dans les villes où, en exécution de l'article 45 de la loi du 18 germinal an X, les cérémonies religieuses pourront avoir lieu hors des édifices consacrés au culte catholique, lorsque le Saint-Sacrement passera à la vue d'une garde ou d'un poste, les sous-officiers et soldats prendront les armes, les présenteront, mettront le genou droit en terre, inclineront la tête, porteront la main droite au chapeau, mais resteront couverts : les tambours battront aux champs; les officiers se mettront à la tête de leur troupe, salueront de l'épée, porteront la main gauche au chapeau, mais resteront couverts ; le drapeau saluera.

Il sera fourni, du premier poste devant lequel passera le Saint-Sacrement, au moins deux fusiliers pour son escorte. Ces fusiliers sont relevés de poste en poste, marcheront couverts près du Saint-Sacrement, l'arme dans le bras droit.

Les gardes de cavalerie monteront à cheval, mettront le sabre à la main ; les trompettes sonneront la marche ; les officiers, les étendards et les guidons salueront.

2. Si le Saint-Sacrement passe devant une troupe sous les armes, elle agira ainsi qu'il vient d'être ordonné aux gardes ou postes.

3. Une troupe en marche fera halte, se formera en bataille, et rendra les honneurs prescrits ci-dessus.

4. Aux processions du Saint-Sacrement, les troupes seront mises en bataille sur les places où la procession devra passer. Le poste d'honneur sera à la droite de la porte de l'église par laquelle la procession sortira. Le régiment d'infanterie qui portera le premier

numéro, prendra la droite ; celui qui portera le second, la gauche ;
les autres régiments se formeront alternativement à droite et à
gauche : les régiments d'artillerie à pied occuperont le centre de
l'infanterie.

Les troupes à cheval viendront après l'infanterie. Les cara-
biniers prendront la droite, puis les cuirassiers, ensuite les
dragons, chasseurs et hussards.

Les régiments d'artillerie à cheval occuperont le centre des
troupes à cheval.

La gendarmerie marchera à pied entre les fonctionnaires
publics et les assistants.

Deux compagnies de grenadiers escorteront le Saint-Sacrement ; elles marcheront en file à droite et à gauche du dais. A
défaut de grenadiers, une escorte sera fournie par l'artillerie ou
par des fusiliers, et, à défaut de ceux-ci, par des compagnies
d'élite des troupes à cheval, qui feront le service à pied.

La compagnie du régiment portant le premier numéro occupera la droite du dais ; celle du second, la gauche.

Les officiers resteront à la tête des files. Les sous-officiers et
soldats porteront le fusil sur le bras droit.

5. L'artillerie fera trois salves pendant le temps que durera
la procession, et mettra en bataille sur les places ce qui ne sera
pas nécessaire pour la manœuvre du canon.

TITRE III
Sa Majesté impériale

SECTION Iʳᵉ. — Honneurs militaires

Arrivée de Sa Majesté dans une place

ART. 1ᵉʳ. Lorsque Sa Majesté impériale devra entrer dans une
place, toute la garnison prendra les armes. La moitié de l'infanterie sera mise en bataille sur le glacis, à droite et à gauche de la
porte par laquelle sa Majesté devra entrer, et l'autre moitié sur les
places que Sa Majesté devra traverser ; les sous-officiers et soldats
présenteront les armes ; les officiers et les drapeaux salueront ;
les tambours battront aux champs.

Toute la cavalerie ira au-devant de Sa Majesté impériale jusqu'à une demi-lieue de la place, et l'escortera jusqu'à son logis.

Les officiers et les étendards salueront.

Les trompettes sonneront la marche.

Dans un camp, étant prévenu

2. Lorsque Sa Majesté impériale arrivera dans un camp, si l'un a été prévenu de son arrivée, toutes les troupes se mettront en bataille en avant du front de bandière, et rendront les honneurs prescrits article 1er. La plus ancienne brigade de cavalerie se portera au-devant de Sa Majesté impériale jusqu'à une demi-lieue du camp ; les gardes et piquets prendront les armes ou monteront à cheval.

Inopinément

3. Dans le cas où Sa Majesté impériale arrivera ou passera inopinément dans un camp, les gardes et piquets prendront les armes ou monteront à cheval : les officiers se porteront promptement sur le front de bandière ; les sous-officiers et soldats s'y rendront de même avec promptitude et sans armes ; ils s'y formeront en bataille, et y resteront jusqu'à nouvel ordre

Du poste d'honneur

4. On regardera comme poste d'honneur le côté qui sera à droite, en sortant du logis de Sa Majesté impériale ; mais si l'Empereur ne loge pas dans la place et qu'il ne fasse que la traverser, le poste d'honneur sera à la droite de la porte de la ville par laquelle Sa Majesté impériale entrera.

Place des officiers généraux

5. Les officiers généraux employés, s'il y en a dans la place, se mettront à la tête des troupes.

Le gouverneur de la place, s'il en a été nommé un pour commander en cas de siège, le commandant d'armes et les autres officiers de l'état-major de la place, se trouveront à la première barrière pour en présenter les clefs à Sa Majesté impériale.

6. Le maire et les adjoints, accompagnés par une garde

d'honneur de trente hommes au moins, fournie par la garde
nationale sédentaire, se rendront à cinq cents pas environ hors de
la place pour présenter les clefs de la ville à Sa Majesté.

Salves d'artillerie

7. Il sera fait trois salves de toute l'artillerie de la place, après
que Sa Majesté impériale aura passé les ponts.

Il en sera de même de toute l'artillerie d'un camp de paix, et
non à la guerre, à moins d'un ordre formel.

Garde d'infanterie

8. Si Sa Majesté impériale s'arrête dans la place ou dans le
camp, et quoique les troupes de sa garde soient près de sa personne, les régiments d'infanterie de la garnison, à commencer
par le premier numéro, fourniront, chacun à leur tour, une garde
composée d'un bataillon avec son drapeau, et commandée par le
colonel.

Garde de cavalerie

9. Il sera mis pareillement devant le logis de Sa Majesté impériale un escadron de cavalerie de la garnison, commandé par
le colonel. Cet escadron fournira deux vedettes, le sabre à la
main, devant la porte de Sa Majesté. Les escadrons de la garnison le relèveront chacun à leur tour, suivant l'ordre prescrit
article 4 du titre II.

10. Dès que l'Empereur sera arrivé, les colonels qui commanderont ladite garde, prendront les ordres et la consigne du grand
maréchal de la cour, ou de celui qui en fera les fonctions. Si Sa
Majesté impériale conserve tout ou partie de cette garde, elle
sera particulièrement destinée à fournir des sentinelles autour du
logis de Sa Majesté.

Au sortir de la place

11. Lorsque Sa Majesté impériale sortira de la place, l'infanterie sera disposée ainsi qu'il est dit article 1er.

La cavalerie se portera sur son passage hors de la place, pour
la suivre jusqu'à une demi-lieue de la barrière.

Dès que Sa Majesté impériale en sortira, on la saluera par trois décharges de toute l'artillerie.

Arrivant devant une troupe en bataille

12. Si Sa Majesté impériale passe devant des troupes en bataille, l'infanterie présentera les armes ; les officiers salueront. ainsi que les drapeaux ; les tambours battront aux champs. Dans la cavalerie, les étendards, les guidons et les officier salueront ; les trompettes sonneront la marche.

Passant devant une troupe ou colonne en marche

13. Si Sa Majesté impériale passe devant une troupe en marche, cette troupe s'arrêtera, se formera en bataille, si elle n'y est pas, et rendra à Sa Majesté les honneurs prescrits ci-dessus.

Passant devant un corps de garde

14. Si Sa Majesté impériale passe devant un corps de garde, poste ou piquet, les troupes prendront les armes et les présenteront ; les tambours battront aux champs.

La cavalerie montera à cheval et mettra le sabre à la main ; les trompettes sonneront la marche.

Les officiers salueront de l'épée ou du sabre.

Les sentinelles présenteront les armes.

Mot d'ordre

15. Pendant le temps que Sa Majesté impériale restera dans une place ou camp, elle donnera le mot d'ordre. Si le ministre de la Guerre est présent, c'est lui qui recevra l'ordre et le rendra aux troupes. En son absence, ce sera le colonel général de la garde de service, à moins que le corps de troupe ne soit commandé par un maréchal de l'Empire, qui, dans ce cas, le recevra directement.

Audience

16. Lorsque Sa Majesté impériale recevra les officiers de la garnison ou du camp, chaque corps lui sera présenté, en l'absence du connétable et du ministre de la Guerre, par le colonel

général de la garde de service, à qui les corps s'adresseront à cet effet.

17. Lors des voyages de l'Empereur, la gendarmerie nationale de chaque arrondissement sur lequel Sa Majesté passera, se portera sur la grande route, au point le plus voisin de sa résidence, et s'y mettra en bataille.

18. Un officier supérieur ou subalterne de gendarmerie, pris parmi ceux employés dans le département, pourra précéder à cheval, immédiatement, la voiture de Sa Majesté : cette voiture pourra être immédiatement suivie par deux officiers ou sous-officiers de la gendarmerie du département marchant après le piquet de la garde.

19. Lorsque le général de division dans laquelle l'empereur se trouvera accompagnera Sa Majesté, il se placera et marchera près de la portière de gauche. Les autres places autour de la voiture de Sa Majesté seront occupées par les officiers du palais ou de la garde impériale, et autres personnes que Sa Majesté aura spécialement nommées pour l'accompagner.

20. Il ne sera rendu aucuns honneurs ni civils, ni militaires à aucun officier civil ou militaire à Paris, et dans les lieux où se trouvera l'Empereur, pendant tout le temps de sa résidence, et pendant les vingt-quatre heures qui précéderont son arrivée, et les vingt-quatre heures qui suivront son départ.

Section II. — Honneurs civils

21. Dans les voyages que Sa Majesté fera, et qui auront été annoncés par les ministres, sa réception aura lieu de la manière suivante :

22. Le préfet viendra, accompagné d'un détachement de gendarmerie et de la garde nationale du canton, la recevoir sur la limite du département.

Chaque sous-préfet viendra pareillement la recevoir sur la limite de son arrondissement.

Les maires de la commune l'attendront chacun sur la limite de leurs municipalités respectives : ils seront accompagnés de leurs adjoints, du conseil municipal, et d'un détachement de la garde nationale.

23. A l'entrée de l'Empereur dans chaque commune, toutes les cloches sonneront. Si l'église se trouve sur son passage, le curé ou desservant se tiendra sur la porte, en habits sacerdotaux, avec son clergé.

24. Dans les villes où Sa Majesté s'arrêtera ou séjournera, les autorités et les fonctionnaires civils et judiciaires seront avertis de l'heure à laquelle l'Empereur leur accordera audience, et présentés à Sa Majesté par l'officier du palais à qui ces fonctions sont attribuées.

25. Ils seront admis devant elle, dans l'ordre des préséances établi article 1er de la première partie.

26. Tous fonctionnaires ou membres de corporations non compris dans l'article précité, ne seront point admis, s'ils ne sont mandés par ordre de Sa Majesté impériale, ou sans sa permission spéciale.

27. Lorsque Sa Majesté impériale aura séjourné dans une ville, les mêmes autorités qui l'auront reçue à l'entrée, se trouveront à sa sortie, pour lui rendre leurs hommages, si elle sort de jour.

28. Les honneurs soit civils, soit militaires, à rendre à l'Impératrice, sont les mêmes que ceux qui seront rendus à l'Empereur, à l'exception de la présentation des clefs et de tout ce qui est relatif au commandement et au mot d'ordre.

TITRE IV
Prince impérial

ART. 1er. Les honneurs à rendre au prince impérial, lorsqu'il n'accompagnera pas Sa Majesté l'Empereur, seront déterminés par un décret particulier. Il en sera de même de ceux à lui rendre, quand l'Empereur sera présent.

Le Régent

2. Le régent recevra les mêmes honneurs que les princes français.

TITRE V
Princes français

Section Iʳᵉ. — Honneurs militaires

ART. 1ᵉʳ. Les honneurs d'entrée et de sortie d'une place ou d'un camp qui doivent être rendus aux princes, aux grands dignitaires, ministres, grands officiers de l'Empire, en vertu des dispositions contenues dans les titres suivants, ne le seront jamais qu'en exécution d'un ordre spécial adressé par le ministre de la guerre aux généraux commandant les divisions ou les armées.

2. Quand les princes passeront dans une place, toute la garnison prendra les armes : un quart de l'infanterie sera mis en bataille hors de la porte par laquelle ils devront entrer ; le reste sera disposé sur les places qu'ils devront traverser, et présentera les armes au moment de leur passage.

Arrivée dans une place

Moitié de la cavalerie ira au-devant d'eux jusqu'à un quart de lieue de la place, et les escortera jusqu'à leur logis ; le reste de la cavalerie sera mis en bataille sur leur passage.

Les drapeaux, étendards ou guidons, et les officiers supérieurs, salueront.

L'état-major les recevra à la barrière, mais ne leur présentera point les clefs, cet honneur étant uniquement réservé à Sa Majesté impériale.

Salve d'artillerie

3. Ils seront salués, à leur entrée et à leur sortie de la place, par vingt-un coups de canon.

Garde

4. Ils auront une garde de cent hommes, avec un drapeau,

commandée par un capitaine, un lieutenant et un sous-lieutenant. La garde sera à leur logis avant leur arrivée : elle sera
fournie, le premier jour, par le régiment qui portera le premier
numéro, et ensuite par les autres, à tour de rôle.

Arrivée dans un camp, étant prévenu

5. Quand les princes arriveront dans un camp, si l'on a été
prévenu du moment de leur arrivée, l'infanterie et la cavalerie
se mettront en bataille en avant du fond de bandière ; le plus
ancien régiment de cavalerie se portera au-devant d'eux ; les
gardes et les piquets prendront les armes et monteront à cheval.

Arrivée dans un camp inopinément

6. Dans le cas où les princes arriveront ou passeront inopinément dans un camp, les gardes ou piquets prendront les armes
ou monteront à cheval ; les officiers se porteront promptement
sur le front de bandière ; les sous-officiers et soldats sortiront de
leurs tentes, et borderont la haie dans la rue du camp, et y resteront jusqu'à nouvel ordre.

Devant un camp en bataille

7. Si les princes arrivent devant une troupe en bataille,
l'infanterie présentera les armes ; la cavalerie mettra le sabre à
la main ; les officiers supérieurs, les drapeaux, étendards ou guidons, salueront ; les tambours battront aux champs ; les trompettes sonneront la marche.

Devant une troupe en marche

8. Si les princes passent devant une troupe en marche, la
troupe s'arrêtera, se formera en bataille si elle n'y est point, et
rendra les honneurs ci-dessus prescrits.

Devant un corps de garde

9. S'ils passent devant un corps de garde, poste ou piquet,
les soldats prendront les armes et les porteront ; les tambours
battront aux champs ; la cavalerie montera à cheval et mettra le
sabre à la main ; les trompettes sonneront la marche ; les sentinelles présenteront les armes.

10. Il leur sera fait des visites de corps, en grande tenue. L'officier général le plus élevé en grade, ou, à son défaut, le commandant de la place, prendra leurs ordres pour la réception des corps, et les présentera.

Le mot d'ordre sera porté au prince par un officier de l'état-major général de l'armée, et, dans les places, par un adjudant de place.

11. Lorsque les princes feront partie du corps de troupes qui composeront un camp ou formeront une garnison, ils ne recevront plus, à dater du lendemain de leur arrivée jusqu'à la veille de leur départ, que les honneurs dus à leur grade militaire.

12. Lorsque les princes quitteront une place ou un camp, ils recevront les mêmes honneurs qu'à leur entrée.

Section II. — Honneurs civils

13. Lorsque les princes voyageront dans les départements, et qu'il aura été donné avis officiel de leur voyage par les ministres, il leur sera rendu les honneurs ci-après.

14. Les maires et adjoints les recevront à environ deux cent cinquante pas en avant de l'entrée de leur commune; et si les princes doivent s'y arrêter ou y séjourner, les maires les conduiront au logement qui leur aura été destiné. Dans les villes, un détachement de la garde nationale ira à leur rencontre, à deux cent cinquante pas en avant du lieu où le maire les attendra.

15. Dans les chefs-lieux de département ou d'arrondissement, les préfets ou sous-préfets se rendront à la porte de la ville pour les recevoir.

16. Ils seront complimentés par les fonctionnaires et autorités mentionnés au titre Ier, art. 1er.

Les cours d'appel s'y rendront seulement par députation composée du premier président, du procureur général impérial et de la moitié des juges. Les autres cours et tribunaux s'y rendront en corps.

17. Lorsqu'ils sortiront d'une ville dans laquelle ils auront séjourné, les maires et adjoints se trouveront à la porte par laquelle ils devront sortir, accompagnés d'un détachement de la garde nationale.

TITRE VI
Les grands Dignitaires de l'Empire

ARTICLE UNIQUE. Les grands dignitaires de l'Empire recevront, dans les mêmes circonstances, les mêmes honneurs civils et militaires que les princes.

TITRE VII
Les Ministres

SECTION Ire. — Honneurs militaires

ART. 1er. Les ministres recevront les honneurs suivants :

1° Ils seront salués de quinze coups de canon.

2° Un escadron de la cavalerie ira à leur rencontre, à un quart de lieue de la place : elle sera commandée par un officier supérieur, et les escortera jusqu'à leur logis. Ils seront salués par les officiers supérieurs et les étendards de cet escadron, et les trompettes sonneront la marche.

3° La garnison prendra les armes, sera rangée sur les places qu'ils devront traverser, et présentera les armes au moment de leur passage.

4° Ils auront une garde d'infanterie composée de soixante hommes, avec un drapeau, commandée par un capitaine et un lieutenant : cette garde sera placée avant leur arrivée. Le commandant de la place ira les recevoir à la barrière.

Le tambour de la garde battra aux champs, et la troupe présentera les armes.

5° Les postes, gardes ou piquets d'infanterie devant lesquels ils passeront, prendront et porteront les armes; ceux de cavalerie monteront à cheval, et mettront le sabre à la main; les sentinelles présenteront les armes; les tambours battront aux champs; les trompettes sonneront la marche.

6° Il leur sera fait des visites de corps en grande tenue.

7° Ils seront salués et reconduits à leur sortie, ainsi qu'il a été dit pour leur entrée.

2. Le ministre de la Guerre recevra de plus les honneurs suivants :

Il sera tiré pour le ministre de la Guerre dix-neuf coups de canon.

Le quart de la cavalerie ira jusqu'à une demi-lieue au-devant de lui.

Sa garde sera de quatre-vingts hommes, commandée par trois officiers, et sera composée de grenadiers.

Il sera tiré pour le ministre directeur dix-sept coups de canon. Sa garde sera de quatre-vingts hommes, commandée par trois officiers, mais composée de fusiliers.

Le ministre de la Guerre aura un officier d'ordonnance de chaque corps : cet officier sera pris parmi les lieutenants. Le ministre directeur en aura un aussi de chaque corps, pris parmi les sous-lieutenants.

Le ministre de la Guerre donnera le mot d'ordre en l'absence de l'Empereur. Il sera porté au ministre directeur, au camp, par un officier d'état-major ; et dans les places, par un adjudant de place.

Le ministre de la Marine recevra dans les chefs-lieux d'arrondissement maritime les mêmes honneurs que le ministre de la Guerre.

SECTION II. — Honneurs civils

3. Les ministres recevront dans les villes de leur passage les mêmes honneurs que les grands dignitaires de l'Empire, sauf les exceptions suivantes :

Les maires, pour les recevoir, les attendront à la porte de la ville.

Le détachement de la garde nationale ira au-devant d'eux à l'entrée du faubourg, ou, s'il n'y en a point, à cent cinquante pas en avant de la porte.

4. Les cours d'appel les visiteront par une députation com-

posé d'un président, du procureur général ou substitut, du quart des juges.

Les autres cours et tribunaux s'y rendront par députation, composée de la moitié de la cour ou du tribunal.

Pour le grand-juge, ministre de la Justice, les députations des tribunaux seront semblables à celles déterminées pour les princes et grands dignitaires.

Les maires et adjoints iront, au moment de leur départ, prendre congé d'eux dans leur logis.

TITRE VIII
Les grands Officiers de l'Empire

Section Irᵉ. — Honneurs militaires

ART. 1ᵉʳ. — Les maréchaux d'Empire dont les voyages auront été annoncés par le ministre de la guerre, recevront, dans l'étendue de leur commandement, les honneurs suivants :

1° Ils seront salués de treize coups de canon.

2° Un escadron ira à leur rencontre, à un quart de lieue de la place, et les escortera jusqu'à leur logis; ils seront salués par les officiers supérieurs et l'étendard de cet escadron; les trompettes sonneront la marche.

3° La garnison prendra les armes, sera rangée sur les places qu'ils devront traverser, et présentera les armes. Les officiers supérieurs, étendards et drapeaux, salueront.

4° Ils auront une garde de cinquante hommes, commandée par un capitaine et un lieutenant. Elle sera placée avant leur arrivée, et aura un drapeau. Le commandant de la place ira les recevoir à la barrière.

5° Les postes, gardes et piquets sortiront, porteront les armes ou monteront à cheval; les sentinelles présenteront les armes; les tambours battront aux champs, et les trompettes sonneront la marche.

6° Il leur sera fait des visites de corps en grande tenue : ils donneront le mot d'ordre.

7° A leur sortie, ils seront traités comme à leur entrée.

2. Les maréchaux d'Empire voyageant hors de leur commandement, et dont le voyage aura été annoncé par le ministre de la Guerre, recevront les honneurs prescrits article 1er, mais avec les modifications suivantes :

Ils ne seront salués que de onze coups de canon ; une seule compagnie de cavalerie, commandée par le capitaine, ira à leur rencontre.

Le commandant de la place ira les recevoir chez eux. Le mot d'ordre leur sera porté, au camp, par un officier de l'état-major ; et dans les places, par un adjudant de place.

3. Les grands officiers d'Empire colonels ou inspecteurs généraux recevront les honneurs suivants :

Ils seront reçus comme les maréchaux d'Empire voyageant hors de leur commandement, avec cette différence que les troupes ne présenteront point les armes, que les officiers supérieurs et drapeaux ne salueront point, et qu'il ne sera tiré que sept coups de canon ; mais ils trouveront tous les corps de leur arme en bataille devant leur logis : ces corps les salueront, et laisseront une vedette, si c'est de la cavalerie, et une sentinelle, si c'est de l'infanterie.

4. Les grands officiers civils seront reçus comme les grands officiers d'Empire colonels ou inspecteurs généraux ; mais ils ne seront salués que de cinq coups de canon, et leur garde ne sera placée qu'après leur arrivée.

5. Lorsque les colonels, inspecteurs généraux, et les autres grands officiers civils, feront partie d'un camp ou d'une garnison, ils ne recevront plus, à dater du lendemain de leur arrivée et jusqu'à la veille de leur départ, que les honneurs affectés à leur grade militaire.

Ils recevront, le jour de leur départ, les mêmes honneurs qu'à celui de leur arrivée.

6. Les grands officiers de l'Empire recevront les honneurs suivants :

Les maires et adjoints se trouveront à leur logis avant leur arrivée.

Ils trouveront à l'entrée de la ville un détachement de la garde nationale sous les armes.

Les cours d'appel, autres cours et tribunaux, se rendront chez eux de la même manière que chez les ministres.

Les maires et adjoints iront prendre congé d'eux dans leur logis au moment de leur départ.

7. Les maréchaux d'Empire recevront dans l'étendue de leur commandement les mêmes honneurs civils que les ministres.

TITRE IX

Le Sénat

Section Iʳᵉ. — Honneurs militaires

ART. 1ᵉʳ. Lorsque le Sénat en corps se rendra chez Sa Majesté impériale, ou à quelque cérémonie, il lui sera fourni une garde de cent hommes à cheval, qui seront divisés en avant, en arrière et sur les flancs du cortège ; à défaut de cavalerie, cette garde sera fournie par de l'infanterie.

2. Les corps de garde, postes ou piquets, prendront les armes, ou monteront à cheval à son passage.

3. S'il passe devant une troupe en bataille, les officiers supérieurs salueront.

4. Les sentinelles présenteront les armes et les tambours rappelleront.

5. Lorsque les sénateurs voudront faire leur entrée d'honneur dans le chef-lieu de leur sénatorerie, ce qu'ils ne pourront faire qu'une fois seulement, le ministre de la Guerre donnera ordre de leur rendre les honneurs suivants :

6. Ils entreront dans une place en voiture, accompagnés de leur suite.

7. Le commandant de la place se trouvera à la barrière pour les recevoir et les accompagner.

8. Les troupes seront en bataille sur leur passage ;

Les officiers supérieurs salueront ;

Les tambours rappelleront ;

On tirera cinq coups de canon, et de même à leur sortie.

9. Il sera envoyé au-devant d'eux, à un quart de lieue, un détachement de vingt hommes de cavalerie, commandé par un officier, avec un trompette, qui les escortera jusqu'à leur logis. Outre ce détachement, il sera envoyé à leur rencontre quatre brigades de gendarmerie commandées par un lieutenant. Le capitaine de la gendarmerie se trouvera à la porte de la ville, et les accompagnera.

10. Il leur sera donné une garde de trente hommes, commandée par un lieutenant ; le tambour rappellera.

Il sera placé deux sentinelles à la porte de leur logis.

11. Les postes ou gardes devant lesquels ils passeront, prendront et porteront les armes, ou monteront à cheval ; les tambours ou trompettes rappelleront ; les sentinelles présenteront les armes.

12. Il leur sera fait des visites de corps.

13. Les honneurs attribués par les articles 6, 7 et 8, leur seront rendus lors de leur première entrée dans toutes les places de l'arrondissement de leur sénatorerie. Toutes les fois qu'ils viendront dans le chef-lieu, après leur première entrée, on leur rendra les honneurs prescrits articles 10, 11 et 12.

14. Les sentinelles feront face, et présenteront les armes à tout sénateur qui passera à leur portée, revêtu de son costume.

Section II. — Honneurs civils

15. Les sénateurs allant prendre possession de leur sénatorerie recevront, dans les villes du ressort du tribunal d'appel dans l'étendue duquel elle sera placée et où ils s'arrêteront, les honneurs suivants :

Un détachement de la garde nationale sera sous les armes à la porte de la ville.

Les maires et adjoints se trouveront à leur logis avant leur arrivée.

Ils seront visités, immédiatement après leur arrivée, par toutes les autorités nommées après eux dans le titre *des Préséances*.

Les cours d'appel s'y rendront par une députation composée d'un président, du procureur général et de quatre juges; les autres cours et tribunaux, par une députation composée de la moitié de la cour ou du tribunal.

S'ils séjournent vingt-quatre heures dans la ville, ils rendront, en la personne des chefs des autorités ou corps dénommés dans le titre Ier, les visites qu'ils auront reçues.

Les maires et adjoints iront prendre congé d'eux au moment de leur départ.

16. S'il se trouve dans la ville où le sénateur s'arrêtera, une personne ou autorité nommée avant lui dans l'ordre des préséances, il ira lui faire une visite, dès qu'il aura reçu celles qui lui sont dues.

17. Les sénateurs venant dans leur sénatorerie faire leur résidence annuelle, ne recevront d'honneurs civils que dans le chef-lieu de leur sénatorerie. Ils trouveront un détachement de la garde nationale à leur porte, les maires et adjoints dans leur logis. Les personnes ou autorités nommées après eux dans l'ordre des préséances, les visiteront dans les vingt-quatre heures; et ils rendront ces visites dans les vingt-quatre heures suivantes.

TITRE X
Le Conseil d'État

SECTION Ire. — Honneurs militaires

ART. 1er. Les conseillers d'État en mission recevront, dans les chefs-lieux des départements où leur mission les appellera, d'après les ordres que le ministre de la Guerre donnera, les honneurs attribués aux sénateurs, lors de leur première entrée dans leur sénatorerie.

2. Il leur sera rendu, dans les autres places de l'arrondissement où ils seront en mission, les honneurs fixes pour les sénateurs par les articles 10, 11 et 12 du titre IX.

3. Les sentinelles feront face et présenteront les armes à tout conseiller d'État qui passera à leur portée, revêtu de son costume.

SECTION II. — Honneurs civils

4. Il sera rendu aux conseillers d'État en mission, les mêmes honneurs civils qu'aux sénateurs lors de leur première entrée. Ils rendront les visites qu'ils auront reçues des autorités constituées, en la personne de leurs chefs, s'ils séjournent vingt-quatre heures dans la ville : ils feront, dans le même cas, des visites aux personnes désignées avant eux dans le titre *des Préséances*.

TITRE XI
Grands Officiers de la Légion d'honneur, Chefs de cohorte

SECTION Iʳᵉ. — Honneurs militaires

ART. 1ᵉʳ. Quand les grands officiers de la Légion d'honneur chefs de cohorte se rendront pour la première fois au chef-lieu de leur cohorte, ils seront reçus comme les sénateurs dans leur sénatorerie : habituellement ces grands officiers recevront, dans le chef-lieu de leur cohorte, les honneurs déterminés pour les sénateurs par les articles 10, 11 et 12.

2. Les sentinelles présenteront les armes aux grands officiers et commandants de la Légion d'honneur ; elles les porteront pour les officiers et les légionnaires.

SECTION II. — Honneurs civils

3. Lorsque les grands officiers chefs de cohorte se rendront pour la première fois au chef-lieu de leur cohorte, il en sera de même dans le chef-lieu de la cohorte, que des sénateurs lors de leur première entrée.

Lorsqu'ils y reviendront ensuite, ils seront reçus comme les sénateurs venant faire leur résidence annuelle.

TITRE XII
Le Corps législatif et le Tribunat

ART. 1ᵉʳ. Lorsque le Corps législatif et le Tribunat se rendront en corps chez Sa Majesté impériale, à quelque fête ou cérémonie publique, il leur sera fourni par la garnison une garde d'honneur pareille à celle déterminée pour le Sénat.

2. Lorsque ces corps passeront devant un corps de garde, poste ou piquet, la troupe prendra les armes, ou montera à cheval, pour y rester jusqu'à ce qu'ils soient passés.

L'officier qui commandera le poste sera à la tête et saluera.

3. Les sentinelles porteront les armes à tout membre du Corps législatif ou du Tribunat qui passera à leur portée, revêtu de son costume.

TITRE XIII
Les Ambassadeurs français et étrangers

Section Iʳᵉ. — Honneurs militaires

ART. 1ᵉʳ. Il ne sera, sous aucun prétexte, rendu aucune espèce d'honneur militaire à un ambassadeur français ou étranger, sans l'ordre formel du ministre de la Guerre.

2. Le ministre des Relations extérieures se concertera avec le ministre de la Guerre, pour les honneurs à rendre aux ambassadeurs français ou étrangers. Le ministre de la Guerre donnera des ordres pour leur réception.

Section II. — Honneurs civils

3. Il en sera des honneurs civils pour les ambassadeurs français et étrangers, ainsi qu'il est dit ci-dessus pour les honneurs militaires.

TITRE XIV

Les Généraux de division

SECTION Iʳᵉ. — Honneurs militaires

ART. 1ᵉʳ. Les généraux de division commandant en chef une armée ou un corps d'armée recevront, dans toute l'étendue de l'Empire, les honneurs fixés article 3 du titre VIII pour les maréchaux d'Empire non employés ; et dans l'étendue de leur commandement, les honneurs fixés article 2 du même titre pour les maréchaux d'Empire hors de leur commandement.

2. Les généraux de division commandant une division militaire territoriale, lorsqu'ils voudront faire leur entrée d'honneur dans les places, citadelles et châteaux de leur division, ce qu'ils ne pourront faire qu'une seule fois pendant le temps qu'ils y commanderont, en donneront avis aux généraux commandant dans les départements, et ceux-ci aux commandants d'armes, qui donneront l'ordre de leur rendre les honneurs ci-après.

3. Ils entreront dans la place en voiture ou à cheval, à leur option.

4. Le commandant d'armes se trouvera à la barrière pour les accompagner.

5. Ils seront salués de cinq coups de canon.

6. La garnison se mettra en bataille sur leur passage : celle du chef-lieu du département sera commandée par l'officier général ou supérieur commandant le département. Les officiers supérieurs, les drapeaux et étendards, les salueront ; les troupes porteront les armes ; les tambours et trompettes appelleront. Ils seront reçus de la même manière, la première et la dernière fois où ils verront les troupes pour les inspecter ou exercer ; dans les autres circonstances, ils ne seront salués ni par les officiers supérieurs, ni par les drapeaux ou étendards.

7. Il sera envoyé à un quart de lieue au-devant d'eux, un détachement de trente hommes de cavalerie, commandé par un officier avec un trompette : ce détachement les escortera jusqu'à leur logis.

8. On enverra à leur logis, après leur arrivée, une garde de cinquante hommes, commandée par un capitaine et un lieutenant.

Le tambour rappellera.

9. Le gouverneur ou le commandant d'armes prendra l'ordre d'eux, le jour de leur arrivée et celui de leur départ; les autres jours, ils le donneront à l'adjudant de place.

10. Ils auront habituellement deux sentinelles à la porte de leur logis; les sentinelles seront tirées des compagnies de grenadiers.

11. Les gardes ou postes des places ou quartiers prendront les armes ou monteront à cheval, quand ils passeront devant eux; les tambours et trompettes appelleront.

12. Ils donneront le mot d'ordre.

13. Il leur sera fait des visites de corps en grande tenue.

14. A leur sortie, il sera tiré cinq coups de canon.

15. Ils seront reconduits par un détachement de cavalerie, pareil à celui qu'ils auront eu à leur arrivée.

16. Le commandant d'armes les suivra jusqu'à la barrière, et prendra d'eux le mot d'ordre.

17. Quand, après un an et un jour d'absence, ils retourneront dans les places après y avoir fait leur entrée d'honneur, ils y recevront les honneurs ci-dessus prescrits, sauf que les troupes ne prendront point les armes, et qu'on ne tirera point le canon.

18. Les généraux de division employés auront une garde de trente hommes commandée par un lieutenant.

Le tambour rappellera.

19. Les gardes ou postes des places ou quartiers prendront les armes ou monteront à cheval, quand ils passeront devant eux; les tambours et trompettes desdites gardes rappelleront.

20. Quand ils verront les troupes pour la première ou dernière fois, les officiers supérieurs salueront; les étendards ou drapeaux ne salueront pas; les tambours et trompettes rappelleront.

21. Il leur sera fait des visites de corps en grande tenue, et

le mot d'ordre leur sera porté par un officier de l'état-major de l'armée ou de la place.

22. Ils auront habituellement, à la porte de leur logis, deux sentinelles tirées des grenadiers.

23. Les généraux de division inspecteurs recevront, pendant le temps de leur inspection seulement, les mêmes honneurs que les généraux de division employés.

SECTION II. — Honneurs civils

24. Les généraux de division commandant une armée ou un corps d'armée recevront, dans l'étendue de leur commandement, les honneurs civils attribués aux maréchaux d'Empire, article 7 du titre VIII.

25. Les généraux de division commandant une division territoriale recevront la visite du président du tribunal d'appel et de toutes les autres personnes ou chefs des autorités nommées après eux dans l'article *des Préséances;* ils rendront les visites dans les vingt-quatre heures.

Ils visiteront, dès le jour de leur arrivée, les personnes dénommées avant eux dans l'ordre des préséances : les visites leur seront rendues dans les vingt-quatre heures, par les fonctionnaires employés dans les départements.

TITRE XV
Les Généraux de brigade
SECTION Ire. — Honneurs militaires

ART. 1er. Lorsque les généraux de brigade commandant un département feront leur entrée d'honneur dans les places, citadelles et châteaux de leur commandement, ce qu'ils ne pourront faire qu'une fois, ils en préviendront le général commandant la division, qui prescrira de leur rendre les honneurs déterminés pour les généraux de division commandant une division territoriale ; excepté qu'il ne sera point tiré de canon, qu'ils n'auront qu'une garde de trente hommes commandée par un lieutenant, et que le tambour prêt à battre ne battra point.

Il sera envoyé au-devant d'eux, à un quart de lieue de la place, une garde de cavalerie, composée de douze hommes, commandée par un maréchal des logis. Cette garde les escortera jusqu'à leur logis.

Lors de leur sortie, ils seront traités comme à leur entrée.

2. Quand les généraux commandant un département verront les troupes pour la première et dernière fois, les officiers supérieurs les salueront; les tambours seront prêts à battre, les trompettes à sonner.

3. Les gardes et postes prendront les armes et les porteront.

Les gardes à cheval monteront à cheval et mettront le sabre à la main.

Les sentinelles présenteront les armes.

4. Ils auront habituellement à la porte de leur logis deux sentinelles tirées des fusiliers.

5. Il leur sera fait des visites de corps en grande tenue ; et le mot d'ordre leur sera porté par un sergent.

6. Les généraux de brigade employés auront quinze hommes de garde, commandés par un sergent; un tambour conduira cette garde, mais ne restera point.

Les gardes prendront et porteront les armes, ou monteront à cheval et mettront le sabre à la main ; les tambours et trompettes seront prêts à battre ou à sonner.

Ils auront une sentinelle tirée des fusiliers. Il leur sera fait des visites de corps.

Quand ils verront les troupes pour la première et dernière fois, ils seront salués par les officiers supérieurs.

Le mot d'ordre leur sera porté par un sergent.

SECTION II. — Honneurs civils

7. Les généraux de brigade commandant un département recevront, dans les vingt-quatre heures de leur arrivée, les visites des personnes nommées après eux dans l'ordre des préséances, et les rendront dans les vingt-quatre heures suivantes.

Ils visiteront, dans les vingt-quatre heures de leur arrivée, les personnes nommées avant eux dans l'ordre des préséances : les visites leur seront rendues dans les vingt-quatre heures suivantes, par les fonctionnaires employés dans les départements.

TITRE XVI

Adjudants-Commandants

ART. 1er. Les adjudants-commandants qui auront des lettres de service de Sa Majesté pour commander dans un département, auront une garde de dix hommes, commandée par un caporal.

Cette garde et les postes, à leur passage, se mettront en bataille et se reposeront sur les armes. Le mot d'ordre leur sera porté par un sergent.

2. Les adjudants-commandants, chefs d'état-major d'une division, auront une sentinelle à la porte du lieu où se tiendra leur bureau.

3. Toutes les sentinelles présenteront les armes aux adjudants-commandants.

4. Les adjudants-commandants qui auront des lettres de service de Sa Majesté pour commander dans un département, recevront la visite des commissaires généraux de police, et de toutes les personnes nommées après ces commissaires : ils rendront les visites dans les vingt-quatre heures. Ils visiteront dans les mêmes vingt-quatre heures les personnes nommées avant les commissaires généraux de police, qui leur rendront la visite dans les vingt-quatre heures suivantes.

TITRE XVII

Les Préfets

Section Ire. — Honneurs militaires

ART. 1er. Lorsqu'un préfet, conseiller d'État, entrera pour la première fois dans le chef-lieu de son département, il y sera reçu par les troupes de ligne, d'après les ordres qu'en donnera le ministre de la Guerre, comme un conseiller d'État en mission ; de plus, la gendarmerie de tout l'arrondissement du chef-lieu de la préfecture ira à sa rencontre : elle sera commandée par le capitaine du département.

2. Lorsque le préfet ne sera point conseiller d'État, la garnison prendra les armes : la gendarmerie ira à sa rencontre ; mais on ne tirera point le canon, et la cavalerie de ligne n'ira point au-devant de lui.

3. Pendant tout le temps où un préfet sera en tournée, il sera, s'il est conseiller d'État, accompagné par un officier de gendarmerie et six gendarmes ; et par un maréchal des logis et quatre gendarmes, s'il n'est point conseiller d'État.

4. Lorsque les préfets entreront dans une autre ville que le chef-lieu de leur département, pendant leur tournée, les postes prendront les armes, les tambours seront prêts à battre.

5. Il sera établi un corps de garde à l'entrée de la préfecture : cette garde sera proportionnée aux besoins du service, et commandée par un sergent.

6. Elle sera fournie par les troupes de ligne ; en cas d'insuffisance, par les vétérans nationaux, et, à leur défaut, par la garde nationale sédentaire.

7. Le préfet donnera les consignes particulières à cette garde.

8. Le mot d'ordre lui sera porté chaque jour par un sergent.

9. Les sentinelles lui porteront les armes dans toute l'étendue du département, lorsqu'il passera revêtu de son costume.

10. Quand il sortira de la préfecture, sa garde prendra et portera les armes.

11. Lors des fêtes et cérémonies publiques, une garde d'honneur, composée de trente hommes de troupes de ligne, commandée par un officier, accompagnera le préfet, de la préfecture au lieu de la cérémonie, et l'y reconduira.

12. A défaut de troupes de ligne, le capitaine de gendarmerie sera tenu de fournir au préfet, sur sa réquisition, une escorte de deux brigades au moins, commandée par un officier.

13. Lorsque le préfet, accompagné du cortège ci-dessus, passera à portée d'un corps de garde, les troupes prendront et porteront les armes; le tambour sera prêt à battre.

14. Il lui sera fait des visites de corps.

SECTION II. — Honneurs civils

15. Le préfet arrivant pour la première fois dans le chef-lieu de son département, sera reçu à la porte de la ville par le maire et ses adjoints accompagnés d'un détachement de la garde nationale, et d'un détachement de gendarmerie, commandé par le capitaine. Cette escorte le conduira à son hôtel, où il sera attendu par le conseil de préfecture et le secrétaire général, qui le complimenteront.

16. Il sera visité, aussitôt après son arrivée, par les autorités nommées après lui dans l'article *des Préséances*. Il rendra ses visites dans les vingt-quatre heures. Il recevra aussi les autres fonctionnaires inférieurs qui viendront le complimenter.

17. Il fera, dans les vingt-quatre heures, une visite au général commandant la division militaire et au premier président de la cour d'appel, qui la lui rendront dans les vingt-quatre heures suivantes. Il visitera aussi, s'il y en existe, les autres autorités ou personnes placées avant lui dans l'ordre des préséances.

18. Lors de sa première tournée dans chaque arrondissement du département, il lui sera rendu les mêmes honneurs dans les chefs-lieux d'arrondissement; il rendra les visites aux présidents des tribunaux, au maire et au commandant d'armes, dans les vingt-quatre heures.

19. Les sous-préfets arrivant dans le chef-lieu de leur sous-préfecture, seront attendus dans leur demeure par le maire qui les complimentera. Ils y recevront la visite des chefs des autorités dénommées après eux, et la rendront dans les vingt-quatre heures.

S'il existe dans le chef-lieu de la sous-préfecture, des autorités dénommées avant eux, ils leur feront une visite dans les vingt-quatre heures de leur arrivée : ces visites leur seront rendues dans les vingt-quatre heures suivantes.

Le conseiller d'arrondissement, remplaçant le sous-préfet absent, ne peut prendre sa place; les honneurs sont personnels. — Déc. min. int., 17 juillet 1838.

TITRE XVIII
Commandants d'armes

SECTION Iʳᵉ. — Honneurs militaires

ART. 1ᵉʳ. Les commandants d'armes auront, à la porte de leur logis, une sentinelle tirée du corps de garde le plus voisin et des compagnies de fusiliers, s'ils ne sont point officiers généraux ; s'ils le sont, la sentinelle sera tirée des grenadiers.

2. Les postes, à leur passage, sortiront et se mettront en bataille, se reposant sur les armes.

3. Les postes de cavalerie monteront à cheval, mais ne mettront point le sabre à la main.

4. Ils prendront le mot d'ordre du ministre de la Guerre, des maréchaux d'Empire et des officiers généraux, dans les cas prévus par le présent décret, et le donneront dans toutes les autres circonstances.

5. Les sentinelles leur présenteront les armes.

6. Il leur sera fait des visites de corps par les troupes qui arriveront dans la place ou qui y passeront.

7. Quand bien même ils seraient officiers généraux, ils ne recevront que les honneurs fixés ci-dessus.

8. Les sentinelles porteront les armes aux adjudants de place.

SECTION II. — Honneurs civils

9. Les commandants d'armes, à leur arrivée dans la ville où ils commandent, feront la première visite aux autorités supérieures, et recevront celle des autorités inférieures.

Toutes ces visites seront faites dans les vingt-quatre heures, et rendues dans les vingt-quatre heures suivantes.

TITRE XIX
Les Archevêques et Évêques

ART. 1ᵉʳ. Lorsque les archevêques et évêques feront leur première entrée dans la ville de leur résidence, la garnison, d'après les ordres du ministre de la Guerre, sera en bataille sur les places que l'évêque ou l'archevêque devra traverser.

Cinquante hommes de cavalerie iront au-devant d'eux jusqu'à un quart de lieue de la place.

Ils auront le jour de leur arrivée, l'archevêque, une garde de quarante hommes, commandée par un officier, et l'évêque, une garde de trente hommes, aussi commandée par un officier : ces gardes seront placées après leur arrivée.

2. Il sera tiré cinq coups de canon à leur arrivée, et autant à leur sortie.

3. Si l'évêque est cardinal, il sera salué de douze volées de canon, et il aura, le jour de son entrée, une garde de cinquante hommes, avec un drapeau, commandée par un capitaine, lieutenant ou sous-lieutenant.

4. Les cardinaux, archevêques ou évêques, auront habituellement une sentinelle tirée du corps de garde le plus voisin.

5. Les sentinelles leur présenteront les armes.

6. Il leur sera fait des visites de corps.

7. Toutes les fois qu'ils passeront devant des postes, gardes ou piquets, les troupes se mettront sous les armes ; les postes de cavalerie monteront à cheval ; les sentinelles présenteront les armes ; les tambours et trompettes rappelleront.

8. Il ne sera rendu des honneurs militaires aux cardinaux qui ne seront en France ni archevêques ni évêques, qu'en vertu d'un ordre spécial du ministre de la Guerre, qui déterminera les honneurs à leur rendre.

9. Il ne sera rendu des honneurs civils aux cardinaux qui ne

seront en France ni archevêques ni évêques, qu'en vertu d'un ordre spécial, lequel déterminera, pour chacun d'eux, les honneurs qui devront leur être rendus.

10. Les archevêques ou évêques qui seront cardinaux, recevront, lors de leur installation, les honneurs rendus aux grands officiers de l'Empire : ceux qui ne le seront point, recevront ceux rendus aux sénateurs.

Lorsqu'ils rentreront après une absence d'un an et jour, ils seront visités chacun par les autorités inférieures, auxquelles ils rendront la visite dans les vingt-quatre heures suivantes : eux-mêmes visiteront les autorités supérieures dans les vingt-quatre heures de leur arrivée, et leur visite leur sera rendue dans les vingt-quatre heures suivantes.

TITRE XX
Les Cours de justice

Section Ire. — Honneurs militaires

ART. 1er. Lorsque la cour de cassation se rendra en corps près Sa Majesté, ou à une cérémonie publique, il lui sera donné une garde d'honneur composée de quatre-vingts hommes, commandée par un officier supérieur. Les postes devant lesquels cette cour passera avec son escorte, présenteront les armes, et les tambours rappelleront.

2. Lorsqu'une cour d'appel se rendra à une fête ou cérémonie publique, il lui sera donné une garde d'honneur de cinquante hommes, commandée par un capitaine et un lieutenant.

3. Il sera donné une escorte de vingt-cinq hommes, dans les mêmes circonstances, à une cour criminelle ; cette garde sera commandée par un lieutenant.

4. Il sera donné à un tribunal de première instance une garde de quinze hommes, commandée par un sergent.

5. Même garde de quinze hommes sera donnée à une municipalité en corps, d'une ville au-dessus de 5000 âmes se rendant à une fête ou cérémonie publique. Il en sera fourni une de

cinq hommes à une municipalité des lieux au-dessous de 5000 âmes.

6. Les gardes devant lesquelles passeront les corps dénommés dans le présent titre, prendront les armes, les porteront pour les cours d'appel, et se reposeront dessus pour les cours de justice criminelle, de première instance et les municipalités.

7. Les tambours rappelleront pour les cours d'appel, et seront prêts à battre pour les autres cours judiciaires et pour les municipalités.

8. A défaut de troupes de ligne, les capitaines de gendarmerie prendront des mesures pour fournir aux cours d'appel deux brigades d'escorte, une aux cours de justice criminelle, et deux gendarmes aux cours de première instance.

Section II. — Honneurs civils

9. Lorsque le premier président de la cour de cassation sera installé, toutes les cours et tous les tribunaux de la ville où résidera ladite cour de cassation, iront le complimenter : la cour d'appel, par une députation du premier président, du procureur général et de quatre juges, les autres cours et tribunaux, par une députation composée de la moitié de chaque cour ou tribunal.

Il recevra aussi les félicitations du préfet conseiller d'État et de tous les fonctionnaires dénommés après ce préfet.

Il rendra les visites dans les vingt-quatre heures, et il fera, dans le même laps de temps, des visites à toutes les personnes dénommées avant le préfet conseiller d'État.

10. Les premiers présidents des autres cours et tribunaux recevront, lors de leur installation, les visites des autorités dénommées après eux et résidant dans la même ville ; ces visites seront faites dans les vingt-quatre heures de leur installation, et rendues dans les vingt-quatre heures suivantes. Lesdits présidents iront, dans les premières vingt-quatre heures de leur installation, visiter les autorités supérieures en la personne de leurs chefs ;

ceux-ci leur rendront leurs visites dans les vingt-quatre heures suivantes.

TITRE XXI
Les Officiers avec troupe

ART. 1er. Les sentinelles de tous les corps présenteront les armes à tous les colonels.

2. A leur arrivée, les officiers de leur régiment se rassembleront en grande tenue pour leur faire une visite de corps.

3. Ils auront une sentinelle à la porte de leur logis, tout le temps de leur séjour à leur régiment.

4. A leur passage, la garde de police de leur régiment sortira sans armes.

5. Les sentinelles de leur corps présenteront les armes aux majors, chefs de bataillon et d'escadron. Quand ils commanderont le régiment, ils jouiront des mêmes honneurs que le colonel.

6. Les sentinelles de tous les corps porteront les armes à tous les capitaines, lieutenants et sous-lieutenants de tous les corps et de toutes les armes.

TITRE XXII
Les Inspecteurs aux revues

ART. 1er. Les inspecteurs en chef aux revues, lorsqu'ils seront en tournée dans leur arrondissement, ou en mission particulière, auront à la porte de leur logis une sentinelle tirée du corps de garde le plus voisin, laquelle sera placée sitôt après leur arrivée.

Les sentinelles leur présenteront les armes.

2. Tant qu'ils seront dans l'exercice de leurs fonctions, le mot d'ordre leur sera donné par un sergent.

3. Il leur sera fait des visites de corps.

Chaque inspecteur général, à son arrivée au chef-lieu d'un département compris dans son arrondissement d'inspection, doit en donner avis au préfet, qui devra faire la première visite au lieutenant-général inspecteur.

et recevoir celle du maréchal de camp remplissant les mêmes fonctions. — Déc. du 21 juin 1836.

Lorsque le préfet est absent de sa résidence officielle au moment de l'arrivée d'un inspecteur général de gendarmerie, le fonctionnaire qui le supplée (secrétaire général ou conseiller de préfecture) est tenu de faire une visite à cet officier général, lors de son arrivée au chef-lieu. Cette visite sera rendue par l'inspecteur général. — Circ. int., 6 juin 1873.

4. Les sentinelles porteront les armes aux inspecteurs.

5. Le mot d'ordre leur sera porté par un sergent.

6. Les sentinelles porteront les armes aux sous-inspecteurs.

TITRE XXIII

Les Commissaires des guerres

ART. 1er. Le commissaire général d'une armée et les commissaires ordonnateurs en chef auront à la porte de leur logis une sentinelle qui, ainsi que toutes les autres sentinelles, leur présentera les armes.

2. Le mot d'ordre leur sera porté par un sergent.

3. Il leur sera fait des visites de corps.

4. Les commissaires ordonnateurs employés auront une sentinelle à la porte du lieu où se tiendra leur bureau, pendant le jour seulement.

5. Les sentinelles leur porteront les armes.

6. Le mot d'ordre leur sera porté par un sergent.

7. Les sentinelles porteront les armes aux commissaires des guerres.

TITRE XXIV

Gardes et Piquets

ART. 1er. Les officiers et soldats de piquet sortiront sans armes pour les officiers généraux qui seront de jour.

2. Les gardes de la tête du camp prendront les armes pour les princes, grands dignitaires et officiers de l'Empire, pour le commandant de l'armée et d'un corps d'armée.

Les tambours battront aussi aux champs.

3. Lesdites gardes de la tête du camp se mettront sous les

armes et en haie, pour les généraux de division et généraux de brigade employés ; mais les tambours ne battront pas.

4. Les postes qui seront autour de l'armée, rendront les mêmes honneurs.

Dispositions générales

Art. 1er. A Sa Majesté l'Empereur seul est réservé le droit d'avoir deux vedettes à la porte de son palais.

Il en sera accordé une aux colonels généraux des troupes à cheval, lorsqu'il y aura dans la place un régiment de leur arme.

2. Les détachements et postes destinés à la garde de Sa Majesté ne prennent les armes pour rendre des honneurs militaires qu'à Sa Majesté elle-même, ou aux personnes à qui elle a accordé ou accordera cette prérogative.

3. On ne rendra point d'honneurs après la retraite ni avant la diane.

4. Les gardes d'honneur ne rendront des honneurs militaires qu'aux personnes supérieures ou égales en grade ou en dignité à celles près desquelles elles seront placées, et alors les honneurs restent les mêmes.

5. Les honneurs militaires ne se cumulent point ; on ne reçoit que ceux affectés à la dignité ou grade supérieur.

6. Les officiers généraux qui ne commandent que par *intérim* ou que pendant l'absence des commandants titulaires, n'ont droit qu'aux honneurs militaires de leur grade et de leur emploi.

7. Les gardes ou troupes quelconques qui se rencontreront en route, se céderont mutuellement la droite.

8. Dans le cas où les garnisons ne seront pas assez nombreuses pour fournir des gardes aux officiers généraux employés qui se trouveront dans la place, ou lorsque lesdits officiers généraux jugeront à propos de ne pas conserver leur garde en entier, on mettra seulement des sentinelles à la porte de leur logis ; savoir :

deux sentinelles tirées des grenadiers, à la porte d'un général de division ; et deux, tirées des fusiliers, à la porte d'un général de brigade.

Le nombre d'hommes nécessaire pour fournir ces sentinelles sera placé dans le corps de garde le plus voisin du logement où ces sentinelles devront être posées.

9. Les troupes qui passeront dans les places ou qui n'y séjourneront qu'un ou deux jours, ne seront point tenues d'y fournir de garde d'honneur.

10. A défaut d'infanterie, la cavalerie fournira les différents postes et sentinelles à pied.

11. Les troupes ne fourniront, dans aucun cas, de sentinelles d'honneur que celles ci-dessus nommées.

12. Pour les visites de corps en grande tenue, les officiers d'infanterie seront en baudrier, hausse-col et bottes ;

Les officiers de troupes à cheval, en bottes, sabre, casque ou shako.

Pour les visites de corps, non en grande tenue, les officiers d'infanterie seront sans hausse-col ; et ceux de troupes à cheval porteront, au lieu de casque ou shako, leur chapeau ordinaire.

13. Le mot d'ordre sera toujours donné par la personne du grade le plus élevé.

14. Défend Sa Majesté impériale à tout fonctionnaire ou autorité publique d'exiger qu'on lui rende d'autres honneurs que ceux qui viennent d'être attribués à sa dignité, corps ou grade ; et à tout fonctionnaire civil et militaire, de rendre à qui que ce soit au delà de ce qui est prescrit ci-dessus.

TITRE XXVI
Des Honneurs funèbres

SECTION Iʳᵉ. — Honneurs funèbres militaires

ART. 1ᵉʳ. Il sera rendu des honneurs funèbres par les troupes aux personnes désignées dans les titres V, VI, VII, VIII *des Honneurs militaires;* il en sera rendu aux militaires de tous les

grades ; il en sera rendu aux sénateurs morts dans leur sénatorerie, aux conseillers d'État morts dans le cours de leur mission,
aux sénateurs et conseillers d'État, aux membres du Tribunat et
du Corps législatif, morts dans l'exercice de leurs fonctions, et
dans la ville où leurs corps respectifs tiendront leurs séances, à
tous les membres de la Légion d'honneur, et aux préfets dans leur
département.

2. La totalité de la garnison assistera au convoi de toutes les
personnes ci-dessus désignées, pour l'entrée d'honneur desquelles
elle se fût mise sous les armes.

Pour les autres, il n'assistera que des détachements dont la
force et le nombre seront déterminés ci-après.

Pour un général de division employé, la moitié de la garnison
prendra les armes. Pour un général de brigade employé, le tiers
de la garnison prendra les armes.

Pour un général de division en non-activité, le tiers de la
garnison prendra les armes, pour un général de brigade en non-
activité, le quart de la garnison.

Pour un général de division en retraite ou réforme, le quart
de la garnison ; pour un général de brigade en retraite ou réforme,
le cinquième.

Dans aucun cas, il n'y aura néanmoins au-dessous de deux
cents hommes au convoi des généraux de division, et de cent
cinquante au convoi des généraux de brigade.

Pour tout sénateur qui mourra dans la ville où le Sénat tiendra
ses séances ; pour tout conseiller d'État mort dans l'exercice de
ses fonctions, et dans la ville où siégera le Conseil d'État ; pour
tout tribun et membre du Corps législatif qui décédera pendant la session législative, et dans la ville où leurs corps respectifs seront réunis, la garnison fournira quatre détachements
de cinquante hommes, commandés chacun par un capitaine et
un lieutenant : les quatre détachements seront aux ordres d'un
chef de bataillon ou d'escadron.

Pour un adjudant-commandant en activité, quatre détachements ;

En non-activité, trois détachements ;

En retraite ou réforme, deux ;

Pour les gouverneurs, la totalité de la garnison ;

Pour les commandants d'armes, la moitié ;

Pour les adjudants de place, un détachement ;

Pour les inspecteurs en chef aux revues, quatre détachements ;

Pour les inspecteurs, trois ;

Pour les sous-inspecteurs, deux ;

Pour les ordonnateurs en chef, quatre ;

Pour les ordonnateurs, trois ;

Pour les commissaires des guerres, deux.

Si les inspecteurs ou commissaires des guerres ne sont point en activité, il y aura, dans chaque grade, un détachement de moins.

3. Les colonels seront traités comme les adjudants-commandants.

Les majors en activité, deux détachements ;

En retraite ou réforme, un détachement.

Les chefs de bataillon et d'escadron seront traités comme les majors;

Les capitaines en activité, retraite ou réforme, auront un détachement ;

Les lieutenants ou sous-lieutenants, un demi-détachement ;

Les sous-officiers, un quart de détachement ;

Les caporaux et brigadiers, un huitième de détachement.

Les grands-officiers de la Légion d'honneur, comme les généraux de division employés ;

Les commandants, comme les colonels ;

Les officiers, comme les capitaines ;

Les légionnaires, comme les lieutenants.

4. Les troupes qui marcheront pour rendre des honneurs funèbres, seront commandées, lorsque la garnison entière prendra les armes, par l'officier général ou supérieur du grade le plus élevé, ou le plus ancien dans le grade le plus élevé, employé dans la garnison.

4

Quand il n'y aura que partie déterminée de la garnison qui marchera, les troupes seront commandées par un officier du même grade que celui à qui on rendra des honneurs funèbres.

Quand il ne marchera que des détachements, quatre seront commandés par un colonel, trois par un major, deux par un chef de bataillon ou d'escadron, un par un capitaine, un demi par un lieutenant, un quart par un sergent ou maréchal des logis, un huitième par un caporal ou brigadier.

5. L'infanterie fournira, autant que faire se pourra, les détachements pour les convois funèbres ; à défaut d'infanterie, ils seront fournis par les troupes à cheval.

6. Chaque corps fournira proportionnellement à sa force, et les individus seront pris proportionnellement dans chaque compagnie.

7. La cavalerie marchera toujours à pied pour rendre les honneurs funèbres.

8. Pour les colonels qui mourront sous leurs drapeaux, le régiment entier marchera en corps au convoi ;

Pour les majors, la moitié du corps, avec deux drapeaux ou étendards ;

Pour les chefs de bataillon ou d'escadron, leur bataillon ou escadron, avec son drapeau ou étendard ;

Pour un capitaine, sa compagnie ;

Pour un lieutenant ou sous-lieutenant, son peloton.

Les dispositions du présent article sont indépendantes de celles prescrites article 3.

9. Les troupes qui seront commandées feront trois décharges de leurs armes ; la première, au moment où le convoi sortira de l'endroit où le corps était déposé ; la deuxième, au moment où le corps arrivera au cimetière ; la troisième, après l'enterrement, en défilant devant la fosse.

La poudre sera fournie par les magasins de l'État.

10. Les sous-officiers et soldats porteront l'arme, la platine sous le bras gauche.

11. On tirera, pour les princes et grands dignitaires, un coup

de canon de demi-heure en demi-heure, depuis leur mort jusqu'au moment du départ du convoi ;

D'heure en heure pour les ministres et les grands officiers : pour tous les autres fonctionnaires, on tirera pendant le temps de leur exposition autant de coups de canon qu'il leur en est accordé pour leur entrée d'honneur.

Il sera de plus tiré, au moment où le corps sera mis en terre, trois décharges de canon, chacune égale à celle qui leur est attribuée pour les honneurs militaires.

12. Les coins du poêle seront portés par quatre personnes du rang ou grade égal à celui du mort, ou, à défaut, par quatre personnes du rang ou grade inférieur.

13. Il sera mis des crêpes aux drapeaux, étendards ou guidons qui marcheront aux convois ; les tambours seront couverts de serge noire ; il sera mis des sourdines et des crêpes aux trompettes.

Les frais de funérailles seront faits par l'État, pour tout individu mort sur le champ de bataille, ou dans les trois mois et des suites des blessures qu'il aura reçues.

14. Les crêpes ne resteront un an aux drapeaux que pour Sa Majesté : pour le colonel du corps, ils y resteront jusqu'à son remplacement.

15. Tous les officiers porteront le deuil de leur colonel pendant un mois ; il consistera en un crêpe à l'épée : les deuils de famille ne seront portés qu'au bras gauche.

SECTION II. — Honneurs funèbres civils

16. Lorsqu'une des personnes désignées dans l'article 1er du titre Ier mourra, toutes les personnes qui occuperont, dans l'ordre des préséances, un rang inférieur à celui du mort, assisteront à son convoi, et occuperont entre elles l'ordre prescrit par le susdit article.

Si des personnes qui occupent un rang supérieur dans l'ordre des préséances, veulent assister au convoi d'un fonctionnaire décédé, et qu'elles soient revêtues de leur costume, elles marcheront dans le rang qui leur est fixé dans ledit article.

Les corps assisteront en totalité au convoi des princes, des grands dignitaires, des ministres, des grands officiers de l'Empire, des sénateurs dans leurs sénatoreries, et des conseillers d'État en mission ; pour les autres, ils y assisteront par députation.

Armées de terre et de mer

Décret du 4 octobre 1891

TITRE VII

CHAPITRE XXX. — *Rangs et préséances dans les Cérémonies publiques et Cérémonies officielles*

Rangs de préséance des Autorités militaires de terre et de mer ayant rang individuel

246. Lorsque les autorités militaires de terre et de mer ayant rang individuel doivent assister aux cérémonies publiques et cérémonies officielles, elles y prennent rang et séance dans l'ordre suivant :

Maréchaux de France ou amiraux.	Après les cardinaux et les ministres.
Généraux de division gouverneurs de Paris ou de Lyon, ... Généraux de division commandant les corps d'armée. . . . . Vice-amiraux commandant en chef, préfets maritimes. . . .	Après le grand chancelier de la Légion d'honneur et les conseillers d'État en mission extraordinaire, en vertu d'un décret du Président de la République.
Généraux de division commandant les régions de corps d'armée après le départ du corps d'armée mobilisé	Après les députations des grands-croix et grands-officiers de la Légion d'honneur.
Généraux de division commandant un groupe de subdivisions de région	Après les premiers présidents de cour d'appel et les archevêques.

Généraux de brigade commandant une ou plusieurs subdivisions de région. . . . . . .
Contre-amiraux ou majors généraux de la marine. . . . . . .
Généraux de brigade commandant les subdivisions de région après le départ du corps d'armée mobilisé. . . . .

> Après les préfets, les présidents de cours d'assises et les évêques.

Commandant d'armes d'un grade inférieur à celui de général et les majors généraux de la marine qui ne sont pas contre-amiraux . . . .

> Après les commissaires généraux de police, les sous-préfets, le président du tribunal de première instance, les présidents du tribunal de commerce et les maires.

Les gouverneurs de place forte, en temps de guerre, occupent le premier rang dans la place dont ils ont le commandement, à moins d'une décision spéciale du Président de la République.

Les gouverneurs de Paris et de Lyon, les commandants des corps d'armée et des régions de corps d'armée prendront rang et séance dans toute l'étendue de leur commandement.

Les vice-amiraux commandant en chef, préfets maritimes, prendront rang et séance dans l'étendue de l'arrondissement maritime à la tête duquel ils sont placés.

Au chef-lieu de son arrondissement, le vice-amiral commandant en chef, préfet maritime, a, dans l'arsenal maritime et dans la place, la préséance sur le général de division commandant le corps d'armée. Il prend rang après lui dans tous les autres lieux de la région du corps d'armée.

Les généraux de division et de brigade investis du commandement des subdivisions de région prennent rang et séance dans toute l'étendue de ces subdivisions; mais, hors du chef-lieu de leur commandement, ils ne peuvent réclamer les prérogatives attachées à la préséance que si leur voyage a été annoncé officiellement par le général commandant le corps d'armée et la région de corps d'armée.

Les contre-amiraux majors généraux de la marine prennent rang et séance dans le chef-lieu de l'arrondissement maritime où ils exercent leurs fonctions.

Les généraux de brigade investis du commandement territorial des subdivisions de région dans lesquelles est compris un port militaire, chef-lieu d'arrondissement maritime, prennent rang dans les cérémonies publiques avec le contre-amiral major général de la marine, en observant, pour la préséance, l'ordre d'ancienneté dans le grade d'officier général.

Toutefois, si la cérémonie a lieu dans l'un des établissements de la marine, la préséance appartient au contre-amiral major général; réciproquement, si la cérémonie a lieu dans un des établissements de la guerre, la préséance appartient au général de brigade.

Lorsque des troupes tiennent garnison dans une ville où résident un ou plusieurs officiers généraux dont aucun n'est investi du commandement territorial, celui de ces officiers généraux qui est le plus ancien dans le grade le plus élevé y prendra rang et séance, avec le rang attribué à l'officier général de son grade investi du commandement territorial de subdivision de région.

Rang des officiers généraux et autres, des fonctionnaires et employés militaires convoqués en corps

CLASSEMENT DES GROUPES D'ÉTATS-MAJORS

247. Les officiers généraux, supérieurs et autres, les fonctionnaires et employés des armées de terre et de mer, convoqués en corps pour les cérémonies publiques, sont répartis par groupes d'états-majors qui se rangent dans l'ordre suivant:

Les états-majors relevant directement du ministre de la Guerre.

Les états-majors relevant directement du ministre de la Marine.

L'état-major des gouvernements de Paris et de Lyon ou des corps d'armée. . . . .

L'état-major de la préfecture maritime . . . .

L'état-major de la région constitué après le départ du corps d'armée mobilisé. . . . .

L'état-major de la division, soit que le commandement territorial ait été ou n'ait pas été réuni au commandement de la division . . . .

L'état-major de la majorité générale de la marine. . . . . . .

} Après le Sénat, la Chambre des députés, le conseil d'État, la cour de cassation, la cour des comptes, le conseil supérieur de l'instruction publique et la cour d'appel.

L'état-major de la brigade, soit que le commandement territorial ait été ou n'ait pas été réuni au commandement de la brigade . . . .

} Après la cour d'assises, le conseil de préfecture et le tribunal de première instance.

L'état-major de la place. . . . .

} Après le conseil municipal et les corps académiques.

Les corps d'officiers de troupe. .

} Après les juges de paix et les commissaires de police.

Dans les ports chefs-lieux d'arrondissement maritime, l'état-major de la préfecture maritime est placé avant l'état-major du corps d'armée.

Si, après le départ du corps d'armée mobilisé, il est constitué des états-majors de subdivision de région, ceux-ci prennent le rang assigné à l'état-major de la brigade.

Lorsqu'il n'y a pas d'état-major de division ou de subdivision territoriale, les états-majors des divisions ou brigades actives les remplacent, de telle sorte que les officiers, fonctionnaires et employés des armées de terre et de mer trouvent toujours un état-major auquel ils peuvent se joindre. A défaut, dans la localité, de l'état-major où ils doivent prendre place, ils se réunissent au plus élevé des états-majors inférieurs.

S'il y a, dans les garnisons, des divisions ou brigades actives dont les états-majors ne soient pas appelés à constituer la représentation territoriale, ces états-majors, précédés de leurs généraux, se placent en tête des officiers des corps de troupes desdites divisions ou brigades.

Dans les cérémonies officielles, les états-majors et corps convoqués ne sont représentés que par des députations se composant, pour chaque état-major, corps ou service, des officiers généraux ou assimilés, des chefs de corps et de service, et d'un officier ou d'un assimilé de chaque grade.

CLASSEMENT DU PERSONNEL DANS LES GROUPES

Les officiers, fonctionnaires et employés des armées de terre et de mer se répartissent par service, comme il suit, dans les groupes d'états-majors où ils doivent prendre place, savoir :

1° ARMÉE DE TERRE
États-majors relevant directement du ministre de la Guerre

L'état-major du ministre ;

Le corps du contrôle de l'administration de l'armée ;

Les directeurs et le personnel de l'administration centrale ;

Les comités et les conseils ;

L'état-major de l'hôtel national des Invalides ;

Les états-majors des écoles placés sous la direction immédiate du ministre ;

Les officiers du dépôt central de l'artillerie et du dépôt des fortifications ;

Les officiers des établissements placés sous la direction immédiate du ministre.

États-majors des gouvernements de Paris et de Lyon, des corps d'armée, des divisions et des brigades, comprenant le personnel du commandement territorial

Le personnel du service d'état-major (section active et section territoriale);

L'état-major particulier de l'artillerie;

L'état-major particulier du génie;

Le corps de l'intendance militaire;

Le corps des ingénieurs des poudres et salpêtres;

Le corps de santé militaire;

Les aumôniers;

Le personnel de la justice militaire;

Les officiers de gendarmerie;

Le personnel du recrutement;

Le personnel de la remonte;

Les vétérinaires;

Les archivistes;

Les gardes d'artillerie;

Les adjoints du génie;

Les officiers d'administration;

Les interprètes;

Le personnel du service des chemins de fer;

Le personnel du service télégraphique;

Le personnel du service de la trésorerie et des postes.

État-major de la place

Les officiers et employés militaires d'artillerie et du génie..
Les officiers du service de santé.
Les aumôniers...........
Les vétérinaires.........
Le personnel des services administratifs..........
Les interprètes.........

} attachés au service de la place.

L'ordre ci-dessus est suivi pour tous les états-majors, suivant les services que chacun d'eux comprend.

Les officiers généraux, les contrôleurs, les intendants et les inspecteurs du service de santé, en mission ou disponibles, présents dans la localité, se joignent au groupe d'état-major du commandement le plus élevé.

Les officiers, fonctionnaires et employés qui ne font pas partie des commandements actifs, prennent place avec les officiers de leur arme ou de leur service dans les états-majors des corps d'armée, des divisions, des brigades ou de la place, suivant que l'étendue de leur service, relativement au territoire, les rattache à l'un ou à l'autre de ces groupes.

Hors Paris, les officiers, fonctionnaires et employés des établissements ou des écoles ressortissant directement au ministère de la guerre, prennent rang avec le personnel de leur arme ou de leur service à l'état-major le plus élevé de la localité où ils se trouvent.

Dans chaque groupe de chaque état-major, les officiers généraux et autres, les fonctionnaires et employés se placent par service suivant leur grade et leur rang, le plus ancien prenant la droite.

Les corps d'officiers de troupe prennent rang avec l'état-major de la place et à sa suite, dans l'ordre de bataille des fractions constituées de la garnison.

Les corps d'officiers de l'armée territoriale marchent après les corps d'officiers de l'armée active de leur arme ou de leur service.

2° ARMÉE DE MER
États-majors relevant directement du ministre de la Marine

L'état-major du ministre;

Le conseil d'amirauté;

Les directeurs et le personnel de l'administration centrale;

Les conseils et comités de la marine;

Le personnel du dépôt des cartes et plans;

Les inspecteurs généraux;

Les inspecteurs généraux adjoints ;

Les officiers généraux, supérieurs et autres, en service ou en résidence à Paris ;

Les officiers et le personnel de l'École du génie maritime.

État-major de la préfecture maritime

Les vice-amiraux et contre-amiraux autres que le préfet maritime et le major général ;

Les officiers généraux des troupes de la marine ;

Les inspecteurs généraux des divers services de la marine en mission dans le port ;

Le directeur des constructions navales ;

Le commissaire général ;

L'inspecteur en chef des services administratifs ;

Le directeur du service de santé ;

Le major de la flotte, capitaine de vaisseau ;

Les directeurs des mouvements du port, de l'artillerie et des travaux hydrauliques ;

Les officiers supérieurs et autres attachés aux états-majors généraux.

État-major de la majorité générale

Les officiers de marine ;

Les officiers mécaniciens ;

Les officiers de l'état-major particulier de l'artillerie ;

Les officiers de la gendarmerie ;

Les officiers du génie maritime ;

Les officiers du génie hydrographique ;

Les officiers du commissariat de la marine ;

Les officiers de l'inspection des services administratifs ;

Les officiers du service de santé ; .

Les aumôniers ;

Le personnel de la justice maritime ;

Les agents du personnel administratif, des directions de travaux, agents comptables des matières et manutentionnaires des subsistances;

Les examinateurs et professeurs de l'École navale et des écoles d'hydrographie;

Les trésoriers des invalides de la marine;

Les gardes d'artillerie;

Les ingénieurs des travaux hydrauliques.

Dans chaque groupe de chaque état-major, comme dans l'armée de terre, les officiers généraux et autres, les fonctionnaires et employés, se placent par service suivant leur grade et leur rang, le plus ancien prenant la droite.

Les corps d'officiers de troupe prennent rang après les états-majors.

Ports et villes qui ne sont pas sièges de préfecture maritime

248. Dans les ports et villes qui ne sont pas sièges de préfecture maritime, le chef du service de la marine se réunit, ainsi que les commandants des bâtiments sur rade ou dans le port, à l'état-major le plus élevé; tous les autres officiers, fonctionnaires ou employés de la marine se réunissent à l'état-major de la place.

Officiers retirés du service

249. Les officiers de tous grades retirés du service peuvent assister en tenue aux cérémonies publiques.

Les officiers généraux se réunissent à l'état-major du corps d'armée ou de la préfecture maritime à la suite des officiers généraux du cadre d'activité; les officiers supérieurs et autres, à l'état-major de la majorité générale ou de la place, après tous les officiers en activité ou en disponibilité.

CHAPITRE XXXI. — *Rang des troupes*

Ordre de bataille

250. L'ordre de bataille pour les réunions de troupes, parades, revues, cérémonies publiques, etc., est réglé comme il suit:

Invalides.

Gendarmerie . . . . .
{
Gendarmerie départementale ;
Gendarmerie mobile ;
Garde républicaine.
}

Sapeurs-pompiers des communes.
Sapeurs-pompiers de la ville de Paris.

Artillerie à pied
et sans son matériel.
{
Bataillons et régiments ;
Pontonniers ;
Ouvriers ;
Artificiers.
}

Génie, sans son matériel.
{
Sapeurs-mineurs ;
Ouvriers militaires de chemins de fer ;
Sapeurs-conducteurs à pied ;
}

Infanterie . . . .
{
Chasseurs à pied ;

Douaniers.
Chasseurs
forestiers.
{
(les compagnies ou sections actives marchent à la suite des compagnies ou section de forteresse) ;
}

Zouaves ;
Infanterie de ligne ;
Infanterie légère d'Afrique ;
Officiers des compagnies de discipline ;
Tirailleurs algériens ;
Régiments étrangers.
}

Train des équipages militaires, sans son matériel.

Services particuliers.
{
Sections techniques d'ouvriers de chemins de fer.
Service de la télégraphie.
} sans matériel ;

Service de la trésorerie et des postes ;
Service de secrétaires d'état-major et du recrutement ;
Sections de commis aux écritures et d'ouvriers d'administration ;
Sections d'infirmiers.
}

Artillerie.

Génie. — Sapeurs-conducteurs.

Train des équipages militaires.

Services particuliers . {
Sections techniques d'ouvriers de chemins de fer;
Service de la télégraphie;
Service de la trésorerie et des postes;
Service des ambulances.

3° *Troupes à cheval*

Gendarmerie . . . . . {
Gendarmerie départementale;
Garde républicaine.

Cavalerie . . . . . . {
Éclaireurs volontaires;
Brigades à cheval des douanes;
Escadrons des chasseurs forestiers;
Chasseurs d'Afrique;
Hussards;
Chasseurs;
Dragons;
Cuirassiers;
Cavaliers de remonte;
Spahis.

ARMÉE DE MER

1° *Troupes à pied*

Gendarmerie;
Équipages de la flotte;
Artillerie de la marine;
Infanterie de la marine;
Pompiers de la marine;
Gardes-consignes.

2° *Troupes à cheval*

Gendarmerie;
Artillerie montée.

Les troupes indigènes des colonies se placent à la gauche des troupes nationales de leur arme.

Dispositions spéciales

251. L'ordre précédent **peut être** observé séparément par chaque **division** ou corps d'armée; toutefois, on peut réunir les **troupes** de même arme, soit pour former la haie, soit pour former le défilé.

A bord, dans l'arsenal ou sur les terrains de la marine, les troupes de l'armée de mer prennent la droite. Elles prennent la gauche à terre, hors de l'arsenal et des terrains de la marine.

Les troupes de l'armée territoriale prennent la gauche des troupes de leur arme de l'armée active.

Si les troupes doivent être formées en haie, le côté droit est déterminé par la direction que suit le cortège. Quand une troupe, dans la haie, occupe le côté droit, considéré comme place d'honneur, on dit qu'elle prend la droite; quand elle occupe le côté gauche, elle prend la gauche.

TITRE VIII
Honneurs militaires

CHAPITRE XXXII
Principales subdivisions de la règle des honneurs

254. La règle des honneurs militaires comprend les subdivisions suivantes :

1º Honneurs à rendre par les corps d'officiers et les personnels des divers services (visites de corps);

2º Honneurs à rendre par les troupes ;

3º Honneurs à rendre par les postes, gardes et piquets;

4º Honneurs à rendre par les sentinelles, plantons, etc. ;

5º Escortes d'honneur ;

6º Salves d'artillerie (à titre d'honneur);

7º Mot d'ordre (à titre d'honneur);

8º Visites individuelles (à titre d'honneur);

9º Honneurs funèbres ;

10º Prescriptions générales et principes relatifs à l'application de la règle des honneurs.

CHAPITRE XXXIII. — *Honneurs à rendre par les corps d'officiers et les personnels des divers services*

Visites de corps

252. Les corps d'officiers des troupes des armées de terre et de mer, les officiers sans troupe, fonctionnaires et employés de la guerre et de la marine, ayant rang d'officiers, présents dans la localité, doivent des visites de corps :

Aux ministres ;

Aux maréchaux de France et amiraux ;

Aux généraux de division et vice-amiraux ;

Aux contrôleurs généraux de première classe ;

Aux intendants généraux inspecteurs ;

Au médecin inspecteur général ;

Aux généraux de brigade et contre-amiraux ;

Aux contrôleurs généraux de deuxième classe ;

Aux intendants militaires ;

Aux majors généraux de la marine qui ne sont pas contre-amiraux ;

A l'inspecteur général du génie maritime ;

A l'inspecteur général du service de santé (armée de mer);

Aux inspecteurs du service de santé (armée de terre);

Aux commandants d'armes ;

Aux cardinaux, archevêques et évêques ;

Aux conseillers d'État en mission extraordinaire;

Aux premiers présidents de cours d'appel ;

Aux préfets ;

Au président de la cour d'assises.

Toutefois, les visites de corps à ce dernier magistrat ne comprennent qu'un officier supérieur et un officier de chaque grade par corps, et un fonctionnaire ou employé de chaque service ; mais tous les officiers de gendarmerie doivent y prendre part.

L'obligation des visites de corps aux officiers, fonctionnaires et employés des armées de terre et de mer est subordonnée à la restriction consacrée par l'article ci-après.

Disposition spéciale

254. Les corps d'officiers, les officiers sans troupe, fonctionnaires et employés de l'armée de terre, en ce qui concerne leurs obligations à l'égard des autorités maritimes, ne font de visites de corps qu'aux officiers généraux.

Réciproquement, les corps d'officiers, les officiers sans troupe, fonctionnaires et employés de l'armée de mer, en ce qui concerne leurs obligations à l'égard des autorités militaires, ne doivent de visites de corps qu'aux officiers généraux.

Chefs de corps ou chefs de service, officiers ou fonctionnaires en mission

255. Les officiers, fonctionnaires et employés de la guerre et de la marine doivent des visites de corps aux officiers et fonctionnaires chefs de corps ou chefs de service, sous les ordres desquels ils sont directement placés ou qui ont une mission des ministres de la Guerre ou de la Marine près du service dont ils dépendent.

Visites de corps en grande tenue. — Avis préalable

256. Les visites de corps sont faites en grande tenue de service. Elles ont lieu dans les quatre jours qui suivent l'arrivée dans la place des personnes à qui elles sont dues, sur l'avis que ces personnes ont préalablement adressé à celle des autorités militaires ou maritimes qui a qualité pour donner les ordres nécessaires.

Le lendemain de l'arrivée et la veille du départ d'un corps de troupes, des visites sont également faites par le corps d'officiers, dans les formes et aux heures indiquées par l'autorité militaire ou maritime. Par exception, ces visites se font en tenue de route.

Corps de passage dans une place

257. Lorsqu'un corps ou un détachement de passage dans une place n'y doit pas faire séjour, son chef se présente seul, et en tenue de route, chez le commandant d'armes, à moins que ce dernier ne soit d'un grade ou d'un rang inférieur au sien; dans

5

ce cas, il se fait remplacer par un officier du grade immédiatement inférieur à celui du commandant d'armes. Lorsque le corps ou détachement ne fait que traverser la ville, cette visite n'est pas obligatoire.

Disposition spéciale

258. Les officiers d'un grade ou d'un rang supérieur à celui de la personne à qui la visite est due sont dispensés personnellement d'y prendre part.

S'il s'agit d'un officier général, les officiers de son état-major en sont également dispensés.

Devoirs du major de la marine et du major de la garnison

259. Le major de la marine ou le major de la garnison, aussitôt après l'arrivée d'un corps, envoie au chef de ce corps la liste et l'adresse des autorités qui ont droit aux visites.

Ordre des visites de corps

260. Les dispositions auxquelles les corps d'officiers, fonctionnaires et employés de la guerre et de la marine doivent se conformer pour se réunir en vue des visites de corps qu'ils ont à rendre sont toujours prescrites à l'avance par l'autorité militaire ou maritime compétente. Ces visites se font dans l'ordre suivant :

ARMÉE DE TERRE	ARMÉE DE MER
Le commandant d'armes avec son état-major.	Les officiers de marine.
Le corps du contrôle.	Les officiers mécaniciens.
Le personnel des écoles militaires.	Les officiers de l'état-major particulier de l'artillerie.
L'état-major particulier de l'artillerie.	Les officiers de la gendarmerie maritime.
L'état-major particulier du génie.	Les officiers du génie maritime.
L'intendance militaire.	Les officiers du génie hydrographique.
Les ingénieurs des poudres et salpêtres.	Les officiers du commissariat de la marine.
Le corps de santé militaire.	Les officiers de l'inspection des services administratifs.
Les aumôniers.	Les officiers du service de santé.
Le personnel de la justice militaire.	Les aumôniers.
Les officiers de gendarmerie.	
Le personnel du recrutement.	

Le personnel de la remonte.
Les vétérinaires.
Les archivistes.
Les gardes d'artillerie.
Les adjoints du génie.
Les officiers d'administration.
Les interprètes.
Le personnel du service
des chemins de fer,
Le personnel du service
télégraphique,   ayant rang d'officier.
Le personnel du service
de la trésorerie des
postes,
Les officiers des corps de troupes
présentés par leurs officiers généraux ; ceux-ci sont accompagnés
des officiers de leurs états-majors.

Le personnel de la justice maritime.
Les agents du personnel administratif, des directions de travaux,
agents comptables des matières
et manutentionnaires des subsistances, par catégories, d'après
l'ordre de l'*Annuaire de la marine*.
Les examinateurs et professeurs de
l'École navale et des écoles d'hydrographie.
Les trésoriers des invalides de la
marine.
Les gardes d'artillerie.
Les ingénieurs des travaux hydrauliques.
Les officiers des corps de troupes.

Dans chacune de ces catégories, les officiers, fonctionnaires et employés sont placés entre eux suivant leur grade ou rang.

Les officiers des corps de troupes, dans les visites de corps, marchent dans l'ordre fixé par le rang de bataille des troupes entre elles (art. 250).

Les employés du service des chemins de fer, du service télégraphique et du service de la trésorerie et des postes ne peuvent être convoqués que lorsque leur service fonctionne militairement dans la place.

CHAPITRE XXXIV.— *Honneurs à rendre par les Troupes* (1)

Salut des officiers

261. Toutes les fois que les troupes présentent les armes, les officiers de tous grades mentionnés dans les articles suivants présentent l'épée ou le sabre.

Ils font le salut de l'épée ou du sabre lorsque la personne à qui cet honneur est dû passe devant eux.

Honneurs à rendre par les troupes aux revues et aux prises d'armes

262. *Le Président de la République :*

Les troupes présentent les armes ; les tambours et clairons

_____

(1) Voir, pour les escortes, les salves d'artillerie et le mot d'ordre, les articles 296 et suivants jusqu'à 306.

battent et sonnent aux champs, les trompettes sonnent la marche, les musiques jouent l'air national, tous les officiers saluent de l'épée ou du sabre, les drapeaux et étendards saluent.

Les ministres de la Guerre et de la Marine ;

Les maréchaux et amiraux ;

Les généraux de division commandant en chef une ou plusieurs armées ;

Les gouverneurs militaires de Paris et de Lyon ;

Les généraux de division commandant un corps d'armée ;

Les vice-amiraux pourvus d'une commission d'amiral ;

Les vice-amiraux commandant en chef à la mer, ou préfets maritimes ;

Les généraux de division commandant la région territoriale après la mobilisation :

Les troupes placées sous leur commandement ou qu'ils ont mission de voir et d'inspecter présentent les armes, les tambours et les clairons battent et sonnent aux champs, les trompettes sonnent la marche, les musiques jouent l'air national ; les officiers généraux, les commandants des corps de troupes, quel que soit leur grade, et les officiers supérieurs saluent de l'épée ou du sabre ; les drapeaux et étendards saluent.

Les généraux de division commandant des divisions actives ;

Les généraux de division et les vice-amiraux :

Les troupes placées sous leur commandement ou qu'ils ont mission de voir et d'inspecter portent les armes ; les tambours et les clairons battent et sonnent le rappel ; les trompettes sonnent des appels ; les musiques jouent l'air national ; les officiers généraux, les commandants des corps de troupes quel que soit leur grade, et les officiers supérieurs saluent de l'épée ou du sabre ; les drapeaux et étendards saluent.

Les généraux de brigade commandant les brigades actives ;

Les généraux de brigade et les contre-amiraux :

Les troupes placées sous leur commandement ou qu'ils ont mission de voir et d'inspecter portent les armes ; les tambours, clairons et les trompettes sont prêts à battre ou à sonner ; les musiques jouent l'air national ; les commandants des corps de troupes, quel que soit leur grade, saluent de l'épée ou du sabre.

Les commandants d'armes qui ne sont pas officiers généraux :

Les troupes portent les armes ; le commandant des troupes, seul, salue de l'épée ou du sabre.

Honneurs à rendre par les Troupes lors de l'arrivée dans les places

Le Président de la République

263. Lorsque le Président de la République entre dans une place, le commandant d'armes le reçoit à son arrivée. Toutes les troupes prennent les armes, se forment en haie sur son passage, ou sont établies sur les places et rendent les honneurs prescrits à l'article 262.

Si une troupe en marche rencontre le Président de la République, elle s'arrête et lui fait face pour rendre les honneurs.

Si le Président de la République séjourne, les corps de la garnison fournissent à tour de rôle un poste d'honneur formé d'un bataillon avec le drapeau et commandé par le chef de corps.

Si le Président de la République séjourne dans un port militaire, le poste d'honneur est fourni alternativement par les troupes des armées de terre et de mer.

Un poste de cavalerie, formé d'un escadron avec l'étendard et commandé par le chef de corps, est également de service à la résidence présidentielle. Ce poste fournit deux vedettes qui se tiennent, le fusil haut ou le sabre à la main, devant l'entrée de la résidence. Tous les corps de cavalerie alternent pour ce service d'honneur.

Si le Président de la République conserve tout ou partie de ses postes d'honneur, les officiers qui les commandent prennent les ordres du chef de la maison militaire ou de son suppléant.

Lorsque le Président de la République quitte la place, on observe le même cérémonial que pour son entrée.

Lorsque le Président de la République voyage, les brigades de gendarmerie, isolées ou réunies, suivant les ordres spéciaux qu'elles reçoivent, l'attendent au point qui leur est indiqué sur la route qu'il parcourt et lui rendent les honneurs.

Lorsque le Président de la République arrive dans un camp à l'intérieur, il reçoit les mêmes honneurs qu'à son arrivée dans une place.

Dans les lieux où se trouve le Président de la République, les troupes et postes ne rendent d'honneurs qu'à sa personne. Dans sa résidence habituelle, cette restriction est bornée à l'enceinte du palais qu'il habite.

Ministres

264. Pour les ministres, la garnison prend les armes. Les troupes sont formées sur leur passage et présentent les armes. Les tambours et les clairons battent et sonnent aux champs, les trompettes sonnent la marche, les musiques jouent l'air national.

Les commandants des troupes et les officiers supérieurs, seulement, saluent de l'épée ou du sabre. Les drapeaux et étendards saluent.

Une garde d'honneur de soixante hommes, commandée par un capitaine, leur est envoyée ; elle fournit deux sentinelles.

Pour le ministre de la Guerre dans toutes les places et pour le ministre de la Marine dans les places qui sont en même temps ports militaires, la garde est de quatre-vingts hommes commandés par un capitaine. Le commandant d'armes le reçoit à son arrivée. Un officier d'ordonnance du grade de lieutenant ou de sous-lieutenant lui est envoyé par chaque corps de la garnison.

Pour le ministre de la Marine, la garde est fournie par les troupes de son département.

Maréchaux de France et amiraux

265. Les maréchaux de France ou amiraux investis d'un commandement ou en mission sont reçus, lors de leur prise de possession ou de leur première entrée, de la même manière que les

ministres de la Guerre et de la Marine; mais leur garde n'est que de cinquante hommes commandés par un capitaine.

Généraux de division et vice-amiraux

266. Les généraux de division commandant en chef une ou plusieurs armées reçoivent, dans l'étendue de leur commandement, lors de leur prise de possession ou de leur première entrée, les honneurs attribués aux maréchaux.

Les vice-amiraux pourvus d'une commission de commandement d'amiral, lorsqu'ils se présentent dans une place de guerre qui est en même temps port militaire, ont droit aux mêmes honneurs que ceux dévolus aux amiraux.

Lorsque les généraux de division gouverneurs de Paris ou de Lyon, les généraux de division commandant un corps d'armée, et les généraux de division commandant la région territoriale après la mobilisation, prennent possession de leur commandement ou entrent pour la première fois dans une place qui en dépend, le major de la garnison les reçoit à leur arrivée. Les troupes sont formées sur leur passage, et rendent les honneurs prescrits par l'article 262. Leur garde d'honneur est de cinquante hommes commandés par un capitaine; elle fournit deux sentinelles. Ils ont droit en tout temps à deux sentinelles.

Dans une place de guerre qui est en même temps port militaire, les vice-amiraux commandant en chef, préfets maritimes, reçoivent les mêmes honneurs.

Lorsque les généraux de division commandant un groupe de subdivisions de région prennent possession de leur commandement ou entrent pour la première fois dans une place qui en dépend, si cette place n'est pas la résidence du commandant du corps d'armée, le major de la garnison les reçoit à leur arrivée. Les troupes sont formées sur leur passage et rendent les honneurs. Leur garde d'honneur est de cinquante hommes commandés par un capitaine; elle fournit deux sentinelles. Ils ont droit, en tout temps, à deux sentinelles.

Pour les généraux de division et vice-amiraux, inspecteurs

généraux ou employés, les troupes de la garnison ne prennent pas les armes. Leur garde d'honneur est de cinquante hommes commandés par un capitaine ; elle fournit deux sentinelles. Ils ont droit en tout temps à deux sentinelles.

Généraux de brigade et contre-amiraux

267. Lorsque les généraux de brigade commandant une ou plusieurs subdivisions de région, avant ou après la mobilisation, prennent possession de leur commandement ou entrent pour la première fois dans une place qui en dépend, si cette place n'est pas la résidence du commandant du corps d'armée ou du général de division commandant le groupe des subdivisions de région, le major de la garnison les reçoit à leur arrivée. Les troupes sont formées sur leur passage et rendent les honneurs prescrits à l'article 262. Leur garde d'honneur est de vingt hommes commandés par un lieutenant ou un sous-lieutenant ; elle fournit une sentinelle. Ils ont droit en tout temps à une sentinelle.

Dans les places de guerre qui sont en même temps ports militaires, les contre-amiraux majors généraux de la marine reçoivent les mêmes honneurs.

Lorsque les généraux de brigade commandant une brigade active visitent pour la première fois les troupes sous leurs ordres, celles-ci sont formées sur leur passage et rendent les honneurs. Leur garde d'honneur est de vingt hommes commandés par un lieutenant ou un sous-lieutenant ; elle fournit une sentinelle. Ils ont droit en tout temps à une sentinelle.

• Pour les généraux de brigade et contre-amiraux, inspecteurs généraux ou employés, les troupes de la garnison ne prennent pas les armes. Leur garde d'honneur est de vingt hommes commandés par un lieutenant ou un sous-lieutenant ; elle fournit une sentinelle. Ils ont droit en tout temps à une sentinelle.

Règles relatives aux gardes d'honneur

268. Les gardes d'honneur sont fournies sur la demande des officiers généraux auxquels elles sont dues ; elles rentrent à leur

quartier aussitôt l'arrivée à leur logis de ces officiers, en ne laissant, s'il y a lieu, que le nombre d'hommes nécessaire pour fournir les sentinelles.

Officiers généraux se présentant devant les troupes

269. Toutes les fois qu'un officier général, quel que soit son grade et quelle que soit sa mission, se présente devant les troupes pour en passer la revue, le commandant de ces troupes se porte vivement au-devant de lui, le salue de l'épée ou du sabre, et reste à portée de recevoir ses ordres.

En l'accompagnant dans sa revue, il lui cède toujours le côté des troupes.

Contrôleurs généraux de première classe, intendants généraux, médecin-inspecteur général, contrôleurs généraux de deuxième classe, intendants militaires, commissaires généraux de la marine, inspecteurs généraux du génie maritime et inspecteurs du service de santé des armées de terre et de mer.

270. Les contrôleurs généraux de première classe, les intendants généraux, le médecin inspecteur général, les contrôleurs généraux de deuxième classe, les intendants militaires, les commissaires généraux de la marine, les inspecteurs généraux du génie maritime, les inspecteurs du service de santé des armées de terre et de mer, ont droit à une sentinelle pendant la durée de leur inspection ou mission.

Toutes les fois qu'un contrôleur général ou un intendant arrive sur le terrain pour passer la revue d'effectif ou de détail d'un corps de troupes, le chef de corps se place à la droite du grand état-major, mais à deux pas en avant; il a le sabre à la main et salue avec cette arme.

Préfets

271. Lorsque les préfets font leur première entrée dans le chef-lieu ou visitent pour la première fois une ville du département, les troupes formées sur leur passage portent les armes. Les officiers supérieurs ou autres et les drapeaux et étendards ne saluent pas. Les tambours, clairons et trompettes sont prêts à battre ou à

sonner. En tout temps, un poste de dix hommes commandé par un sergent est établi à l'hôtel de la préfecture. Il fournit une sentinelle.

Présidents de cours d'assises

272. Les présidents de cours d'assises ont droit à une sentinelle pendant toute la durée de la session.

Cas où les sentinelles peuvent ne pas être fournies

273. Lorsque, dans une garnison, le nombre d'hommes disponibles ou les nécessités du service ne permettront pas d'établir certains postes ou de fournir certaines sentinelles, le général commandant la région en informera les autorités ou fonctionnaires intéressés, qui ne pourront élever à ce sujet aucune réclamation.

Troupes en marche

274. Lorsqu'une troupe en armes en rencontre une autre, toutes les deux portent les armes, les tambours ou clairons battent ou sonnent aux champs en marchant, les trompettes sonnent la marche, les commandants des deux troupes se font réciproquement le salut des armes, les drapeaux et étendards saluent.

Cet échange d'honneurs se fait sans arrêter la marche, et les deux troupes ne doivent pas s'attendre pour les rendre. Elles prennent chacune leur droite. En cas d'encombrement, les troupes à cheval se rangent et laissent passer les troupes à pied.

Troupes passant devant un poste

275. Lorsqu'une troupe en armes passe devant un poste, elle rend les honneurs la première d'après les mêmes règles. Le poste se conforme aux dispositions de l'article 289 ci-après.

Troupes rencontrant un officier général

276. Lorsqu'une troupe en marche rencontre un officier général, le commandant de la troupe fait porter les armes sans arrêter la marche et salue.

Si la troupe est arrêtée lorsque l'officier général passe devant elle, son chef fait prendre les armes et rendre les honneurs qui lui sont dus.

Manifestation extérieure d'un culte reconnu par l'État ou convoi funèbre

277. Lorsqu'une troupe en marche se trouve en présence d'une manifestation extérieure d'un culte reconnu par l'État ou en présence d'un convoi funèbre, le commandant de la troupe fait porter les armes sans arrêter la marche.

Si la troupe est arrêtée, son chef fait porter les armes.

Commandant d'une troupe rencontrant un supérieur du grade d'officier

278. Tout commandant d'une troupe en marche qui rencontre un supérieur du grade d'officier salue de l'épée ou du sabre s'il est officier, en portant l'arme s'il est sous-officier, caporal ou soldat. S'il a l'épée ou le sabre au fourreau ou si la troupe est sans armes, il salue en portant la main droite à la coiffure.

Honneurs à rendre aux drapeaux et étendards

279. En ce qui concerne les troupes, ces honneurs sont rendus conformément aux règles tracées par les règlements de manœuvres.

Tout commandant d'une troupe en armes ou sans armes qui rencontre un drapeau ou étendard le salue.

Tout militaire isolé passant devant un drapeau ou étendard salue.

Les sentinelles présentent les armes aux drapeaux et étendards lorsque ceux-ci passent devant elles.

En toutes circonstances, l'officier qui passe une revue ou fait défiler, quel que soit son grade, salue les drapeaux et étendards, en passant devant les troupes et quand elles défilent devant lui.

Honneurs du défilé

280. Les honneurs du défilé sont exclusivement attribués :
Au Président de la République ;

Aux ministres de la Guerre et de la Marine ;

Aux maréchaux et amiraux ;

Aux généraux de division et vice-amiraux ;

Aux généraux de brigade et contre-amiraux ;

Aux chefs de corps, par les troupes sous leurs ordres ;

Aux officiers supérieurs commandants d'armes, ou exerçant titulairement un commandement territorial en Algérie ou aux colonies.

Les officiers placés, à quelque titre que ce soit, à la tête d'une troupe, font aussi défiler cette troupe ; mais ils commandent eux-mêmes le défilé, qui n'a pas, dans ce cas, le caractère que lui attribue le paragraphe précédent.

Lorsque les troupes défilent, les officiers de tout grade, les commandants des troupes, les drapeaux et étendards, rendent à la personne devant laquelle ils défilent les honneurs prescrits par l'article 262.

Lorsque les troupes défilent devant les chefs de corps, les officiers supérieurs commandants d'armes, ou exerçant titulairement un commandement territorial en Algérie ou aux colonies : | Le commandant des troupes les salue de l'épée ou du sabre. Les officiers supérieurs, drapeaux et étendards, ne saluent pas.

Dans les revues, les prises d'armes et les défilés, le commandant des troupes, quel que soit son grade, salue de l'épée ou du sabre la personne à qui les honneurs sont rendus.

Dans toutes les circonstances où les troupes doivent rendre les honneurs, les membres de l'intendance, du corps de santé militaire, les vétérinaires, et les autres fonctionnaires des armées de terre et de mer ayant rang d'officier qui ne mettent pas l'arme à la main, saluent dans les mêmes conditions que les officiers de troupe qui leur sont assimilés. Ce salut s'exécute en portant la main droite à la coiffure.

Les officiers convoqués pour une revue sans avoir de commandement dans les troupes qui défilent ou sans être appelés à faire partie des états-majors, les officiers et fonctionnaires spécifiés dans le paragraphe précédent et n'appartenant pas aux corps de troupes présents à la revue, mais qui y ont été convoqués par les officiers généraux commandant, ne défilent pas. Pendant la revue, ils se placent sur le terrain à la droite des troupes, et, pendant le défilé, ils se groupent derrière la personne à qui les honneurs sont dus. Dans les deux cas, ils se rangent dans l'ordre assigné aux troupes de leur arme, les chefs de service au premier rang ayant leur personnel derrière eux. Ils ne mettent pas l'arme à la main, et quand ils doivent saluer, ils le font en portant la main droite à la coiffure.

CHAPITRE XXXV. — *Honneurs à rendre par les Postes, Gardes et Piquets*

Le Président de la République

281. Quand le Président de la République passe devant un poste :

La garde prend les armes ou monte à cheval, se forme devant le poste, présente les armes ; les tambours et clairons battent et sonnent aux champs ; les trompettes sonnent la marche ; les officiers saluent de l'épée ou du sabre.

Le Sénat, la Chambre des députés, les grands corps de l'État, les ministres, maréchaux ou amiraux, etc.

282. Pour le Sénat . . . . . .
Pour la Chambre des députés
Pour le Conseil d'État . . . . } en corps ou en députation, réunis en costume officiel ou revêtus de leurs insignes ;
Pour la Cour de cassation . .
Pour la Cour des comptes . .

Pour les présidents du Sénat et de la Chambre des députés ;
Pour les ministres ;
Pour les maréchaux ou amiraux ;
Pour les généraux de division commandant en chef une ou plusieurs armées ;

Pour les vice-amiraux pourvus d'une commission de commandement d'amiral ;

Pour les généraux de division gouverneurs de Paris ou de Lyon ;

Pour les généraux de division commandant un corps d'armée ;

Pour les vice-amiraux commandant en chef à la mer ou préfets maritimes :

La garde prend les armes ou monte à cheval, se forme devant le poste, porte les armes ; les tambours ou clairons battent ou sonnent aux champs ; les trompettes sonnent la marche.

Dans l'intérieur des palais du Sénat et de la Chambre des députés, les honneurs sont rendus conformément au règlement intérieur de ces deux assemblées.

Cours d'appel, généraux de division, vice-amiraux

283. Pour les cours d'appel en corps ou en députation en costume officiel ;

Pour les généraux de division ou les vice-amiraux :

La garde prend les armes ou monte à cheval, se forme devant le poste, porte les armes ; les tambours ou clairons battent ou sonnent le rappel ; les trompettes sonnent des appels.

Les préfets, les cours d'assises, les généraux de brigade, les contre-amiraux

284. Pour les préfets en uniforme ;

Pour les cours d'assises en costume officiel ;

Pour les généraux de brigade et contre-amiraux :

La garde prend les armes ou monte à cheval, se forme devant le poste, porte les armes ; les tambours, clairons ou trompettes sont prêts à battre ou à sonner.

Majors généraux de la marine, commandants d'armes, tribunaux de première instance

285. Pour les majors généraux de la marine qui ne sont pas contre-amiraux ;

Pour les commandants d'armes qui ne sont pas officiers généraux ;

Pour les tribunaux de pre-
mière instance. . . . .
Pour les corps municipaux . $\left.\right\}$ réunis en costume officiel ou
Pour les corps académiques . $\left.\right\}$ revêtus de leurs insignes :
Pour les tribunaux de com-
merce . . . .

La garde prend les armes ou monte à cheval, se forme devant
le poste, l'arme au pied ou le sabre au fourreau.

Gardes de police

286. La garde de police sort en armes et se forme devant le
poste, l'arme au pied ou le sabre au fourreau, quand le chef de
corps passe devant elle. Elle ne rend d'honneurs qu'aux officiers
généraux qui se présentent pour visiter le quartier.

Piquets

287. Les piquets, les gardes ou les postes réunis accidentelle-
ment pour un service spécial (les gardes d'honneur exceptées),
se conforment, pour les honneurs à rendre, aux dispositions ci-
dessus indiquées.

Consignes des gardes d'honneur

288. Les gardes d'honneur ne rendent d'honneurs qu'à la
personne près de laquelle elles sont placées, et à celles qui lui sont
supérieures ou égales en rang.

Troupes en armes

289. Lorsqu'une troupe en armes passe devant un poste, la
garde sort, se forme devant le poste et porte les armes ; les tambours ou clairons battent ou sonnent aux champs ; les trompettes
sonnent la marche.

Si cette troupe a son drapeau ou son étendard, la garde présente les hommes lorsque le drapeau ou l'étendard passe devant
elle, et tous les officiers saluent de l'épée ou du sabre.

Les gardes mettent la baïonnette au canon

290. Toutes les fois que les gardes sortent pour rendre les honneurs, elles mettent la baïonnette au canon.

Chapitre XXXVI. — *Honneurs à rendre par les Sentinelles et Plantons*

Règle générale

291. Les honneurs à rendre par les sentinelles sont dus, quelle que soit la tenue des officiers ou fonctionnaires qui passent auprès d'elles.

Les sentinelles s'arrêtent pour rendre les honneurs, dès que la personne à qui ils sont dus est arrivée à six pas d'elles. Elles lui font face, et restent dans cette position jusqu'à ce qu'elles les aient dépassées de six pas.

Les officiers et fonctionnaires rendent le salut.

Présentation des armes

292. Les sentinelles présentent les armes :

Au Président de la République ;

Aux ministres ;

Aux sénateurs . . . .⎫
Aux députés . . . . ⎬ en costume officiel ou revêtus
Aux conseillers d'État . . . . ⎭ de leurs insignes ;

Aux maréchaux et amiraux ;

Aux grands-croix . . . . . . ⎫
Aux grands officiers . . . . ⎬ de la Légion d'honneur por-
Aux commandeurs. . . . . . ⎭ teurs de leur décoration ;

Aux officiers généraux et supérieurs ;

Aux fonctionnaires et employés des armées de terre et de mer qui ont le grade ou le rang d'officier général ou supérieur ;

Aux préfets en costume officiel ;

A la Cour de cassation, à la Cour des comptes et aux cours d'appel en corps ou en députation.

Port d'armes

293. Les sentinelles portent les armes :

Aux officiers et chevaliers de la Légion d'honneur porteurs de leur décoration ;

Aux capitaines, lieutenants et sous-lieutenants des armées de terre et de mer ;

Aux lieutenants et enseignes de vaisseau, aux aspirants de première classe de la marine ;

Aux fonctionnaires et employés des armées de terre et de mer ayant le grade ou le rang d'officier ;

En présence d'une manifestation extérieure d'un culte reconnu par l'État ou au passage d'un convoi funèbre ;

A la cour d'assises. . . . .
Au tribunal de première instance.
Au corps municipal . . . . } en corps ou en députation.
Aux corps académiques . . . . . .
Au tribunal de commerce. . . . .

Immobilité sous les armes

294. Les sentinelles gardent l'immobilité, la main dans le rang et l'arme au pied, pour :

Les aspirants de deuxième classe de la marine ;

Les adjudants principaux des ports militaires ;

Les maîtres principaux et entretenus des arsenaux de la marine ;

Les adjudants des armées de terre et de mer et les premiers maîtres des équipages de la flotte ;

Les employés du génie ou de l'artillerie des armées de terre et de mer ayant rang de sous-officier ;

Les décorés de la médaille militaire porteurs de leur médaille.

Plantons et ordonnances

295. En passant près des officiers de tout grade et de tout rang ou devant une troupe en armes, les sous-officiers, caporaux et

6

soldats de planton ou envoyés en ordonnance, portent l'arme sans s'arrêter. Les plantons à cheval saluent.

Cette règle est applicable aux sous-officiers, caporaux, brigadiers ou soldats qui marchent isolément en armes pour un motif quelconque.

Chapitre XXXVII. — *Escortes d'honneur*

Le Président de la République

296. Lorsque le Président de la République fait son entrée dans une ville, toute la gendarmerie et les troupes à cheval vont au-devant de lui et l'escortent jusqu'à sa résidence.

A son départ, la gendarmerie et les troupes à cheval le reconduisent.

Pour l'entrée du Président de la République dans un camp à l'intérieur, l'escorte est composée de la gendarmerie formant la prévôté et d'une brigade de troupes à cheval.

Ministres, maréchaux et amiraux, etc.

297. Une escorte d'honneur va également au-devant des ministres, maréchaux ou amiraux, etc., et des autorités civiles désignées ci-après. Elle n'est fournie que sur leur demande et se compose :

Pour le ministre de la Guerre . . .
Pour le ministre de la Marine dans les places qui sont ports militaires. . . . .

De cinq brigades de gendarmerie commandées par un chef d'escadron, et de deux escadrons de troupes à cheval commandés par un chef d'escadrons ;

Pour les autres ministres. . . .
Pour les maréchaux et amiraux.
Pour les généraux de division commandant en chef une ou plusieurs armées, et les vice-

De cinq brigades de gendarmerie commandées par un capitaine et d'un escadron de

amiraux pourvus d'un com-
mandement d'amiral dans les
places qui sont ports militaires,
le jour de leur prise de possession ou de leur première en-
trée. . . . . } troupes à cheval commandé
par un capitaine;

Pour les généraux de division
commandant un corps d'armée.
Pour les vice-amiraux commandant en chef à la mer ou préfets
maritimes dans les places qui
sont ports militaires, et les généraux de division commandant la région après la mobilisation, le jour de leur prise de
possession ou de leur première
entrée. . . . . } De trois brigades de gendarmerie commandées par un
lieutenant, et de deux pelotons de troupes à cheval commandés par un lieutenant;

Pour les généraux de division
commandant un groupe de
subdivisions de région, le jour
de leur prise de de possession
ou de leur première entrée. . } De deux brigades de gendarmerie commandées par un
lieutenant, et de deux pelotons de troupes à cheval commandés par un lieutenant;

Pour les généraux de division
commandant les divisions actives, les généraux de division
et les vice-amiraux inspecteurs
généraux, la première et la
dernière fois qu'ils voient les
troupes. . . . . } De deux pelotons de troupes à
cheval commandés par un
lieutenant;

Pour les généraux de division et
généraux de brigade, inspec-
teurs généraux de gendarmerie } De trois brigades de gendarmerie à cheval commandées
par un lieutenant;

Pour les généraux de brigade commandant une ou plusieurs subdivisions de région, les contre-amiraux majors généraux de la marine, les généraux de brigade commandant une brigade active, les généraux de brigade et contre-amiraux inspecteurs généraux, le jour de leur prise de possession ou de leur première entrée, ou la première et la dernière fois qu'ils voient les troupes. . . . } D'un peloton de troupes à cheval commandé par un lieutenant ou sous-lieutenant;

Pour les préfets, le jour de leur prise de possession. . . . . } De deux brigades de gendarmerie à cheval commandées par un lieutenant;

Pour les présidents de cour d'assises, le jour de leur entrée. . } D'une brigade de gendarmerie.

Escortes des autorités dans les Cérémonies publiques

298. Dans les cérémonies publiques, les maréchaux de France et amiraux, les généraux de division investis d'un commandement territorial, les vice-amiraux commandant en chef, préfets maritimes, et les préfets, peuvent avoir, au chef-lieu de leur commandement ou de leur administration, une escorte d'honneur, qui se compose:

Pour les maréchaux et amiraux. } De deux compagnies d'infanterie ou d'un escadron de troupes à cheval, sous le commandement d'un capitaine;

Pour les généraux de division commandant les régions de corps d'armée avant ou après la mobilisation, et les vice-amiraux commandant en chef, préfets maritimes. . . . . . } D'une compagnie d'infanterie ou de trois pelotons de troupes à cheval, sous le commandement d'un capitaine;

Pour les généraux de division investis du commandement d'un groupe de subdivisions de région, ou commandants d'armes.	D'un peloton d'infanterie ou de deux pelotons de troupes à cheval, sous le commandement d'un lieutenant ;
Pour les préfets.	De deux brigades de gendarmerie à cheval, commandées par un lieutenant. En outre, pendant leurs tournées dans le département, mais seulement lorsqu'ils font ces tournées en costume officiel, les préfets peuvent être escortés par deux gendarmes.

Le Sénat, la Chambre des députés, le Conseil d'État, etc.

299. Lorsque le Sénat, la Chambre des députés, les grand corps de l'État et les cours de justice, se rendent en corps et en costume officiel auprès du Président de la République ou à une cérémonie publique, ils sont escortés par une garde à cheval ; à défaut, par une garde à pied qui est répartie en avant, en arrière et sur les flancs du cortège.

Ces escortes se composent :

Pour le Sénat. . . . . Pour la Chambre des députés. . Pour le Conseil d'État.	D'un escadron de troupes à cheval ou de deux compagnies d'infanterie, sous le commandement d'un capitaine ;
Pour la Cour de cassation. . . . Pour la Cour des comptes. . . .	De trois pelotons de troupes à cheval ou d'une compagnie d'infanterie, sous le commandement d'un capitaine ;
Pour les cours d'appel.	De deux pelotons de troupes à cheval ou d'un peloton d'infanterie, sous le commandement d'un lieutenant ;

Pour les cours d'assises.	D'un peloton de troupes à cheval ou d'une section d'infanterie, sous le commandement d'un lieutenant ou d'un sous-lieutenant;
Pour les tribunaux de première instance . . . . Pour les tribunaux de commerce. Pour les corps municipaux. . .	D'un demi-peloton de troupes à cheval ou d'une demi-section d'infanterie sous le commandement d'un sous-officier.

Si ces divers corps ne sont représentés que par des députations, l'escorte est réduite de moitié.

Les escortes spécifiées dans le présent article et dans l'article précédent sont composées d'infanterie ou de troupes à cheval, suivant que les personnages ou les corps à escorter sont à pied ou en voiture et à cheval.

La gendarmerie remplace les troupes de ligne

300. A défaut de troupes de ligne, la gendarmerie fournit une escorte d'honneur :

De deux brigades aux cours d'appel ;

D'une brigade aux cours d'assises ;

De deux gendarmes aux tribunaux de première instance.

CHAPITRE XXXVIII. — *Salves d'artillerie*

Le Président de la République

301. Dans les places et camps à l'intérieur, il est tiré cent un coups de canon à l'arrivée et au départ du Président de la République.

Ministres

302. Dans les mêmes circonstances, il est tiré :

Pour le ministre de la Guerre. . . Pour le ministre de la Marine, dans les places qui sont ports militaires.	Dix-neuf coups de canon ;

Pour les autres ministres, et pour le ministre de la Marine dans les places qui ne sont pas ports militaires. } Dix-sept coups de canon.

Maréchaux, amiraux, généraux, etc.

303. Pour les maréchaux, amiraux et généraux, lors de leur prise de possession ou de leur première entrée dans une place de leur commandement, il est tiré :

Pour les maréchaux de France et amiraux . . . . } Dix-sept coups de canon ;

Pour les généraux de division commandant une ou plusieurs armées. Pour les vice-amiraux pourvus d'une commission de commandement d'amiral . . . . } Quinze coups de canon ;

Pour les généraux de division commandant un corps d'armée . . . Pour les vice-amiraux commandant en chef à la mer ou préfets maritimes . . . . Pour les généraux de division commandant une région après la mobilisation . . . . } Onze coups de canon ;

Pour les généraux de division commandant un groupe de subdivisions de région. . . . . } Neuf coups de canon ;

Pour les généraux de brigade commandant des subdivisions territoriales, et les contre-amiraux majors généraux de la marine. . } Sept coups de canon.

Échange de saluts entre les autorités de terre et de mer

304. Lorsqu'une escadre arrive dans un port, les saluts mentionnés à l'article précédent sont échangés entre les officiers généraux des armées de terre et de mer, lors de la première visite officielle qu'ils se font, soit à terre, soit à bord.

Dans les mêmes conditions, les vice-amiraux et les contre-amiraux commandant en chef des nations étrangères sont salués, les premiers de quinze coups de canon et les seconds de treize.

Saluts à rendre aux bâtiments de guerre étrangers

305. Lorsque des bâtiments de guerre étrangers, à leur arrivée dans un des ports ou sur une des rades du littoral, salueront le pavillon national, ce salut devra être rendu dans les chefs-lieux des arrondissements maritimes par les soins des préfets maritimes commandant en chef, et, dans tous les autres ports, sur l'ordre des commandants d'armes.

Il en sera de même lorsque, après entente préalable, il y aura lieu de s'associer aux salves tirées par ces bâtiments à titre de réjouissance nationale.

Les saluts seront toujours rendus coup pour coup, mais sans dépasser toutefois vingt et un coups de canon.

Les forts ou batteries chargés de rendre les salves devront avoir le pavillon français hissé en tête du mât.

CHAPITRE XXXIX. — Mot d'ordre

Port du mot d'ordre

306. Le mot est porté, lorsqu'ils séjournent temporairement à titre officiel dans une place ou une ville de garnison autre que Paris :

Aux ministres.	Par un capitaine ;
Aux maréchaux de France ou amiraux	
Aux généraux de division	Par un lieutenant ou sous-lieutenant ;
Aux vice-amiraux.	

Aux intendants généraux. . . . . ⎫
Au médecin inspecteur général de santé. . . . . ⎪
Aux généraux de brigade. . . . . ⎬ Par un
Aux contre-amiraux . . . . ⎪ sous-officier.
Aux intendants militaires. . . . . ⎪
Aux inspecteurs du service de santé de l'armée. ⎭

Il pourra être envoyé aussi par un sous-officier, mais seulement sur leur demande, aux préfets et aux présidents des cours d'assises, aux chefs du service des douanes, du service forestier et de la police municipale.

CHAPITRE XL. — *Visites individuelles et Salut*

Dispositions spéciales

307. Dans les armées de terre et de mer, les officiers généraux et hauts fonctionnaires des divers services se doivent réciproquement des visites.

Elles ont lieu lorsqu'ils prennent possession de leurs commandements, ou lorsqu'ils arrivent sur les lieux étant en mission.

La première visite est faite par l'inférieur en grade et, à égalité de grade ou de rang, par l'arrivant.

Les vice-amiraux commandant en chef, préfets maritimes, reçoivent la première visite dans les ports militaires chefs-lieux d'arrondissement maritime ; mais les généraux de division commandants de corps d'armée la reçoivent dans toute autre place ou ville de leur région.

Les vice-amiraux commandant en chef à la mer, arrivant dans un port, autre qu'un port militaire chef-lieu d'un arrondissement maritime, où se trouve le commandant de corps d'armée, doivent à celui-ci la première visite. Inversement, ils la reçoivent de tout autre général de division présent dans le port, quand le commandant du corps d'armée ne s'y trouve pas.

Les visites sont rendues dans les vingt-quatre heures.

A quelles autorités les visites individuelles sont dues

308. Tout officier, fonctionnaire ou employé ayant rang d'officier, venant prendre possession d'un emploi dans une place ou dans un port, doit, à son arrivée, faire une visite aux officiers sous les ordres directs desquels il est placé.

Dans les mêmes circonstances, les officiers généraux ou supérieurs et les fonctionnaires assimilés des armées de terre et de mer doivent faire une visite aux maréchaux et amiraux, aux officiers généraux des armées de terre et de mer, et au commandant d'armes.

Les officiers, fonctionnaires ou employés en mission, ne doivent de visite qu'au commandant d'armes et aux chefs des services que leur mission concerne.

Salut

309. Tout inférieur doit le salut à son supérieur, soit de jour, soit de nuit; dans le service, le fonctionnaire ou employé assimilé doit le premier salut à l'officier revêtu de ses insignes qui est son supérieur ou son égal en rang.

Les gendarmes ne doivent pas le salut aux sous-officiers, caporaux et brigadiers étrangers à leur corps.

Les sous-officiers rengagés, et les sous-officiers, caporaux ou brigadiers et soldats décorés de la Légion d'honneur ou de la médaille militaire, ont droit au salut des militaires du même grade non rengagés ou décorés; en cas de refus du salut, le militaire qui y a droit peut demander une punition au capitaine du coupable.

CHAPITRE XLI. — *Honneurs funèbres militaires*

Disposition spéciale

310. Les honneurs funèbres à rendre au Président de la République sont l'objet de dispositions spéciales arrêtées par le Gouvernement.

Présidents des deux Chambres, ministres, maréchaux et amiraux.
généraux de division employés, etc.

311. Toutes les troupes prennent les armes :

Pour les présidents des deux Chambres ;

Pour les ministres ;

Pour les maréchaux et amiraux ;

Pour les généraux de division et vice-amiraux employés ;

Pour les commandants d'armes ;

Pour les préfets.

Généraux de division, grands-croix de la Légion d'honneur, etc.

312. La moitié de la garnison prend les armes :

Pour les généraux de division ;

Pour les vice-amiraux ;

Pour les grands-croix de la Légion d'honneur ;

Pour les généraux de brigade commandant une ou plusieurs subdivisions de région ;

Pour les contre-amiraux majors généraux de la marine ;

Pour les généraux de brigade commandant une brigade active.

Généraux de brigade, grands officiers de la Légion d'honneur, etc.

313. Le tiers de la garnison prend les armes :

Pour les fonctionnaires et assimilés des armées de terre et de mer ayant le rang de général de division ;

Pour les généraux de brigade ;

Pour les contre-amiraux ;

Pour les grands officiers de la Légion d'honneur ;

Pour les majors généraux de la marine qui ne sont pas contre-amiraux.

Disposition générale

314. A Paris, hors les cas spécialement réglés par l'autorité supérieure, dans les places qui renferment une nombreuse garnison et dans les camps à l'intérieur, les termes : *tout, moitié* et

tiers de la garnison doivent s'entendre de l'équivalent : pour le premier cas, d'une division ; pour le deuxième, d'une brigade ; pour le troisième, de la moitié d'une brigade, contenant autant que possible des détachements des différentes armes. Dans les villes qui n'ont pour garnison qu'un régiment ou fraction de régiment, toutes les troupes prennent les armes.

Suivant que les honneurs sont rendus par la totalité, par la moitié ou par le tiers de la garnison, le commandement est exercé par l'officier qui occupe le premier, le deuxième ou le troisième rang.

Toutefois, l'officier qui commande ne doit pas être d'un grade ou d'un rang supérieur à celui de la personne décédée.

Sénateurs, députés, conseillers d'État, colonels, commandeurs de la Légion d'honneur

315. Un bataillon ou deux escadrons, commandés par un colonel ou par un capitaine de vaisseau, prennent les armes :

Pour les sénateurs. ⎱ décédés pendant la session dans la ville
Pour les députés . ⎰ où siège l'assemblée dont ils font partie ;

Pour les conseillers d'État, décédés en fonctions dans la ville où siège le Conseil d'État ou dans une ville où ils sont en mission extraordinaire ;

Pour les fonctionnaires et assimilés des armées de terre et de mer ayant rang de général de brigade ;

Pour les colonels ;

Pour les capitaines de vaisseau ;

Pour les commandeurs de la Légion d'honneur.

Lieutenants-colonels, capitaines de frégate, etc.

316. Deux compagnies ou deux pelotons de troupes à cheval, commandés par un chef de bataillon ou d'escadrons ou major ou par un capitaine de frégate, prennent les armes :

Pour les fonctionnaires des armées de terre et de mer avec le rang de colonel ;

Pour les lieutenants-colonels ;
Pour les capitaines de frégate.

Chefs de bataillon, officiers de la Légion d'honneur, etc.

317. Une compagnie ou un peloton de troupes à cheval, commandé par un capitaine ou un lieutenant de vaisseau, prend les armes :

Pour les fonctionnaires des armées de terre et de mer ayant le rang de lieutenant-colonel ;

Pour les chefs de bataillon ou d'escadrons et les majors ;

Pour les officiers de la Légion d'honneur.

Capitaines, lieutenants de vaisseau, etc.

318. Un peloton d'infanterie ou de troupes à cheval, commandé par un lieutenant ou un enseigne de vaisseau, prend les armes :

Pour les fonctionnaires des armées de terre et de mer ayant le rang de chef de bataillon ;

Pour les capitaines ;

Pour les lieutenants de vaisseau.

Lieutenants, sous-lieutenants, enseignes de vaisseau, aspirants de première classe chevaliers de la Légion d'honneur, etc.

319. Une section d'infanterie ou un demi-peloton de troupes à cheval, commandé par un sous-lieutenant ou un aspirant de première classe, prend les armes :

Pour les fonctionnaires des armées de terre et de mer ayant le rang de capitaine, de lieutenant, de sous-lieutenant ou d'aspirant de première classe ;

Pour les lieutenants et les sous-lieutenants ;

Pour les enseignes de vaisseau et les aspirants de première classe ;

Pour les chevaliers de la Légion d'honneur.

Aspirants de deuxième classe, adjudants, sous-officiers, etc.

320. Un quart de peloton, commandé par un sous-officier, prend les armes :

Pour les aspirants de deuxième classe de la marine ;

Pour les adjudants principaux des ports militaires ;

Pour les maîtres principaux et entretenus des arsenaux de la ~~marine~~ ;

Pour les adjudants ~~des corps de~~ troupes et les premiers maîtres des équipages de la flotte ;

Pour les employés du génie ou de l'artillerie ~~des armées~~ de terre et de mer ayant rang de sous-officier ;

Pour les officiers mariniers et les sous-officiers des armées de terre et de mer ;

Pour les caporaux, brigadiers, quartiers-maîtres, soldats et marins décorés de la médaille militaire.

Caporaux et brigadiers, quartiers-maîtres de la marine, simples soldats et marins

321. Un huitième de peloton, commandé par un caporal, brigadier ou quartier-maître, prend les armes :

Pour les caporaux ou brigadiers ;

Pour les quartiers-maîtres ;

Pour les simples soldats et marins.

Officiers de troupe décédés en activité de service

322. Pour les chefs de corps décédés dans l'exercice de leur commandement, les corps marchent en entier avec drapeau ou étendard.

Pour les lieutenants-colonels, la moitié du corps prend les armes ; pour les chefs de bataillon, d'escadrons ou majors, un bataillon ou deux escadrons ; pour les capitaines, leur compagnie, escadron ou batterie ; pour les lieutenants ou sous-lieutenants, leur peloton.

Officiers, fonctionnaires et employés décédés en dehors du service

323. Les honneurs définis par les articles 311 et suivants appartiennent exclusivement aux officiers généraux du cadre d'activité ou du cadre de réserve, et aux officiers, fonctionnaires et employés qui décèdent en position d'activité ou dans l'exercice de leurs fonctions. Quand ils décèdent en toute autre position, retraite, non-activité, réforme, etc., ils n'ont droit qu'à la moitié de ces mêmes honneurs.

Les honneurs dus aux membres de la Légion d'honneur, à ce titre, leur sont rendus intégralement dans toutes les positions.

Aucun honneur n'est rendu, en raison de leur grade, aux officiers, fonctionnaires et employés mis en réforme par mesure de discipline.

Les officiers et soldats de la réserve et ceux de l'armée territoriale ont droit, lorsqu'ils décèdent étant sous les drapeaux, aux mêmes honneurs que les officiers et soldats de l'armée active.

Dans toute autre circonstance, il ne leur est dû aucun honneur en raison de leur grade dans la réserve ou dans l'armée territoriale.

Effectif des détachements

324. Pour les honneurs funèbres à rendre en vertu des articles 315 et suivants, l'effectif des compagnies d'infanterie et celui des escadrons de troupes à cheval est supposé de cent hommes.

Service des troupes commandées pour rendre les honneurs funèbres aux personnes autres que les militaires et marins décédés en activité

325. Les honneurs militaires funèbres dus aux membres de la Légion d'honneur, et aux personnes, autres que les militaires et marins en activité, dénommées aux articles 311 et suivants, sont rendus au domicile du défunt.

Pour rendre ces honneurs, les troupes sont rangées autant que possible face à la maison mortuaire. Pendant la levée du corps et jusqu'à ce que le cortège ait défilé, elles sont au port d'armes;

les tambours, clairons ou trompettes battent ou sonnent une marche funèbre. Après le défilé du cortège, les troupes sont reconduites à leurs quartiers.

On se conforme, en ce qui concerne la composition des détaments, aux dispositions des articles 311 et suivants.

Pour les officiers, fonctionnaires et employés décédés en dehors du service et dénommés à l'article 323, ainsi que pour les sous-officiers et soldats retraités, membres de la Légion d'honneur ou décorés de la médaille militaire, il sera commandé en outre une députation d'au moins quatre personnes de grade ou de rang égal à celui du décédé, et, à défaut, de quatre personnes du grade ou du rang inférieur.

Cette députation accompagnera le corps jusqu'à l'endroit où se terminent les cérémonies funèbres.

Service des troupes commandées pour rendre les honneurs funèbres aux militaires et marins décédés en activité. — Marche du cortège

326. Les troupes commandées pour rendre les honneurs funèbres aux militaires et marins décédés en activité sont conduites à la maison mortuaire. A la levée du corps, elles portent ou présentent les armes et rendent les honneurs dus au grade du défunt. Elles accompagnent ensuite le corps jusqu'au cimetière.

Pendant la marche du cortège, les troupes marchent en colonne, l'arme sur l'épaule, partie en avant, partie en arrière du char funèbre. Ces deux colonnes sont reliées par deux détachements marchant en file, à droite et à gauche du char et des voitures de deuil. Les hommes marchant en file ont l'arme sous le bras droit. Les drapeaux et étendards sont voilés d'un crêpe; les tambours sont couverts de serge noire; les clairons et les trompettes ont des sourdines et des crêpes.

Sur le char funèbre sont déposés les insignes, armes et décorations du décédé. S'il était officier général ou officier supérieur chef de corps et en activité de service, son cheval de bataille, dont le harnachement est couvert d'un voile noir, est conduit derrière le char.

Les coins du poêle sont portés par quatre personnes de grade ou de rang égal à celui du décédé, et à défaut, par quatre personnes du grade ou du rang inférieur.

Arrivée au cimetière

327. A l'arrivée au cimetière, les troupes rendent les mêmes honneurs qu'à la maison mortuaire et sont reconduites à leurs quartiers.

Salves d'artillerie

328. Les salves d'artillerie attribuées au rang du défunt, qu'il appartienne à l'ordre civil ou à l'ordre militaire, par les articles 301, 302 et 303, sont tirées au moment de la levée du corps et au moment de l'arrivée au cimetière.

Munitions fournies par l'État

329. Les munitions pour les salves d'artillerie sont fournies par l'État.

Deuil du drapeau ou de l'étendard

330. Tous les drapeaux et étendards de l'armée prennent le deuil à la mort du Président de la République et le gardent jusqu'à l'entrée en fonctions de son successeur.

Le drapeau ou étendard d'un corps de troupes prend le deuil du chef de corps et le garde jusqu'à ce qu'il soit remplacé.

Le deuil du drapeau consiste en un crêpe noué à la lance.

Décès des chefs de corps

331. Tous les officiers portent, pendant un mois, le deuil de leur chef de corps.

Port du deuil militaire et du deuil de famille

332. Le deuil militaire se porte par un crêpe à l'épée, le deuil de famille par un crêpe au bras gauche.

7

Députations

333. L'autorité militaire ou maritime locale reste juge des circonstances dans lesquelles des députations des divers corps doivent assister aux cérémonies funèbres.

Les honneurs funèbres ne sont rendus qu'une seule fois

334. Lorsque le corps de la personne décédée doit être transporté d'un lieu dans un autre, les honneurs funèbres ne sont rendus qu'une seule fois,

Déplacement des troupes pour les honneurs funèbres

335. Les troupes, à moins d'ordres supérieurs, ne sont pas déplacées pour rendre les honneurs funèbres.

La cavalerie fait le service à pied pour les honneurs funèbres

336. Lorsque l'infanterie est remplacée exceptionnellement, en tout ou en partie, pour rendre les honneurs funèbres, par des troupes à cheval, celles-ci font le service à pied, excepté dans le cas où toute la garnison prend les armes.

Service des honneurs funèbres dans les places qui sont ports militaires

337. Dans les places qui sont ports militaires, les détachements commandés pour rendre les honneurs funèbres à un officier ou fonctionnaire de la guerre ou de la marine sont, autant que possible, composés de troupes des deux départements en nombre égal.

Ils sont commandés par un officier du département auquel appartient la personne décédée. Cet officier doit avoir la supériorité ou l'ancienneté du grade sur le commandant particulier de chaque département.

Des officiers de l'armée de terre et de l'armée de mer font partie, quand il y a lieu, du cortège funèbre. Les troupes du département auquel appartient la personne décédée prennent la droite.

En cas d'insuffisance numérique des troupes de l'un des deux départements, l'autre y pourvoit.

CHAPITRE XLII. — *Prescriptions spéciales et principes relatifs aux Honneurs*

Les honneurs sont rendus du lever au coucher du soleil

338. Les honneurs militaires, qu'il ne faut pas confondre avec les marques extérieures de respect que tout militaire doit à son supérieur dans toutes les circonstances, ne se rendent que du lever au coucher du soleil.

Les honneurs ne se cumulent pas

339. Les honneurs militaires ne se cumulent pas. A toute personne revêtue à la fois de plusieurs titres dans les fonctions publiques, il n'est attribué que les honneurs qui appartiennent à la plus élevée de ses fonctions.

Honneurs des intérimaires et des assimilés

340. Un officier ou fonctionnaire remplaçant son supérieur à titre intérimaire ou provisoire n'a droit, ni au rang, ni aux honneurs attribués au titulaire qu'il supplée.

Les fonctionnaires des armées de terre et de mer auxquels des règlements spéciaux auraient assigné le même rang qu'à certains officiers, ne peuvent prétendre qu'aux honneurs qui leur sont attribués par le présent règlement.

Garde d'honneur auprès des officiers généraux des armées de terre et de mer

341. Les personnes à qui sont dues des gardes d'honneur sont énumérées dans les articles 263 et suivants.

Le service de ces gardes a été défini par les articles 50 et 288. Elles sont, autant que possible, fournies aux officiers généraux des armées de terre et de mer par les troupes de leurs départements respectifs.

En cas d'insuffisance numérique des troupes de l'un des deux départements, l'autre y pourvoit.

Le service des honneurs est subordonné à l'effectif des garnisons

342. Les prescriptions du présent décret, quant à l'effectif des troupes ou détachements marchant pour rendre les honneurs et au nombre des sentinelles fournies au même titre, sont subordonnées dans l'application aux ressources des garnisons et aux nécessités du service général.

Le service des honneurs est dévolu aux troupes à pied

343. Le service des honneurs est fait de préférence par les troupes à pied.

Costume officiel, visites, drapeaux, étendards

344. Les visites de corps et autres sont toujours faites, reçues et rendues, quand il y a lieu de les rendre, en uniforme ou en costume officiel.

Les honneurs, quels qu'ils soient, ne sont rendus qu'aux personnes revêtues de l'uniforme, du costume officiel, portant leurs décorations (Légion d'honneur, médaille militaire) ou les insignes de la fonction.

En toutes circonstances, les drapeaux et étendards ne sortent qu'avec les chefs de corps.

Dispositions particulières à la ville de Paris

345. A Paris, les visites de corps et les visites individuelles ne sont faites qu'aux autorités sous les ordres desquelles les corps ou les personnes qui doivent la visite sont directement placés.

Honneurs qui ne doivent être rendus que par ordre supérieur

346. Les honneurs déterminés par les articles 263 et suivants, 296 et suivants, 301 et suivants, sont rendus :

Au Président de la République ;

Aux ministres;

Aux maréchaux et amiraux qui n'ont pas de commandement, sur l'ordre des ministres de la Guerre ou de la Marine.

Il en est de même des honneurs funèbres attribués aux ministres, aux maréchaux et amiraux.

Par décret spécial du Président de la République, les honneurs funèbres pourront être rendus exceptionnellement, jusqu'à l'endroit où se terminent les cérémonies funèbres, à des fonctionnaires non militaires, morts soit en activité de service, soit après la cessation de leurs fonctions.

Souverains étrangers, corps diplomatique, officiers des armées étrangères

347. Les honneurs sont rendus aux souverains et princes étrangers et aux membres du corps diplomatique sur l'ordre des ministres de la Guerre ou de la Marine, et d'après une communication du ministre des Affaires étrangères.

Les honneurs attribués par le présent règlement aux militaires de l'armée nationale sont rendus aux militaires des armées étrangères, revêtus de leur uniforme et de leurs insignes de grade.

Interdiction d'exiger des honneurs particuliers

348. Il est interdit d'exiger ou de rendre des honneurs autres que ceux qui sont déterminés par le présent décret.

Dispositions générales

349. Sont abrogés les ordonnances, décrets et règlements antérieurs sur les honneurs militaires. Sont également abrogées toutes autres dispositions contraires au présent règlement.

Allocutions

Les allocutions tiennent le milieu entre le discours et la harangue.

Elles n'ont pas l'étendue, le développement du premier, ni la concision de la seconde.

Leur caractère est d'avoir un style vif, soutenu, imagé, capable de frapper les imaginations ou d'exciter l'émulation.

Elles sont souvent le résultat de l'improvisation ; ce sont les occasions, les événements qui les inspirent. D'autres fois, elles sont écrites à l'avance et lues au moment voulu.

Les allocutions de César et de Napoléon Ier sont célèbres dans l'histoire. Le vainqueur d'Austerlitz, voulant rappeler à ses soldats leurs triomphes et leur promettre une récompense, leur dit : « Vous avez décoré vos aigles d'une immortelle gloire. Une « armée de 100,000 hommes, commandée par les empereurs de « Russie et d'Autriche, a été en quelques heures coupée et dis- « persée ; ce qui a échappé à votre fer s'est noyé dans les lacs. « 40 drapeaux, les étendards de la garde impériale russe, « 120 pièces de canon, 30,000 prisonniers, sont le résultat de « cette journée à jamais célèbre. Cette infanterie tant vantée « n'a pu résister à votre choc, et désormais vous n'avez plus de « rivaux. Soldats, je vous ramènerai en France ; là, vous serez « l'objet de mes plus tendres sollicitudes, et il vous suffira de « dire : *J'étais à la bataille d'Austerlitz,* pour que l'on réponde : « *Voilà un brave !* »

Les allocutions militaires sont ordinairement remarquables

par leur concision. Selon Tacite, César apaisa son armée mutinée en commençant l'allocution, non par le mot *commilitones,* compagnons d'armes, mais par le mot ironique *quirites,* qui, dans sa bouche, équivalait à ceux de citadins, de messieurs, de bourgeois, et même de *pékins.*

L'allocution de Henri IV, à Ivry, est justement célèbre. On connaît aussi celle du jeune La Rochejaquelein à ses Vendéens, au moment de livrer bataille à l'armée républicaine : *Si j'avance, suivez-moi; si je recule, tuez-moi; si je meurs, vengez-moi!* Une des plus singulières est celle de Frédéric II à Kollin. Sa cavalerie, abîmée par l'ennemi, témoignait peu d'empressement à retourner pour la septième fois à la charge ; il s'écria, pour l'y décider : *Voulez-vous donc vivre éternellement?*

Mais personne n'a connu le secret de parler au cœur du soldat comme le vainqueur de Marengo : *Du haut de ces pyramides, quarante siècles vous contemplent.... Souvenez-vous que mon habitude est de coucher sur les champs de bataille.... C'est le soleil d'Austerlitz, etc., etc.*

L'allocution la plus éloquente qui nous soit restée de l'antiquité est, sans contredit, celle que Tacite met dans la bouche de Galgacus, chef des Calédoniens. C'est là que se trouve cette phrase énergique si souvent rappelée : *Ubi solitudinem faciunt, pacem appellant.*

Remerciements du maire à la suite de son élection par le conseil municipal

Messieurs et chers collègues,

En me confiant la plus haute charge municipale, vous venez de me faire le plus grand honneur qu'il me soit donné d'espérer.

Laissez-moi vous remercier, et vous dire combien je suis touché de cette marque d'estime.

Croyez bien, Messieurs, que je m'efforcerai, par mon dévouement aux intérêts de notre chère commune, de ne pas démériter de votre confiance.

Je compte, de mon côté, que vous voudrez bien me donner votre entier concours, et me faciliter ma tâche en m'aidant de votre expérience et de vos lumières.

Autre

Messieurs et chers collègues,

Je suis tout confus du témoignage de confiance et d'honneur que vous venez de me donner, en me choisissant comme maire de la commune.

Si je ne consultais que mon mérite, je n'hésiterais pas à vous dire que d'autres, parmi vous, eussent été mieux à même que moi de remplir ces importantes fonctions.

Mais, puisque vous avez fait appel à mon dévouement à la chose publique; puisque vous pensez que je puis rendre quelques services à notre chère commune, je n'hésite pas, persuadé que je puis compter de mon côté sur votre concours.

Les nombreuses affaires qui vont vous être soumises seront, j'en suis certain, l'objet de tous vos soins, et n'amèneront entre nous aucun de ces différends qui, quoique peu importants dans le fond, n'en font pas moins surgir des difficultés préjudiciables aux intérêts que nous sommes chargés de défendre.

C'est par une discussion calme et raisonnée que nous arriverons à résoudre les affaires les plus délicates, et que nous donnerons à nos électeurs la preuve de notre dévouement à la chose publique.

Autre

Messieurs et chers collègues,

En me choisissant comme maire de la commune, vous m'avez indiqué mes devoirs.

Je saurai les remplir, grâce à votre concours qui, je l'espère, ne me fera jamais défaut.

Faisons trève, Messieurs, à tous les dissentiments passés, et rappelons-nous que nous sommes ici pour ne nous occuper que des affaires de la commune.

Nos électeurs nous ont tracé le programme que nous avons à accomplir. Montrons-nous dignes de leur confiance.

Autre

Messieurs et chers collègues,

Les fonctions de maire que vous venez de me confier, et que je n'ambitionnais pas, me créent des devoirs que je saurai remplir.

Vous avez pensé que je pouvais rendre quelques services à la commune; je ferai en sorte que votre espoir ne soit point trompé.

Vous savez, Messieurs, combien d'affaires importantes nous avons à résoudre. Laissez-moi espérer qu'en nous aidant mutuellement, nous arriverons à leur donner une solution satisfaisante.

Je vous remercie donc, Messieurs et chers collègues, de vos bienveillants suffrages, et vous prie de croire à mon entière reconnaissance.

Autre

Messieurs et chers collègues,

Avant toute chose, laissez-moi payer un tribut de reconnaissance à celui qui m'a précédé dans les fonctions que vous venez de me confier.

Nul, plus que lui, n'avait pris à cœur les intérêts de notre chère commune. Il y dépensait non seulement tout son temps, mais encore les multiples ressources que son intelligence exceptionnelle faisait naître en lui chaque jour.

Permettez-moi, Messieurs, de lui adresser d'ici un salut fraternel, avec l'hommage de toute notre reconnaissance.

C'est en suivant ses traces, en m'inspirant de son souvenir, que j'espère me montrer digne de lui succéder.

Il n'avait que des amis au conseil. Messieurs, que rien ne soit changé.

Qu'il ne surgisse jamais entre nous ni mésintelligence ni dissentiments, et que tous nos efforts n'aient pour but que de donner à nos électeurs les satisfactions qu'ils sont en droit d'espérer.

Inauguration d'un établissement communal

Messieurs,

La pensée que nous avions conçue est aujourd'hui réalisée. Nous voilà en possession de *(indiquer l'établissement)*, qui servira désormais à......

Je suis heureux et fier, Messieurs, du privilège qui me permet de remercier tous ceux qui, à des titres divers, ont concouru à l'érection de ce......

Les sacrifices qu'il nous a coûtés seront certainement bientôt compensés par les résultats que nous en retirerons.

Nous ne devons donc pas regretter aujourd'hui les efforts que nous avons faits pour doter notre commune d'un pareil établissement, que nous léguerons à nos successeurs comme le gage de notre dévouement à la chose publique.

Félicitations d'un maire à la suite d'une célébration de mariage

Madame et Monsieur,

Permettez-moi de vous féliciter le premier de l'acte que vous venez d'accomplir.

Si jamais les devoirs de ma charge m'ont paru agréables, c'est assurément dans la circonstance présente, où il m'a été permis d'unir deux personnes pour lesquelles je professe la plus grande estime, et dont les familles sont si honorablement connues dans le pays.

Je fais les vœux les plus sincères pour votre bonheur, et souhaite que le lien qui vous enchaîne désormais soit pour vous un lien de fleurs répandant les plus suaves odeurs.

Autre

Madame et Monsieur,

Il est réservé au magistrat qui vient de vous unir de vous adresser le premier ses félicitations.

Je prends donc la liberté de vous dire combien je forme des vœux pour votre bonheur.

Puissiez-vous, dans la vie nouvelle que vous allez vivre, ne rencontrer que choses heureuses et agréables ; puissiez-vous ne connaître jamais ni peines ni douleurs.

Vous savez les devoirs que vous venez de contracter l'un envers l'autre. N'oubliez pas qu'il en est un aussi grand et aussi important auquel vous devez obéir : c'est de donner à la patrie des enfants dignes de vous et dignes de la France, notre seconde mère.

Autre

Madame et Monsieur,

Après l'acte solennel que vous venez d'accomplir, je m'empresse de vous dire combien je prends part à votre bonheur et à celui de vos honorables familles.

A vous, Madame, qui représentez ici la grâce et la beauté, permettez-moi de vous adresser les vœux les plus sincères pour votre bonheur futur.

Que l'avenir soit toujours pour vous dégagé des nuages qui en altèrent la pureté; que les fleurs, images de vos qualités, se trouvent constamment sous vos pas, à la place des ronces et des épines qui déchirent les pieds de ceux qui ont le malheur de les fouler.

A vous, Monsieur, qui représentez le courage, l'intelligence et l'honneur, je n'ai qu'un vœu à formuler : vous montrer toujours et quand même un bon époux et un père dévoué.

Vous remplirez ainsi dignement ce que vous devez à Dieu et à la patrie.

Annonce, par le maire, du décès d'un conseiller municipal

Messieurs et chers collègues,

J'ai le regret de vous faire part du décès de notre collègue, M. X...

Bien que malade depuis longtemps, rien ne faisait prévoir une fin si prochaine.

En le perdant, le conseil perd en lui un de ses membres les plus influents et les plus dévoués aux intérêts de notre commune.

Je crois être votre interprète, en envoyant à la famille de notre regretté collègue l'expression de notre respectueuse sympathie.

Autre

Messieurs et chers collègues,

M. X... est mort ce matin !

La nouvelle m'en a été apportée au moment même où je me rendais à la séance.

Mon émotion est trop grande aujourd'hui pour que je puisse vous parler de lui comme je devrais le faire.

Nous l'estimions tous ici pour sa droiture, son intelligence et l'aménité de son caractère.

En le perdant, nous perdons un collaborateur précieux, et la commune un conseiller tout dévoué aux intérêts de la localité.

Messieurs, c'était aussi un homme de bien dans toute l'acception du mot.

Saluons donc sa mémoire, et envoyons à sa famille l'expression de nos sentiments douloureux et de nos plus sincères regrets.

Autre

Messieurs et chers collègues,

Depuis notre dernière séance, un vide s'est produit parmi nous : notre collègue, M. X..., est décédé après quelques jours de maladie.

Je ne vous rappellerai pas l'homme qui laisse après lui des regrets universels ; mais je vous parlerai du conseiller que nous aimions, et dont les avis, fruits d'une intelligence hors ligne et d'une expérience indiscutable, étaient toujours suivis.

La commune lui doit beaucoup ; car il avait pris part à toutes les discussions, à tous les travaux dans lesquels ses intérêts étaient engagés. Ses intérêts, il les défendait, Messieurs, avec une conviction et un jugement qui forçaient ses adversaires à s'incliner.

Puisse le témoignage que nous lui rendons en ce jour être pour sa famille un adoucissement au malheur qui l'a frappée.

Je vous propose donc, Messieurs, de lever la séance en signe de deuil.

Autre

Messieurs et chers collègues,

La mort vient de frapper dans nos rangs.

Notre collègue X... est décédé.

Vous parlerai-je, Messieurs, de ses qualités ? Vous dirai-je tout ce qu'il y avait en lui de bon. de dévoué ?

Comme moi, vous l'avez tous apprécié, et vous savez combien il était digne de la considération générale dont il jouissait.

Il faisait le bien autour de lui sans bruit, sans ostentation. Le grand jour répugnait à sa modestie. Ah ! Messieurs, un tel homme pourrait être proposé en exemple aux générations futures.

Que son souvenir reste toujours parmi nous, et que nos regrets soient pour sa famille l'expression la plus éloquente des sentiments d'estime que nous avions pour lui.

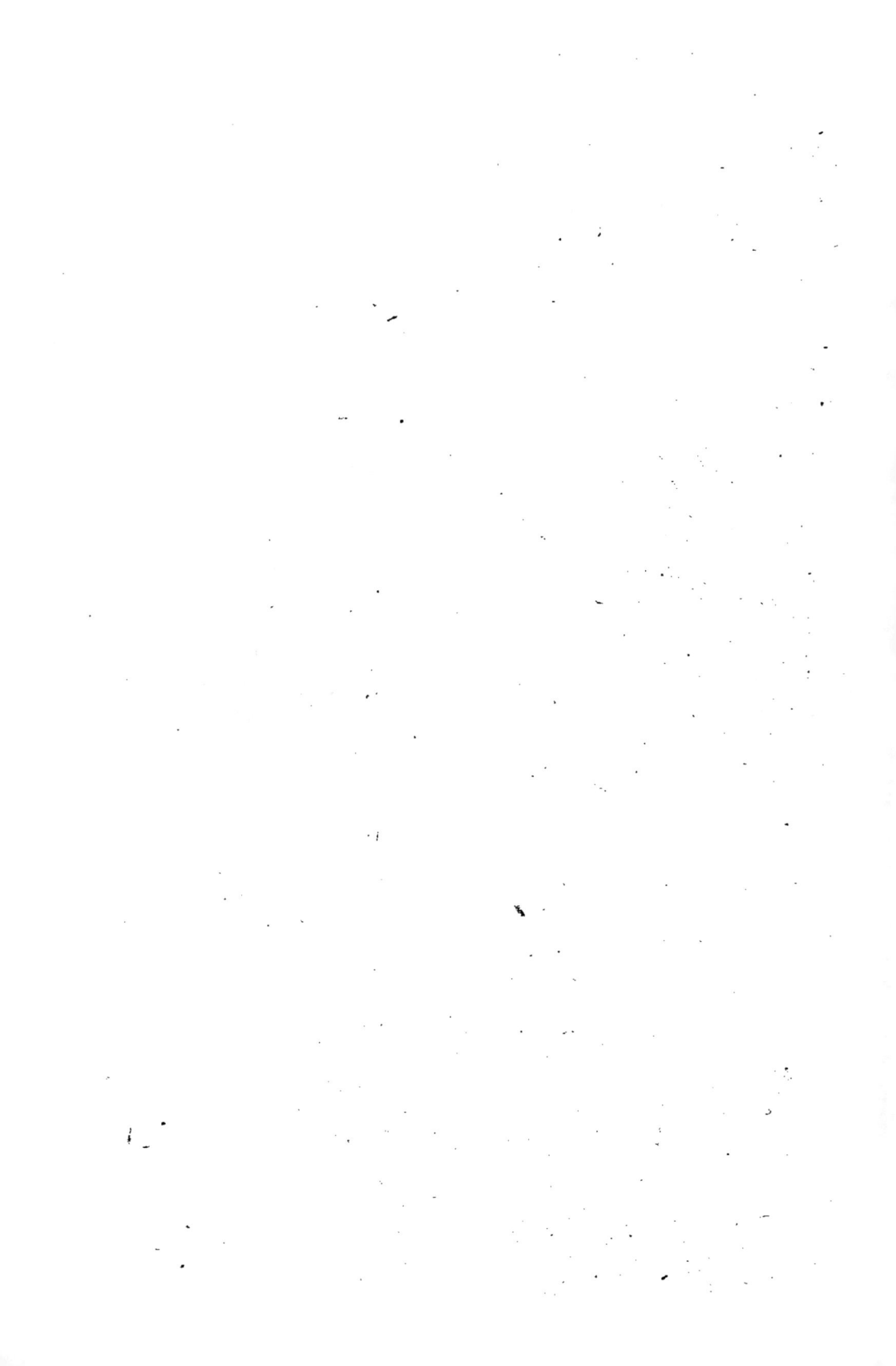

Discours

Le discours est un assemblage de paroles pour expliquer ce que l'on pense. Il est généralement d'une certaine étendue et appuyé de raisonnements et de preuves.

Le discours s'adresse directement à l'esprit ; il se propose d'expliquer et d'instruire ; sa beauté est d'être clair, juste et élégant. L'*oraison* travaille à prévenir l'imagination ; son plan roule ordinairement sur la louange ou sur la critique ; sa beauté consiste à être noble, délicate et brillante.

Le discours s'emploie généralement dans les cas où l'importance du sujet à traiter et la solennité des circonstances semblent imposer à celui qui parle plus de suite, de régularité et d'élévation, que dans une conversation ordinaire.

L'étude spéciale de ce genre d'éloquence est du domaine de la rhétorique, et sort des limites du cadre de notre ouvrage.

D'ailleurs, notre but n'est pas d'instruire, mais bien de faciliter à certaines personnes l'accomplissement d'un devoir qui leur est imposé par la nature même de leurs fonctions.

Nous nous bornerons donc à donner différents modèles, que l'on n'aura pour ainsi dire qu'à copier, en y introduisant de légers changements nécessités par les exigences actuelles ou locales.

Il est peu d'orateurs qui soient capables d'improviser un texte complet. La plupart de nos hommes politiques, et des plus éminents, ne craignent pas d'écrire à l'avance leurs discours, et même de les lire à la tribune ou dans les réunions dans lesquelles ils sont appelés. C'est que, plus que personne, ils se méfient des

8

dangers de l'improvisation, qui porte parfois la parole à dépasser les limites de la pensée.

En s'aidant des modèles qui suivent, on trouvera un travail tout préparé sur les sujets les plus divers, se rapportant aux distributions de prix aux jeunes enfants, aux adúltes, aux distributions de récompenses dans les concours, etc.

Si l'on trouve que certains de ces discours sont un peu trop étendus, rien n'empêche de les réduire au temps dont on pourra disposer.

Enfin, dans le choix que l'on fera, on aura égard surtout à l'auditoire qui devra les entendre, afin de ne pas s'exposer à parler de choses que son intelligence ne parviendrait pas à comprendre.

<hr />

Sur ceux qui ont terminé leurs études (1).

Jeunes élèves,

En contemplant vos fronts, soucieux de connaître quelles récompenses ont été méritées par vos travaux de l'année, je ne puis cacher mon émotion, en constatant combien sont nombreuses les couronnes que vos maîtres destinent à vos justes efforts.

Les luttes scolaires, dans lesquelles certains d'entre vous ont triomphé sont d'un heureux présage pour votre avenir, et je ne doute pas qu'après les lauriers de l'enfance, vous ne récoltiez plus tard les lauriers du citoyen.

Certains d'entre vous vont quitter à jamais les bancs de l'école. Ils vont entrer dans la vie publique, soutenus, d'une part, par les conseils dévoués de leurs parents, et, d'autre part, par les bons

(1) Dans les distributions de prix ou autres cérémonies analogues, les règles de préséance tracées par le décret de messidor an XII ne sont pas légalement obligatoires; elles sont de simple convenance. C'est à la personne qui a organisé la cérémonie qu'il appartient de désigner les places, en observant les égards dus aux différentes autorités.

souvenirs de leur temps passé avec des maîtres qui leur ont appris à se diriger dans les sentiers de l'honneur.

Certes, leur éducation est loin d'être complète. Il leur reste encore beaucoup à apprendre ; mais le plus fort est fait. Le terrain, si j'ose m'exprimer ainsi, est défriché : la semence a été répandue avec soin ; qu'ils la laissent germer, et la moisson sera fructueuse, s'ils ne font rien pour la paralyser ou la détruire.

L'heure approche où ils ne devront compter que sur eux, où les peines, les soucis, les inquiétudes qu'une affectueuse tendresse leur a évités jusqu'ici, seront leur partage.

Qu'importe ! cela ne saurait être pour vous un sujet de découragement. Soyez forts contre l'adversité, si elle vous échoit ; soyez humains, si la fortune vous sourit.

Quoi qu'il arrive, faites toujours votre devoir, rien que votre devoir. Regardez toujours au-dessus de vous, et ne craignez pas de faire tous vos efforts pour arriver au but que nous devons tous chercher à atteindre : la considération et l'honneur.

Et si quelque jour la patrie a besoin de vos bras, qu'elle trouve en vous un fils dévoué, un défenseur énergique et courageux.

En servant la patrie, rappelez-vous que vous combattez pour la justice, pour vos frères, pour les droits sacrés du genre humain, qui se résument tous dans le mot glorieux de liberté !

Rappelez-vous que vous combattez pour manger en paix le fruit de votre travail; pour ramener dans les familles l'abondance. la sécurité et la joie ; pour délivrer ceux que les destins de la guerre nt soumis sous le joug des oppresseurs.

Rappelez-vous, enfin, que le citoyen se doit à sa patrie, quelque tort qu'elle puisse avoir envers lui, et qu'il n'est jamais permis de la renier.

Car la patrie, c'est l'air que vous respirez; le sol que vous foulez et qui vous a vu naître ; c'est tout ce qui vous entoure ; ce qui parle à vos yeux comme à votre cœur ; ce sont vos parents, vos amis ; les souvenirs de votre jeune âge; la langue que vous avez apprise; le drapeau qui flotte sur vos têtes ; et jusqu'aux tombes de ceux qui vous ont précédés dans la vie.

Ce sont toutes ces choses qu'il faut défendre contre l'étranger; ce sont toutes ces choses qu'il faut savoir sauvegarder, même au prix de son sang.

Préparez-vous donc aux luttes futures, luttes de la vie parfois inégales et cruelles! Que ce soit sur les champs de bataille du travail ou de l'industrie, faites toujours votre devoir, quoi qu'il puisse vous en coûter.

Ne vous laissez pas effrayer par l'adversité. Le spectacle d'un homme de bien qui lutte sans jamais se laisser abattre, est une leçon plus belle et plus utile que l'action de celui qui se dérobe en quelque sorte au combat par un effort, violent à la vérité, mais qui dure peu et qui peut passer pour une véritable fuite.

Je n'insisterai pas davantage sur ce sujet, car je suis persuadé que vous m'avez tous compris. Les lauriers qui vous attendent, pour être le résultat de vos jeunes efforts, n'en ont pas moins une importance considérable. Vous vous rappellerez plus tard, avec une certaine joie, les triomphes de votre jeunesse, et lorsque vous songerez aux peines qu'ils vous ont coûtées, ce vous sera un encouragement pour l'avenir.

Je vous connais aujourd'hui pour des enfants sages, respectueux et bons; laissez-moi espérer de retrouver en vous, plus tard, des hommes honnêtes et de dévoués citoyens.

Sur le temps de la jeunesse

Mes chers enfants,

Le temps de la jeunesse a toujours été regardé comme très important, à cause de la grande influence qu'il a sur le reste de la vie. Il l'est surtout aujourd'hui, parce que, plus que jamais, l'avenir d'un homme dépend de la manière dont son éducation a été faite. Tout jeune homme aujourd'hui, en effet, peut donner à ses aspirations le but le plus élevé, s'il reçoit une bonne éducation. Il est donc utile de l'initier à ce qui se passe dans la société.

Autrefois, c'était la force qui gouvernait le monde; le règne

de la force exista chez tous les peuples primitifs. Il n'y avait alors
que deux grandes classes d'hommes : les uns jouissant de tous
les biens de la fortune, passant leur vie entière dans l'inaction et
la mollesse ; les autres supportant toutes les fatigues des travaux,
ayant à peine de quoi couvrir leur nudité, à peine la nourriture
suffisante pour soutenir leur misérable vie, livrés à la merci des
maîtres cruels qui les avaient achetés, et privés de l'espoir de
voir jamais se lever sur eux le soleil de la liberté. Les premiers,
c'étaient les puissants, les plus forts, autant d'espèces de Nem-
rods ; les seconds, c'étaient les esclaves.

Qui pouvait mettre fin à cet affreux état de l'homme ravalé au-
dessous de la brute ? Était-ce les esclaves eux-mêmes ? Non. Quand
même ils se fussent délivrés du lourd fardeau de la servitude,
l'esclavage n'eût pas cessé : les rôles seuls eussent été changés ;
et que n'auraient pas fait, d'ailleurs, ces hommes avilis, s'ils
s'étaient vus possesseurs d'immenses richesses !... Était-ce la
société elle-même? Impossible encore. Fiers de leurs milliers
d'esclaves, les maîtres auraient-ils permis qu'on leur enlevât
ce qui constituait la plus grande partie de leur fortune? Seule, la
liberté pouvait accomplir ce grand acte de la civilisation humaine.

Toutes les sociétés, vous ai-je dit, connurent dans leur origine
le règne de la force : la guerre et l'épée, tel était le droit dans les
temps anciens. Et voilà qu'aujourd'hui on s'éloigne de plus en
plus de ces idées ; maintenant, ce n'est plus à la guerre que l'on
va demander la paix, mais aux efforts intelligents de la diplomatie, qui résout, la plupart du temps, des difficultés que les
armes seules, jadis, eussent été capables de faire disparaître.

Après le règne de la force vint celui de la naissance. Quelques hommes, qui s'étaient rendus puissants, le plus souvent par
l'épée, voulurent transmettre à leur postérité les avantages qu'ils
s'étaient acquis. Alors, les seigneurs remplacèrent les puissants,
les forts ; alors la naissance devint la règle du plus ou moins de
pouvoir; l'aristocratie de la naissance remplaça celle de la force,
et ce fut un grand progrès.

L'antiquité païenne la connut, cette aristocratie de la naissance.

Ainsi, dans le grand empire romain, empire d'aristocratie, il y avait deux classes bien distinctes : ceux qui avaient droit de cité, et les esclaves ; et sous le règne de cette aristocratie ancienne, l'esclave n'était rien qu'une chose. En fait de civilisation, cette aristocratie n'alla pas plus loin que le droit de cité.

Mais sur les débris de l'empire romain, renversé par les barbares, s'établit une autre aristocratie qui, inspirée par le christianisme, fit de l'esclave un serf, et lui rendit la dignité de l'homme.

C'est cette belle aristocratie, qu'on appela aristocratie féodale, qui tira nos pères de la barbarie, et nous fit passer de Charlemagne à saint Louis et de saint Louis à Louis XIV.

Alors on vit s'accomplir l'affranchissement des serfs par les seigneurs eux-mêmes, et la réintégration de ces mêmes serfs dans tous les droits de l'humanité. Cependant, alors encore, sous le règne de la naissance, les serfs étaient malheureux, et trop souvent les seigneurs abusèrent de leur pouvoir. Bien plus, la féodalité en vint à être puissante au point de faire trembler les rois eux-mêmes, et de là bien des abus.

Ce temps n'est plus. Le règne de la naissance, le second dans l'ordre des temps, a dû faire place au troisième, de beaucoup préférable, et aujourd'hui la naissance n'est plus un titre suffisant pour arriver au pouvoir, pour dominer. Et ici je ne veux point déprécier la noblesse ; loin de moi une pareille pensée. Je le reconnais, la noblesse a de grands avantages. Oui, il sera toujours avantageux d'avoir devant soi les glorieux exemples de ses ancêtres à imiter, de grandes vertus domestiques pour s'exciter à ne rien faire qui les avilisse. Oui, une grande terre sous ses pieds, un grand sang dans les veines, de grands exemples à suivre, voilà ce qui constitue la vraie noblesse ; voilà quelque chose que les nations civilisées reconnaîtront toujours, quoi qu'il puisse arriver.

Mais, de nos jours, il ne suffit pas d'être noble ; il faut encore soutenir la gloire léguée par les ancêtres, différemment tous les titres deviennent inutiles.

C'est qu'aujourd'hui chacun ne doit compter, pour s'élever,

que sur lui-même ; aujourd'hui, plus que jamais, il semble que l'homme soit laissé en la main de son propre conseil. Rien ne s'accorde plus qu'au mérite personnel. En cela, la civilisation a fait un grand pas, un pas immense ; et si nous ne sommes pas arrivés au dernier degré de la perfection, degré que, du reste, l'homme ne pourra jamais atteindre, nous sommes, du moins, dans la voie, et le progrès est grand et rapide. De nos jours, on a beaucoup crié contre notre époque ; mais il faut bien le reconnaitre et l'avouer, elle ne mérite pas tous les reproches qu'on lui a faits ; au contraire, notre époque a vu bien des choses qu'il n'a point été donné de voir à tant d'autres, et ce serait peut-être le lieu de s'écrier, dans le style de Racine :

Et quel temps fut jamais plus fertile en miracles ?

Non, aujourd'hui il n'est plus question de la force, plus question seulement de la naissance ; aujourd'hui, il n'y a plus d'esclaves, pas même de serfs, mais seulement des serviteurs, des citoyens qui ont autant de droits que leurs maîtres eux-mêmes. Aujourd'hui, je le répète, chacun ne peut plus et ne doit plus compter que sur soi ; et depuis le ministre jusqu'au dernier des citoyens, il n'en est aucun qui ne se soit élevé par lui-même, qui ne doive son rang à son mérite personnel. Voyez, par notre naissance, que sommes-nous, Messieurs?... et cependant le plus petit d'entre vous peut devenir un jour président de la République, grâce à son mérite personnel...

Le mérite personnel est donc quelque chose de bien précieux, de bien important.

Mais en quoi consiste-t-il, ce mérite personnel ?

En trois choses : la vertu d'abord, puis le caractère, et enfin l'intelligence.

La vertu, vous la connaissez tous, j'en suis sûr. La vertu nous est nécessaire. Sans elle, ce serait en vain que nous aspirerions au suprême bonheur. Si parfois, pour la chercher, on rencontre des ronces et des épines, on y trouve aussi des fleurs dont l'agréable parfum, la magnifique parure, reposent le voyageur des fatigues et des maux qu'il peut avoir à souffrir. La vertu, dirai-je encore, c'est la science de bien vivre, science qui nous procure plus tard celle de bien mourir ; sans la vertu, il ne peut y avoir de mérite personnel.

Mais la vertu elle-même ne peut demeurer là où il n'y a pas de caractère ; car le caractère c'est une volonté que rien ne peut changer, qui, toujours la même, ne se laisse ébranler par aucun obstacle, et marche d'un pas ferme et assuré dans la voie qu'elle a choisie. Du reste, vous le comprenez assez ; quand je parle du caractère comme d'une volonté que rien ne peut changer, je n'entends point parler du sentiment d'orgueil qu'on appelle opiniâtreté, et qui porte à persévérer dans le mal. Je veux dire qu'après avoir réfléchi, examiné, pesé, après s'être assuré que la voie dans laquelle on entre est bonne, on ne doit plus regarder en arrière. Ayons donc du caractère. Ne ressemblons pas à ces inconstants, qui un jour semblent oublier les principes du bien, et le lendemain, lorsque le vent de la tempête vient à souffler, tombent et ne se relèvent que pour tomber encore. Quiconque n'a pas de caractère ne pourra jamais triompher des obstacles si nombreux qu'il rencontre sur la route de la vie. Quiconque n'a pas de caractère ne pourra jamais atteindre la fin pour laquelle Dieu l'a créé ; et, après avoir été infidèle aux autres, il sera encore infidèle à lui-même, à sa conscience et à son passé. Ah ! oui, c'est toujours une belle chose qu'un grand caractère. C'est toujours une grande chose que de rester jusqu'à la fin fidèle à ses convictions, fidèle à son passé.

Et vous, jeunes gens, qui établirez votre tente au milieu du monde, résisterez-vous à ses séductions, éviterez-vous ses pièges, si vous n'avez pas de caractère ? Non. Bientôt ses charmes trompeurs vous entraîneraient, et, lorsque le tonnerre gronderait à l'horizon, vous céderiez à la violence de l'ouragan.

Ainsi, encore une fois, point de mérite personnel sans caractère ; et le roi et le berger, et le riche et le pauvre, et le noble et l'artisan, tous ont besoin de caractère.

L'intelligence elle-même, troisième chose indispensable au

mérite personnel; l'intelligence, résultat du talent et du travail, a aussi pour principe, ou au moins pour soutien, le caractère. Les premiers efforts en sont quelquefois pénibles, et même il en coûte toujours à notre pauvre nature de travailler sérieusement. Souvent se présentent à nous des difficultés au premier abord insurmontables; — c'est au caractère qu'il appartient d'en triompher.

Par l'intelligence, nous différons des animaux; nous devons donc la cultiver.

Beaucoup d'hommes ne servent leur pays que par la force des muscles; mais vous, vous devez servir le pays par la force de votre intelligence. Tous, sans doute, ne sont pas doués de la même manière; Dieu n'a pas dispensé à tous la même mesure de talent; mais le travail supplée à ce qui manque, et tous nous pouvons, nous devons être utiles.

On pourrait distinguer trois degrés dans les intelligences : il y a des intelligences ordinaires, il y a de belles intelligences, et enfin il y a de grandes intelligences.

Eh bien, jeunes élèves, ne l'oubliez pas, avec des talents ordinaires, cultivés par un travail assidu, vous pourrez devenir de belles intelligences, peut-être même de grandes intelligences. Et si, d'un autre côté, la vertu et le caractère se trouvent en vous, vous aurez tout ce qui constitue le mérite personnel.

Il est donc bien important de cultiver, sinon d'acquérir, ces trois qualités, si l'on veut être quelque chose, parce que, je vous l'ai montré, le mérite personnel est devenu la base et le principe de toutes les sociétés.

Et maintenant quel usage faire du mérite personnel? Vers quel but diriger les trois qualités qui le composent ? Un seul usage, un seul but : le service de Dieu et de la patrie.

Oui, servir Dieu et la patrie; rien de plus élevé, rien de plus beau que ce but. C'est ainsi que l'on devient véritablement grand; c'est ainsi que l'on se rend utile.

Mais encore, quelle règle suivre dans l'usage que vous devez faire de ces trois qualités dont je viens de vous entretenir? Quelle est la part d'action faite à chacun?

Ici, il faut distinguer.

Un grand nombre parmi vous, presque tous, vous ne faites, pour ainsi dire, qu'entrer dans la vie ; d'autres sont déjà plus avancés, d'autres sont arrivés à l'âge mûr.

Ce que nous avons à faire, nous personnellement, qui sommes du nombre de ces derniers, je n'ai pas à en parler ici. Mais, si je cherche près de nous, j'aperçois des hommes dont je puis cependant vous proposer l'exemple et vous dire : Voyez ce qu'ils ont fait.

Quant à vous, jeunes gens, l'avenir vous apprendra ce que vous aurez à faire plus tard ; mais jusque-là je puis vous donner un conseil, et le voici :

Je vous ai parlé de la vertu, du caractère et de l'intelligence. Eh bien, ne vous liez jamais qu'avec des hommes de vertu, de caractère et d'intelligence. Là donc où vous trouverez l'intelligence et le caractère sans la vertu, n'entrez jamais ; où vous trouverez l'intelligence et la vertu sans caractère, n'entrez jamais non plus ; enfin, quand vous trouverez le caractère et la vertu sans intelligence, dites à la porte : Il y a ici de la vertu, il y a ici du caractère, mais il n'y a pas d'intelligence, qu'y ferais-je ?

Mais aussi, s'il vous est donné de rencontrer ensemble la vertu, l'intelligence et le caractère, recevez avec reconnaissance ce don du Ciel ; attachez-vous à ces hommes ; marchez sur leurs traces. Même alors vous pourrez peut-être vous tromper, parce qu'aucun homme ici-bas n'est infaillible ; mais vous aurez du moins la conscience d'avoir fait votre devoir, et vous pourrez dire : Je me suis trompé, mais du moins mon erreur ne m'a rien fait faire d'indigne d'un homme, d'un Français. Cependant, il est probable que vous ne vous tromperez pas, et il y a tout à parier que vous n'aurez pas même besoin d'excuse, et que vous ne faillirez jamais en suivant cette règle de la vertu et de l'honneur.

Consacrez donc, jeunes élèves, toute votre intelligence à servir Dieu et la patrie. Servir Dieu et la patrie, y a-t-il un but plus noble et plus glorieux ?

Grandissez sous la tutelle de vos bons maîtres. Apprenez à pratiquer la vertu, à avoir du caractère ; acquérez à leur école l'intelligence nécessaire à tous, et vous serez un jour la gloire de vos parents et du pays, à qui nous nous devons tout entiers.

Et maintenant, en finissant, c'est avec quelque chose de mieux senti, parce que déjà je puis mieux vous apprécier par moi-même, que je vous exprime mon bonheur de me trouver parmi vous, parce qu'on est toujours heureux de se voir entouré d'enfants, de jeunes gens, si bien formés à la science et à la vertu.

Sur le progrès dans les études

Jeunes élèves,

Ce jour est spécialement consacré à récompenser le *progrès;* ne vous étonnez donc pas si je le prends pour thème des quelques paroles que j'ai à vous adresser.

Dans votre langage d'écoliers, le progrès signifie la marche ascendante que vous faites dans vos études, passant peu à peu, méthodiquement, du connu à l'inconnu, et répondant ainsi de votre mieux aux sacrifices de vos familles et aux soins dévoués de vos professeurs.

Appliquez cette définition aux grandes choses de la vie, aux puissants travaux de l'intelligence humaine, dont les vôtres ne sont que les heureux précurseurs, et vous verrrez que le progrès est aussi la marche ascendante que les siècles suivent peu à peu, méthodiquement, dans la voie des sciences, des arts et de l'industrie.

Supposez un moment que, depuis dix-huit cents ans, tous les membres d'une même famille se soient appliqués à faire valoir un modeste capital, héritage de leur premier aïeul; n'est-il pas vrai que cette somme, presque infime à l'origine, mais accrue par les intérêts capitalisés, serait devenue aujourd'hui une fortune prodigieuse, dépassant à elle seule toutes les plus grandes fortunes réunies.

Que voulons-nous faire comprendre par cette hypothèse, sinon que le travail intelligent et opiniâtre est le banquier par excellence qui garde le mieux les fonds qu'on lui confie et leur fait acquérir une plus-value considérable.

Prenons, en effet, à leur principe, toutes les connaissances humaines, une à une, au hasard ; que voyons-nous ?

Une étincelle à peine sensible aux regards de la foule ; activée, alimentée par les travaux des hommes instruits de tous les temps, l'étincelle est devenue un vaste foyer de lumière qui brille sur le monde et suffit pour l'éclairer et pour le réchauffer.

Lorsque l'immortel Franklin apprenait aux hommes à maîtriser la foudre, peut-être une pensée d'humanité le guidait-elle seulement ; peut-être ne voyait-il pas au delà de la préservation de nos édifices. D'autres sont venus après lui qui ont ramassé l'électricité dans les profondeurs du puits où le savant américain l'avait conduite, et en ont fait un agent tout-puissant qui nous est soumis, et qui préside aujourd'hui à nos plus lointaines comme à nos plus rapides correspondances.

Lorsque Denis Papin conçut cette pensée déjà bien audacieuse d'emprisonner la vapeur dans ses machines autoclaves, il se dit peut-être qu'il avait trouvé le dernier mot de cette puissance mystérieuse. Et la marmite de Papin, transformée par d'autres savants, sillonne aujourd'hui les eaux de toutes les nations, entraînant après elle des milliers de voyageurs de tous les pays.

Lorsque, fascinés par cette loi de déplacement à laquelle les hommes cèdent parfois si fatalement, les agriculteurs manquèrent à la charrue et aux travaux des champs, un premier savant chercha les moyens de suppléer par la puissance de la mécanique à ces bras qui faisaient défaut. D'autres ont continué l'œuvre commencée, et maintenant des machines de toutes sortes labourent, ensemencent nos campagnes, font la moisson et séparent la paille du bon grain.

Telle est la marche du progrès, dont la nature elle-même nous donne chaque jour de nombreux et éloquents exemples.

Le gland devient chêne. L'enfant devient homme.

L'ignorant se dégage insensiblement des ombres épaisses qui

obscurcissent sa pensée; il entrevoit la science, il la poursuit, il l'atteint, il la touche.

— Qu'on me donne un point d'appui, s'écriait Archimède, et je soulèverai le monde !

Le point d'appui est trouvé ; il est aux mains de cette génération de savants éclairés qui, recueillant l'héritage intellectuel des siècles passés, ajoutent aux découvertes anciennes de nouvelles découvertes, marchent pas à pas dans la route suivie précédemment et la continuent, afin de la léguer avec ses prolongements à ceux qui viendront après, et qui auront pour mission de la prolonger encore.

Ce serait une étude intéressante et fructueuse à la fois, que celle qui nous initierait aux conquêtes successives faites par les hommes laborieux dans le domaine des connaissances humaines. Il serait intéressant de voir par quel enchaînement de travaux divers, par quelle communion de génies différents le germe d'une pensée est devenu enfin une pensée grande et féconde. Mais cette étude nous entraînerait bien au delà des bornes que j'ai dû m'imposer aujourd'hui. Je n'ai voulu que vous parler du progrès, vous expliquer en quelques mots ce qu'il est, d'où il vient, où il tend ; ce que j'ai voulu surtout, c'est vous dire quelle part vous devez prendre dans ce travail universel.

Ne croyez pas, en effet, qu'il soit permis à l'un de nous de se tenir en dehors des lois du progrès, qui sont la conséquence rigoureuse du travail. Elles constituent pour nous une propriété générale à laquelle chacun doit son apport, dans la mesure des forces de son corps et des puissances de son esprit. Manquer à cette mission serait nous exposer à encourir le mépris de nos concitoyens, qui ne verraient plus en nous que des êtres inutiles.

Nous sommes tous des rouages mystérieux, dont la marche doit être incessante ; mais, si nous demeurons stationnaires, il faut qu'elle se ressente de notre inaptitude ou de notre mauvais vouloir et qu'elle s'arrête à son tour. De là vient que l'inhabile est un malheureux digne de toute notre pitié ; de là vient aussi que le paresseux est un grand coupable qui n'a droit à aucune indulgence; de là vient, enfin, que tous les deux, paresseux et inhabile, sont également nuisibles à l'harmonie générale.

Vous comprenez maintenant combien il est important que vos familles et vos maîtres veillent, avec la plus sévère sollicitude, à ce que vous ne soyez ni l'un ni l'autre. On ne fait que remplir un devoir, rigoureux parfois, mais toujours nécessaire, quand on soumet vos jeunes intelligences à des études dont l'importance vous échappe. A cette heure, vous devez en apprécier toute la portée; ce but, que vos regards distraits n'avaient point encore entrevu, il vous apparaît enfin. Il faut que vous deveniez, vous aussi, les laborieux artisans du progrès; et pour cela, il est indispensable que vous connaissiez tout d'abord ce qu'ont fait vos infatigables devanciers.

A toute marche régulière il faut un point de départ aussi bien qu'un but.

Le but, je viens de vous l'indiquer; le point de départ, c'est la limite à laquelle est arrivée la science le jour où elle vous est enseignée.

Les langues mortes et les langues vivantes vous fourniront les moyens de lire vous-mêmes dans les textes les chefs-d'œuvre des auteurs anciens.

La géographie et l'histoire, en vous donnant la connaissance des lieux et des hommes, vous rendront plus facile et plus complète l'intelligence des œuvres du passé et du présent.

La physique et la chimie vous initieront aux plus merveilleux secrets de la nature.

La mécanique vous dira par quelle puissance l'homme supplée aux forces qui lui manquent, et parvient à donner à une matière inerte une vie réelle qu'il dirige et qu'il domine à son gré.

Les mathématiques vous indiqueront enfin par quels calculs clairs et infaillibles vous pouvez arriver à régler toute chose, à trouver bien des mystères inconnus.

Puis, pour vous délasser de ces rudes travaux, afin de détendre parfois votre esprit, fatigué par une attention soutenue, les arts d'agrément vous procureront de précieuses distractions. Et parmi ceux-là, le dessin et la peinture vous viendront encore en aide dans vos occupations sérieuses.

Combien devez-vous vous estimer heureux, jeunes élèves, de commencer la vie à une époque où le travail des hommes a porté le progrès à un si haut point! Comme tant d'autres, vous n'aurez pas à composer laborieusement l'alphabet de la science. Non, le livre est là, sous vos yeux, écrit presque tout entier dans un langage que l'on vous rend intelligible; vous n'aurez qu'à y ajouter quelques pages, et votre part de labeur sera accomplie.

Mais n'allez point faillir à ce devoir. Quelle que soit la position que vous occupiez un jour dans la société, songez qu'il vous sera prescrit de faire mieux et plus que ce qui aura été fait avant vous.

Pour cela, tenez-vous prêts ; que votre esprit soit fort, que votre volonté soit puissante, et peut-être qu'un jour vos noms seront ajoutés aux noms glorieux des hommes qui ont bien mérité de leur siècle et de la postérité par leurs talents autant que par leurs vertus.

Sur la langue française

Messieurs et jeunes élèves,

Telle qu'elle est sortie des mains de nos aïeux, telle surtout que le dix-septième siècle l'a définitivement arrêtée, notre langue est, par excellence, celle de la philosophie. Elle admet une précision si rigoureuse, le sens de chacune de ses expressions est si nettement circonscrit, le tour et la marche qu'elle imprime aux éléments de l'idée sont si logiques, si lumineux, qu'elle donne des corps aux abstractions même les plus déliées, et fait tomber un rayon de soleil sur les phénomènes même les plus impalpables. Il n'est pas de fait intime, pas de secrète impression, si profondément cachés qu'on les suppose dans les abîmes du cœur ou de la conscience, qu'elle ne puisse amener à la surface et faire entrevoir comme un grain de corail dans une goutte d'eau transparente. Portez-la, si vous le voulez, des mystères de la psychologie dans les sphères les plus élevées de la métaphysique ; de ces hauteurs, pourvu qu'elle soit maniée par un vrai penseur qui soit en même temps un habile écrivain, elle laissera tomber des phrases pleines de sens et de lumière, comme ces météores qui tombent en longues traînées de feu sur nos campagnes pendant les nuits d'été.

Quel métaphysicien fut supérieur à Malebranche ? et qui parla jamais un français plus facile à comprendre ? Trouvez-vous un observateur plus profond que Pascal ? et sa langue de fer n'est-elle pas en même temps une langue de feu ? Quel moraliste plus pénétrant, plus scrutateur que Nicole ? Et cependant, la limpidité de son style n'en égale-t-elle pas le calme et la concision mathématique ?

Jamais, non jamais, aucun peuple n'eut un idiome mieux fait pour les sciences rationnelles. Tout ce que le grec et le latin possèdent ici de bon, nous avons eu le secret de nous l'approprier ; nous y avons mis ensuite un degré de plus. Je ne connais aucun prisme au monde qui sache mieux que notre vieux français décomposer et recomposer la lumière.

Langue privilégiée de la philosophie, le vrai français est aussi la langue privilégiée de l'éloquence. Un étranger illustre, qui parlait assez mal notre langue, mais qui la connaissait très bien, parce qu'il l'avait sérieusement étudiée, un orateur que Rome avait passionnément admiré quand il chantait la belle musique de sa langue nationale, et qui avait eu le don de se faire rechercher même à Paris avec un français moitié indigène et moitié exotique, un religieux que la fougue de son esprit et les aveugles entraînements de son patriotisme avaient jeté dans quelques écarts politiques, mais qui tint toujours à Rome et fut, malgré ces ombres, un homme d'un incontestable génie, le Père Ventura disait, un jour, qu'à son avis la langue française était le meilleur instrument qu'on pût mettre aux mains de l'éloquence. Le grand théatin avait raison. L'éloquence craint le vague et l'obscurité. On tolérera quelques brouillards, quelque ambiguïté dans le style d'un homme qui écrit : le lecteur peut le relire une seconde fois s'il ne l'a pas compris une première; un nuage lui dérobe la pensée, il prendra le temps d'en percer l'épaisseur et de pénétrer jusqu'à la lumière qu'il recèle. Mais la parole de l'orateur passe sans retour; il faut qu'elle porte coup au moment même où elle éclate, et qu'elle épargne à celui qui l'entend la peine et le besoin de réfléchir. Si elle n'est pas saisie dès qu'elle brille, impossible d'y revenir pour la méditer; le flot du discours qui marche vous emporte loin de lui, et son effet est perdu. Pour émouvoir, pour attendrir, pour épouvanter, pour abattre, suivant le but qu'elle se propose, il est de toute rigueur qu'elle ait la pénétrante vivacité d'un éclair. C'est là précisément le caractère du français, quand il est parlé par un orateur éminent; chacun de ses traits devient alors comme un glaive de feu. Avec quelque rapidité qu'il se précipite, il est compris par celui qui l'écoute, et l'impression de sa lumière demeure même après que le rayon s'est enfui.

Ce que l'éloquence redoute à l'égal du vague et de l'obscurité, c'est le vide. Une armée n'est forte qu'à la condition d'avoir des bataillons compacts et des rangs serrés. Écartez les uns des autres les hommes dont elle se compose, laissez entre eux une autre distance que celle réclamée par la liberté de leurs mouvements : ils ne forment plus un corps solide, résistant, et l'ennemi n'aura pas de peine à faire des trouées meurtrières dans ces bandes déjà désunies. Voilà le discours. Voulez-vous qu'il soit fort? Que les pensées s'y pressent et que chaque mot ait sa valeur. Si les idées sont rares, si le style en est creux, si des lacunes s'y rencontrent, même cachées sous les habiletés d'un langage brillant ou sonore, ne comptez pas sur un succès. Votre parole ne sera qu'un tonnerre qui gronde, elle ne sera pas la foudre qui renverse; ce qui abat, ce qui écrase, ce n'est pas le bruit, c'est l'électricité; ce n'est pas le vide, c'est le plein. Et précisément une des grandes qualités de la langue française, c'est de ne pouvoir compatir avec le vide. La nature a horreur du vide, disait autrefois la science. On peut appliquer cet axiome, dont je n'examine pas le mérite, à la langue française. Aucune autre ne supporte moins le vide qu'elle. L'italien, l'espagnol, par exemple, ont une harmonie qui vous berce encore, même quand l'idée fait défaut; c'est à la fois un avantage et un malheur. Le français n'a ni tant de bonheur, ni tant d'infortune. Il est peu musical; la mélodie dont il est doué ne suffit pas pour endormir l'esprit et désarmer ses exigences par l'enchantement de l'oreille. Faute de charme dans les sons, il faut qu'il subjugue par la force des choses, et nous devons nous en féliciter; c'est une pauvreté qui nous condamne à une gloire.

Enfin, l'éloquence, qui veut la clarté et la plénitude dans la langue qui lui sert d'organe, veut aussi parfois l'énergie et la majesté.

Langue de la philosophie, langue de l'éloquence, le français est aussi la langue de l'histoire. Le discours sur l'histoire universelle ne sait-il pas unir la profonde concision de Tacite à l'élégance de Tite-Live? Il est la langue de l'esprit. Quoi de plus incisif que Boileau, quoi de plus fin que Molière? Il est la langue du bon sens. Il est tellement clair, tellement précis, que toute erreur ne tarde pas à succomber devant sa limpidité meurtrière. Et de là vient que la nation française, qui est parfois le plus extravagant des peuples, en est aussi le plus raisonnable; il n'y a pas de folies impossibles pour elle; mais sa démence passe vite, la netteté de sa langue, sans compter l'expérience des choses, ne tarde pas à lui faire promptement reconnaître ses délires. Je pourrais ajouter que le français est la langue de la diplomatie. Il a ce mélange de mesure, d'élégance et de dignité qui convient à ceux qui sont appelés à traiter entre eux des intérêts mutuels des gouvernements et des peuples. Mais trop souvent cette gloire a été pour notre langue plutôt une torture qu'un privilège. Le français est, par nature, la langue de la sincérité; il entre dans ses instincts de vouloir dire ce qu'il exprime, et comme malheureusement la diplomatie, au témoignage de l'histoire, ne s'est que trop fréquemment servie de la parole uniquement pour déguiser sa pensée, je me figure que ce pauvre français a dû souffrir énormément des dissimulations auxquelles elle l'a condamné.

Ainsi, vous le voyez, Messieurs et chers enfants, la destinée de notre langue est magnifique. La philosophie et l'éloquence trouvent en elle un instrument merveilleusement approprié à leurs grandeurs comme à leurs besoins. Certains idiomes s'assouplissent mieux qu'elle sous la main de la poésie et lui prêtent une lyre plus harmonieuse. Mais sans être trop ingrate pour la poésie, même quand celle-ci parle la langue des vers, elle a du moins l'incontestable mérite de la servir à merveille quand la poésie consent à parler la langue de la prose.

Mais pour que le français réponde à cette haute mission, il faut qu'on lui laisse toute sa simplicité. On l'a étouffé sous le poids du fard à notre époque. Pas une phrase qui ne fût une image, pas un mot qui ne fût une métaphore. Et dans ce luxe d'ornements, au lieu de se borner à ce coloris discret, à ces nuances modérées qui sont le reflet de la nature et le vœu du bon goût, on a forcé le ton de la peinture, et nous sommes arrivés à des audaces de langage tout à fait inouïes. Ce n'est pas là le français. Il est sobre par essence, et cette sobriété même fait, avec l'élégance, le charme principal de sa parure.

Il faut aussi le parler avec distinction. La distinction n'est pas la richesse. Un homme peut être vêtu avec opulence et avoir une figure et des façons vulgaires; tel autre, au contraire, peut n'avoir que des vêtements communs, et cependant porter un air de noblesse sur ses traits et dans toute sa tenue. Ainsi, dans l'usage de notre langue, la pompe et l'éclat ne sont pas toujours la distinction; la distinction est ce qu'on appelait autrefois si bien un certain mélange de la grâce attique et de la majesté romaine; on fuit par elle l'emphase et la trivialité. On s'arrête à ce point précis où la beauté littéraire se compromet par l'exagé-ration, à savoir : la grandeur par l'enflure, la simplicité par l'indigence, la finesse par l'afféterie, la vigueur par la brutalité. Dire le bon français, c'est dire en tout la justesse et la mesure.

Vous avez les vrais modèles de cette langue dans les mains,

mes chers enfants; ils sont représentés par les auteurs incomparables du dix-septième siècle. Ces hommes ont un mérite qui ne
passe pas. Quiconque veut être un grand peintre doit, aujour-
d'hui comme il y a cent ans, aller étudier à Rome Raphaël et
Michel-Ange. Ainsi, quiconque veut être un écrivain remarquable
devra, dans tous les temps, s'inspirer de tous ces génies qui
firent, au dix-septième siècle, l'ornement de la patrie et l'étonnement du monde.

Sur l'autorité dans la famille

Jeunes élèves,

Dans les luttes scolaires auxquelles vous venez de prendre
part, vous avez apporté une émulation dont je dois tout d'abord
vous féliciter.

Les récompenses qui vont être décernées à quelques-uns
d'entre vous, seront un encouragement pour ceux qui, moins heureux, n'ont pu, par suite de diverses circonstances, recueillir les
lauriers dus au mérite et au travail.

Cela ne saurait être pour eux un sujet de découragement.
C'est par la persévérance, par l'obstination, si j'ose m'exprimer
ainsi, qu'on arrive à atteindre le but, quelque éloigné qu'il puisse
être.

Ce but, vous l'atteindrez, j'en suis certain, et la prochaine
année vous dédommagera de vos regrets actuels.

En attendant, vous allez rentrer dans vos familles. Permettez-
moi donc de vous entretenir, pendant quelques instants, d'un
sujet qui vous intéresse tout particulièrement et que je recommande à vos jeunes intelligences.

Il s'agit de l'autorité de vos parents.

L'autorité des parents est générale, personnelle, mais temporaire.

On peut la caractériser en disant qu'elle est l'exercice indirect
et temporaire du droit des enfants.

Le droit, il est vrai, est inaliénable ; mais la vie morale n'étant pas développée chez l'enfant, il peut bien posséder le droit : seulement il est incapable de le faire valoir.

Supposez qu'on prenne un enfant au moment de sa naissance et qu'on le dépose sur la place publique, en lui disant : Tu as tous les droits de l'humanité, tu es souverain, tu peux disposer librement de toi-même. Agis donc comme tu l'entends et supporte la conséquence de tes actes : la vie t'appartient... Vous imaginez-vous ce qui arriverait ? Au lieu d'user de son droit, le souverain vous répondrait par des vagissements et des plaintes, confessant ainsi tout haut son impuissance. La nourrice alors interviendrait ; elle relèverait l'enfant tout dépouillé, l'envelopperait de langes, l'apaiserait par des caresses, et, l'approchant de son sein, vous montrerait, en se rendant maîtresse de cette embarrassante situation, la source de l'autorité. La voilà, en effet, mes enfants ; elle réside, comme vous voyez, dans la nature des choses. L'enfant étant incapable d'exercer ses droits et de suffire à ses besoins, les auteurs de sa naissance se trouvent naturellement désignés pour remplir ces fonctions à sa place, jusqu'à ce qu'il soit en état de les remplir lui-même.

Aux termes de la loi, les parents doivent nourrir, entretenir, élever leurs enfants. Ils veillent à leur éducation et les mettent à même de travailler plus tard utilement, de prendre dans la vie une place honorable et d'y jouer un rôle. Enfin, leur autorité est générale et personnelle en ce sens qu'elle s'étend à tout, même à la personne de l'enfant, dont ils disposent dans une certaine mesure. Mais cette autorité est spécialement créée en faveur de celui sur qui elle s'exerce, non en faveur de celui qui l'exerce. La tutelle des parents n'a d'autre raison d'être que l'incapacité de l'enfant. Aussi, est-elle temporaire comme cette incapacité même, et, le jour où elle cesse, les parents en doivent compte. La société, en suspendant pour l'enfant l'exercice direct de son droit, ne cesse ni de le reconnaître ni de le défendre.

Ainsi, l'autorité de la famille a pour objet le bien de l'enfant, son caractère, sa force, sa grandeur, sa noblesse, et elle est dominée par le respect mêlé à l'amour le plus profond et le plus tendre qui soit mis au cœur de l'homme.

J'en appelle à vous, mes enfants; quand votre mère, tout petits, vous endormait au berceau et passait des nuits à calmer vos souffrances, à apaiser vos cris et vos larmes ; quand elle prenait tant de soins pour écarter de vous les dangers et les maladies, pour vous fortifier, vous embellir; et ensuite, quand elle a veillé avec une délicatesse si tendre à l'éclosion de vos premières facultés, suivant d'un œil anxieux tous vos développements, vous a-t-elle traités comme un jouet dont on s'amuse, comme une chose dont on se sert, ou comme un être noble qui a sa fin en lui-même et à qui on se dévoue? Et quand votre père au dehors travaillait pour vous; quand il préparait votre avenir, faisant de son honneur et de ses intérêts les vôtres, ne vous considérait-il pas d'avance comme ses égaux?

Cherchez parmi vous, autour de vous, et cherchez au loin dans l'histoire; partout cet amour vous apparaîtra avec le même caractère de désintéressement.

Lorsque Cornélie montre fièrement ses fils, en s'écriant : Voilà mes joyaux! rapporte-t-elle cette affection à elle-même? ou ne veut-elle pas dire : Je connais un bien plus haut que toutes vos vanités puériles? Voilà ceux en qui mon âme repose, ceux qui seront la gloire et l'honneur de ma vie ! — Et quand les mères spartiates inspiraient à leurs fils l'amour de la patrie, quand elles leur enseignaient à sacrifier à cet amour la piété filiale, ne les traitaient elles pas avec respect?

Écoutez Priam lorsqu'il va au camp des Grecs demander à Achille les restes inanimés de son fils Hector! Regardez ce vieillard, ce père, ce roi! Peut-on imaginer une tendresse plus noble, une douleur plus simple et plus touchante! « Il me restait un seul fils, dit il, et tu l'as tué tandis qu'il combattait pour sa patrie... Aujourd'hui, je viens racheter son corps... Respecte les dieux, Achille, et prends pitié de moi en souvenir de ton père... Je suis plus à plaindre que lui, car je m'humilie devant celui qui a tué mon enfant ! »

Écoutez encore dans des temps moins anciens les conseils de la reine Blanche à saint Louis et ceux de sainte Monique à saint Augustin. Tous ces parents cherchent-ils dans leur autorité un avantage personnel, ou se préoccupent-ils uniquement de la grandeur morale de leurs enfants ?

On a souvent dit que les grands hommes avaient eu des femmes distinguées pour mères, et on s'est plu à rattacher leur supériorité éclatante à la supériorité obscure de celles qui les avaient élevés. — Un tel rapport, sans doute, n'existe pas toujours. Mais le seul fait de le supposer montre la haute valeur morale que l'humanité attache au sentiment maternel.

Si donc, mes enfants, vous devez à vos parents, devenus vieux, une soumission, une déférence de langage, des égards qu'ils ne vous doivent pas, ce n'est que leur rendre, à un autre âge et sous une autre forme, ce qu'ils ont fait pour vous dans votre jeunesse ; et le cœur suffirait à vous inspirer cette conduite, si la conscience ne vous la dictait pas.

Remarquez aussi que la piété filiale a toujours été une des vertus les plus honorées parmi les hommes. Chez les peuples primitifs, elle est presque la seule, et combien elle contribue au développement de la morale ! Écoutez de quelle façon les premiers Grecs parlent de leurs pères ! Avec quel respect ils nous montrent ces têtes vénérées qui dominent dans les conseils de la nation aussi bien qu'au foyer domestique ! Peut-on rien imaginer de plus noble et de plus doux que cette figure légendaire d'Antigone conduisant à travers l'Attique son père aveugle et proscrit, et le protégeant de sa beauté, de sa vertu, de sa faiblesse. Et Coriolan, qui, dans un mouvement d'orgueil et de colère, s'unit aux ennemis de sa patrie et tourne ses armes contre Rome. Sa valeur porte le succès au camp des Volsques ; il est au moment de vaincre, et Rome envoie auprès de lui plusieurs députations pour le supplier de renoncer à sa coupable entreprise. Il résiste à tout, lorsque vient à son tour sa mère Véturie. — Frappé de respect à sa vue, il s'incline et veut lui baiser les mains. Mais elle se retire de lui. — « Avant de répondre, dit-elle, il me faut savoir si je parle à mon fils ou à l'ennemi de ma patrie. » — Et Coriolan vaincu cède à la voix de sa mère.

A une époque plus rapprochée de la nôtre, nous trouvons le sentiment filial non moins révéré, et saint Augustin et saint Louis sont eux-mêmes, à l'égard de leurs mères, des types accomplis.

Je me résume en disant que l'autorité de la famille, créée par la nature des choses, consacrée par la loi, ennoblie par le respect et la tendresse, est une des manifestations les plus importantes de l'ordre moral.

Or, cette autorité peut être transmise par vos parents, et elle l'est, en effet, sans perdre aucun de ses caractères, à tous ceux qu'ils appellent à concourir aux soins de votre éducation. Les maîtres, les professeurs, les instituteurs l'exercent auprès de vous tour à tour, et l'école n'est qu'un autre foyer, un foyer plus large, plus studieux, à la discipline plus austère, où les enfants de plusieurs familles sont réunis pour travailler en commun.

L'autorité dans la famille est tellement fondée sur la nature et la raison, qu'elle survit à la durée que lui assigne la loi. L'époque n'est pas éloignée, mes enfants, où vous prendrez légalement la pleine possession de votre personne. Le jour où vous aurez vingt et un ans, la société vous restituera l'exercice de vos droits, jusqu'alors confiés à vos tuteurs. Vous pourrez librement quitter le toit paternel et fixer votre résidence où il vous plaira. Vous pourrez contracter des engagements, vendre, acheter par exemple, sous votre responsabilité ; vous pourrez vous obliger vis-à-vis des autres, recevoir aussi leurs obligations et les faire valoir. Enfin, la loi n'établira aucune différence entre vos droits personnels et ceux de vos parents... Pensez-vous pourtant qu'à dater de ce jour le lien entre eux et vous sera rompu ? que le passé tout entier s'effacera ? Non ! Dans une famille ordonnée et unie, la majorité des enfants peut changer la situation sociale, elle ne change pas les rapports intimes ; elle ne change ni la forme du respect, ni les marques de la tendresse, et, dans les âmes nobles, ces sentiments et ces témoignages demeureront toujours intacts.

C'est encore là une des grandeurs de la vie morale. Le devoir étend toutes les affections naturelles : il les élève, les fortifie, les rend indestructibles ; tandis que, dans les espèces animales, les parents abandonnent leurs petits, et que les petits oublient leurs parents dès qu'ils sont assez forts pour se suffire. Chez les hommes, le lien survit à l'âge et au besoin. Dégagé même de ce que la discipline nécessaire à l'éducation a parfois d'un peu sec, d'un peu absolu en apparence, il s'élèvera encore... La lutte de la vie, l'indifférence et le mécompte en doubleront le prix... Quand vous serez loin du foyer domestique, comme vous aimerez, mes enfants, à vous souvenir des soins, des tendresses de votre mère, et de mille douceurs dédaignées aujourd'hui, parce que l'habitude vous blase ! La classe, qui vous semble si souvent monotone et sombre, s'éclairera dans votre souvenir d'un lumineux rayon. Les leçons, les jeux, les règlements de l'école, les conseils, les réprimandes même, acquerront une nouvelle valeur. Si dans ces temps encore éloignés, les hasards de l'existence vous ramènent aux mêmes lieux ; si vous retrouvez votre mère au foyer, vos maîtres dans les mêmes classes, quelle émotion s'emparera de vous ! Comme vous comprendrez la haute portée, la signification profonde de cette autorité. Mais vous la comprendrez bien plus encore après avoir traversé la vie, parce que la lutte morale épure et fortifie tout ce qui est vraiment bon.

Sur la science de l'homme

Messieurs,

Dans quelques instants, vous allez recevoir les récompenses que vous ont méritées vos travaux.

Les efforts que vous avez faits durant l'année scolaire, justement appréciés, vous ont donné le résultat que vous étiez en droit d'espérer.

Vous avez vaincu ; et cette victoire, prémisse de victoires plus importantes, vous donnera le sujet d'être fiers de vos lauriers.

Laissez-moi donc vous parler de la science de l'homme, de cette science grâce à laquelle nous nous élevons au-dessus de toutes les autres créatures, de cette science sans laquelle la nature n'aurait à nos yeux aucune valeur.

Si l'on veut s'entendre, il est nécessaire de convenir de la langue dans laquelle on s'entretient; il ne l'est pas moins, si l'on désire être compris, d'énoncer les principes qu'on adopte et la méthode que l'on suit. Trop souvent on s'égare pour n'appliquer pas aux choses les principes propres à chaque chose; on s'égare encore si l'on se méprend sur la signification qu'un orateur ou un écrivain attache à ses paroles. Rien ne serait plus utile de rendre aux mots qui jouent un si grand rôle dans les discussions politiques, économiques et sociales, une valeur avouée par l'usage et le consentement des siècles.

Ce sont les sciences morales et politiques qu'il faut interroger sur l'origine, la nature et les conséquences des rapports de l'homme et de la société. La connaissance de ces choses est une des maîtresses branches de ces sciences. La formation de la société civile, son organisation en corps politique, l'ordre social tout entier, en d'autres termes, l'homme, le citoyen, la société, sont les principaux ou les uniques objets des sciences politiques.

Elles nous enseignent que la conservation des personnes, leur bien-être temporel, le libre exercice de leurs facultés morales et intellectuelles, la liberté d'agir, et la sécurité nécessaire à l'homme pour l'accomplissement de sa destinée, sont la fin de l'ordre social.

Nous sommes donc conduits à rechercher quels sont les besoins, quels sont les droits, quels sont les devoirs, quelles sont les fins de l'homme, pour déterminer ses rapports avec la société. En effet, les droits naissent des besoins, les devoirs naissent des droits, et les fins ne sauraient être atteintes que par la fidélité aux devoirs.

Sur un tel sujet il n'y a rien à dire de nouveau : c'est à la *vérité* qu'il faut s'attacher : la nouveauté serait une présomption, un indice d'erreur. Le *vrai*, en cette matière, est contemporain du genre humain. On peut dire de la société ce qu'un poète a dit de la religion :

Elle naquit le jour où naquirent les jours.

Une triste nécessité nous contraint à traiter spécialement de la nature de l'homme. Ce sujet est épuisé depuis longtemps. Après tant de siècles, les lumières abondent, l'expérience n'a plus rien à nous apprendre : l'homme sait et sent ce qu'il est. Mais des doctrines nouvelles, propres à troubler les esprits et les consciences, ont été produites. Elles attaquent la société civile dans sa constitution; elles sont incompatibles avec cette glorieuse civilisation dont les progrès ont élevé les nations modernes à un haut degré de prospérité, et les arts et les sciences à ce prodigieux développement dont nous sommes les témoins.

Toutefois, ce développement et ces progrès n'ont pu changer la nature des choses.

Le corps humain est sujet à des désordres qui troublent et dépravent l'économie de ses organes ou leur action. Ces désordres sont une condition de sa manière d'être. Les corps politiques ont leurs maladies comme le corps humain. L'une de ces maladies, la plus cruelles de toutes, est la *misère*. Le spectacle des maux et des désordres dont elle est la source et l'effet, a vivement ému les cœurs et préoccupé sérieusement les esprits méditatifs. La misère est devenue l'objet d'études profondes. Des prix ont été institués en faveur de ceux qui indiqueraient les moyens efficaces d'opérer l'entière abolition de ce fléau. Son histoire nous est parfaitement connue ; cette plaie douloureuse de la société a été soigneusement sondée, et ses déplorables conséquences mises à nu.

Ces études n'ont pas toujours été bien dirigées. On a fait fausse route, et les efforts généreux, tentés pour venir au secours d'une partie souffrante de la société, ont tourné contre la société elle-même. Ils ont préparé et facilité l'invasion des divers systèmes de réforme sociale qui nous travaillent depuis plusieurs années.

On s'est généralement arrêté à l'ordre matériel et superficiel des choses. En recherchant les causes de la *misère*, on n'a pas creusé le sol assez profondément : il fallait pénétrer jusqu'à l'ordre moral. Les désordres qui affligent la société découlent en grande partie des perturbations qu'il éprouve. La nature du mal aurait éclairé sur la nature des remèdes : on ne les aurait pas uniquement demandés à la solution des difficiles et irritants problèmes d'économie politique posés par les nouveaux économistes.

Une bonne hygiène privée est le plus sûr moyen de maintenir intacte la santé de chaque individu. La police qui veille au maintien de la salubrité publique la conserve au moyen d'une bonne hygiène publique. C'est par une bonne hygiène morale que l'on peut lui en prévenir entièrement la *misère*, au moins en atténuer les suites et en arrêter les progrès.

Les causes de la *misère* et les maux qu'elle entraîne après elle ne procèdent pas exclusivement de la constitution économique et politique de l'État. La méconnaissance de la nature de l'homme, de sa véritable vocation, l'affaiblissement de l'esprit de famille et du sentiment religieux, le relâchement et la corruption des mœurs, concourent puissamment à la produire et à l'aggraver.

Il est donc opportun, il est nécessaire de rétablir les vrais principes sur la nature et sur la vocation de l'homme.

Mais ici une école célèbre nous arrête, et ce n'est pas l'école socialiste. On nous défend d'aller au fond des choses. On dirait, à entendre certains docteurs, que l'homme est l'œuvre des institutions humaines. Ils oublient que l'ordre social, cet arbre immense qui couvre de son ombre le monde civilisé, a sa racine dans le ciel ; et que si l'étude de la nature physique peut amener le physiologiste à distinguer les races, l'étude de la nature morale ne permet pas au philosophe de méconnaître l'unité du genre humain.

Un ingénieux et paradoxal publiciste s'écrie en vain : *Il n'y a point d'hommes dans le monde. Je n'ai rencontré dans ma vie que des Français, des Italiens, des Russes ; je sais, grâce à Montesquieu, qu'il y a des Persans. Mais si l'homme existe, ce que je n'oserais affirmer, c'est à mon insu.* En dépit de l'ignorance affectée de l'illustre écrivain, l'homme existe ; il existe par lui-même, indépendamment du climat, de la nature du terrain et de toute forme politique. Quelle que soit la puissance des habitudes contractées sous l'empire des institutions sociales, le législateur comme le philosophe ne doit pas s'arrêter à l'écorce ; il doit pénétrer plus avant dans ce merveilleux assemblage de deux natures diverses et même opposées, l'une animale et physique, l'autre intellectuelle et morale, dont la vie est le nœud, et qui constitue l'homme.

La nationalité n'est que le vêtement de l'humanité. Au rebours du proverbe, de *Maistre* a pris *l'habit pour le moine.* Je ne sache pas qu'avant le huitième siècle de notre ère, il y eût des Français dans cette contrée qui, de leur nom, est aujourd'hui appelée la *France.* Cependant elle ne manquait pas d'habitants. Les *Celtes,* les *Gaulois,* d'autres descendants du premier homme, y avaient précédé les *Romains,* les *Francs,* les *Français ;* et cette famille primitive, à laquelle il faut bien remonter, comme à la souche commune du genre humain, n'avait assurément aucun type national ; elle était le genre humain lui-même, l'étoffe dans laquelle ont été taillées les nations.

A mesure que les siècles s'écoulaient, les rejetons de la famille humaine occupaient la terre et se divisaient en nations diverses, comme leur langue commune dégénérait en dialectes différents. Les mœurs et les usages se diversifiaient : les peuples entraient en possession de leur héritage ; ils ont successivement rempli le monde. Mais l'homme, né de la femme, est resté le même, non point à l'état idéal, tel qu'il peut résulter d'une abstraction de notre esprit, mais tel qu'il est sorti des mains du Créateur. *Hébreux, Assyriens, Mèdes, Égyptiens, Pélasges,* les enfants des hommes pétris de la même argile, animés du souffle de l'Éternel, au même titre héritiers de ses promesses, également gouvernés par sa providence et sa justice, ont reçu de lui l'intelligence, la sensibilité, le discernement du bien et du mal, et le libre arbitre. Le globe ne s'est pas trouvé peuplé, à une même heure, d'*Éthiopiens*, d'*Amalécites*, d'*Hellènes* ou de *Persans*. Les peuples anciens, sortant des flancs de la terre natale, n'ont point justifié les mensonges de l'antiquité. La nature humaine n'est point une hypothèse. Le sol de la patrie ne modifie point les hommes. *Français, Italiens, Russes* et *Persans,* ils sont hommes à *Paris,* à *Rome,* à *Moscou,* à *Téhéran,* comme ils l'étaient à *Memphis* et à *Babylone.* Si les législateurs doivent prendre en considération la *population,* les *mœurs,* la *situation géographique,* les *relations politiques* de la nation à laquelle ils donnent des lois; la constitution morale de l'homme, ses instincts, sa dignité, sa destination finale, doivent être le constant objet de ses préoccupations. Celui qui veut se rendre compte des rapports de l'homme et de la société est strictement obligé de prendre la nature humaine pour point de départ.

L'intelligence, le libre arbitre, le discernement du bien et du mal moral, ces facultés reines qui font la grandeur de l'homme et constituent sa responsabilité, ne sont pas l'objet de nos recherches. Nous ne l'étudions que dans ses rapports avec la société. A ce point de vue, ses qualités distinctives sont la *sociabilité,* le *sentiment religieux,* la *perfectibilité.*

L'homme est essentiellement sociable; la faculté de parler, qui l'élève si haut au-dessus des autres êtres vivants, en est la première preuve. A la faveur de ce don précieux, les hommes produisent leurs pensées au dehors et se communiquent leurs sentiments. A son aide, selon la belle remarque d'un Père de l'Église grecque, les *passions les plus furieuses sont apprivoisées et comme enchantées.* La pensée échangée par la parole est le premier rudiment de la société.

Seuls, l'homme et la femme sont incomplets; leur isolement serait un démenti donné à leur conformation et trahirait les desseins de la Providence. Leur rapprochement est la condition de la perpétuité de l'espèce. Il faut, à vrai dire, deux individus pour faire un homme. C'est ce qu'exprime avec une énergie et une naïveté merveilleuses le plus ancien livre du monde, celui qui contient les titres divins et imprescriptibles de la *fraternité* universelle.

Dans sa sublime simplicité. après avoir dit que *Dieu créa l'homme à son image*, il ajoute: *il les créa mâle et femelle*, indiquant ainsi que l'homme et la femme ne sont qu'un en deux personnes. Le genre humain parle comme la Bible. Dans presque toutes les langues, cette expression, *l'homme*, ou les expressions équivalentes, sont collectives; elles comprennent dans leur généralité les individus des deux sexes.

La sociabilité est un sentiment qui réunit toutes les âmes. Chacun sait, par sa propre expérience, *qu'il n'est pas bon que l'homme soit seul.* L'émotion de cet enfant du premier âge qui naît à la vie du cœur, à l'aspect d'un autre enfant comme lui, ne vous a-t-elle jamais profondément ému ? Le feu de ses regards, le sourire de sa bouche, ses petits bras qu'il tend, le frémissement de tous ses membres, ne révèlent-ils pas à l'envi l'attrait puissant qui l'entraîne vers son semblable ? Qui pourrait, à ces *signes certains*, méconnaître la voix du sang et de l'humanité? Et *n'est-ce pas ainsi que parle la nature?*

L'amour, l'amitié, la compassion. tous les mouvements bienveillants et généreux de l'ami; l'émulation, la soif de la renommée et de la gloire ; la jalousie, l'envie, l'esprit de vengeance, la haine, ces fortes et vives passions qui élèvent, tourmentent ou dégradent l'humanité, sont autant de témoins irrécusables qui affirment que les hommes sont destinés à vivre dans un mutuel commerce. *Autrui* et le *prochain* sont le complément de *moi*, les termes nécessaires de l'équation de la vie. La sociabilité est le signe caractéristique de l'humanité. Elle grandit la raison et le cœur de l'homme: c'est d'elle qu'émane la *charité*, trait divin ou éclate, dans la créature, sa ressemblance avec le Créateur.

Il n'a jamais existé, il n'existe pas d'homme à l'état d'isolement. En aucun temps, en aucun lieu, nul voyageur n'a trouvé des hommes volontairement privés de toute relation avec l'espèce humaine. On ne connaît point d'historien qui en fasse mention dans ses récits. L'histoire du genre humain est celle des nations et des peuples, c'est-à-dire des hommes à l'état d'association.

De nos jours, *de Maistre* a nié l'homme; vers le milieu du siècle dernier, J.-J. Rousseau anathématisait la *société*. Selon lui, l'homme, perverti par le contact de ses semblables, doit à leur commerce les mauvaises passions, les sentiments dépravés, causes déplorables de la *misère*, des désordres et des crimes qui affligent et souillent la *société* civile. Ses disciples et lui se forgeaient l'idéal d'une félicité à jamais perdue dont aurait joui l'espèce humaine, lors que, *n'ayant notion d'aucune association quelconque*, elle errait dans les forêts vierges, arrosées par les *clairs ruisseaux* où *se désaltéraient nos pères*.

Il est facile de réduire à l'*état de fable* ce prétendu *état de nature*, dont on ne trouve les traces que dans les rêveries de quelques philosophes anciens ou modernes. L'homme, conservant sa *bonté native* et jouissant de tous ses droits sans être lié par *aucun devoir*, loin d'être à l'*état de nature*, se trouverait dans un *état* parfaitement *contre nature*, et qui réaliserait, s'il était possible, une *supposition contre toute vérité*.

Si l'imagination la plus fertile pouvait trouver des couleurs pour retracer l'étrange et solitaire béatitude de ces anachorètes du premier âge, quelle âme retenant *quelque chose d'humain* ne serait saisie d'une douloureuse compassion à l'idée de ces êtres insociables, égarant leur vie dans d'immenses forêts peuplées seulement de bêtes sauvages, ou de quelques individus à face humaine, non moins farouches qu'elles? — Qui s'aviserait de chercher là le *bonheur?*

Mais cette solitude salutaire, préservatrice des vices et des passions, cet isolement fécond en vertus, comment s'y maintenir? En supposant qu'ils n'eussent pas même l'idée d'une *association* quelconque, les hommes n'auraient évidemment pu échapper à la pratique de la chose. Cet attrait si puissant qui rapproche un sexe de l'autre, l'amour ne les aurait-il liés par aucun nœud? Les sens se seraient-ils enflammés sans échauffer la sensibilité, qui est le *sens moral*, le sens de l'âme, le sens par excellence? Des liaisons si intimes n'auraient-elles laissé après elles, dans la mémoire du cœur, ni tendresse, ni reconnaissance? La mère aurait abandonné les enfants? Les enfants auraient fui le sein de leur mère? La chasse, la pêche, le pâturage, la culture des champs, mille autres intérêts communs n'auraient pu suffire pour éveiller entre les hommes l'esprit d'association? Le péril, le travail, le besoin, la nécessité, n'en auraient jamais fait des compagnons?

S'il était possible d'admettre ces impossibilités, que serait devenue la *bonté native* de l'homme? Aurait-il été *bon* et sans entrailles? *Bon*, sans être sensible? Et, sensible, eût-il pu résister aux plus saintes inspirations, aux plus douces affections de la nature, et ne former avec ses semblables ni alliance ni société?

Cette étincelle divine qui l'anime le distinguerait-elle des autres êtres vivants et organisés, non pour l'élever au-dessus d'eux, mais pour le ravaler au-dessous de leur niveau? Serait-ce la supériorité de discernement qu'elle lui assure qui imposerait silence, en son âme, à cet instinct providentiel auquel les animaux obéissent d'une manière si touchante? et, sous le joug d'un sec égoïsme, le confinerait-elle dans la sphère étroite de son individualité? Une telle conclusion révolterait toutes les consciences. Cependant, dans la supposition contraire, la seule qui soit admissible, si l'homme primitif, docile à la voix de la nature, a connu la vie de famille, il n'est demeuré étranger ni à la notion d'une *association quelconque*, ni à celle du *devoir*.

La famille, en effet, est la première, la plus étroite, la plus obligatoire des associations; elle est l'élément et le modèle de la société civile. Les *devoirs* de famille sont les plus puissants de tous.

Affirmer que dans l'état de nature tel qu'on l'imagine, l'homme était en possession de tous les droits, c'est alléguer l'impossible.

Il y a deux sortes de droits: les droits *innés* et les droits *acquis*.

Les droits *innés* sont inhérents à la nature; ils sont antérieurs à toute loi positive; ils sont nécessairement limités par les droits d'autrui. Hors de la société, ils sont sans cesse en péril; à chaque instant toutes les passions les menacent. Le sentiment *inné* de la justice, quelquefois obscurci, toujours combattu par l'intérêt personnel et ses ruses, les protège seul. Dans l'ordre social, les lois positives constatent l'existence des droits *innés ;* elles les déclarent, les garantissent, en fixent les limites et en règlent l'usage.

Les droits *acquis* sont ceux que nous ne tenons que des lois positives. La société, qui les concède, les détermine et les définit. Elle en restreint l'usage ou l'étend, selon que les nécessités publiques ou l'intérêt social le commandent.

Dans l'état de nature, s'il pouvait exister tel que J.-J. Rousseau l'a conçu, il n'y aurait point d'autres droits que les droits *innés*. La possession de ces droits est inadmissible ; mais cette possession n'est jamais le gage certain de leur libre exercice.

Dans l'*état de société*, ils ne peuvent se traduire en actes que dans les limites tracées par la loi, sous sa garantie et son autorité.

Dans l'*état de nature*, seul dans le monde, abandonné à ses propres forces, toute occasion de faire usage de la plus grande et de la plus excellente partie de ses droits *innés* manquerait à l'homme. Il pourrait sans doute aller et venir, travailler de ses mains, jouir des biens que lui prodiguerait spontanément la nature et du produit de ses œuvres, user et abuser de ce dont il aurait pris possession, élever son âme à Dieu et lui rendre tel culte intérieur et extérieur qu'il jugerait convenable, appliquer sa pensée à l'observation des phénomènes naturels, à l'étude des lois de l'univers, soumettre ces choses à l'examen de la raison, et sa raison elle-même à sa propre critique — mais l'un de ses droits les plus précieux, l'un de ceux dont l'exercice importe le plus à son propre perfectionnement — celui de communiquer ses idées, de les échanger contre les idées de ses semblables, d'exercer pleinement et librement ce commerce inappréciable des intelligences, qui les accroît par l'association, les développe par le débat, et les élève ainsi à la plus haute puissance ; le droit inappréciable de donner et de recevoir, de prêter et de rendre les bons offices de l'humanité ; les droits si jaloux de l'égalité devant Dieu, devant la loi, devant la justice ; de l'*équité* et de la parfaite réciprocité dans les obligations, sommeilleraient éternellement sous les ombrages silencieux de la *forêt primitive.*

En supposant que l'homme isolé et solitaire eût avec d'autres hommes des relations nécessaires ou des relations accidentelles, rien n'aurait été moins assuré et plus précaire que l'usage de leurs droits *innés;* dans cet étrange état de nature, la liberté, l'égalité, la justice auraient manqué aux hommes, souvent opposés d'intérêt, toujours rivaux en prétentions, n'acceptant pour mesure de celles-ci que leurs passions, et pour arbitre, que la force et la violence, qui font seules office de la justice, hors de l'état social.

Il ne saurait en être autrement, puisque, au nombre des avantages dont on déplore la perte, et que l'homme aurait tenus de l'état de nature, se trouve l'affranchissement de tous les devoirs. Or, l'affranchissement de tous les devoirs paralyse, ou même empêche absolument l'exercice de tous les droits. Qui dit *liberté* dit *limites;* qui dit *droit* dit *égalité, réciprocité.* La liberté sans limites, c'est l'indépendance ; l'indépendance, c'est la souveraineté. La souveraineté de chacun, c'est la servitude mutuelle de tous. La source de tous les droits de l'homme, c'est la liberté, dont l'égalité n'est qu'une condition. En effet, l'homme, en tant qu'être intelligent, libre et moral, s'appartient à lui-même; il a la *propriété de soi.* L'indépendance de sa volonté de toute autre volonté humaine est le principe de l'égalité des hommes, qui ne peuvent être liés entre eux que par des obligations égales et réciproques. Ces obligations, conditions de l'égalité, ce sont les *devoirs:* sans *devoirs* point de *droits,* ou impossibilité de les exercer.

Que reste-t-il donc de ce prétendu *état de nature ?* Il repose sur l'isolement des individus, et les hommes ne peuvent vivre isolés. Il devait préserver de toute atteinte leur bonté native, et il les réduisait à l'impossibilité de la pratiquer. Avec lui, l'homme devait être en pleine possession de tous ses droits, et il est évident que l'exercice des plus précieux de tous lui aurait été refusé, en même temps qu'il aurait été dépouillé de la seule garantie qui pût lui en assurer la paisible jouissance par l'affranchissement de tout devoir.

Nous regretterions d'avoir trop insisté sur la réfutation d'un système contradictoire et presque abandonné, si les erreurs qui lui servent de base ne se produisaient, sous une autre forme, dans les systèmes qu'on lui substitue, et si cette réfutation ne nous avait fourni l'occasion d'exposer des notions élémentaires qui rentraient dans notre sujet.

Mais si, dans les desseins de la Providence, l'homme n'a pas été créé pour vivre seul, en faut-il conclure que, comme l'abeille, il soit en ce monde pour sa ruche et non pour lui-même? Inféodés à la société dont ils font partie, ses compatriotes et lui ont-ils pour unique destination une *fonction* à remplir dans l'ordre social ? Leur vie, leur activité, leur travaux, doivent-ils ne profiter, comme ceux des moines, qu'à leur communauté? La sociabilité est-elle tout l'homme?

C'est manifestement ce qui résulterait des systèmes nouveaux. La constitution intellectuelle et morale de l'homme dément une telle doctrine. Le *droit naturel* la repousse : elle est contraire à l'opinion du plus grand nombre des philosophes. Il est vrai qu'on répudie le *droit naturel*, et qu'on fait peu de cas des philosophes de la veille. On substitue à toutes ces vieilleries un prétendu *droit social*, qui vient présider un peu tard à l'organisation des sociétés humaines ; ce qui supposerait qu'il ne leur est pas bien nécessaire, et, à coup sûr, qu'il ne leur est pas inhérent.

La conscience que nous avons de nous-mêmes, de notre perfectibilité propre, de notre vocation individuelle, ne peut nous tromper. Le soin de notre dignité morale, de notre perfectionnement personnel, de notre bien-être, naît en nous aux premières lueurs de notre intelligence ; il commence à s'exercer aussitôt que notre discernement s'éveille : il est comme la respiration de l'âme.

C'est vainement que, sans flétrir la loi fondamentale de notre nature, l'instinct du *moi* humain, le sentiment de notre personnalité, on cherche à le confondre avec un odieux *égoïsme*. On le désigne sous le nom d'*individualisme*, qu'on s'efforce de rendre odieux. Nous acceptons le nom, en repoussant l'injure. L'expression est juste et précise : IL N'Y A QUE DES INDIVIDUS DANS LA NATURE.

Cet axiome incontestable s'appliquerait spécialement à la nature humaine, s'il n'était pas d'une application universelle. L'homme vit de sa propre vie. En sa qualité d'homme, il est son propre maître. Il s'appartient et ne saurait appartenir qu'à lui-même. C'est cette idée qu'exprime le mot *individualisme*.

L'*individualisme* diffère essentiellement de l'*égoïsme*, qui en est la corruption. L'*individualisme* implique sans doute l'*amour de soi*, mais l'*amour de soi* bien entendu, l'*amour de soi* selon la justice, cet *amour de soi* qui est l'exacte mesure de l'amour du prochain.

L'*égoïsme* est une préférence désordonnée et exclusive de soi-même, qui porte l'homme à sacrifier constamment les *intérêts d'autrui* aux siens propres, et à violer perpétuellement la *justice* au profit de son *utilité privée*. Il isole l'individu au sein de la société, et lui inspire une secrète haine pour tout ce qui n'est pas lui. Dénaturé par cette passion tyrannique, l'égoïste forme, en son cœur, le vœu, insociable et impie, d'être seul. L'égoïsme n'est pas seulement un vice, c'est un péril dans la société, dont il prépare et amène la dissolution. Trop souvent il dégénère en conspiration contre l'humanité.

L'*individualisme*, au contraire, rapproche les hommes. Le soin de la conservation de soi-même inspire l'esprit d'association, et révèle la nécessité de l'assistance mutuelle. S'il le fallait, l'*amour de soi* inspirerait la *bienveillance*, en révélant les avantages d'une juste *réciprocité*.

Il est difficile de comprendre que les hommes qui se présentent parmi nous comme les apôtres et les défenseurs exclusifs des droits de l'humanité, soient, en même temps, les promoteurs d'une doctrine qui supprime la liberté de l'homme et confisque sa personnalité. C'est cependant ce qui arrive; et voici comment on a été conduit à cette contradiction :

La grande réforme sociale qui s'opéra en 1789, et qu'avait préparée le dix-huitième siècle, eut pour but le complet affranchissement de l'homme. Les législateurs de cette époque, pour mieux faire comprendre le point de départ, la portée et la fonction de leurs lois civiles et politiques, proclamèrent que *l'ignorance, l'oubli et le mépris des droits de l'homme, étaient les seules causes des malheurs publics et de la corruption des gouvernements.* Ils firent précéder la constitution qu'ils donnèrent à la nation, d'une *déclaration* solennelle des *droits inaliénables et sacrés de l'homme et du citoyen.* Cette déclaration posait les limites des droits de l'État. Son but était de rendre ces limites infranchissables, et de garantir à chaque Français sa liberté individuelle, civile et politique, et la sécurité nécessaire à la jouissance de ses droits et à l'accomplissement de sa vocation.

Les nouveaux réformateurs ont bien une autre tendance. Ils accusent les publicistes de 1789 et du dix-huitième siècle d'avoir fondé un droit exceptionnel, de s'être exclusivement appliqués à soigner les *intérêts* d'une classe privilégiée qu'ils nomment la *bourgeoisie,* et de n'avoir établi ni garanti les droits du peuple. A leur dédain pour le *droit naturel,* on est tenté de se demander si le droit naturel constitue une *charte de privilèges,* ou une sorte de *statut* local applicable aux corps de bourgeoisie de *Reims,* de *Laon,* ou de quelque ville de l'*Italie* ou de l'*Allemagne.* A les entendre, il faudrait croire que les publicistes de tous les âges se sont mépris; que la raison humaine elle-même a failli, en un sujet si étroitement lié aux intérêts du genre humain.

Mais qu'entend-on par le *droit naturel?* Quelles sont ses maximes?

Le droit naturel est-il l'ouvrage d'un législateur, ou le code d'une nation? Forme-t-il un corps de loi que l'abrogation ou la désuétude puissent atteindre, et que les révolutions politiques et les vicissitudes de la civilisation puissent altérer et modifier? Ses préceptes sont-ils variables au gré des circonstances de temps et de lieu?

Un éloquent philosophe, organe de l'ancienne sagesse, nous

répond : *La loi naturelle est une loi incorruptible et vivante,
qui n'a pas été écrite de la main des hommes sur des colonnes
de marbre ou de bronze, sur le papyrus ou le parchemin. Elle
a été gravée dans un entendement immortel, par une nature
immortelle.*

Selon cette loi, tous les hommes sortent des mains de la nature
également *libres*, également *nobles*. C'est l'expression dont se
sert le chancelier d'Aguesseau, pour naturaliser dans notre
langue le texte des jurisconsultes romains. Telle est la solide
base sur laquelle le droit naturel appuie l'état des hommes.

C'est à lui que remonte cette fraternelle maxime, qui veut que
*chacun fasse pour les autres ce dont ils ont besoin, autant
qu'il peut le faire sans négliger ce qu'il se doit à lui-même.*

L'inviolabilité des contrats, la puissance irrésistible des obligations, le respect des engagements consentis, la scrupuleuse
observation des conventions conclues, la fidélité aux promesses,
la sainteté du lien de la parole, le règne de la bonne foi, sont les
préceptes, les dogmes de cette loi toujours et partout subsistante.
Est-elle violée avec éclat, le cri des consciences révoltées qui pro-
testent contre cette violation, l'indignation des peuples et la voix
de la postérité, ajoutent à son autorité une sanction nouvelle.

Mettre en œuvre les grands principes du droit naturel, était-ce
donc stipuler au profit d'une seule classe ? et les réformateurs de
1789 ont-ils mis en oubli l'intérêt du peuple ?

Ce reproche est évidemment immérité. Ce n'est pas ici le lieu
et encore moins le moment d'apprécier la sagesse, la convenance
ou la parfaite justice des actes de l'Assemblée constituante ; mais
nous pouvons affirmer que l'émancipation de l'universalité des
Français était son vœu, devint son but et fut son œuvre. Quand
Emmanuel Sieyès démontrait, dans un pamphlet célèbre, que
la nation était tout, que les divers ordres de l'État, distinctions
sans réalité, n'étaient rien et devaient se fondre en elle ; quand
il enseignait que les citoyens de toutes les conditions formaient
un seul corps de peuple, dans lequel résidait la toute-puissance
politique, il était loin de penser qu'on l'accuserait un jour d'avoir

déserté la cause du peuple, et de n'avoir servi que les intérêts de la classe *moyenne.*

On sait ce qu'était autrefois le *tiers état* ou la *roture.* Il est difficile de définir ce qu'on entend aujourd'hui par la *bourgeoisie.* Tous ceux qui n'étaient ni *clercs,* ni *nobles,* étaient *roturiers, bourgeois, vilains, paysans,* et composaient le *tiers état.* Maintenant, quels que soient leur condition, leur naissance légitime ou illégitime, tous les Français jouissent des mêmes droits civils et politiques.

Où trouver une *classe moyenne* dans un pays où il n'existe ni classes supérieures, ni classes inférieures? une classe privilégiée sous l'empire d'un nivellement absolu? En 1894, quels sont, en France, les éléments de l'ordre de *bourgeoisie?* A quels signes caractéristiques reconnaîtra-t-on le *bourgeois? L'habit,* la *redingote,* la *blouse,* remplaceront-ils parmi nous le *clergé,* la *noblesse,* le *tiers état?*

Le Président de la République, les représentants du peuple, les ministres, les fonctionnaires publics, sont tirés des rangs du peuple, sans aucune distinction et sans autres conditions que celles de l'âge, de l'aptitude ou de la capacité déterminée par la loi, lorsqu'elle en exige. Les propriétaires d'immeubles, les capitalistes, les savants, les gens de lettres, les artistes, ceux qui exercent les professions libérales, les commerçants, les industriels, les artisans, les manouvriers, les cultivateurs, sont tous égaux devant la loi.

Entre les *propriétaires du sol,* quel sera le *bourgeois?* Celui qui afferme son champ? celui qui le fait valoir? celui qui le cultive de ses mains?

Entre les *capitalistes,* celui qui vit du produit de ses rentes, ou celui qui rend son capital productif par ses spéculations industrielles, ou par des opérations de banque?

L'aisance, la *richesse,* la *quotité du revenu,* constituent-elles la *bourgeoisie?* Serait-ce l'*oisiveté* ou le *travail?*

Mais la circulation des capitaux, les chances du commerce, la translation fréquente des propriétés, les profits et pertes qui résultent du mouvement des affaires et de la multiplicité des relations sociales, opèrent parmi les contribuables un continuel déclassement, et modifient à chaque instant le chiffre des revenus.

Divisera-t-on les Français en deux parts : les *oisifs* et les *travailleurs ?*

Pour définir l'*oisiveté*, il faut d'abord définir le *travail*, et distinguer d'une lâche fainéantise tout utile emploi du temps, toute occupation sérieuse et productive.

Le *travail des mains* est celui du plus grand nombre, sans doute ; mais il n'est pas la seule voie ouverte à l'homme pour s'acquitter de l'obligation de travailler qui lui est imposée en naissant. Il n'est pas le travail par excellence.

Les œuvres de l'intelligence, non moins laborieuses que celles des mains, ont bien une autre portée. Elles procurent le développement moral de l'homme, l'accroissement des sciences, le perfectionnement des arts, le plus grand avantage de la société. Elles ont mis au service de l'homme toutes les forces de la nature. C'est par elles qu'il a dompté le feu, qu'il réduit l'eau en vapeur, qu'il condense les gaz, qu'il assouplit les métaux et les rend tour à tour ductiles ou fluides, pour les associer à ses travaux et les approprier à ses besoins.

D'ailleurs, le travail de l'intelligence et le travail des mains s'allient le plus souvent. L'homme ne saurait agir sans le secours de son intelligence : l'intelligence est tôt ou tard forcée d'emprunter le secours de la main. Le laboureur féconde son champ de ses sueurs ; le fermier ou le propriétaire le fécondent par leur intelligence. Ils sont également travailleurs de la main et de l'esprit. On ne dit pas seulement d'un ouvrier qu'il est adroit, expérimenté ; on ajoute qu'il est intelligent.

Le savant qui dote son pays de ses découvertes et l'illustre par ses méditations ; l'écrivain qui éclaire, qui charme, qui propage l'amour du bien et de la vertu ; l'artiste dont la palette ou le pinceau accroissent la gloire de la patrie et décorent ses monuments, sont aussi des travailleurs, des travailleurs complets, dont les œuvres triomphent du temps.

Le capitaliste calculateur, dont les spéculations habiles ramènent l'abondance ou préviennent la disette dans les marchés, couvrent les mers de navires, ou rendent, aux ateliers oisifs, le mouvement et la vie. L'avocat et le médecin, qui ont acquis par de longues et fortes études, l'un, les connaissances nécessaires pour défendre le bon droit contesté ou l'innocence méconnue, l'autre, la capacité requise pour venir en aide à l'humanité souffrante, et disputer, au péril de sa vie, ses victimes à la mort, sont-ils aussi des oisifs ?

Sont-ils des oisifs, ces commerçants, facteurs de l'agriculture ou de l'industrie, qui vont porter jusqu'aux contrées les plus lointaines les productions de nos fabriques et de notre sol ; ces industriels, hardis et ingénieux promoteurs de ces vastes entreprises, où se réduisent en pratique, au bénéfice de tous, ces combinaisons variées et profondes de l'esprit humain, qui, de divers emprunts faits aux trois règnes de la nature, tirent des produits nouveaux et multiplient les commodités de la vie ?

Si ces hommes sont des travailleurs, et s'il faut être oisif pour être *bourgeois*, où sont donc les *bourgeois ?*

Ou plutôt quel est l'intérêt qui divise les travailleurs entre eux, et institue parmi eux une classe privilégiée ?

Ici le terrain manque sous nos pieds. Ce n'est plus du *travail,* c'est de l'*organisation du travail* qu'il s'agit.

C'est une question qu'il faudra examiner plus tard. Il nous suffit, quant à présent, d'avoir établi que la réforme sociale de 1789 n'est point restée en arrière de l'état de la société ; qu'elle n'a pas seulement opéré l'émancipation de la *bourgeoisie* et son avènement au pouvoir, mais l'émancipation des personnes et l'affranchissement du sol.

La base de la réforme sociale qu'on voudrait imposer, serait la déclaration des *droits de la société* et *des devoirs de l'homme envers elle.* Ce n'est pas à l'affranchissem. des hommes que vise cette réforme ; c'est à leur embrig dement. Sauvegarder leurs droits, leurs libertés, maintenir chacun en la possession de ce qui lui appartient, ce serait, dans son langage, méconnaître la *loi morale supérieure ;* d'où l'on doit déduire quelle est la part d'activité qui revient aux nations comme aux individus. Déterminer la *fonction*, la tâche, le fardeau imposé à chacun d'eux dans l'accomplissement de l'œuvre sociale, tel est, selon les novateurs, le but des lois civiles et politiques. Tout sera consommé quand elles auront suffisamment garanti les droits de la communauté fondés sur les ruines de la société nouvelle, et dotée aux dépens des droits individuels et des familles, confisqués au profit de l'association.

L'Assemblée constituante a pris le change et ne s'est pas conformée à cette loi des lois, *indépendante des temps et des lieux, vis-à-vis de laquelle l'humanité, comme tous les êtres qui composent cet univers, n'est que fonction.* On insinue, pour l'excuser, qu'elle n'en savait pas davantage. Elle obéissait à une erreur commune. Le progrès des lumières, si vanté, n'avait conduit qu'à cet excès d'ignorance. On ne craint pas d'alléguer que, *jusqu'alors on avait enseigné que chacun venait ici-bas au hasard et sans but.*

Il nous semble que si l'Assemblée ignorait la *loi des lois* récemment découverte, ceux qui la reprennent fraternellement de son ignorance ignorent, de leur côté, ce qu'on enseignait en France depuis de bien longues années.

Cette doctrine, la voici : les hommes sont faits pour vivre en *société.* Dans le but d'établir la *fraternité* entre eux, et pour que le caractère d'*amitié* fût parfait dans le genre humain, *Dieu* a fait naître les hommes d'un père commun. Ainsi les forces se multiplient par l'*association* et le *secours mutuel ;* on se console, on *s'assiste,* on se fortifie l'un l'autre. Dieu, en établissant la société, a voulu que chacun y trouve son bien et y demeure attaché par cet intérêt. Dans cette vue, il a doué les hommes de talents différents, afin que le fort, ayant besoin du faible, le grand du petit, chacun de ce qui paraît le plus éloigné de lui, le *besoin mutuel rapprochât tout,* et rendît tout nécessaire. *Le monde même subsiste par cette loi, chaque partie ayant son usage et sa fonction,* et le tout s'entretenant par le secours que s'entre-donnent toutes les parties. Tel était l'enseignement que recevaient nos pères, tels étaient les fondements inébranlables sur lesquels ils faisaient reposer la société humaine.

On ne trouve dans cet enseignement, qui nous semble beaucoup plus moral que la prétendue *loi morale* qu'on préconise, rien qui ressemble à *l'homme venant au hasard et sans but* dans cette vie. Dieu établit la *fraternité*, l'amitié entre les hommes ; il fonde la société sur les besoins et sur les *secours mutuels*. Dans le monde qu'il a créé, comme dans la société, chaque partie a sa *fonction*, et le tout s'entretient par l'*assistance* que s'entre-donnent toutes les parties. Que veut-on de plus ? On dirait que Bossuet (car c'est lui qui nous a dicté ce résumé de la doctrine des siècles précédents) avait deviné nos socialistes. Ignorance pour ignorance, celle de l'Assemblée constituante nous semble préférable à celle de nos modernes docteurs.

Mais que penser de la confusion du principe de la *solidarité* avec celui de la *fraternité*, ou plutôt de la substitution de l'un à l'autre, si ce n'est qu'on veut à tout prix se défaire de l'*individualisme*, sans lequel la *fraternité* n'est qu'un vain mot ?

La *solidarité* est plus qu'une société ; c'est la confusion des intérêts, la compensation du *doit* et de l'*avoir*, en d'autres termes, la *communauté*. Dieu épars dans la matière, Dieu en tout et partout, c'est le *panthéisme*. Le genre humain, animé par une seule âme qui rayonne dans chaque individu, c'est la solidarité humaine.

La société civile, née de la *fraternité* naturelle des hommes, c'est l'assurance mutuelle qui garantit à chacun le sien ; c'est l'assistance mutuelle qui pourvoit aux besoins de tous ; c'est la garantie du travail libre et du salaire proportionnel au travail.

La *solidarité*, c'est le partage égal des biens et des maux, la répartition égale, non du travail, mais des produits du travail, des salaires et des profits. La *solidarité*, en droit civil, est une charge, une condition nécessaire, une obligation accompagnée de contrainte.

La *fraternité* n'est un devoir que parce qu'elle est une vertu ;

elle doit être inspirée et non imposée ; elle n'est méritoire que parce qu'elle est volontaire. Le christianime, dont on s'autorise avec raison pour recommander la pratique de la *fraternité*, nous la représente comme le devoir qui renferme tous les autres, sous les traits de cette amitié parfaite que les hommes se doivent mutuellement, à cause de la *parenté* qui existe entre eux, selon le langage des lois romaines. C'est, à proprement parler, la *charité* en action, le fidèle accomplissement de cette obligation réciproque dont les hommes ne sont jamais quittes les uns envers les autres, de cet engagement dont, en aucun temps et en aucune circonstance, on n'a pu dire, sans blasphémer. la *fraternité ou la mort;* car la mort, à cette place, c'était le *fratricide.*

Durant les premiers âges d'une précédente civilisation, la société civile avait absorbé l'homme tout entier. Elle s'emparait de lui dès sa naissance, pour ne l'abandonner qu'au tombeau. L'enfance recevait d'elle les premiers enseignements, et la jeunesse l'éducation qui l'initiait à la vie politique.

Dans la virilité et jusque dans la vieillesse, les lois et les magistrats conduisaient l'homme par la main. La république était sa voie et sa vie, la patrie son idole, l'unique objet de ses pensées et le centre de ses affections. Ainsi la foi politique suppléait à l'insuffisance d'un vain culte; elle comblait le vide de l'âme; elle donnait le change à ces vives aspirations qui l'élèvent au-dessus d'elle-même, un but au dévouement, un mobile à toutes les vertus et même à toutes les actions. Toutefois. aucun champ ne demeurait ouvert aux espérances des hommes hors de ces sphères étroites, de ces univers au petit pied dans lesquels *Minos, Zaleucus, Charondas* ou *Lycurgue* les tenaient emprisonnés.

Un tel état de choses était imparfait et insuffisant ; il refoulait l'homme vers la terre, et substituait le moyen à la fin. Mais il laissait une large place aux dévouements généreux, aux sacrifices héroïques, à tous les sentiments désintéressés. L'amour de la patrie et de la gloire excitait dans les cœurs un saint enthousiasme, une noble émulation. Les intérêts moraux, quoique temporels, dégageaient l'âme du joug des sens, et élevaient en elle,

jusqu'au mépris de la vie, le dédain des voluptés et des jouissances. La société était alors autre chose qu'un vaste atelier.

Avec la civilisation chrétienne, l'homme, affranchi par degrés
de l'empire des fausses doctrines et des institutions politiques
inconciliables avec sa dignité, parvint à recouvrer, au moins
moralement, l'entière possession de lui-même. La vérité apparut
dans tout son jour, et on dut reconnaître que la société n'est
point la fin de l'homme, que c'est l'homme qui est la fin de la
société. L'ordre social, en effet, est le moyen qui lui est donné
pour travailler, en paix et avec sécurité, à son perfectionnement
moral et au développement de ses facultés. Les droits qu'il
apporte dans la société et dont elle lui garantit l'usage, ceux
qu'il tient d'elle et dont elle règle l'exercice, concourent simulta-
nément à rendre plus facile l'accomplissement de ses devoirs.

Il suit de là que la *liberté de l'homme* est le but de la *société*.
Elle existe, avant tout, pour protéger et garantir cette liberté. La
liberté, en effet, est un droit propre et essentiel à l'homme, son
droit *inné* par excellence, celui qui est le principe de tous les
autres, et qu'il ne saurait aliéner ni laisser prescrire. En possession de ce droit, il peut avec sécurité satisfaire aux conditions
de sa nature morale, et vaquer sans obstacle à sa vocation.

Dans l'esprit de la civilisation chrétienne, le devoir de s'occuper de soi-même et de travailler à sa propre félicité n'isole point
les hommes, et ne les porte point à se préférer. C'est comme une
forme de la *charité* : ce que l'homme se doit à lui-même, il le
doit aux autres hommes : ils sont liés par une sorte de contrat
synallagmatique. L'abnégation de soi, l'esprit de sacrifice, les
œuvres de miséricorde, sont les degrés de son progrès dans le
bien, de son avancement dans la vertu, de sa grandeur morale.
Les *Sérapion*, les *Martin de Tours*, les *Charles Borromée*,
les *Vincent de Paul*, s'entendaient en *fraternité* au moins aussi
bien que nos socialistes.

Le lien de la *société*, c'est la *réciprocité* et non la *solidarité*.

Les hommes ne peuvent être ravalés au rôle de *fonction*
dans la société civile, ni les nations dans la société générale du

genre humain. Ce n'est pas en vain que celui qui les a créés à
mis en eux la conscience d'eux-mêmes. S'il en était autrement, il
aurait *plus exécuté qu'entrepris*. L'homme domine l'univers de
toute la hauteur de son intelligence, de toute la sublimité de son
instinct moral. *La société n'est pas les hommes ; elle n'est que
leur union.* Les hommes vivent pour eux, et non pour cette
chimère, cette vaine abstraction que l'on nomme l'*humanité*.

Sur l'émulation

Jeunes élèves,

Il est un sentiment que vos professeurs se sont efforcés de
stimuler pendant le cours de l'année ; car, de son développement
surtout, dépendaient les progrès que vos familles attendaient de
vous, et les succès que vous allez remporter aujourd'hui. Ce sentiment, c'est celui de l'émulation.

Qu'il me soit permis d'en faire l'objet des quelques paroles que
je veux vous adresser. Il est de ces sujets sur lesquels on ne saurait trop fixer l'attention de la jeunesse ; et, parmi ceux-là, l'émulation, il faut bien le reconnaître, tient un des premiers rangs.

L'émulation est le mobile qui aiguillonne notre ardeur et nous
pousse à dépasser nos rivaux, à les égaler tout au moins.

Si je repassais avec vous l'histoire des siècles écoulés, je vous
montrerais que les plus fameuses actions d'éclat, que les plus
grands actes de vertu, ont été enfantés par l'émulation. Vous
verriez que ce sentiment magique, divin pour mieux dire, a
guidé sans cesse, soutenu, illustré les hommes devenus célèbres
dans toutes les conditions. Savants et artistes, soldats, commerçants et industriels.

Il est un axiome que vous apprendrez plus tard, quand vous
serez devenus aptes à en apprécier la valeur : c'est qu'en toutes
choses, la concurrence tourne au profit de l'humanité. Or,
qu'est-ce que la concurrence, sinon la libre carrière ouverte aux
nobles efforts de l'émulation.

Mais toute médaille a son revers, toute vertu a son vice qui lui est corollaire, et qui n'est, d'ailleurs, que l'exagération de cette même vertu, que sa superfétation irréfléchie, que son dérèglement.

L'émulation a aussi son conséquent fatal : l'envie.

L'envie est la haine jalouse que ressent l'homme contre tous ceux qui se trouvent mieux favorisés que lui. C'est une plaie hideuse, mortelle, au cœur de celui qui est assez malheureux pour ne pas triompher de ses fiévreuses atteintes.

Ah! repoussez cette passion funeste, et gardez-vous de la confondre avec la vertu que l'on s'efforce de vous faire aimer.

Je n'entreprendrai pas de vous détailler ici tous les malheurs, tous les crimes, tous les fléaux que l'envie entraîne à sa suite. Ils sont nombreux, et leur monstrueuse nomenclature ne pourrait qu'attrister un jour spécialement consacré à la joie et au bonheur de vos chères familles. Je dois cependant, afin de vous prémunir contre les poisons de cette passion terrible, vous indiquer brièvement à quels signes on peut la reconnaître, et vous dire quels diagnostics certains la différencient de l'émulation.

Cette dernière, loin de haïr ceux qui font obstacle à sa marche, rend justice à leur mérite, vante leur zèle, exalte leur triomphe, qu'elle se reproche de n'avoir pas assez bien disputé. S'il en est temps encore, elle redouble d'ardeur, et, tout en louant ses rivaux, elle s'efforce de marcher à leurs côtés.

L'envie, au contraire, absorbée dans sa colère et dans sa jalousie, songe bien moins à vaincre qu'à tourner en offense contre elle-même la victoire des autres. Le temps qu'elle pourrait consacrer à reconquérir noblement le terrain perdu, elle le dépense en plaintes amères, en récriminations coupables, en menaces injustes, en projets de criminelle vengeance.

L'émulation est généreuse et vaillante.

L'envie est avide et lâche.

L'émulation porterait, à l'occasion, aide et secours à un rival en péril, dût ce temps d'arrêt lui ravir la palme.

L'envie accepterait volontiers un triomphe acheté au prix de l'existence de tous ses rivaux.

C'est vous en dire assez pour que vous ouvriez vos jeunes cœurs à la première ; pour que vous les fermiez à jamais à la seconde.

Voyez ces couronnes qui vont ceindre le front des victorieux ! En songeant à l'honneur de les posséder, en pensant à la joie qu'elles apportent dans les familles, quelques-uns d'entre vous, peut-être, se faisant justice par avance, ont porté envie à ceux de leurs condisciples dont les noms vont être proclamés. Ah ! arrachez ce sentiment fatal de vos poitrines, mes chers enfants ; soyez les premiers à applaudir ceux qui, ayant consciencieuse- ment travaillé, ont seuls des droits acquis aux récompenses méritées par les travailleurs consciencieux.

Au moment où vous extirperez l'envie de votre cœur, vous le sentirez s'ouvrir à un sentiment plus doux, plus généreux, à l'émulation ; et je vous en fais la promesse, l'émulation vous méritera l'année prochaine, à votre tour, de précieuses récom- penses.

Et vous, qui n'avez pas attendu mes recommandations de ce jour pour marcher et combattre sous la noble bannière de l'ému- lation, préparez-vous ; voici l'instant venu de recueillir le prix de vos efforts et de votre persévérance.

Sur le sentiment de l'honneur

Messieurs et jeunes élèves,

S'il est un sentiment qui a le pouvoir d'exercer en nous d'heureuses inspirations, c'est assurément le sentiment de l'hon- neur.

C'est de ce sentiment, le plus noble, le plus méritoire, le plus glorieux, que je vais vous entretenir aujourd'hui.

Et d'abord quel est le fondement de l'honneur ?

Parce que l'honneur est moins un avantage qu'un mérite, le

mouvement qui le produit se fait du dedans au dehors, et non point du dehors au dedans. Il n'appartient ni à ce qui forme la parure extérieure et publique de l'homme, ni à ce qui constitue son importance sociale ; et très souvent, au milieu des plus hautes fortunes et des plus grandes destinées, ceux qui les possèdent se montrent d'autant moins honorables qu'ils sont plus honorés.

Ainsi, prenez les dignités et la puissance dans l'histoire. Jamais elles ne reposèrent avec plus de splendeur que sur la tête des Césars romains. Et cependant, ont-elles racheté pour Tibère les infamies de Caprée ? Nous permettent-elles de voir autre chose qu'une sorte de monstre dans ce Néron, qui fit assassiner sa mère et brûler des chrétiens en guise de torches dans ses jardins du Vatican ? Et ce Domitien, dont Tacite nous dit qu'il s'armait de la rougeur naturelle de son visage comme d'un voile contre la pudeur, pensez-vous qu'il trouvât une excuse pour son cynisme et sa férocité dans la pourpre impériale dont il était couvert ? Non, la racine de l'honneur n'est pas dans le faste et l'appareil des majestés humaines. Cette pompe accuse bien plutôt celui qu'elle décore, quand il ne sait élever ni son caractère ni le respect de lui-même à la hauteur de sa situation.

Il en va de même pour la gloire ; pas plus que les dignités, elle n'est la base de l'honneur. La peine que prit Alexandre pour l'acquérir vous est connue. « Qu'il en coûte, s'écriait-il aux bords de l'Hydaspe, pour se faire louer par les Athéniens ! » Mais enfin il y réussit. En quelques bonds de son cheval, il soumet à ses lois le Granique, le Cydnus et l'Oronte, le Jourdain, le Nil, l'Euphrate, l'Iaxarte et l'Indus. A vingt ans, il est simple roi de Macédoine ; à trente ans, il possède un empire qui s'étend du Péloponèse à la Bactriane et au pays des Scythes, du Pont-Euxin à la mer Érythrée, de la Libye à cette région de l'Inde qu'on nomme aujourd'hui le Lahore, vieux royaumes de Taxile et de Porus. Et dans ces vastes États, il force, par le foudroyant éclat de ses victoires et de ses conquêtes, les peuples à parler, ou plutôt à se taire, suivant la profonde expression de l'Écriture, dans un sentiment illimité de stupeur par la double puissance de son épée et de son

génie : *Et siluit terra in conspectu ejus*. Mais sa dignité morale
répondit-elle à sa grandeur guerrière ? Lui, si beau sur les champs
de bataille, ne se déshonora-t-il pas dans la vie privée par le
meurtre de Clitus et celui de Parménion, sans compter ceux de
Philotas et de Callisthène ? Lorsque, plus tard, fatigué des triomphes, il vint chercher le repos à Babylone, au lieu d'y expirer
avec la majesté d'un héros ou d'un sage, n'y mourut-il pas en
débauché dans les hontes d'une orgie ? Et si, comme il l'avait
prévu, ses généraux lui firent de sanglantes funérailles, n'est-ce
point parce que ses exemples leur avaient trop inspiré l'ambition
de la gloire et pas assez l'amour et le culte de l'honneur ? Ce n'est
donc pas là que l'honneur trouve son vrai fondement.

Il ne repose pas davantage dans les faveurs de la popularité.
La gloire, c'est l'admiration conquise, emportée par des actions
d'éclat. La popularité, que les anciens appelaient *aura popularis*,
est un murmure bienveillant, un frémissement sympathique dont
les foules, enivrées par les théories ou l'éloquence d'un homme,
l'entourent sur le pavois où leurs mains l'ont placé. Et qu'est-ce
que ce vain bruit, pour servir de base à l'honneur ? Peut-on rien
bâtir de si solide et de si glorieux sur cette brise insaisissable qui
fuit ou qui change ? Et comme ce souffle populaire a sa mobilité,
n'a-t-il pas aussi non seulement ses erreurs, mais ses dépra-
vations ? Ne l'a-t-on pas vu faire monter jusqu'à la hauteur du
pouvoir suprême la fortune odieuse de Cromwell et celle de Robes-
pierre ? A notre époque, a-t-il cessé d'être l'auxiliaire des mauvaises ambitions ? Et combien d'intrigants ne lui doivent-ils pas
des succès qui se signalent surtout par l'absence de l'honneur ?

Ainsi, Messieurs et chers enfants, n'allez pas chercher hors
de vous le principe de l'honneur. Dignités, gloire, popularité, ces
trois rayons, quand ils sont purs, peuvent être l'auréole ou la
récompense de l'honneur ; mais ils ne constituent pas l'essence de
l'honneur lui-même. C'est ce que déjà disait à M. de Valincour le
judicieux Boileau, qui fut aussi bien le poète du bon sens que le
poète du bon goût :

Qu'est-ce donc que l'honneur qui tout doit embrasser ?
Est-ce de voir, dis-moi, vanter notre éloquence ;
D'exceller en courage, en adresse, en prudence ;
De voir, à notre aspect, tout trembler sous les cieux ;
De posséder enfin mille dons précieux ?
Mais avec tous ces dons de l'esprit et de l'âme
Un roi même souvent peut n'être qu'un infâme,
Qu'un Hérode, un Tibère effroyable à nommer.
Où donc est cet honneur qui seul doit nous charmer ?

A cette question, que d'autres vous adresseront après le grand poète, répondez que le fondement de l'honneur est au centre de l'honneur lui-même. On a dit que le beau est la splendeur du vrai ; on peut dire que l'honneur est la splendeur du bien. Il forme le rayonnement et l'irradiation d'une conscience généreuse et d'une conduite sans tache ; en sorte que son foyer et sa mesure ne sont autres que ceux mêmes de la vertu. Le feu sacré, dont il est comme la blanche lueur, établit dans l'âme et fait passer dans les œuvres deux courants se précipitant vers le même but, mais par des chemins divers. Le premier est l'amour et la pratique de toutes les générosités et de toutes les délicatesses dans l'accomplissement du devoir et la direction de la vie. Le second consiste dans une susceptibilité saintement intolérable, qui recule d'horreur devant l'ombre même d'une bassesse. L'un et l'autre enfantent comme leur fruit commun, dans le cœur où leurs nobles ardeurs sont unies, l'incorruptible respect de soi-même. Qu'on soit empereur ou berger, guerrier ou magistrat, évêque ou charbonnier, en tous c'est la même flamme jetant la même étincelle. Que les hommes vous blâment ou vous admirent, qu'ils vous récompensent ou vous persécutent, qu'ils vous couronnent ou vous tuent, peu vous importe ; ce n'est pas de ce tribunal que votre grandeur morale relève ; il n'appartient qu'à la conscience de dicter la loi de l'honneur et d'en prononcer les arrêts. Si elle vous condamne, vous cessez d'être honorable, même quand le pouvoir ou l'opinion vous glorifie ; si elle vous absout ou vous félicite, vous restez en possession de l'honneur, même quand le pouvoir ou l'opinion vous insulte ou vous livre au bourreau. Dans les amphithéâtres des premiers siècles, l'honneur était pour le martyr qui se laissait joyeusement dévorer par les bêtes, et la honte pour les Césars et les peuples qui s'enivraient de ses tortures.

Voilà le vrai siège de l'honneur.

Et maintenant que vous connaissez le fondement de l'honneur, voulez-vous savoir en quoi consiste l'intégrité de l'honneur ? A vous préserver de quatre écueils auxquels il ne peut toucher sans avarie ou sans naufrage.

Je vous dénonce avant tout la mutilation de l'honneur. On se respecte sur quelques points particuliers ; il est tels et tels devoirs auxquels on ne se donnera jamais le tort de faillir ; on porte le mépris et la haine de certaines bassesses dans une âme haute et fière. Mais on se montre beaucoup moins austère dans l'accomplissement d'autres obligations qui ne sont pas moins sacrées, et dans la mise en œuvre d'autres vertus qui ne sont pas moins importantes. On est irréprochable pour la probité ; l'est-on pour la sainteté des mœurs ? On ne trouvera ni tache ni lacune dans l'exercice de nos fonctions publiques ; en sera-t-il de même dans la vie de famille ? Et quand on nous examine de près, n'aperçoit-on pas en nous un contraste douloureux entre l'infirmité volontaire de l'homme et la dignité théâtrale du personnage. Ce n'est pas ainsi que vous devez comprendre l'honneur ; au lieu d'en faire un édifice inachevé, architectes intelligents, vous ne devez vous arrêter dans ce grand œuvre que lorsque vous en aurez atteint le faîte.

Après la mutilation, Bossuet vous dénoncera pour moi le préjugé de l'honneur. C'était en 1666 ; le grand orateur avait alors 39 ans, et voici ce qu'il disait, à Saint-Germain-en-Laye, devant Louis XIV et la cour : « Comme le mal n'a point de nature et de « subsistance en lui-même, il s'ensuit qu'il ne peut subsister tout « seul ; de sorte que, s'il n'est pas soutenu par quelque mélange « de bien, il se détruira par lui-même... Mais aussi, qu'on « prenne soin de mêler avec le vice quelque teinture de vertu, il « pourra, sans trop se cacher et presque sans trop se contraindre, « paraître dans le monde. Par exemple, est-il rien de plus injuste

« que de verser le sang humain pour des injures particulières,
« et d'ôter, par un même attentat, un citoyen à sa patrie, un
« serviteur à son roi, un enfant à l'Église et une âme à Dieu qui
« l'a rachetée de son sang ? Et toutefois, depuis que les hommes
« ont mêlé quelque couleur de vertu à ces actions sanguinaires,
« l'honneur s'y est attaché d'une manière tellement opiniâtre que
« ni les anathèmes de l'Église, ni la justice rigoureuse d'un Dieu
« vengeur n'ont point assez de force pour venir à bout de l'en
« arracher. » Messieurs et chers enfants, je vous recommande
ces nobles paroles. Servez-vous vaillamment du glaive pour la
défense de la patrie ; mais en même temps, il faut écrire en
grands caractères, au plus haut sommet de votre conscience, que
ni le revolver, ni l'épée n'ont reçu de Dieu compétence et mission
pour trancher les délicates questions de l'honneur.

Outre la mutilation de l'honneur et le préjugé de l'honneur,
vous devez fuir encore l'hypocrisie de l'honneur et le renversement de l'honneur. Oui ! l'hypocrisie de l'honneur. Nous l'avons
vu pratiquer et nous le voyons encore pratiquer tous les jours
par des gens qui prétendent avoir le monopole du patriotisme,
et qui, si l'ennemi se présentait à nos portes, seraient les premiers à se dérober au danger par une fuite honteuse !

Oui, le renversement de l'honneur. Que de jeunes gens et
même de vieillards, dans le monde, qui se font un triomphe de
l'éclat de leurs débordements ! Que d'écrivains dont l'orgueil
cherche sa gloire dans la perversité du génie ! Il y a plus : il
semblait impossible qu'au dix-neuvième siècle, au sein de notre
civilisation si polie, un homme ambitionnât la gloire d'Érostrate
et celle des anciens barbares. Et cependant nous avons été témoins
de ce phénomène étrange. Des milliers de Français ont poursuivi,
comme l'honneur suprême, le déchaînement de la guerre civile
contre les défenseurs de l'ordre, et celui de l'incendie contre les
plus glorieux monuments de la capitale. Ah ! Messieurs, permettez-moi de ne pas insister sur ces tristes souvenirs, si ce n'est
pour vous dire que quand on fait même un seul pas hors la voie
de l'honneur, on peut être emporté par un courant irrésistible

jusqu'à ces extrémités monstrueuses. Plusieurs jeunes gens bien élevés, mais séduits par la Révolution, en ont donné naguère la preuve iugubre au monde. Le gouffre où le vertige les a fait tomber est redoutable. Marchez loin de ses bords, et pour être moins faciles à surprendre, demeurez toujours au cœur même de la conscience et de l'honneur. Ne séparez jamais ces deux nobles choses qui sont faites pour être unies : fidélité à la conscience, parce qu'elle est la règle et le soutien de l'honneur; fidélité à l'honneur, parce qu'il est un des leviers les plus puissants, un des plus énergiques ressorts de la conscience. Enfin, fidélité indissoluble à l'un et à l'autre, parce que si nous avons pu libérer notre territoire par un effort de notre richesse nationale, c'est uniquement par la puissance de l'honneur, que nous pouvons relever la grandeur et les destinées de la France !

Sur les récompenses d'honneur chez les Romains

Messieurs,

Avant de vous distribuer les récompenses que vous avez méritées, laissez-moi vous faire connaître, comment, chez les Romains, chez ce peuple dont on retrouve le souvenir dans toutes les régions de notre sol, on distribuait les récompenses.

Nous n'avons certes point dégénéré et nous estimons autant qu'eux, ce que le mérite, la valeur et la vertu peuvent nous procurer.

Nous savons comme eux distinguer les récompenses qui sont le résultat de l'intrigue ou de la faveur, de celles qui ont été motivées par des services réels rendus dans les sciences, les arts, pour le service de la patrie ou le bien de l'humanité.

Dans l'origine des cités, les distinctions sociales s'établirent au profit d'un petit nombre de familles, ou furent créées dans l'intérêt général, selon qu'elles étaient une usurpation de la ruse, de la violence, ou qu'elles provenaient d'une sagesse prévoyante, d'un élan public d'admiration et de reconnaissance. Les premières

consistaient en privilèges héréditaires de prééminence, d'immunités, de pouvoirs : c'étaient les ornements et les armes de l'oli-
garchie. Les secondes procurèrent une élévation personnelle, via-
gère, ou même de moindre durée : elles offraient à la vertu
éprouvée une récompense, à la vertu militante un encouragement. Les unes font le règne de la noblesse, avec assujettissement du peuple ; les autres supposent de nobles sentiments dans
les peuples avec la liberté.

Il n'entre point dans mon dessein de disserter en ce moment
sur tous les genres de distinctions sociales ; je ne veux que
rassembler quelques observations historiques sur les *récompenses d'honneur*, et seulement en ce qui touche les *Romains*.

Nulle autre nation n'a mieux su, dans l'âge de la croisssance
et de la maturité, faire concourir les institutions avec le génie
et les destinées de l'État. Chez nulle autre aussi, dans les temps
de décadence, ou tout au moins de transformation politique, l'abus
de ces mêmes institutions n'a été poussé plus loin et avec plus
d'impudence, par l'ambition des grands ou par les caprices du
pouvoir, pour corrompre les esprits et les mœurs.

D'abord, mettons à part des choses que l'on est trop accoutumé à regarder comme des récompenses éminentes, et qui ne
me paraissent être tout au plus qu'une espèce de récompense
mixte : les magistratures, les commandements, les dignités. La
cité les décerne, il est vrai, ou doit les décerner au mérite, au
courage, à la vertu ; elles honorent celui qui les reçoit ; mais
elles lui sont données pour le bien public, et non pour lui-même.
Si l'on veut s'en former une idée juste, il faut avoir égard à leur
condition essentielle, à leur destination suprême ; avant tout, elles
imposent des devoirs, des services ; la jouissance d'intérêt personnel et d'orgueil qu'elles apportent avec elles n'est que l'accessoire, qui se compte pour peu de chose, quand on les accepte par
dévouement ; qu'on affecte de compter pour rien, quand on les a
recherchées par ambition. Il semblerait même, à voir, dans les
récits des historiens, les discours des hommes qui ont parcouru
cette carrière, qu'ils n'y ont trouvé que douleurs et sacrifices à

subir, quoiqu'on soit tenté d'en juger autrement, en considérant l'ardeur de leurs efforts pour y rentrer dès qu'ils en sont dehors.

Il ne s'agira donc ici que de pures récompenses, c'est-à-dire des distinctions sociales conférant, à qui se distingue par ses actions ou par ses travaux, une élévation, non pas gratuite, puisqu'elle est nécessairement acquise d'avance, mais entièrement exempte d'obligation future en retour.

La nature et l'objet de l'institution chez les Romains étaient exclusivement militaires; non pas que les vertus civiles n'aient quelquefois obtenu chez eux des récompenses publiques; mais elles les obtenaient par un mouvement spontané du sénat ou du peuple, par une disposition extraordinaire : il n'y avait à cet égard rien de prévu, rien de déterminé ; tandis que des prix étaient proposés par la loi au courage guerrier. Ainsi le comportait le gouvernement d'une cité fondée par la guerre et organisée pour la conquête.

Le lendemain d'une journée glorieuse, le général convoquait les soldats en assemblée solennelle ; il prononçait l'éloge des plus braves, et donnait à chacun la décoration qui lui appartenait, en présence des camarades, témoins et juges des hauts faits, prêts à réclamer contre la faveur ou contre des prétentions mensongères, comme à sanctionner de leurs applaudissements une rémunération légitime.

Celui qui avait le premier forcé les remparts d'un camp, ou qui s'était élancé le premier dans une ville d'assaut ou sur un vaisseau ennemi, recevait une couronne appelée *castrensis*, *vallaris*, ou *muralis*, ou *navalis*, portant la figure d'un front de palissade, ou de créneaux de murailles, ou de proue de navire. Aulu-Gelle dit qu'on faisait ces couronnes d'or ; il parle sans doute de ce qui se pratiquait de son temps, ou tout au moins dans les derniers âges de la république. Je crois qu'au commencement, on n'avait pas imaginé tant de dénominations et de formes spéciales, et qu'on n'y mettait pas tant d'art, ni surtout tant de luxe ; un simple feuillage suffisait au décoré. Il serait même peut-être permis de penser que les couronnes perdirent de leur prix à mesure qu'elles devinrent plus riches, jusqu'à ce qu'on en fût venu à peser l'*aurum coronarium* de Sylla et de César.

Cependant les Romains ne méprisèrent jamais l'or dès qu'ils le connurent dans le butin ennemi. Siccius Dentatus, au temps des décemvirs, eut plusieurs couronnes de ce métal, pour des actions d'éclat sur les champs de bataille. Un illustre exemple montre qu'on était accoutumé, dans les premières années du septième siècle, à ne confondre point, en fait de couronnes, la valeur matérielle et la valeur morale. Calpurnius Pison, vainqueur des esclaves révoltés en Sicile, eut à distribuer les prix de courage. Son fils s'était signalé entre tous dans plusieurs rencontres; il lui décerna titulairement une couronne d'or de trois livres pesant, et il ajouta qu'un magistrat ne devant point disposer des deniers publics au profit de sa maison, il léguerait au jeune homme par testament l'équivalent de la somme; en sorte que celui-ci tiendrait de la république l'honneur conféré par le général, et de son père la partie lucrative, par une munificence privée.

Toutefois les plus belles couronnes demeurèrent toujours les plus simples. Une branche de chêne composa la couronne civique, celle qu'on recevait pour avoir sauvé la vie d'un compagnon d'armes dans une bataille. Il fallait, pour l'obtenir, en même temps qu'on avait conservé un citoyen à la patrie, avoir tué un ennemi et être resté maître de la place où s'était passé l'action; il fallait, en outre, que le citoyen sauvé du péril rendît lui-même témoignage : tout autre témoin n'était pas entendu. Il fallait que la personne sauvée fût un citoyen romain. Pour le salut d'un allié, eût-ce été un roi, Rome n'accordait pas un tel honneur; et il ne variait point pour le sauveur d'un général et pour celui d'un soldat. L'homme qui avait paré sa tête de la couronne civique pouvait la porter en tout temps : il était exempt de toute fonction onéreuse, et il en exemptait son père et son aïeul; une place lui était réservée près du sénat dans les spectacles, et les sénateurs même se levaient à son entrée.

Dans les fêtes triomphales, les décorés, officiers et soldats, suivaient le char de leur général, parés de tous les dons qu'ils avaient gagnés par leur vaillance. Quelques-uns effacèrent le triomphateur lui-même, comme ce Siccius Dentatus, qui étalait huit couronnes d'or, et quatorze civiques, et trois murales, et une obsidionale, et quatre-vingt-trois colliers, et cent soixante brace-lets, dix-huit dards, vingt-cinq *phaleræ*, espèce d'ornement qu'on suspendait sur la poitrine.

Cette multitude d'insignes militaires ne prouverait pas qu'on les prodiguât alors ; car Siccius comptait aussi cent vingt batailles rangées, trente dépouilles ennemies, dont huit empor-tées en combat singulier, et quarante blessures.

Les soldats couronnés étaient gratifiés encore d'autres avan-tages : immunités de travaux, haute paye, rations doubles ou rations et demies de froment et autres vivres.

Au-dessous des couronnes, mais non sans éclat et sans valeur, venaient les colliers, les bracelets, les *phaleræ*, les dards sans fer, les étendards, et même des aigrettes de casque.

Voilà les récompenses que les généraux donnaient aux sol-dats et aux officiers, en vertu de leur pouvoir souverain, sans contrôle, sans nul besoin de ratification ultérieure.

Mais il se pouvait rencontrer des conjonctures telles que le général suspendît volontairement l'exercice de sa prérogative par un scrupule d'équité. Alors, une instruction judiciaire dans toutes les formes s'ouvrait et se poursuivait avec la publicité de l'audience militaire.

Quand Scipion eût emporté d'assaut Carthagène, il assembla l'armée pour compter avec les braves et leur faire leur part de gloire. L'honneur de la journée était à la couronne murale : qui l'a méritée vienne la demander. Deux se présentent à la fois, un centurion de la 4ᵉ légion, un soldat de la flotte auxiliaire. Chacun a ses adhérents. D'un côté les légionnaires, de l'autre les alliés. On dispute, on s'anime, le débat est poussé presque jus-qu'à l'émeute. Scipion veut que la justice décide. Il déclare qu'il donnera trois juges, *recuperatores*, comme aurait fait à Rome le préteur *peregrinus* pour prononcer entre des Romains et des étrangers. Aux deux juges nommés du consentement des parties, il ajoute le troisième de son choix. Il posa la question : *Uter prior in offidum transcendisset ;* on entendra les témoins, on examinera les faits, on prononcera. Mais légionnaires et alliés soutenaient à tout prix, à toute force, leur candidat, n'épargnant ni les fausses allégations ni les faux serments ; le procès était près de finir par l'épée ; Scipion, averti à temps, vint tout concilier en couronnant les deux rivaux.

Nous avons passé en revue les récompenses que les inférieurs recevaient des généraux ; voici celles que les commandants et les généraux eux-mêmes pouvaient recevoir de leurs soldats.

Après une bataille heureuse, le jour même, sur le champ couvert de plusieurs milliers d'ennemis morts ou blessés, ou le lendemain, dans le camp, l'armée décernait par acclamation le titre d'*imperator* au général. Auparavant on ne l'avait appelé que du nom de sa dignité, préteur ou consul, ou simplement *dux.* Le titre d'*imperator* lui restait désormais, et il ne pouvait le recevoir de nouveau dans la même campagne, quels que fussent ensuite le nombre et l'importance des victoires.

Nous verrons tout à l'heure qu'à l'armée n'appartenait pas exclusivement le privilège de proclamer l'*imperator.*

S'il arrivait, et cela s'était vu plus d'une fois, qu'une cohorte, une légion, une armée surprise par l'ennemi, ou encouragée volontairement par devoir dans un mauvais pas, n'eût d'autre alternative que de se rendre ou périr, et si le commandant de la troupe cernée parvenait, par un habile stratagème et un prodige de vigueur à la dérober victorieusement au danger, ou si d'autre part un général à la tête d'une armée venait forcer l'ennemi de se retirer et d'abandonner sa proie, alors, avec l'herbe arrachée à la terre même sur laquelle ils auraient dû succomber, les soldats tressaient une couronne pour leurs libérateurs ; on la nommait *obsidionale.*

C'était, à vrai dire, une couronne civique, multipliée par le nombre de têtes sauvées de l'esclavage ou de la mort. Il n'y a

dans toute l'histoire qu'un seul centurion qui l'ait eue ; ce fut
Petreius Atinas, pendant la guerre des Cimbres. Des tribuns de
légion la méritèrent quelquefois ; quelquefois aussi des consuls
la joignirent à l'or de leur couronne triomphale plus illustre, plus
enviée, mais moins rare, moins véritablement honorable ; car
cette poignée d'herbe était le prix d'un grand bienfait pour
l'humanité, et non du sang versé ; il ne fallait pas la solliciter, la
briguer ; elle était offerte par enthousiasme. La plus magnifique,
la plus mémorable qui ait jamais ceint le front d'un vainqueur,
fut celle que le sénat et le peuple romain présentèrent à Fabius
Maximus pour avoir délivré Rome, qu'assiégeait Annibal.

« Les consuls, dit Montesquieu, ne pouvant obtenir l'honneur
« du triomphe que par une conquête ou une victoire, faisaient la
« guerre avec une impétuosité extrême ; on allait droit à l'ennemi,
« et la force décidait d'abord. »

Ces paroles donnent lieu de penser que l'on avait compté sur
l'égoïsme et l'ambition des généraux d'armée pour agrandir le
territoire de la république. Mais les soldats qui payaient de leur
sang l'illustration des généraux étaient des citoyens romains, le
peuple romain. Le sénat, ni les magistrats du peuple, n'entendaient point qu'on dépensât trop facilement le sang des soldats.
Le sénat jugeait presque toujours seul et définitivement la question du triomphe, quoiqu'il ne fut pas de plein droit arbitre souverain ; on vit même quelquefois les arrêts réformés par les
comices populaires; dans tous les cas, il fallait que, par pure
formalité, le peuple intervînt, non pas comme juge des titres,
mais comme pouvoir suprême, pour autoriser une des circonstances nécessaires de la cérémonie, l'*imperium* du triomphateur.

Il n'y eut jamais de loi, ni même de règlement, qui déter-
minât les conditions que les prétendants devaient remplir ; mais
la jurisprudence s'établit avec le temps, par le principe si puissant chez les Romains, *more majorum*. Tels furent les articles
principaux de cette jurisprudence :

1º Nul ne pouvait triompher, quelques victoires qu'il eût
remportées, s'il n'avait commandé en qualité de magistrat du

peuple romain, dictateur, consul ou préteur. Le jeune Scipion, qui avait détruit quatre armées carthaginoises et reconquis toute la province, n'obtint pas cet honneur; il le demanda, mais sans espoir de l'obtenir, et seulement pour constater qu'il y avait droi par ses actions, s'il n'eût pas rencontré un obstacle légal : i n'avait commandé les légions qu'en vertu d'une commission extraordinaire, *sine magistratu,* quoique avec le titre de proconsul. La faveur ou la puissance introduisirent d'autres exem ples dans la suite.

2° Il fallait avoir combattu sous ses propres auspices, et dans sa province, non dans celle d'un autre. Cette condition était une suite de la première, et en même temps une très bonne précaution de politique. Avec cette soif d'honneur dont les Romains étaient dévorés, il y aurait eu péril, et pour la discipline et pour les affaires de l'État, à ne pas ôter aux lieutenants l'envie de se signaler hors du commandement de leur général en chef, et aux généraux qui se trouvaient près les uns des autres, la tentation de passer dans la province de leurs collègues.

3° Celui qui avait perdu trop de soldats et qui n'avait pas tué au moins cinq mille ennemis, encourait un refus péremptoire. L'armée était ordinairement présente, et pouvait rendre témoignage au moment où le consul faisait sa déclaration devant le sénat, dans le temple de Bellone. On voulut aussi, pour assurer la sincérité des faits, que le triomphateur jurât, dans les actes des questeurs urbains, au moment de son entrée à Rome, qu'il avait accusé vrai le nombre des soldats morts et le nombre des ennemis restés sur le champ de bataille. Malheureusement on ne s'avisa de cette précaution qu'en 691, lorsque le serment avait beaucoup perdu de sa force et de sa sainteté.

4° La victoire devait être décisive, terminer la guerre, et dompter l'ennemi, de manière que le consul vainqueur transmît au successeur la province pacifiée et soumise, en ramenant l'armée à Rome.

5° On exigeait encore, dit Valère Maxime, que le résultat de la guerre fût une conquête nouvelle, un accroissement de l'empire romain, et non pas la récupération de pays antérieurement possédés; comme si une victoire qui réparait une perte n'était pas un assez grand bienfait pour l'État.

Outre le plébiscite de simple formalité pour l'*imperium* extraordinaire du triomphateur, les comices populaires demeuraient en droit arbitres suprêmes pour ratifier ou pour infirmer le décret du sénat; et ils accordèrent quelquefois, en vertu de leur souveraine puissance, l'honneur que le sénat avait refusé.

Il serait superflu et même hors de propos de décrire ici l'appareil du triomphe; nous ne remarquerons que les déclarations personnelles du triomphateur, la couronne, qui fut d'abord de laurier, et ensuite d'or, la robe et la tunique brodées de palmes et de laticlaves, qu'il empruntait à Jupiter Capitolin pour ce jour-là, le char sur lequel il traversait la ville, les lauriers et les dépouilles qui restaient éternellement attachés à la porte de sa maison.

C'était là le grand triomphe. Le moindre s'appelait *ovatio;* le vainqueur entrait à pied, sans aucune suite de soldats, et couronné de simple myrte. On décernait l'ovation pour les succès obtenus, non dans une guerre importante, contre des ennemis dignes de Rome, mais sur des adversaires méprisables, esclaves ou pirates; pour des succès qui n'avaient coûté ni de grands efforts, ni beaucoup de sang. Le feuillage de Vénus, dit Aulu-Gelle, convenait à ce facile avantage. Il arriva souvent que des raisons d'ordre hiérarchique, plutôt qu'une estimation des circonstances et des effets de la victoire, décidèrent le sénat à décréter cet amoindrissement d'honneur.

On l'acceptait aussi par transaction entre la loi et l'équité, entre le droit personnel et la coutume générale, comme lorsque Marcellus, par la prise de Syracuse et par sa brillante expédition en Sicile, mérita le triomphe, de l'aveu même de ses juges, qui ne pouvaient cependant le lui décerner, parce qu'il n'avait pas eu le temps de finir la guerre et de pacifier la province.

A défaut et au-dessous du triomphe et de l'ovation, le sénat pouvait conférer le titre d'*imperator*.

On sait que le général vainqueur envoyait au sénat le récit officiel de sa victoire dans une lettre enveloppée de lauriers, L'assemblée alors, s'il n'y avait pas lieu d'ordonner une solennité triomphale, se bornait à décréter des actions de grâces aux dieux, *supplicationes*, dont l'honneur retournait à l'homme favorisé, et de plus cet homme devenait *imperator* par le même décret. Cicéron se plaignait de ce qu'on avait prodigué, dans les derniers temps, cette récompense.

Une autre encore de même sorte était déférée aux grands généraux, souvent sans décret, et par un consentement universel et non concerté; ils recevaient un surnom tiré du pays conquis par eux; le surnom devenait une illustration héréditaire, une propriété de famille. Pompée, très jeune encore, fut salué du nom de *grand*, et le nom lui resta, ainsi qu'à ses fils. Les *Macedonicus*, les *Torquatus*, les *Achaïcus*, les *Africanus*, transmirent leur noble titre à leurs descendants. Sous le règne d'Auguste, le père de Galba épousa la petite-fille du destructeur de Corinthe, nommée Mummia-Achaïca. Un Achaïcus fut préteur sous Tibère. C'est d'une pareille noblesse qu'on peut dire qu'elle oblige, et qu'elle a son utilité morale, aiguillon pour la paresse, frein pour les passions dangereuses. Ces surnoms splendides ne se donnèrent plus aux citoyens après la république. Les empereurs s'en réservèrent le privilège. On ne voit plus dans leur histoire que le seul exemple de Cornélius Cossus, que le sénat de Tibère surnomma Gétulicus, à cause de sa victoire sur les Gétules. Car on ne peut pas citer sérieusement le caprice d'Auguste en faveur du jeune Asprénas; caprice d'autant plus étrange, qu'Auguste n'était pas enclin à se jouer des coutumes antiques. Cet enfant tomba de cheval dans le jeu troyen, et se cassa la jambe; le prince lui fit don d'un collier d'or, et l'autorisa à joindre à ses noms de famille, pour lui-même et pour sa postérité, celui de Torquatus. Que devait penser la postérité du Torquatus qui avait conquis son nom avec la dépouille du Gaulois, si ce n'est que les Asprénas n'étaient pas des Manlius ?

Revenons au temps de la république. La justice rémunérative,

en ce qui concernait les actions militaires, avait son organisation
complète chez les Romains : code coutumier, tribunaux, procédure, spécification et gradation des récompenses. Dans cette juridiction, deux ressorts : celui du sénat ou des comices pour le
général, celui des camps pour tout ce qui était au-dessous de lui,
centurions, préfets, tribuns de légion, jusqu'au dernier légion
naire. Là encore, une subdivision en deux ordres de juges : le
général, distribuant les décorations ordinaires, couronnes de bra-
voure, bracelets, colliers, lances sans fer ; et les soldats ou les
corps de troupes qui venaient d'être sauvés, décernant eux-
mêmes les couronnes civiques et obsidionales. Dans le tribunal
militaire, justice sommaire, simple, absolue ; dans le tribunal
politique, justice complète, litigieuse, sujette à conflits ; l'une
avec plus de solennité, laissant plus d'accès aux intérêts, aux
passions, à la partialité ; l'autre offrant dans son arbitraire même
et dans ses applications directes, immédiates, circonscrites, plus
de garantie morale ; quoique les plaintes du grondeur Caton contre
Fulvius Nobilior pussent induire à penser que les généraux, soit
par félicité de caractère, soit par désir de popularité, avaient
été quelquefois prodigues de ces dons honorables. Cependant l'excès d'indulgence ne fut jamais le défaut marquant des
patriciens et des nobles à l'égard des plébéiens et des soldats ; et s'il y eut quelques faveurs subreptices pour des fils
de sénateurs et de préteurs, on peut dire qu'elles se continrent
dans les bornes étroites de timides exceptions. Pour le légion-
naire obscur, les dons militaires conservèrent toujours leur
prix, parce qu'ils ne perdirent jamais leur caractère de conquête
du courage. C'est en parlant des grandeurs triomphales, que
Cicéron disait : *Insignia virtutis multi etiam sine virtute osse-
cuti sunt* : Combien de gens ont obtenu les insignes de la vertu
sans vertu ! et ailleurs : « Si vous faites de tout cela le même
« cas que moi, vous ferez bien. » Il est vrai que, dans la même
correspondance, il pressait fort ses amis de lui faire décréter le
triomphe pour avoir délogé des défilés du mont Amanus quelques
troupes de brigands. Excusons cette faiblesse ; dix ans aupa-

12

ravant, il s'était rendu digne d'être appelé père de la patrie.

On voit, par cet hommage rendu à Cicéron, que le mérite civil n'était pas destitué de toute manifestation officielle de l'estime, de l'admiration publique ; on ne le renvoyait point au seul témoignage, trop souvent obscur et vague, de la conscience des hommes, à l'incertitude des éloges populaires ; mais, pour le mérite extraordinaire uniquement, des récompenses extraordinaires aussi.

« La cité d'Athènes, dit Valère Maxime, introduisit la pre-
« mière l'usage de couronner les bons citoyens, en tressant deux
« branches d'olivier pour ceindre le front de Périclès. Il était
« juste qu'une telle institution, léguée à la postérité, ait com-
« mencé par un si grand homme. »

Au cas que le récit de Valère Maxime soit exact dans toutes ses circonstances, les Romains ne songèrent pas à imiter en cela les Athéniens : ils avaient pensé qu'à l'ordre intérieur, à l'état de paix, suffisait le pouvoir modérateur et coercitif de la censure. La vie du citoyen n'imposant pas les mêmes sacrifices, la même abnégation, que la vie du soldat, ne réclamait pas non plus un pareil stimulant d'émulation. Là où l'on ne commandait pas tous les jours des efforts héroïques, on n'avait point ouvert un concours permanent de vertu. Seulement, quand il advenait, le prix était d'autant plus grand qu'il était plus rare par sa nature, plus spécial dans son objet, plus libre, plus volontaire dans l'absence de toute loi préexistante, plus national par le consentement spontané du peuple ou du sénat, ou de l'un et de l'autre réunis dans un enthousiasme unanime.

Si les exemples sont peu fréquents dans l'histoire, ils apparaissent sous des formes extrêmement variées : une place particulière dans les jeux du cirque ; une colonne surmontée d'un bœuf doré, monument de reconnaissance érigé à un édile bienfaiteur du peuple, par une cotisation volontaire du peuple ; des funérailles célébrées aux dépens des plébéiens, qui apportaient chacun le denier du pauvre ; un terrain de sépulture donné par le sénat et le peuple à un citoyen pour lui et sa postérité ; le privilège d'ouvrir la porte de sa maison en dehors sur la voie publique, tandis que celle des autres ne s'ouvrait qu'en retour dans l'intérieur ; le droit de venir toujours en char aux séances du sénat, ce qui ne fut jamais permis qu'à un seul homme ; des bandelettes mêlées à la coiffure, des bandes de pourpre sur les robes. Toute chose, en effet, peut servir de récompense d'honneur ; car ce n'est pas le signe qui fait la substance de la décoration, c'est l'idée qu'il rappelle et qu'il doit attester.

Les Romains furent d'abord avares de statues, même pour les guerriers. Ils en dressèrent à des ambassadeurs qui avaient péri victimes de leur fierté à soutenir la majesté de Rome chez les nations étrangères. Comme la vengeance du droit des gens violé entraînait la guerre, et avec la guerre des conquêtes, on ne manquait pas l'occasion de faire grand bruit de cette violation, et de payer à la mémoire des ambassadeurs ce prix de leur sang. C'était presque un monument militaire, un signal de combat. La seule statue qui ait été dédiée exclusivement à la vertu civile, ce fut celle que le peuple romain tout entier éleva en l'honneur du vieux Caton, ayant soin, comme le dit Plutarque, de passer sous silence, dans l'inscription de la base, tous ses faits d'armes, et de ne garder mémoire que de la censure, pendant laquelle, par saintes ordonnances et sages enseignements, il avait réformé la discipline de la république romaine, qui inclinait à la corruption.

A ce propos, il se passait, en l'année 566, précisément dans le même temps, des choses qui présageaient la décadence. Une association secrète de débauche, et même de crimes, s'était formée entre un grand nombre d'hommes et de femmes, sous le prétexte des mystères de Bacchus. On dut la découverte de ces conspirations détestables à la liaison intime d'un chevalier de dix-sept ans avec une affranchie, une courtisane. La mère du jeune homme favorisait cette liaison pour le perdre ; elle voulait même l'initier aux mystères. Et quand il s'agit de donner, au nom de l'État, une marque de reconnaissance au dénonciateur, le sénat et le peuple lui accordèrent l'exemption du service militaire et la dispense d'accepter le cheval que la république devait lui assigner comme fils de chevalier. La récompense est plus étonnante peut-être que les attentats révélés. Les vieux Romains auraient regardé cela comme une injure.

Les mœurs, en effet, s'étaient beaucoup relâchées déjà ; mais la vanité avait devancé les progrès des vices. Dès les temps anciens, on étalait dans des temples, dans des édifices publics, les images de ses ancêtres représentées sur des disques de métal en forme de boucliers. Le censeur se moquait des gens qui aimaient à se faire représenter en pierre ou en airain, et il avait répété souvent, lorsqu'il voyait les images de certains personnages sans gloire : « J'aime mieux qu'on demande pourquoi Caton n'a « pas de statue, que pourquoi on lui en a dressé une! » L'abus était devenu si choquant, que les censeurs Scipion Nasica et Popilius Lenas, en l'année 596, firent démolir ou fondre toutes les statues qui avaient usurpé une place dans le Forum, et ne laissèrent subsister que celles qui se recommandaient par un décret du peuple ou du sénat.

La république vieillissante manqua de force pour défendre l'autorité de ses coutumes contre les caprices de la force toujours de plus en plus entreprenante et de l'orgueil toujours croissant. On n'avait pas imaginé, autrefois, qu'il fût possible de triompher par la guerre civile; des consuls, des dictateurs, triomphèrent des légions romaines qu'ils avaient vaincues. Voyez le progrès dans le mépris des lois et des coutumes : Marius, pendant la guerre des Cimbres, donna, de sa pleine puissance, le droit de cité à deux cohortes de Camertins, pour avoir combattu vaillamment contre les barbares; il transgressait les conventions du pacte d'alliance. Quarante ans plus tard, une légion de Gaulois entrait dans la cité romaine par la volonté de César et par droit de conquête. Encore ces infractions partaient de mains vaillantes et victorieuses. Mais qu'un Balbus, simple questeur, notable seulement par ses rapines, se vantât d'imiter César en donnant l'anneau de chevalier à un histrion dans sa province; que, sans avoir tiré l'épée, un Verrès décorât d'une couronne, d'un collier et d'ornements militaires un chevalier de Sicile, c'était le symptôme le plus certain de la confusion de toutes les idées et de la dissolution du gouvernement. La république faisait place à la domination impériale. Auguste vint.

Alors une révolution s'opéra dans le système des récompenses par le même procédé que dans toutes les autres parties de l'administration publique : les institutions furent conservées, l'exécution seule changea ; changement immense et insensible, ou du moins assez habilement dissimulé pour offrir toutes les facilités possibles à la bonne volonté de se laisser abuser. Tout ce qu'Auguste voulait abolir, il ne le supprimait pas, il le laissait tomber de soi-même ; tandis que les innovations s'enveloppaient d'une parure d'antiquité, et pouvaient, d'un côté ou d'un autre, se réclamer du *more majorum*. César, lui, avait merveilleusement préparé les voies par ses réformes imposées avec hauteur et comme de vive force. Auguste, en le continuant, semblait revenir à l'ancienne république. On a vu plus haut, que, pour le triomphe, un général devait entrer dans Rome accompagné de ses légions et des troupes alliées, et qu'il fallait qu'un décret du peuple le revêtit, pour ce jour-là, de l'*imperium*. Un si grand éclat aurait pu offusquer une puissance jalouse et faible. Ce commandement absolu, quoique éphémère, pouvait être inquiétant. Auguste laissa subsister cet usage tout républicain pendant les premières années de son règne ; il sembla même le favoriser : Suétone rapporte qu'il y eut plus de trente généraux qui triomphèrent à sa recommandation. Balbus le Jeune fut, dit-on, le dernier, l'an 735 ; il avait dompté les Garamantes, et reculé les frontières de l'empire en Afrique. Mais cinq ans après, Agrippa rangea sous l'obéissance de Rome les nations du Bosphore, et n'envoya point au sénat, selon la coutume, la relation de sa campagne dans un message enveloppé de lauriers ; et quoique le sénat, sans doute par envie de plaire à Auguste, autant que par justice, eût décrété le triomphe, Agrippa s'abstint d'en célébrer la fête. Cette conduite modeste et discrète servit d'exemple aux autres, et fit loi désormais ; loi d'autant mieux établie, que deux ans après,

Auguste ne permit point à Tibère même, qu'il avait nommé son gendre à regret, de jouir de cet honneur, que le sénat lui avait décerné. Il en fut de ce changement comme de tous ceux qui s'introduisirent par l'usage, et non par une voix expresse. La volonté du gouvernement ne se manifestait pas, elle se déguisait sous de faux semblants; on affectait quelquefois d'accepter, de tolérer par le silence ce qu'on avait désiré, quelquefois même d'en paraître mécontent. Tibère adressa des reproches à plusieurs consulaires, placés à la tête des armées, pour n'avoir pas envoyé au sénat le bulletin des avantages qu'ils avaient remportés. Bien leur prit, je crois, de ne pas s'alarmer de ces colères, et aux autres ensuite de ne pas trop s'y fier; elles étaient plus, comme l'observe Tacite, dans les paroles du prince que dans son cœur. Les envahissements du pouvoir impérial n'en suivaient pas moins leur cours. Le triomphe devint le privilège exclusif des membres de la famille de César; Tibère l'obtint plus tard d'Auguste, deux fois; Germanicus, une fois, de Tibère. Quelques empereurs ne dédaignèrent pas pour eux-mêmes les splendeurs de cette pompe guerrière, Vespasien et Titus, Trajan, M. Aurèle, Aurélien; car il ne faut pas compter Caligula ni Domitien, qui ne triomphèrent pas sérieusement.

Cette prérogative réservée aux Césars était une conséquence naturelle, et fort sagement déduite, des nouveaux principes de gouvernement associés à l'ancienne coutume de la hiérarchie militaire.

Un récit, tiré de Valère Maxime, fera bien comprendre la raison et l'origine de cette révolution.

Dans la journée des îles Égates, qui avait mis fin à la première guerre punique, le consul Lutatius, atteint d'une grave maladie, n'avait pu sortir de la litière; le préteur Valérius avait rempli tous ses devoirs de général. Un sénatus-consulte attribua les honneurs du triomphe à Lutatius. Valérius voulait triompher aussi; Lutatius s'y opposa. Le premier plaida contre lui; il leur fut nommé un juge qui procéda ainsi : « Dis-moi, Valérius, au cas que vous eussiez différé d'opinion entre vous deux sur l'oppor-

tunité de la bataille, lequel aurait décidé, le consul ou le préteur ?
— Point de doute, répondit Valérius, que ce ne dût être le
consul. — Et si vous aviez pris tous deux des auspices opposés,
lesquels aurait-on suivis de préférence ? — Assurément ceux du
consul. — Je n'en demande pas davantage, conclut le juge.
Puisque je n'avais à prononcer que sur une question de commandement et d'auspices, et puisque tu reconnais toi-même ton infériorité sous ce double rapport, l'affaire est entendue; Lutatius, tu
n'as pas besoin de plaider, je te donne gain de cause. »

Les réflexions que l'historien ajoute ensuite sont remarquables. « Admirons, s'écrie-t-il, le juge qui, *dans une affaire
évidente*, supprime les lenteurs inutiles. Louons surtout
Lutatius d'avoir soutenu avec tant de fermeté le droit de sa
dignité suprême. Ne blâmons pas Valérius d'avoir réclamé, pour
son courage et sa victoire, un prix, sinon légitime, au moins
mérité. »

Toute la discipline romaine est dans la position et la solution
de cette question judiciaire. A celui qui a remporté la victoire,
le mérite sans le droit; à celui qui avait le commandement et
les auspices, le droit sans le fait.

Auguste n'eut qu'à saisir l'occasion de consacrer purement et
simplement cette coutume des ancêtres par un grand exemple;
Agrippa lui épargna la difficulté et les périls d'en prescrire lui-
même l'application.

L'an 725, le sénat avait décerné le titre d'*imperator* à César
Octavien, non pas en raison de ses victoires, mais comme attribut
du souverain commandement, ainsi qu'on avait fait pour César,
en étendant le décret à sa postérité, quoiqu'il n'eût pas d'enfants,
remarque Dion.

De plus, l'an 727, on avait ordonné un partage des provinces
entre Auguste, d'une part, et de l'autre, le sénat et le peuple
romain ; au premier les provinces où l'on entretenait des légions,
au sénat celles qui n'avaient aucun appareil de guerre.

L'empereur était aussi le généralissime de toutes les forces
militaires de la république ; les généraux d'armée n'avaient que

le titre et le rang de lieutenant. Toutes les opérations s'exécutaient, toutes les victoires étaient remportées sous sa conduite et
sous ses auspices ; il pouvait rester dans sa litière, comme Lutatius ; à lui seul appartenait le triomphe ; et ensuite, encore à lui
seul le titre d'*imperator*, comme synonyme de victorieux.

Deux exceptions confirmèrent la vérité de ces observations,
savoir : Cornélius Balbus, le dernier des triomphateurs, et
Junius Blésus, le dernier aussi qui obtint le titre d'*imperator*
sous Tibère. Or l'un et l'autre étaient proconsuls d'Afrique, une
des provinces du sénat, et il y avait, par cas singulier, dans
cette province, une légion sous les ordres du proconsul ; et, en
qualité de magistrat du peuple romain, le proconsul combattait
avec la prérogative de l'*imperium* et sous ses propres auspices ;
légalement le sénat pouvait lui accorder le triomphe, et ses soldats
pouvaient l'appeler *imperator*. Caligula sépara le commandement
militaire du consulat d'Afrique. Tacite a imputé cet acte à
l'esprit brouillon et ombrageux du prince. Il me semble, au
contraire, que le fou se montrait ici raisonnable ; il faisait disparaître une anomalie unique dans le régime des provinces.

A part ce qui alarmait les susceptibilités du souverain, on
pouvait tirer parti de la communication des honneurs du triomphe
aux particuliers ; il y avait là quelque chose à garder, mais aussi
quelque chose à faire. Saint-Simon dit, dans ses mémoires, que
le roi Louis XIV, faute de récompenses effectives, était fort
attentif à en faire de tout ce qui pouvait amuser l'émulation, et
qu'il se montra fort jaloux de faire valoir le nouvel ordre de
Saint-Louis. Auguste songeait aussi à créer, non pas tout à fait
des amusements d'émulation guerrière (car on devait, dans sa
pensée, avoir souci désormais de conserver et non de conquérir),
mais plutôt des appâts de vanité, et comme des lacs politiques
pour attirer et enchaîner les volontés à la nouvelle domination ;
il imagina les ornements triomphaux, la couronne de laurier,
la robe brodée de palmes, qu'on pouvait porter dans certaines
fêtes, une statue d'airain dans le Forum, des lauriers à la porte
de sa maison. Les mêmes formes qu'autrefois furent observées

pour conférer cet honneur, il n'était accordé que p r un sénatus-consulte ; les Césars même qui tyrannisèrent les Romains avec le plus d'insolence, ne négligèrent pas la formalité du décret. Mais on devine sans peine qu'ils n'en ordonnaient pas moins selon leur bon plaisir, tenant dans leurs mains le sénat, ce merveilleux instrument d'arbitraire légal ; et d'ailleurs, c'était à l'empereur seul qu'appartenait l'initiative de la délibération, *relatio ;* à lui seul les généraux victorieux envoyaient leurs rapports. Les princes abusèrent étrangement de cette faveur : Claude la prodiguait pour les moindres choses, et les autres, comme lui, récompensèrent ainsi des services étrangers à la guerre, quelquefois réprouvés par l'honneur. Curtius Rufus reçut les insignes pour avoir employé ses soldats à découvrir des filons d'argent ; et les soldats, excédés des travaux des mines, s'en vengèrent par une requête à l'empereur, dans laquelle ils le suppliaient de vouloir bien, à l'avenir, quand il nommerait un général, lui conférer d'avance les ornements triomphaux. En même temps, on les accordait à Corbulon pour le consoler d'avoir été frustré de l'occasion de combattre et d'augmenter sa gloire, déjà trop brillante au jugement de la cour. Tibère les avait refusés à Dolabella, vainqueur d'un ennemi redoutable, pour ménager l'amour-propre d'un oncle de Séjan. On revêtait de cette parure des enfants de la famille des Césars ou destinés à leur alliance. Tacite a montré, par un exemple curieux, à quelles conséquences, ou plutôt à quelles inconséquences la logique des fausses applications peut conduire quelquefois les institutions politiques. Ces honneurs créés pour exciter la vertu guerrière finissaient par la repousser dans l'inaction par le dégoût. « On ne fit rien alors en Germanie, « en 811, dit l'historien ; nos généraux, voyant les insignes « triomphaux si prodigués, s'appliquèrent à conserver la paix pour « se distinguer. » Heureux encore les Romains, si l'on se fût contenté de rendre l'institution stérile et impuissante par la profusion ! Mais elle servit à signaler des vengeances de Néron, et à rehausser l'orgueil des délateurs ; funeste encouragement à les imiter. On en vint au point, dit l'historien Dion Cassius, que ceux qui avaient mérité véritablement ces insignes n'osaient plus les porter. Ils tombèrent en désuétude, et l'on n'en voit plus de traces après le règne de Domitien. Ils avaient été l'objet des hautes ambitions, hautes dans le sens de la fortune; il n'y avait que les consulaires, les sénateurs, qui pussent y prétendre.

Les récompenses d'un ordre secondaire, qui descendaient jusqu'aux soldats, ne pouvant pas être détournées si aisément de leur destination primitive, se garantirent mieux de la corruption.

Distinguons toujours dans ces *dona militaria* deux classes, entre lesquelles Auguste mettait une grande différence : d'une part, les colliers et les parures en or et en argent, ajoutez les lances sans fer; d'autre part, les différentes espèces de couronne, auxquelles s'attachait un plus grand honneur, et dont il se montrait avare, n'ayant nul égard à la faveur dans le choix de ceux qu'il en gratifiait, et les donnant même à de simples soldats, ajoute Suétone. Même à de simples soldats! Tite-Live, en parlant des armées de Scipion et de Paul Émile, n'aurait pas fait une pareille remarque. Remarque-t-on les faits ordinaires, communs? Tacite laisse entrevoir un sentiment pareil à celui de Suétone, quand il rapporte que le soldat Rufus Helvius mérita, sous le règne de Tibère, une couronne civique. Déjà, dans le siècle de Tacite, la discipline était bien changée. Les légions ne se remplissaient plus, comme autrefois, de vrais citoyens, qu'elles refondaient dans la population urbaine, dans le sein de la patrie, après chaque campagne, pour les prendre de nouveau retrempés dans les mœurs nationales, et portant dans l'obéissance militaire la religion du serment et la dignité civile. C'était désormais une milice permanente, une troupe soldée. Et comment s'étonner que les idées aristocratiques se fussent élevées dans l'esprit des chefs, tandis que la cupidité déprimait l'âme de ces mercenaires, qui estimaient le commandement à ses libéralités? C'est depuis l'empire, que l'or monnayé sous forme de largesses pour tous, se substitua aux couronnes pour le petit nombre des meilleurs entre les braves. C'est alors que s'établirent les gratifications, préférées de beaucoup aux récompenses, et que l'on créa le nom de *dona-*

vum, ce prix d'une fidélité douteuse et menaçante, ce levain de sédition, cette rançon des princes. Dès qu'on achète les corps de troupes, on n'a plus guère à honorer les soldats d'élite. Suivez, dans l'histoire, le progrès de la dégénération ; vous arrivez au temps où l'on marque d'un signe indélébile les recrues, comme les chevaux de nos régiments ; et la levée des recrues s'est convertie en une contribution imposée sur les biens et sur certaines conditions. Vient enfin la nécessité de faire garder l'empire par des troupes barbares.

L'entraînement des objets et des réflexions nous a jetés au delà de notre propos. Je voulais montrer comment, à dater du règne d'Auguste, l'autorité judiciaire, en matière rémunératoire, pour les armées, s'était transférée du camp dans le palais impérial, par les concessions du respect ou de la flatterie. Quelques récits des historiens sembleraient contredire cette assertion ; ils l'appuient pour peu qu'on sache les interpréter.

Suétone dit qu'Auguste excepta dans les distributions de décorations militaires les personnages qui avaient obtenu l'honneur du triomphe ; et qu'il alléguait pour sa raison, « qu'eux-mêmes comme lui, avaient eu le droit d'en accorder à qui ils le jugeaient convenable ».

Quand même ces paroles auraient été sincères, et pourraient témoigner de l'état véritable des choses, de ce qui se pratiquait en réalité, le témoignage ne s'étendait pas plus loin que l'an 735, qui ferma la carrière des triomphes pour les particuliers. Auguste ne parlait que des triomphateurs. Plus il gagnait en pouvoir, plus il s'efforçait de faire croire à la liberté. Ce n'était pas lui qui aurait tranché du maître comme César, qui donna les insignes du mérite militaire à un enfant trop jeune encore pour avoir seulement vu un camp ; mais cet enfant était son neveu. Il n'allait pas si hardiment et si droit à la monarchie. Tibère, aussi, blâma l'excès de réserve d'un gouvernement d'Afrique, qui, en décernant un collier et une lance d'honneur, n'avait pas osé y ajouter une couronne civique, selon que le comportait le droit de proconsul. En effet, nous avons eu lieu déjà de le remarquer, le gouverneur d'une province du peuple romain, commandant une légion, avait ce droit, comme le reconnaissait Tibère. Mais la conduite du proconsul montre plus véritablement de quelle manière on usait de son droit. Quelle qu'en fût la valeur, ce droit n'exista plus, même en Afrique, après l'innovation de Caligula ; il n'y eut dans tout l'empire d'autres généraux que les lieutenants de César, et, de droit comme de fait, personne désormais ne disposa des *dona militaria* que l'empereur. Dans toutes les inscription, en assez grand nombre, où il est fait mention de bracelets, de colliers, de *phaleræ*, de lances, de petits drapeaux, *vexilla*, de couronnes murales, vallaires, navales, on cite le prince donateur. Parmi les personnages dont ces inscriptions ont conservé la mémoire, on n'en rencontre qu'un seul qui ait servi dans les derniers grades. Tous les autres sont des officiers supérieurs ; plusieurs, hauts dignitaires. Quand Aurélien et Probus furent accablés d'une profusion de couronnes et d'autres décorations à la fois par l'empereur Valérien (car on cherchait alors à compenser, par le nombre, l'altération de la valeur morale), l'un et l'autre venaient de commander des expéditions importantes. Julien, qui dédaignait le cérémonial et le faste de la cour de Constantinople, essaya de rappeler la vigueur de l'antique discipline, de rendre l'âme aux légionnaires. Il renouvela les solennités de la victoire dans le camp, distinguant et nommant par leurs noms les soldats qu'il couronnait, témoin et rénumérateur à la fois des exploits de chacun. Le soin de l'historien à expliquer tous ces détails, fait connaître qu'il s'agit là d'une imitation d'usages oubliés ; vain simulacre ! Julien ne réussit pas mieux à réveiller l'aigle romaine qu'à relever les autels de Jupiter Capitolin.

Nous avons vu précédemment des insignes triomphaux, misérables débris du triomphe, détournés encore de leur objet naturel, échoir souvent en partage au mérite, même au démérite dans l'état civil. D'un autre côté, par une sorte de contradiction apparente, à mesure que les empereurs détachaient du consulat, de la préture, de la questure, les attributions militaires, ils en communiquaient les noms et les marques sans fonctions à toutes sortes de personnages indifféremment, aux guerriers comme aux magistrats. C'était toujours la suite d'un même dessein. Ils avaient besoin de multiplier les amusements de vanité et de gloire. Il fallait accoutumer les hommes de toutes les conditions et de tous les rangs, à se complaire et à se reposer dans l'état présent. Au peuple, du pain et des spectacles; aux grands et aux riches, des titres sans office, des décorations sans pouvoir, le plaisir de paraître quelque chose sans rien faire, de figurer parmi les honorables, les titulaires des hautes dignités, sans travail, sans responsabilité, sans assujettissement. Telle est l'origine des *insignia consularia, prœtoria, quœsteria.*

Si l'on en croyait Dion Cassius, il y aurait eu, dès le temps de la république, des consulaires qui n'auraient pas été consuls; cette institution ne serait point une invention des premiers Césars. Jusqu'à ce qu'on découvre chez les autres historiens et dans quelque monument authentique la preuve de cette assertion, l'anomalie est si contraire aux mœurs, aux opinions du peuple romain, que je ne puis m'empêcher de la révoquer en doute. Un tel régime ne va pas à la jeunesse, à la virilité des républiques. Mais dans la caducité des institutions et des mœurs, ces jouets d'un amour-propre futile, ces joyaux politiques, se jettent aux hommes devenus enfants ou femmes. Alors les dignités cessent d'être des pouvoirs, et ne sont plus que des noms et des simulacres. Il est vrai que l'insolence romaine, sous les consuls, avait imaginé, pour la commodité des hommes d'importance, que leurs affaires privées ou leurs plaisirs, ou leur curiosité, attiraient hors de l'Italie chez les alliés ou dans les provinces, la *legatio libera*, espèce de commission purement nominale, purement honorifique, sans objets, sans devoir public, et toute à l'avantage du prétendu mandataire.

Mais ces rayons de la majesté souveraine départis par un sénatus-consulte à un simple citoyen pour le désigner aux respects, aux égards, aux services des rois et des peuples étrangers, ne sauraient être assimilés à ces distinctions de parade, à cette inanité de grandeurs oiseuses, à ces représentations mensongères de magistratures émérites, dans la vie intérieure de la cité.

C'est Jules César, le vrai fondateur de la monarchie impériale, qui, n'ayant pas assez des richesses du monde vaincu pour acheter toutes ces créatures dont il avait besoin, et cherchant partout des aliments à l'émulation de l'obéissance, fut l'inventeur de ces fictions d'amollissement. Quand on fait des consuls semestriers, trimestriers, des consuls d'un mois, de quelques jours, de quelques heures, comme ce Rebilius Caninius, si vigilant, au dire de Cicéron, qu'il ne dormit pas un seul instant dans toute la durée de son consulat, il ne faut pas un grand effort pour aller jusqu'à faire des consuls de nom et de vêtement, puis des *prætoris*, des *quæstorii*, qui n'avaient jamais été préteurs ni questeurs ; on donnait bien l'anneau de chevalier à des baladins, à des affranchis. Auguste, qui sut mettre si habilement la main sur la succession de son oncle, et puiser dans les exemples du dictateur l'enseignement de ce qu'il devait pratiquer, comme de ce qu'il devait éviter, développa hardiment, largement, ce moyen de séduction, tandis qu'au contraire il épurait sérieusement le sénat. C'est que la dignité de sénateur était un pouvoir effectif. Les successeurs d'Auguste poussèrent jusqu'aux derniers excès l'intempérance de la faveur et le scandale des abus, d'autant plus effrontément, qu'on ordonnait par décret du sénat, et que le sénat portait la responsabilité du mal. De quel prix pouvaient être pour de braves capitaines, pour des sénateurs éminents, pour d'utiles magistrats, ces insignes qu'on leur donnait quelquefois, lorsqu'ils les avaient vu prodiguer sans raison, flétrir en devenant salaire du vice, de la trahison, de l'office de bourreau ? Narcisse les recevait après le meurtre de Messaline ; Ostorius Sabinus, pour avoir fait périr par ses calomnies le vertueux Darea Soranus avec sa fille. L'odieux le cédait parfois au ridicule, comme lorsque l'affranchi Pallas, qui avait fait épouser Agrippine à Claude (et l'on sait comment elle avait mérité sa protection), osa conseiller à son maître de rendre une loi contre les femmes qui s'abandonneraient à des esclaves, et à cette occasion le sénat lui offrit, le supplia d'accepter les ornements de la préture. Quelques sages empereurs tâchaient de réhabiliter l'institution par la constance de leur justice distributive. Mais les principes changeaient avec les règnes. La frivolité des esprits conspirait avec l'égoïsme et les passions des gens de la maison impériale, pour précipiter le gouvernement sur cette pente de la décadence. Les prix de la gloire allèrent toujours se dénaturant de plus en plus, et dégénérant en clinquants honorifiques, jusqu'à ce qu'ils disparussent dans l'invasion des trois ordres de comtes, et des cinq classes d'*illustres*, de *spectabiles*, de *clarissimi*, d'*egregii*, de *perfectissimi*, la noblesse remplaçant les distinctions du mérite, et les insignes montrant qu'on avait eu un emploi ou seulement un titre d'emploi, et non qu'on avait rendu des services à l'État.

Entre toutes les récompenses publiques, il en était une au moins qui, par son caractère monumental, aurait semblé devoir se maintenir grande et pure, uniquement consacrée aux génies éminents, aux vertus héroïques ou bienfaitrices ; je veux parler des statues, qui élèvent la renommée des hommes aux proportions de l'histoire, et, en immortalisant la louange, la soumettent sans fin aux contrôles de la postérité. Auguste avait donné le précepte en action ; il érigea, dans le double portique de son Forum, les images, en costume triomphal, des grands capitaines qui avaient reculé les limites de l'empire romain ; et, dans une proclamation, il déclara que son dessein était d'exposer des exemples d'après lesquels on eût à le juger lui-même pendant sa vie, et à juger les autres princes dans les âges suivants. Tout s'amoindrit en tombant dans le vulgaire, tout s'avilit en se profanant. Les Césars ne profitèrent de la leçon d'Auguste ni pour eux-mêmes, ni à l'égard des autres. On disait qu'à Rome la population de marbre et d'airain finirait par égaler celle des vivants. Encore, si l'on n'avait eu que le tort de conserver des figures d'hommes utiles ; mais combien de fois on insulta aux regards et à la conscience publique par ce triomphe des méchants ! Que de lâches adulateurs, que de ministres d'infamies et de cruautés, honorés ainsi, pour un Agricola ! Cette manie gagna les provinces ; il n'y eut pas de petit municipe qui ne s'encombrât de statues debout, à cheval, sur des biges, des quadriges. Quels étaient les héros ? Les uns

avaient légué par testament, aux décurions et aux collèges sacerdotaux, des rentes pour une distribution de vivres ou pour un
festin annuel; les autres avaient fait la dépense d'un superbe
combat de gladiateurs pendant deux, pendant trois jours. On alla
jusqu'à célébrer les funérailles publiques et à poser des statues
équestres pour des enfants à peine sortis des mains de leurs nour-
rices. Il fallait que les parents de ces enfants fussent ou très
aimés, ou bien redoutés dans le pays, car la crainte arrachait fort
souvent les hommages de l'admiration. Les empereurs défendirent
de voter des statues sans leur autorisation formelle. Arcadius et
Honorius, renouvelant l'interdiction, ajoutèrent la menace d'une
amende du quadruple contre les gouverneurs de provinces qui
extorquaient de pareils honneurs, très onéreux aux sujets; et
même ils voulurent qu'on notât d'infamie les auteurs du décret,
pour les punir de leur légèreté ou de leur manque de cœur. Jus-
tinien rendit une loi moins sévère, mais plus équitable et aussi
prudente : « Il convient, disait-il, d'accorder à qui l'a mérité le
« prix de la vertu; mais il ne faut pas que l'honneur des uns
« devienne une occasion de dommage pour les autres; en con-
« séquence, nous ordonnons que, toutes les fois qu'un collège ou
« une administration, soit dans notre capitale sacrée, soit dans
« une province, demandera une statue pour un gouverneur ou
« pour tout autre personnage, il soit pourvu à la dépense, non
« par une contribution spéciale, mais avec les propres deniers de
« celui qu'on veut honorer. » Sans doute les empereurs ne s'op-
posaient point à l'érection ni à la dépense d'une statue sur la base
de laquelle on pouvait placer une inscription pareille à celle-ci :

*A P. Titius Perpetuus Arzicius, clarissimi, consulaire de
Toscane et d'Ombrie, en mémoire de ses bienfaits et de sa
rare justice envers ses administrés, et pour l'instruction de
la postérité. Les Toscans et les Ombriens, par une souscription volontaire, ont élevé le monument éternel de cette statue
à leur patron.*

Malheureusement, cette inscription atteste les exceptions rares;

les lois que nous avons citées prouvent les mauvaises coutumes.

Dion Cassius, en un de ses récits, met sous le personnage d'Agrippa de très sages réflexions sur les inconvénients qui résultent, dans les États despotiques, pour le despote lui-même, du pouvoir absolu de distribuer les biens et la gloire : « Il fait « presque toujours des ingrats, toujours des mécontents. »

Agrippa ne s'enferme pas dans les considérations d'intérêt; il envisage la responsabilité morale qui pèse, en effet, sur les puissances qui d'en haut tiennent en leurs mains ces mobiles si énergiques des actions humaines. Ce n'est pas en pareille matière qu'on peut dire : « Donnons toujours, cela fait tant de plaisir à « nos amis, à nos serviteurs, sans qu'il en coûte rien à personne. » Cela coûte cher aux citoyens de l'État.

Un mauvais choix en entraîne de pires ; il sert d'autorité à qui, ne pouvant pas s'élever jusqu'au prix proposé, veut le rabaisser jusqu'à soi. On ne se prescrit plus une mesure absolue et nécessaire de mérite ; mais on prend un tarif de comparaison, et on a toujours soin de choisir le terme le plus commode.

Dans l'antiquité, les habitants des îles Baléares surpassaient toutes les autres nations pour le maniement de la fronde. C'est que, dès leur plus tendre enfance, on les accoutumait à n'avoir de nourriture que celle qu'ils avaient abattue avec la pierre à une certaine distance. Plus ils avançaient en âge, plus le but s'éloignait ; avec la difficulté s'augmentait l'émulation, avec l'émulation le talent. Si le but s'était rapproché, les Baléares n'auraient été que des frondeurs ordinaires.

L'honneur est-il le salaire des services rendus à l'État? Que le salaire ne vienne pas trop aisément sous la main de tout le monde ; car on s'emparerait du salaire, et l'on se dispenserait des services.

Qu'est-ce que l'abus des récompenses d'honneur, sinon la dilapidation d'un trésor d'où se tirent les primes d'encouragement pour les actions qui doivent assurer la force, la gloire d'un empire? Ces valeurs non matérielles, mais très effectives, ne sauraient être remplacées par l'argent : elles suppléent souvent elles-

13

mêmes au défaut d'argent. Heureux les peuples chez lesquels
elles jouissent d'un tel crédit! Mais il faut qu'elles ne soient
jamais dépréciées par une prodigalité aveugle ou complaisante.
Leur puissance ne dépend point de la volonté de celui qui les
donne, mais de l'opinion de ceux à qui elles ne sont point données, et aux dépens de qui le donateur en jouit. Qu'une sévère
justice préside aux jugements qui les décernent, alors la conscience de chacun lui impose le tribut de respect ou d'estime qu'il
doit à cette supériorité qu'on a proclamée. Le sacrifice d'amour-
propre devient une obligation volontaire, et l'on se résigne à
faire, en quelque sorte, hommage de son infériorité au décoré.
C'est alors qu'une grande et noble émulation animera le corps
politique, et qu'on s'efforcera de contribuer à la prospérité, à
l'illustration de la patrie, pour être jugé digne d'un tel prix. Mais
que le caprice répande sans discernement ces distinctions, alors
ceux qui auraient consenti à s'incliner devant le signe d'un mérite
constaté, relèvent la tête, se révoltent contre la prétention du
favori, contre le mensonge d'un titre usurpé et d'un signe qui ne
signifie plus rien. L'intrigue pourra se donner beaucoup de peine
pour les emporter, l'homme de cœur les dédaigne, le peuple ne
voit plus là qu'un hochet de vanité ridicule, et non une marque
de vertu. Cette institution, destinée à enflammer le zèle des
citoyens dans toutes les circonstances politiques, du fonctionnaire
civil dans ses travaux, du militaire dans ses périls, n'aura plus
d'autre résultat que de mettre en mouvement de misérables ou
frivoles passions. Cette valeur d'opinion qui fournissait tant de
ressources à l'État, et qui payait tant de services, est avilie, dis-
sipée ; il s'est commis un péculat moral, un attentat contre le
pays. Une fausse philosophie pourra ne pas trouver le mal si
grand, par mépris pour ces valeurs imaginaires, qui ne lui
semblent que fumée et déception. Ce sont pourtant de beaux
siècles de gloire et d'héroïsme, que ceux où vivent ces dupes
magnanimes, qui comptent pour rien les douceurs des voluptés,
les jouissances du luxe et les profits de la célébrité, et qui sacri-
fient avec joie leur repos, leurs plaisirs de famille, leur sang,

pour une feuille de chêne que donne la patrie ! Mais c'est à condition que la feuille de chêne reste brillante de pureté, et qu'on ne l'aura point jetée sur la tête de l'homme inutile et vulgaire. Et que serait-ce si, comme au temps des Césars, elle avait payé de lâches complicités ou des forfaitures audacieuses.

Chose singulière ! le maintien de l'institution dans son intégrité est presque toujours en raison inverse des progrès de la civilisation : ce qui ferait croire que l'habileté à obtenir les honneurs se perfectionne plus aisément que la conscience et le respect de l'honneur véritable. J'aime mieux la naïve arrogance de certaines tribus de l'Amérique septentrionale, ou de ces barbares dont parle Amien Marcellus, qui attachaient, les uns à leur ceinture, les autres au col de leurs chevaux, autant de chevelures qu'ils avaient tué d'ennemis. Quoique le décoré fût à la fois juge et partie intéressée, il n'y avait jamais de prévarication dans le jugement, et l'ornement sauvage était un certificat incontestable et incontesté de force et de vaillance.

Pour que l'institution des récompenses honore les hommes, il faut qu'elle soit honorée par eux. Alors, l'autorité n'envie pas plus les insignes d'honneur à qui les mérite, qu'elle ne les prodigue à qui ne les mérite pas. Il est bon qu'elle soit obligée d'offrir à qui n'a pas demandé, comme elle refusera souvent à qui demande.

Toute distinction sociale est un impôt : impôt sur l'opinion, s'il s'agit d'honneur seulement, et en ce cas il y a souvent des refus d'impôts, et des refus impunis ; impôt sur les biens, s'il se joint à l'honneur un accessoire profitable, comme des pensions, comme le banquet du prytanée, le froment accordé à Manlius Capitolinus.

Les chefs des États ne devraient donc jamais oublier qu'ils sont, non pas les maîtres, mais seulement les dispensateurs du fonds des récompenses.

Je m'arrête, Messieurs ; j'en ai assez dit pour vous faire comprendre quel rôle les récompenses ont joué chez les peuples qui nous ont précédé, et le cas que l'on doit faire de ces glorieux témoignages de la vertu et de l'honneur !

Sur la formation et la constitution de la société

Messieurs,

En acceptant de prendre la parole dans cette assemblée, je ne me suis pas dissimulé combien il me serait difficile de justifier l'honneur qui m'a été fait.

Mais dans cette fête, toute de famille, soutenu par votre amitié et votre indulgence, j'ai confiance que mes efforts pour vous entretenir quelques instants de *la formation et de la constitution de la société* ne resteront pas stériles et exerceront sur vous une bienfaisante attraction.

La famille n'est point d'institution humaine. L'état domestique est son état naturel. L'homme est appelé à vivre en famille, comme certains animaux à vivre en troupeaux. La vie domestique est le complément de la vie individuelle. C'est elle qui ouvre le cœur de l'homme aux sentiments qui constituent l'humanité. C'est la sociabilité en action.

Dans les desseins de la Providence, la société domestique a une double fin : le développement de l'individu et la perpétuité de l'espèce. Par la première, l'homme, créature libre, intelligente et sensible, est mis à portée d'exercer toutes ses facultés morales et d'atteindre au plus haut degré de perfectibilité dont il est susceptible ; par la seconde, l'œuvre divine se poursuit à travers les siècles.

L'union des deux sexes est la première et la plus ancienne des relations sociales. Partout où se sont rencontrés un homme et une femme, la nature a fait entrevoir sa voix : ils se sont unis. Ainsi se devait accomplir le premier commandement du Créateur, celui qui devait avoir pour effet la continuation non interrompue des générations humaines.

Débile, et jeté sans défense *nu sur la terre nue*, comme parle *Pline*, tandis que les petits animaux naissent presque tous en état de se suffire à eux-mêmes, et pourvus d'armes défensives, l'enfant, incapable de se soutenir et de marcher, ne parlant point encore, n'aurait reçu la vie que pour la perdre incontinent, si les auteurs de ses jours, par leurs soins mutuels et affectueux, ne la lui donnaient une seconde fois. Venu à la lumière sous la tutelle de ses parents, l'homme ne naît pas seulement sociable ; il naît en société, et il y *demeure*, ajoute *Montesquieu.*

Cette société ne résulte ni d'un pacte, ni d'une convention. Elle n'est point volontaire. Elle est la conséquence et l'effet de la nature physique et morale de l'homme. Elle constitue sa manière d'être. C'est *la famille* ou *la société domestique.*

La famille n'est pas un groupe d'individus de la même espèce que la nature aurait rapprochés par un certain nombre de ressemblances : c'est une association naturelle d'individus fortement unis par les relations nécessaires qu'établissent entre eux les différences de sexe, de force physique, de sensibilité morale, de vocation, de tempérament et d'âge, qui les distinguent. La diversité réciproque d'époux et d'épouse, de père, de mère et d'enfant, est le nœud de la société domestique. Elle en est la condition, comme ces rapports eux-mêmes sont des considérations inséparables de la vie humaine. On ne saurait les trouver hors de la famille, puisqu'ils n'existent que par elle.

Tout cela resplendit d'évidence ; on s'explique difficilement comment il se fait qu'on se croie obligé de l'obscurcir par une démonstration.

Dans l'enfance des sociétés, on ne se rendait pas compte de ces choses, et personne ne s'avisait d'en douter. Il y avait longtemps que l'homme marchait quand on s'est enquis, pour la première fois, de la nature du mouvement. Bien avant les sciences politiques, *on faisait de la famille* comme *M. Jourdain faisait de la prose*, sans le savoir. Plus tard, et lorsque, durant le cours des siècles, les complications de la civilisation eurent dénaturé la constitution primitive de la société domestique, on se prit à rechercher les origines du genre humain, pour expliquer des déviations qui blessaient l'équité et répugnaient à la droite raison. Horace expose, avec conviction, l'opinion qui prévalait à Rome, de son temps, parmi les esprits éclairés. Le bon sens qui

le distingue, et qui s'élève d'ordinaire au niveau de son goût
exquis, lui fait défaut en cette occasion. Quoi qu'il en dise, les
hommes, au premier âge du monde, n'ont pas été enfantés par la
terre pour ramper à sa surface, comme un ignoble troupeau
d'animaux muets : *mutum et turpe pecus.*

Éclairés que nous sommes par l'observation, par l'expérience,
par la philosophie, la religion et l'histoire, nous devrions être à
l'abri d'une erreur si dégradante pour l'humanité. Cependant, il
n'en est point ainsi. De nos jours, d'autres se sont mépris avec
Horace et comme lui, et ils tirent de leurs systèmes des conséquences qui nous contraignent de reprendre, de bien haut et de
bien loin, la constitution de la famille.

De chaleureux apôtres de la solidarité humaine supposent que
la parole ne fut pas d'abord commune à tous les hommes. Ils
trouvent dans ce fait incontestable, selon eux, l'origine de l'esclavage, et, il faut le dire, sa justification. La parole est le signe de
l'activité spirituelle de l'homme. Les hommes privés de la parole
durent naturellement être assimilés aux animaux. Aussi furent-ils
réduits à l'état de *passivité.* C'est le terme dont on se sert pou^r
exprimer une incapacité absolue. Leur langue fut longtemps à se
délier. Il ne fallut rien moins que tout un âge du monde, à ces
malheureux condamnés, comme *l'imbécile Ibrahim,* à *traîner*
parmi leurs semblables *une éternelle enfance,* pour parvenir à
lier quelques syllabes et à balbutier quelques mots. Grâce à ce
premier pas, dans l'âge suivant, leur joug fut allégé ; mais ils
furent sévèrement maintenus à l'état de *passivité.*

Dans cette hypothèse, les hommes étaient, avant le christianisme, divisés en deux classes, dont l'une comprenait les individus actifs, et l'autre se composait d'individus passifs, esclaves
et irresponsables. On apporte en preuve de cette assertion une définition de la famille empruntée à la *Politique d'Aristote.* Au point
de vue de ce philosophe, dit-on, la famille constituait une unité
composée d'une âme ou d'une *activité :* le *maître ;* et d'un corps
ou d'une *passivité,* à savoir : *la femme, les enfants, les esclaves,
les instruments animés ou inanimés du travail domestique.*

Nous ne nous arrêterons pas, en ce moment, à l'abus que l'on a pu faire de cette définition de la famille; nous y reviendrons plus tard. Mais nous avons hâte de réhabiliter la dignité humaine avilie.

Nous ne saurions accepter pour nos ancêtres cet état d'abrutissement et de dégradation dont on admet si gratuitement et si légèrement l'existence.

S'il y avait eu des races muettes parmi les sauvages de l'ancien monde, pourquoi ne s'en serait-il pas trouvé parmi les sauvages du nouveau? Leur ignorance, leur férocité, leur misère, ne sont pas moindres que celles des anciens sauvages.

C'est que la parole, chez l'homme, est inhérente à la vie. Elle est à l'intelligence ce que le mouvement est au corps. Les langues servent de véhicule à la pensée et de corps aux sentiments. Créé en deux personnes, l'homme a été nécessairement mis au monde entendant et parlant. Le langage articulé est le médiateur obligé de ces deux intelligences appariées. Il est comme la main de l'âme.

Si l'homme n'avait pas été doué du don de la parole, il ne l'aurait jamais inventée. S'il avait pu en perdre l'usage, il ne l'eût jamais recouvré. Une telle imperfection native, ou une telle prostration accidentelle de son intelligence, l'auraient rendu incapable de demander aux sons de sa voix, des signes propres à représenter ses pensées, lors même qu'il lui aurait été possible, sans parler, de convenir avec ses semblables de la valeur de ces signes.

A côté d'une race d'hommes doués de la parole, comment aurait-il pu exister des individus de la même espèce, muets, comme s'ils étaient privés par nature de l'organe de la voix, et cependant aptes à parler : des hommes *enfants?* D'où seraient venus ces hommes? Auraient-ils été créés dans cet état d'imbécillité? Étaient-ils des descendants d'un certain nombre de familles dégénérées, atteintes de quelque maladie mentale? Comment leur aurait-il fallu tant d'années pour venir à bout d'exprimer leurs idées en d'*informes et grossiers patois*, tandis que les enfants de leurs voisins, de leurs maîtres, auraient appris, en deux ou trois ans à leurs côtés, et dès le plus bas âge, à parler des langues polies et perfectionnées ?

Sortons des suppositions et rentrons dans les faits. Il n'est que trop vrai qu'après leur dispersion les familles primitives, journellement engagées dans des luttes périlleuses et sanglantes pour conquérir ou conserver les nécessités de la vie, en vinrent à ce point de perdre la tradition et jusqu'à la pratique des connaissances les plus communes et les plus usuelles. Mais si quelques peuplades purent oublier jusqu'à l'usage du feu, il n'en est aucun qui ait perdu l'usage de la parole.

Un état universel et permanent d'hostilité n'a donc pu précéder l'invention des langues ; et l'invention des langues n'est point intervenue en son temps, instrument efficace et puissant de paix et de concorde, pour procurer la fondation des villes et des lois.

Les traditions de tous les peuples, quoique diverses et souvent défigurées, nous représentent unanimement dans ces temps de barbarie extrême, le commerce des deux sexes comme le fait générateur de la société civile. Soit que la femme devînt la proie d'un ravisseur, soit qu'elle suivît volontairement celui dont les artifices l'avaient séduite ou dont l'adresse et les bons procédés l'avaient charmée, soit enfin qu'elle eût été cédée, moyennant un prix convenu, par ceux au pouvoir desquels elle se trouvait, l'engagement naturel qui résultait de sa possession fondait la société domestique. Parmi des hommes simples et grossiers, le fait ne tarde pas à se transformer en droit. Aussi les conjonctions fortuites et passagères avaient, elles-mêmes, pour résultat des manières de familles avortées qui se composaient de la mère et de ses enfants.

Chez les sauvages de tous les siècles et de tous les pays, c'est-à-dire parmi les hommes sans lois, sans police, sans gouvernement, qui ne sèment ni ne plantent, et ne se nourrissent que des fruits spontanés du sol ou des produits de la chasse et de la pêche, et qui n'ont pour demeures que des cavernes ou des huttes informes, la femme et les enfants vivent sous la protection du père et de l'époux, et *l'aident* à pourvoir aux besoins communs, ou le *servent* dans l'accomplissement de cette tâche laborieuse ; car *aide* et *service* sont synonymes lorsque la nécessité commande.

Les premiers progrès de la civilisation ne tardèrent pas à développer et à régulariser ces rudiments grossiers de la société domestique. Nous n'interrogerons ni les historiens ni les voyageurs sur les différentes modifications qu'elle a subies. Notre humble essai n'est ni une œuvre d'érudition ni une œuvre d'imagination. C'est une œuvre de consciencieuse observation. L'observation exacte et scrupuleuse des faits reconnus constants suffit pour nous révéler les rapports naturels qui existent entre les personnes et les choses, et qui sont leurs lois. Elle établit que l'union permanente d'un homme et d'une femme a seule fondé, partout et en tout temps, la famille naturelle et régulière, que complète plus tard la survenance des enfants.

Le père, la mère, les enfants actuels et éventuels, sont donc les trois ordres de personnes qui constituent la société domestique. Cette société est hiérarchique de sa nature. Les personnes qui la composent sont égales d'une égalité morale, mais nécessairement subordonnées, parce qu'elles sont inégales de fait et de droit : de fait, car elles diffèrent par l'âge, par la force, par l'organisation ; de droit, à cause des fonctions diverses qui leur sont attribuées, et des différences naturelles qui existent entre elles. Cette inégalité est la cause de l'harmonie qui règne dans leurs rapports.

Nul faisceau ne saurait subsister sans lien : toute loi, privée de sanction, tombe en désuétude. Pour être viable, une société, qui est à la fois un faisceau et une loi, doit porter en son sein un pouvoir qui lui serve de sanction et de lien.

Le père et la mère de famille, investis d'une magistrature naturelle, exercent le pouvoir domestique. Ces noms saints et touchants suffisent à légitimer leur autorité. *Honorés*, c'est-à-dire aimés et respectés de leurs enfants, ils les gouvernent selon la droite raison et l'éternelle justice. Leurs volontés sont les lois de la famille, et doivent être religieusement obéies en tout ce qui concerne la police, l'administration des biens, le gouvernement intérieur du ménage, toutes les fois qu'elles ne violent pas ouvertement des lois d'un ordre supérieur à l'ordre domestique.

Le pouvoir du père et de la mère de famille est fondé sur la nature des choses. Il résulte de la loi et de l'ordre des générations, du droit du sang et de la naissance. La minorité physique et morale des enfants saisit, immédiatement et de plein droit, leurs tuteurs naturels de l'autorité nécessaire pour conserver l'existence et la santé de ces faibles et fragiles créatures. La propagation de cette autorité n'est pas moins indispensable pour protéger et diriger le développement de leur intelligence et de leur sensibilité ; pour guider leurs premiers pas dans la carrière de la vie, éclairer et instruire l'adolescence, fortifier la jeunesse par les bons exemples et les sages leçons. L'éducation est une suite de la procréation. La nature l'enseigne à tous les animaux.

Le pouvoir domestique puise son énergie au cœur des parents ; c'est au cœur des enfants qu'il trouve son appui. Dans la famille, la domination naît du dévouement. Le commandement est l'expression de cette sollicitude prévoyante, de cette dilection ineffable qui descend des parents aux enfants, L'obéissance s'inspire de cette reconnaissance instinctive, de cette piété affectueuse qui remonte des enfants aux parents ; admirable échange de sentiments qui rend la soumission volontaire, quoique imposée ; libre, quoique nécessaire, parce que, toute filiale, elle n'a jamais rien de servile !

On est mal venu à chercher, dans la définition qu'*Aristote* a donnée de la famille, des objections contre la constitution de la société domestique telle qu'elle existe parmi nous. Si les anciens incorporaient l'esclavage à la famille et frappaient la femme et les enfants de *passivité*, on est forcé de reconnaître que le christianisme a rendu à l'*état actif* toute la race humaine, et que la femme et les enfants, sous son empire, sont des *éléments sociaux* tout aussi complets que leurs *maîtres* d'autrefois. Il n'y a plus d'esclaves dans la société. Il n'y a plus de *seigneur et maître* dans le ménage. Le chef de la société domestique, comme époux, ne possède qu'un droit de primauté et de protection : comme père, il n'est investi que d'une puissance tutélaire. Le père et la mère, associés au grand œuvre de la création, non seulement dans l'ordre matériel et physique, mais dans l'ordre intellectuel et moral, ont sur leurs enfants une autorité destinée principalement à les retenir dans la voie du devoir et de la vertu. C'est la nature elle-même qui en règle l'exercice, qui en fixe les limites, qui en détermine le caractère. Ce caractère change quand l'âge viril commence pour le jeune homme ; alors l'autorité paternelle, dépouillée de tout droit de coercition, devient purement exemplaire. C'était le vieux droit français : *lors même qu'ils se mariaient et sortaient de la maison paternelle pour faire ménage à part, ce qu'ils ne faisaient pas aisément, néanmoins la révérence et crainte du père* leur demeurait, remarque Bodin en sa République.

En effet, suivant la remarque d'un de nos publicistes du seizième siècle, l'autorité du père, en France, n'est *qu'une ombre, vestige et figure de l'antiquité*, en ce que la *puissance paternelle* proprement dite *n'est reçu parmi nous, mais seulement la révérence paternelle*. C'est ce qu'expriment fidèlement nos lois actuelles, quand elles disent que *l'enfant reste sous l'autorité de ses père et mère jusqu'à sa majorité, et qu'à tout âge il doit honneur et respect à ses parents*. Or, l'honneur et le respect commandent la déférence, sorte d'obéissance révérentielle et filiale, d'autant plus religieusement pratiquée qu'elle est toute de sentiment. Aussi cette autorité des parents sur leurs enfants majeurs, pour n'être que d'enseignement et de conseil, n'en est-elle pas moins efficace.

Les lois anglaises ne donnent pas plus d'étendue que les nôtres au pouvoir du père ; mais elles négligent complètement celui de la mère. Nos législateurs, plus fidèles au droit de la nature, définissent la puissance maternelle et en règlent l'exercice.

L'équité et la solidarité sont les lois fondamentales de la société domestique. Le protectorat de l'époux, la soumission affectueuse de l'épouse, l'autorité tutélaire du père et de la mère, l'obéissance pieuse des enfants, assurent le maintien de ces lois et le règne de l'ordre et de la concorde dans la famille.

Toute association qui, comme la famille, a sa raison d'être en elle-même, vit de sa propre vie. Elle a son esprit particulier. L'esprit de famille naît de l'éducation, des traditions de la famille et de la pratique habituelle des lois domestiques.

Cet esprit est l'âme des mœurs d'un peuple. Il supplée à l'impuissance des lois. Il inspire ce qu'il ne leur appartient pas de commander. Il prévient et réprime une foule de vices, de méfaits, de mauvais penchants qui ne sauraient tomber sous la juridiction publique. Il fait pénétrer dans les âmes, par le sentiment du devoir, le respect de la subordination, sans laquelle l'ordre est impossible : il les dispose à porter fièrement le joug d'une obéissance selon cet ordre : il fortifie la fraternité de sang et de naissance, par la solidarité d'honneur, de considération, de bonne renommée ; il répartit, entre tous les enfants d'un même père, tous les membres de la même famille, tous ceux qui portent le même nom, une responsabilité morale qui provoque une vigilance commune, les anime à se surveiller réciproquement, et soumet chacun à la censure de tous. Il est le ferme appui des institutions qui favorisent le développement de la société, d'une manière conforme à ses lois fondamentales et à la vocation de l'homme.

Ce serait une grave erreur de croire que la constitution de la famille est contraire à l'égalité véritable, qu'il faut distinguer avec soin de l'esprit d'égalité extrême ou de nivellement. L'égalité n'est point le lit de Procuste : elle est proportionnelle de sa nature. Elle consiste à garantir et à rendre à chacun ce qui lui appartient, et rien au delà ; à traiter chacun selon ses facultés et sa position : autrement les uns auraient trop, et les autres trop peu. L'équité est la loi suprême de la famille : c'est l'égalité réelle, car c'est la justice.

Sur la vraie démocratie

Messieurs,

Montesquieu, dans l'*Esprit des lois*, a dit : « Le principe du gouvernement démocratique, c'est la vertu, » et il a employé tout un chapitre de son immortel ouvrage à démontrer cette maxime, restée dans la science comme un axiome incontestable depuis que son génie l'a consacrée.

Voyons ce qu'il y a de profondeur et d'utilité dans une telle maxime.

Si elle dit vrai, comme nous le pensons, quelle application peut-elle actuellement recevoir dans l'organisation de la démocratie française? La philosophie qui l'inspirait au dix-huitième siècle, ne peut-elle pas aujourd'hui la féconder encore en montrant les véritables et solides conséquences qu'elle doit porter pour nous?

Si Montesquieu vivait de nos jours, il pourrait nous être suspect à bon droit. Au milieu de tant de basses adulations dont le peuple, devenu roi, est l'objet, on pourrait prendre l'auteur de l'*Esprit des lois* pour un flatteur de plus, et un sophiste à dédaigner ou à redouter comme tant d'autres. Plus même son axiome serait louangeur, plus notre défiance serait légitime et prudente. Mais Montesquieu écrivait sous une monarchie, il y a un siècle, à un moment où aucun symptôme n'annonçait cette puissance souveraine du peuple et son irrésistible avènement. Le nouveau maître alors n'était pas même pressenti; car le génie, tout sagace qu'il est, ne peut deviner les secrets qui n'appartiennent qu'à Dieu; et Rousseau, quoique plus démocrate que Montesquieu, ne se doutait pas davantage, en faisant la théorie du principe de la souveraineté nationale, que l'application de ce principe fût si proche. Il défendait une vérité sans penser qu'elle serait bientôt la loi d'un grand peuple, et qu'il prédisait un nouveau règne.

Nous pouvons donc croire à la sincérité de Montesquieu; nous pouvons l'étudier sans craindre de rencontrer dans son opinion une erreur intéressée ou un mensonge. S'il se trompe, c'est à son insu, et sa bonne foi n'est pas plus douteuse que son génie.

Repoussons également une autre crainte. La vertu sans doute est difficile à l'homme; mais elle ne lui est pas inaccessible. Il y a bien longtemps que la sagesse antique nous a dit que « les dieux ont mis la sueur en avant de la vertu ». Mais si le chemin est pénible, il n'est pas infranchissable, et c'est la gloire des États aussi bien que des individus de le parcourir. Ce sont là de ces nobles entreprises qu'il est bon de tenter; y succomber même est un honneur. Montesquieu n'a pas prétendu que toute démocratie fût nécessairement vertueuse; il a dit seulement que pour durer toute démocratie devait l'être, et que la vertu était le solide aliment dont elle devait tâcher de se nourrir pour subsister longtemps. C'est un but éloigné, une espérance que Montesquieu nous montre; c'est à une lutte qu'il nous convie; mais les combats qu'il nous propose sont de ceux qui font la grandeur et la prospérité des peuples.

Devant cette austère maxime, notre modestie n'a donc point à rougir; notre faiblesse n'a point à se décourager. Une nation peut être vertueuse, puisque Dieu a permis la vertu à l'honneur; et l'exemple même de plus d'un peuple illustre nous invite à répondre à l'appel des sages, en ne désespérant point de mettre leurs conseils à profit.

Qu'a voulu dire précisément Montesquieu? La vertu n'est-elle donc pas nécessaire à tous les États? Quel est ce privilège de la démocratie? Pourquoi seule est-elle soumise à cette condition, qui paraît cependant la condition générale de tous les gouvernements? Le mal a ses degrés divers, peut-il donc être, pour quoi que ce soit, un principe de conservation et de durée? Et le bien n'est-il pas la loi commune des sociétés humaines, comme il l'est de l'univers entier?

Montesquieu a distingué la nature des gouvernements et leur vrai principe.

La nature d'une chose, c'est ce qui l'a fait être ce qu'elle est;

la nature d'un gouvernement, c'est ce qui lui donne la forme
particulière qu'il revêt. Voilà plus de deux mille ans que les philosophes ont établi qu'il n'y a que trois formes de gouvernement :
le pouvoir ne peut être remis qu'aux mains d'un seul, ou de plusieurs, ou de tous. De là la monarchie, l'aristocratie, et la démocratie.

La nature de la démocratie, c'est donc d'être le gouvernement
de tous, de même que la nature de la monarchie ou royauté,
c'est d'être le gouvernement d'un seul, et l'aristocratie, d'être le
gouvernement de quelques-uns.

Mais il ne suffit pas qu'un gouvernement soit de telle façon
plutôt que de telle autre. Il faut, en outre, que ce gouvernement
ait en soi un principe qui fasse vivre et mouvoir sa nature, qui le
fasse agir et durer. Montesquieu prétend que le principe du gouvernement monarchique, c'est l'honneur; que le principe de
l'aristocratie, c'est la modération, et qu'enfin le principe de la
démocratie, c'est la vertu.

Pourquoi la vertu est-elle la loi spéciale de la démocratie?

L'auteur de l'*Esprit des lois* ne nous l'apprend pas. Il nous
dit bien « qu'il ne faut pas beaucoup de probité pour qu'un gouvernement monarchique se soutienne, et que, dans un état populaire, il faut un ressort particulier qui est la vertu ». Il ajoute que
le corps entier de l'histoire confirme ce qu'il avance. Oui, sans
doute : l'expérience qui parle dans l'histoire, et les politiques
grecs qui parlent dans leurs ouvrages, sont d'accord avec Montesquieu. Mais ces témoignages, tout admirables qu'ils sont, ne nous
disent pas la cause vraie qui confère à la démocratie le droit
exclusif que ne partagent point avec elle les autres gouvernements.

Cependant cette cause est bien simple, et elle ressort de la
nature de ce gouvernement.

Dans la monarchie ou l'aristocratie, il y a nécessairement, au-
dessus de la foule des sujets ou des citoyens, une souveraineté
factice, le plus ordinairement imposée, à laquelle ils obéissent et
dont ils dépendent. Telle est la loi de l'État. Il faut s'y soumettre :

on obéit à un homme ou à des hommes, même quand les lois tempèrent leur pouvoir.

Tout au contraire dans l'état démocratique, comme la souveraineté réside dans l'universalité des citoyens, tous égaux, tous membres de la même famille, il s'ensuit que le pouvoir supérieur ne peut être dans l'État que ce qu'il est dans les individus euxmêmes. L'État doit obéir au même principe que les hommes. Or, la loi du citoyen, c'est la vertu, en ce sens du moins qu'il s'efforce toujours de l'être. L'homme n'a qu'un mobile : c'est le désir et la pensée du bien, avec ces généreux efforts, cette constance inébranlable, ces sublimes instincts et cette claire conscience qui ont fait et feront dans tous les temps les honnêtes gens, les héros, les saints et les sages. Telle est la véritable loi de l'homme : telle est la loi de cette forme d'État où les hommes sont demeurés libres et souverains.

Il n'y a donc point de place dans l'État populaire pour ces pouvoirs moyens, plus ou moins habilement imaginés, qui cachent presque toujours à l'État, dans les autres formes politiques, son véritable but, sa véritable loi. Dans la démocratie, l'État est placé face à face devant la loi morale elle-même, avec toutes ses difficultés. La démocratie a donc cet inappréciable avantage, d'avoir pour règle unique la règle même que Dieu a voulu donner à l'humanité, règle sainte et périlleuse, qui explique à la fois, et la juste gloire et les désordres des démocraties. Tant qu'elles sont restées fidèles à leur principe, elles ont offert au monde ces exemples qui sont l'éternel enthousiasme des nobles âmes ; quand au contraire elles l'ont oublié, l'anarchie a été leur inévitable partage. C'est également le sort de l'homme, qui paraît se dégrader d'autant plus qu'il a semblé quelques instants plus vertueux et plus sage.

A l'autorité de Montesquieu, ajoutons-en une autre non moins imposante. Platon, jetant un regard profond sur les sociétés, recherche dans sa *République* ce que c'est que l'État. Il ne s'inquiète guère des formes diverses que l'État peut revêtir. Ce qui l'intéresse surtout, c'est l'essence même de l'État, le caractère vrai de l'institution politique que se donnent nécessairement toutes les sociétés. Et l'essence de l'État, pour la sagesse de Socrate et de Platon, est la pratique sociale de la justice. Le juste, voilà le but même de l'État. Or, la justice dans l'État, dans l'individu, ne se confond-elle point avec la vertu même ? Et cette base inébranlable que Platon donne à l'État par excellence, est le fondement de la démocratie comme l'entend Montesquieu, et comme on cherche à la pratiquer de nos jours.

Oui, la vertu est le principe de la démocratie ; oui, le juste, en d'autres termes la vertu, est le principe essentiel de tout État qui mérite réellement ce nom ; et c'est se méprendre sur le but d'un gouvernement, que de lui en supposer un autre.

J'avoue que Platon n'a pas pensé autant de bien de la démocratie, et qu'il serait étonné qu'on adressât, en son nom, de telles louanges à cette forme de gouvernement qu'il a si souvent critiquée. Mais Platon n'a connu que la démocratie athénienne ; et il n'est pas impossible d'imaginer une démocratie qui soit égale, en plus d'un point, à l'aristocratie même de sa république. Grâce au progrès des mœurs et de la vraie civilisation, on peut, au dix-neuvième siècle, espérer mieux d'une nation de 35.000.000 d'âmes que le philosophe n'espérait des 5.000 citoyens de son État idéal.

La démocratie peut aujourd'hui, par la pratique intelligente du système de l'élection, devenir le gouvernement des meilleurs ; et le principe sur lequel elle se fonde, si ce n'est le nom qu'elle porte, peut être aussi pour elle d'un favorable augure.

Acceptons donc la maxime de Montesquieu, en la complétant à l'aide des doctrines platoniciennes ; comprenons-en bien toute la grandeur et toute la fécondité, et puisque Dieu a voulu que la vertu fût la loi de l'homme, soyons certains qu'il a donné aux gouvernements que nous formons les moyens d'atteindre ce noble but, comme il les a donnés aussi à chacun de nous. Ayons foi dans la démocratie, puisqu'elle marie la foi dans la vertu.

Éloge de la République

Mes chers concitoyens,

Vous me pardonnerez d'être bref, car le sujet que j'ai à traiter devant vous ne comporte pas de grands développements. Il s'agit des intérêts et de l'avenir de la France si intimement liés à l'existence du gouvernement républicain.

Oui, Messieurs, parlons sans cesse entre nous, de l'avenir de la France, car personne, si haut placé ou si humble qu'il soit, n'a le droit de se désintéresser de la fortune et des destinées de son pays. Nous avons, il n'y a pas longtemps, cruellement expié l'oubli de la patrie et des devoirs que chacun de nous contracte envers elle en venant au monde sur le sol français. Il faut que partout où il y a une mère française, elle élève ses enfants, elle les nourrisse dans ce culte, dans cet amour religieux de la France. De sorte que ce que les pères n'ont pas pu faire, les enfants l'assurent; c'est là leur devoir strict.

Et s'il y a quelque chose de consolant, de fortifiant, au milieu des tristesses et des deuils de la patrie mutilée, c'est certainement de penser qu'entre toutes ce sont les mères françaises et patriotes qui assureront des défenseurs et des vengeurs à la France !

Mais tout cela serait chimérique, tout cela ne serait qu'un rêve qui se tournerait en confusion contre nous si, avant de songer à l'avenir, nous n'assurions pas le présent, en fondant définitivement un gouvernement de justice, de justice pour tous, et d'égalité ; non pas de cette égalité envieuse et jalouse que nous prêtent nos détracteurs, mais de cette égalité de droits et de devoirs qui ne reconnaît d'autres distinctions, parmi les hommes, que celles qui tiennent au caractère, à la probité, à l'intelligence et à l'activité déployés dans les luttes de la vie, à la condition toutefois qu'à l'origine l'État ou la société ait fait son devoir, qui est d'assurer à l'enfant, à son entrée dans la vie, un premier et indispensable capital : l'instruction.

Sans ce capital, l'acquisition des autres est sans valeur, parce que nous ne sommes pas seulement au monde pour faire des conquêtes sur la nature, mais pour améliorer notre sort et celui de nos semblables.

Eh bien, il n'y a qu'un gouvernement, qu'un régime, qu'une loi sous lesquels puissent s'accomplir ces réformes qui garantissent à la fois la dignité de l'homme et son émancipation progressive, émancipation dans la commune, émancipation dans l'État, et qui puissent lui donner la place à laquelle il a droit au soleil ; et ce régime, c'est la République.

Voilà pourquoi partout où il y a des hommes, des peuples qui souffrent sous le poids de gouvernements corrupteurs contre l'oppression desquels ils luttent, par instinct, par sentiment d'abord, par raison plus tard, partout ces hommes et ces peuples saluent d'une âme ardente les noms de la République et de la liberté.

La liberté ! Ah ! Messieurs, quel nom magique viens-je d'invoquer, et combien l'on comprend les dévouements qu'elle a su inspirer.

Voyez ce roi dont le vertige s'empare après le meurtre d'un prince excellent. Il redoute une expiation effroyable, et, dès lors, n'a plus qu'un seul but : se faire craindre ! Du haut de ses victoires, du haut de ses trésors, ivre d'orgueil, ivre de despotisme, il n'est bientôt plus maître de lui-même ni des siens. Son fils aîné déshonore Lucrèce, épouse de Collatin, et pour se laver d'un semblable outrage, cette noble et chaste femme se donne la mort.

C'est alors qu'un homme de génie et de vertu que vous connaissez tous, Junius Brutus, brise ce joug infâme et sanglant ; simple citoyen, il assume les destinées de l'État, et le premier parmi les citoyens enseigne cette grande maxime que, pour sauver la liberté, tout homme est magistrat ; à sa voix, à son exemple, Rome indignée se lève, jure de venger Lucrèce, son père, sa famille, se rappelle la tyrannie de Tarquin, l'insolence de ses fils, et le roi, et ses fils, et toute la race des Tarquins sont chassés à jamais.

Messieurs, de tels exemples ne se discutent pas.

Admirons-les sans réserves et ne séparons jamais la République de la liberté.

Sur l'agriculture

Messieurs,

Chargé par M. le .... de présider cette cérémonie, je me hâte de vous féliciter de l'empressement que vous avez mis à honorer de votre présence cette modeste solennité.

J'aurais voulu qu'une voix plus autorisée que la mienne vînt vous parler de cette science, vieille comme le monde, que l'on nomme l'agriculture, de cette science jadis si recherchée et que les anciens s'honoraient de pratiquer.

Ah! Messieurs, quel vaste champ est ouvert devant nous, et combien il serait facile de démontrer les avantages que la vie des champs offre à ceux qui préfèrent, à la vie inquiète et agitée des grandes villes, le calme et la tranquillité des campagnes.

L'observateur judicieux qui étudie la cause des développements de la prospérité et de la puissance des nations, trouve que ces développements sont toujours en raison de la part que le savoir spécial prend à les provoquer. Il n'y a pas d'exception à cette règle ; elle est absolue.

Pour en être convaincu, nous n'avons qu'à examiner la marche de l'esprit humain dans tous les arts, soit libéraux, soit mécaniques, partout, dans le passé comme dans le présent. En France, les sciences mathématiques, physiques, chimiques, la technologie générale, la mécanique, certaines branche des sciences naturelles, parmi lesquelles, notamment, la minéralogie et la géologie appliquées à diverses industries, ont rapidement fait transformer leurs productions, en indiquant les moyens de les augmenter et de les perfectionner. Sous ce rapport, nous avons obtenu plus de succès depuis la fin du siècle dernier, époque où l'enseignement général des sciences appliquées ou spéculatives reçut une si vive impulsion chez nous, qu'on n'en avait réalisé depuis les temps les plus reculés; il n'est pas possible de nier cette vérité. Nos produits industriels actuels, les prix auxquels ils sont livrés à la consommation, la célérité de leur mode de fabrication par les machines, leur multiplicité, la rapidité de leurs transports par terre ou par eau, celle des relations entretenues d'homme à homme, de nation à nation, à travers les mers ou les continents, au moyen de la vapeur ou de l'électricité, tous ces progrès, comparés à ceux des temps antérieurs à notre époque, ne permettent pas le moindre doute sur ce que j'avance ici. Dans les expositions publiques de l'industrie et du commerce, comme dans le moindre magasin de nos villes, nous en trouvons la preuve matérielle; et chaque jour, des découvertes nouvelles, des inventions aussi ingénieuses qu'inattendues, faites, soit dans les laboratoires des savants, soit dans les ateliers si bien dirigés de nos manufactures, fournissent sans cesse des moyens nouveaux de perfectionner les procédés de fabrication et de les activer. Remontez à la cause de ces changements avantageux que vous admirez, vous la trouverez dans le génie des inventeurs fécondé par l'enseignement des sciences spéciales. Sans le concours de ces sciences, l'homme le plus ingénieux, privé de l'élément scientifique indispensable à la mise en œuvre de sa découverte, n'aurait pu la faire réussir à son gré, quels que fussent d'ailleurs les efforts de son imagination, parce que la lumière spéciale à sa profession lui aurait manqué pour le diriger dans son travail.

Mais si nous admirons tant d'heureuses transformations, si rapidement obtenues, dans les ateliers de l'industrie manufacturière éclairée par les sciences spéciales, nous sommes loin d'avoir remarqué les mêmes changements avantageux, la même marche progressive dans les ateliers de l'industrie agricole, et spécialement dans l'économie du bétail, si importante cependant pour notre richesse et notre force nationales. Sauf quelques trop rares exceptions, heureusement observées au milieu de notre nombreuse population rurale, exceptions qui donnent raison à ce que je dis ici, nos agriculteurs n'ont pas été généralement assez éclairés sur les sciences spéciales à leur profession, comme les industriels l'ont été dans leurs procédés de fabrication et de perfectionnement des produits fournis au commerce; là est la principale cause de l'infériorité relative du perfectionnement et de la multiplication des produits de notre agriculture, comparés à ceux de notre industrie manufacturière. On ne saurait être assez convaincu de cette vérité, et il importe de remédier à cet état de choses aussi préjudiciable à la prospérité qu'à la puissance de notre pays. Si la multiplication et le perfectionnement des produits de notre industrie agricole s'élevaient au niveau du perfectionnement et de la multiplication des produits de notre industrie manufacturière (et ce serait possible par un enseignement sérieux de l'agriculture), quelle nation au monde pourrait être relativement plus peuplée, plus riche, plus prospère, plus puissante enfin que la nation française? La fertilité de son sol et son heureux climat, soit sur le continent, soit en Afrique, ne lui offrent-ils pas tous les éléments matériels de prospérité qu'on puisse désirer? « L'agriculture, a dit avec trop de raison Geoffroy Saint-Hilaire, a depuis longtemps perdu son droit d'aînesse, et les arts ont tour à tour pris les devants sur elle. »

Dans nos villes, dans nos centres industriels, l'ouvrier de la manufacture a la facilité de suivre un enseignement, mis à sa portée et gratuit, sur toutes les connaissances relatives à son art. Ici, on lui apprend du dessin; là, de l'arithmétique, de la comptabilité, de la géométrie, des mathématiques; ailleurs, de la physique, de la chimie, de la technologie élémentaires, même de l'économie politique, de l'hygiène, de la médecine usuelle. Quelquefois aussi on lui enseigne la musique, pour lui procurer des distractions agréables quand il n'est pas au travail. Les orphéons, les sociétés d'harmonie, organisés parmi les ouvriers dans plusieurs villes, sont un exemple frappant des résultats qu'on a ainsi obtenus pour leur bien-être moral. La musique, en effet, est un art dont les charmes adoucissent les mœurs, établissent des relations sympathiques entre ceux qui se réunissent pour le cultiver ou pour en jouir, et il procure aux ouvriers, pendant leurs moments de loisir, un moyen salutaire de se délasser de leur travail.

Si vous voulez être convaincus du degré d'instruction professionnelle des ouvriers de l'industrie manufacturière, allez dans les usines, conversez avec eux, avec les contremaîtres surtout, vous serez étonné de la lucidité, comme de la justesse de leur raisonnement, sur les opérations qu'ils exécutent chacun dans sa spécialité.

D'autre part, l'atelier, à la ville, est une véritable école professionnelle mutuelle, où les travailleurs conversent, en faisant leur ouvrage, sur les cours gratuits qu'ils vont suivre hors de leur journée de labeur. Ces travailleurs s'instruisent ainsi mutuellement sur leur art, et non seulement ils en raisonnent juste, mais au moyen du savoir spécial qu'ils ont acquis, ils parlent de la composition et de la bonne ou mauvaise nature des matières qu'ils traitent, et dont ils savent apprécier les qualités.

Observe-t-on, chez l'ouvrier de l'agriculture, le même savoir sur son métier? Trouve-t-on, chez lui, le raisonnement qui explique les opérations qu'il exécute, comme chez l'ouvrier de la manufacture? Nullement, parce qu'il n'a pas été éclairé, élevé de manière à réfléchir, à raisonner sur ce qu'il pratique machinalement, et suivant la routine trop souvent aveugle dans laquelle il a fait son apprentissage de cultivateur. Allez demander à un ouvrier qui laboure aux champs, quelles sont les bonnes conditions mécaniques de sa charrue ou de son araire, pour faciliter son travail et le rendre meilleur; interrogez-le sur la nature de son attelage, sur les bonnes ou mauvaises dispositions de la conformation des animaux qui le forment, pour être bons travailleurs; sur les soins hygiéniques nécessaires, pour les conserver en bonne condition de force et de santé; sur la composition du sol exploité et les éléments qui peuvent lui manquer pour être en bon état de fertilité; sur les moyens d'amender ce sol au besoin; sur le meilleur assolement qui peut lui convenir, pour donner les récoltes le plus abondantes possibles; consultez-le sur les bonnes conditions de germination et de végétation des grains qu'il sème, des plantes qu'il repique, de l'arbre qu'il émonde ou qu'il greffe, sur les influences que peut exercer, en agriculture, l'état varié de l'atmosphère, celui des saisons, du climat, etc. ; il vous regardera ébahi, sans vous comprendre, sans répondre à vos questions. Très rarement, et par exception, vous pourrez être satisfait.

Et cependant, les beaux résultats isolément provoqués par l'application des sciences spéciales à quelques branches de l'industrie agricole, prouvent que nous pourrions obtenir dans celle-ci les avantages observés et généralisés dans l'industrie manufacturière. En agriculture, la même cause ne produirait-elle pas les mêmes conséquences que dans l'industrie, dont les ouvriers ont été instruits sur les opérations qu'ils exécutent ? Si la lumière éclaire la marche à suivre dans toute profession, quelle que soit sa nature, l'obscurité rend cette marche incertaine, ténébreuse, routinière ; elle l'entrave au lieu d'en faciliter les développements, les progrès. Elle fait plus : elle est un obstacle aux innovations fructueuses, quand des essais imprudemment hasardés par des mains inhabiles ont non seulement échoué et occasionné des dépenses inutiles, mais encore causé des pertes. Dans les lieux où ils ont été faits, ces essais malheureux sont des occasions de plaisanteries, de railleries, de lazzis, et les laboureurs en concluent qu'ils ne peuvent mieux opérer qu'en suivant leur routine séculaire, religieusement observée par eux comme par leurs prédécesseurs.

L'instruction professionnelle seule peut indiquer à nos populations rurales les moyens de se procurer un bien-être, là où l'ignorance ne leur a donné que pauvreté et misère, malgré leur travail digne d'un plus heureux résultat. Nous en trouvons toujours la preuve partout où nous voulons la chercher.

Cette preuve, ne l'avons-nous pas dans les travaux de l'illustre naturaliste Daubenton sur l'acclimatation et le perfectionnement du mérinos en France ? Pendant la dernière moitié du siècle dernier, ces travaux ont été une source féconde de richesse pour notre industrie, comme pour l'agriculture, dans les pays d'élevage de ce précieux animal importé d'Espagne. Cette preuve ne se trouve-t-elle pas encore dans les recherches de Parmentier sur la nature du tubercule alimentaire qui porte son nom et sur les produits variés qu'on en retire, soit pour notre nourriture et celle des animaux que nous élevons, soit pour l'industrie; qui oserait contester aujourd'hui l'utilité de la parmentière? et cependant, ne fut-elle pas repoussée avec mépris, pendant des siècles, par l'ignorance, la routine et l'aveuglement? On la considérait comme indigne de paraître sur nos tables, et tout au plus bonne à être donnée aux pourceaux.

Si nous voulons avoir une juste idée des ressources immenses que nous offre l'art de cultiver la terre, ce premier des arts qui nourrit les peuples, contribue à les moraliser et leur fournit tous les éléments matériels nécessaires à leur existence, nous n'avons qu'à consulter les ouvrages des agronomes qui, chez toutes les nations et dans tous les temps, ont étudié et signalé ces ressources. Parmi ceux qui ont le plus cherché à les faire connaître chez nous, nous pouvons citer d'abord Olivier de Serres. En dédiant, en 1600, son *Théâtre d'agriculture et ménage des champs* à Henri IV, il lui disait: « Vous parler d'agriculture, « sire, c'est vous parler de vos affaires. J'espère donc que vous « m'écouterez avec indulgence. » Le roi populaire, qui voulait voir chaque cultivateur mettre *la poule au pot chaque dimanche,* promit d'écouter l'agriculteur du Pradel. Il tint parole en favorisant l'agriculture, et, sous son inspiration, son ministre Sully disait: *Labourage et pastourage sont les deux mamelles de l'État.*

Plus tard, Duhamel du Monceau, l'abbé Rozier, André Thouin, qui eut pour protecteur et pour maître l'immortel naturaliste Buffon, Chaptal, Tessier, Gilbert, Huzard, Silvestre, François de Neufchâteau, Bosc, etc., auteurs d'ouvrages importants, nous ont dit ce que peut faire l'agriculture pour le bonheur de notre pays; Mathieu de Dombasle à Roville, Bella à Grignon, Rieffel à Grand-Jouan l'ont démontré en fait, dans leurs écoles d'agriculture et par leurs élèves. Les travaux de chimie appliquée à l'agriculture faits, en France, par Chaptal, Payen, Boussingault, Cailiat, Girardin, Grandeau, etc.; ceux de Liebig en Allemagne; les œuvres d'Arthur Young, de John Sinclair en Angleterre, de Thaër en Prusse, de Fellemberg en Suisse, et de tant d'autres savants dans l'ancien et le nouveau continent, nous ont prouvé aussi quelles richesses nous offre l'exploitation du sol judicieusement conduite.

Buffon, qui a dit : *L'homme ne sait pas assez ce que la nature peut et ce qu'il peut sur elle*, a avancé une incontestable vérité en affirmant qu'*à côté d'un pain il naît un homme*. Quand on voudra savoir si un pays est bien peuplé, on n'aura qu'à examiner comment son sol est exploité. Une contrée bien cultivée est non seulement bien peuplée, mais on remarquera, chez ses habitants, un bien-être, une aisance, des conditions morales et physiques d'existence dont sont loin de jouir les rares populations mal nourries, mal vêtues, mal logées, dans les lieux mal cultivés ou incultes; quelquefois même, ces lieux sont insalubres par la faute des habitants, auxquels on a laissé ignorer les moyens de les assainir, moyens qui seraient cependant aussi simples que faciles à employer dans certains cas. L'ignorance et la misère, éternelles ennemies du progrès et du bonheur de l'homme, sont la principale cause du triste état dans lequel vivent, depuis des siècles, les habitants qui sont abandonnés à ces fléaux dans quelques pays que je connais, et que je pourrais citer. Leur situation ne changerait pas, s'ils continuaient à être privés de l'instruction professionnelle dont ils ont toujours manqué, et qui leur est nécessaire pour mieux cultiver leurs champs et se créer une existence plus heureuse.

Voyez l'Algérie, qui fut le grenier de Rome; par l'étendue de son territoire comme par la nature de son sol et de son climat, ce beau pays peut être considéré comme une seconde France située en face de nous, de l'autre côté de la Méditerranée; où en est son agriculture? où en est sa population? Certes, par l'armée qui l'a conquise, nous avons fait dans cette fertile colonie de beaux travaux à des points de vue divers, nul ne peut le contester; mais qu'y avons-nous fait au point de vue agricole? Quelle est sa population française? Elle est d'environ deux cent cin-

quante mille âmes, dit-on. Ce pays riche parmi les pays riches
a des ressources agricoles exceptionnelles. Elles sont immenses
en toutes productions du sol, et nous n'avons même pas su les
exploiter comme l'avaient fait les Romains, malgré les puissants
moyens d'action progressive qu'ils n'avaient pas, comme nous, à
leur disposition. Depuis plus d'un demi-siècle que nous possé-
dons cette magnifique colonie, elle devrait être peuplée de plusieurs millions d'agriculteurs français ; si nous y avions une
population nombreuse, non seulement nous n'aurions plus à y
craindre les insurrections périodiques des Arabes, mais l'Algérie
pourrait fournir à la métropole une quantité considérable de produits, coloniaux ou autres, qui lui manquent, et qu'elle est obligée d'acheter à l'étranger.

Je termine, Messieurs, en vous remerciant de l'attention bienveillante que vous avez bien voulu prêter à mes paroles.
Puissent-elles faire naître en vous une noble émulation et vous
exciter à perfectionner vos travaux dans le sens que je vous ai
indiqué. Vous avez déjà beaucoup fait, je suis heureux de le
constater. Vos produits sont remarquables, et prouvent tout le
parti que vous savez tirer du sol et des instruments destinés à le
fertiliser.

Mais, croyez-moi, ne vous arrêtez pas en si beau chemin.

L'agriculture est loin d'être arrivée au degré de prospérité
qu'elle est susceptible d'atteindre. Avancez hardiment ; ne
craignez pas d'attaquer les vieux préjugés qui s'opposent aux progrès de l'économie rurale. La science vous indique la route que
vous devez suivre, et l'expérience est là pour l'empêcher de
dévier.

Rappelez-vous ce que disait Cicéron : que de tous les moyens
pour apprécier la fortune, il n'en est pas de meilleur, de plus
fécond, de plus doux et de plus digne de l'homme libre que
l'agriculture.

Autre

Messieurs,

Rien ne démontre mieux l'influence néfaste qu'exerce, sur l'état de l'agriculture d'un pays, l'abandon du sol par les classes instruites et riches, que ce qui est arrivé après la chute du monde romain. Les personnages les plus éminents de l'antiquité tenaient en honneur l'agriculture et s'y adonnaient. L'agriculture et la guerre étaient les deux seules professions exercées par les citoyens romains, qui regardaient le commerce et les arts comme des occupations d'esclaves. Cependant, d'après l'illustre auteur de *l'Esprit des lois :* « L'agriculture était encore une profession servile, et ordinairement c'était quelque peuple vaincu qui l'exerçait : les Ilotes chez les Lacédémoniens; les Périéciens, chez les Crétois; les Pénostes, chez les Thessaliens; d'autres peuples esclaves, dans d'autres républiques. » Et Montesquieu ajoute : « Aussi Platon et Aristote veulent-ils que les esclaves cultivent les terres. Il est vrai que l'agriculture n'était pas partout exercée par des esclaves : au contraire, comme dit Aristote, les meilleures républiques étaient celles où les citoyens s'y attachaient. » Montesquieu, d'ailleurs, ne manque pas de faire remarquer que les peuples asiatiques ont tenu l'agriculture en grand honneur; il rappelle que les relations de la Chine parlent de la cérémonie d'ouvrir les terres, que l'empereur fait tous les ans, et que plusieurs rois des Indes font de même. Venty, troisième empereur de la troisième dynastie, cultiva la terre de ses propres mains, et fit travailler à la soie, dans son palais, l'impératrice et ses femmes. En Chine, on a voulu exciter les peuples au labourage par l'acte public et solennel accompli par l'empereur qui, en outre, « informé chaque année du laboureur qui s'est le plus distingué dans sa profession, le fait mandarin du huitième ordre. Chez les anciens Perses, le huitième jour du mois, nommé *chorrem-rus,* les rois quittaient leur faste pour manger avec les laboureurs. Ces institutions sont admirables pour encourager l'agriculture. »

Comment pourrait-on mieux montrer en quelle estime l'agriculture était tenue dans l'ancienne Rome, si ce n'est en rappelant la glorieuse histoire de Cincinnatus? Quatre siècles et demi avant notre ère, par deux fois on vint le chercher à sa charrue alors qu'il labourait de ses mains son modeste domaine, pour en faire un consul et un dictateur afin de sauver la patrie en danger. En partant pour se rendre à l'invitation des délégués du sénat, Cincinnatus dit à sa femme : « Je crains bien, ma chère Acilie, que notre champ ne soit mal labouré cette année. » C'était l'indication de la nécessité de l'œil du maître en agriculture.

Lorsque la décadence des Romains fut un fait accompli, l'agriculture fut dédaignée et pour longtemps abandonnée aux mains de populations asservies. Elle ne fut, pour la France, remise en honneur et en prospérité qu'au seizième siècle, du temps d'Olivier de Serres et du ministre Sully, qui fit entendre à son roi Henri IV que « le labourage et le pasturage estoient les deux mamelles dont la France estoit alimentée, les vrayes mines et trésors du Pérou ». Mais on a vu qu'une décadence nouvelle l'atteignit, et qu'elle ne reprit un commencement de faveur que vers le milieu du dix-huitième siècle, pour retomber encore dans l'abandon sous le premier Empire. Désormais tous les gouvernements se préoccupent d'en assurer l'essor et de créer toutes les institutions susceptibles de l'encourager et de la développer. L'établissement du suffrage universel a donné, sous la République, aux populations rurales une influence considérable dans l'État, et a appelé l'attention sur les intérêts de la petite culture qui, en fin de compte, est celle qui embrasse la plus vaste étendue et occupe le plus grand nombre de bras.

Si la constitution politique et les mœurs des nations exercent tant d'influence sur l'agriculture, il y a également à considérer l'action réciproque que la situation de cette grande industrie a nécessairement sur la destinée des nations. Comment pourrait-il en être autrement, puisque l'agriculture fournit la subsistance des peuples ? Il faut que la production des champs suffise au développement de la consommation, et par conséquent à l'accroissement du nombre des habitants qu'elle doit nourrir. D'ailleurs, la demande sollicite l'offre et réciproquement, de telle sorte que les progrès de la consommation et de la production sont toujours solidaires. C'est ce que démontre l'histoire de l'humanité. La barbarie n'a pris fin que lorsque la terre a été cultivée; ce qui se passe à la fin du dix-neuvième siècle, chez des peuplades sauvages heureusement de plus en plus rares, est l'image de ce qui s'est produit à l'origine de toute civilisation. Tant que les hommes restèrent condamnés à errer pour rechercher les racines et les animaux qui leur servaient de nourriture, ils étaient décimés par la faim et par les excès des intempéries, s'entr'égorgeant entre eux, chaque petite tribu voulant conserver pour elle seule les déserts où elle avait de la peine à trouver ses moyens d'existence. Les choses changent dès que les hommes pratiquent l'art de cultiver le sol pour y récolter les plantes dont ils ont semé les graines. Ils abandonnent peu à peu la vie nomade pour se fixer sur les terres qu'ils ont fécondées; ils fondent des colonies, des villes, des sociétés; la civilisation prend naissance et se développe, la richesse s'accroît, en même temps que la science remplace l'ignorance et que la prospérité succède à la misère. L'industrie et le commerce s'établissent en même temps que l'agriculture, qui leur fournit la plus grande partie des matières à transformer ou à échanger. Dès lors ces trois branches principales de l'activité humaine productive se donnent un concours réciproque, et c'est folie que de vouloir subordonner l'une aux autres; les sciences, les lettres, les beaux-arts les rendent plus puissantes et les font aimer.

Tout naturellement, l'asservissement des animaux à la domesticité et la création des troupeaux suivent ou accompagnent la fondation de l'agriculture. Il suffit à l'homme d'user de sa faculté d'observation et de l'invention de la méthode expérimentale *a posteriori*, qui remonte à une très haute antiquité, si elle n'a été bien définie qu'au dix-neuvième siècle de l'ère chrétienne, pour que le fait se produise avec une évidence d'autant plus grande que la nation sera plus avancée. Toutefois la concomitance de l'élevage des troupeaux et de la culture la plus perfectionnée n'est pas nécessaire. M. Hippolyte Passy l'a constaté avec raison dans ses études remarquables sur les systèmes de culture. « L'agriculture, dit-il, procéda comme toutes les autres industries. Ses commencements furent imparfaits et timides. On ignore en quels lieux s'en firent les premiers essais, et quelques écrivains ont même supposé que l'idée de cultiver la terre n'a pu venir aux hommes, qu'après qu'ils eurent réussi à réunir des troupeaux et appris à en tirer des moyens de subsistance assez abondants, assez sûrs pour les aider à faire quelques pas vers la civilisation. Peut-être en a-t-il été ainsi sur plusieurs points de l'ancien monde; mais l'exemple des peuples de l'Amérique prouve que l'art agricole n'a pas besoin, pour naître, de pareil apprentissage. Les Mexicains, les Péruviens et d'autres nations encore l'exerçaient, et non sans habileté, avant l'arrivée des Européens, et cependant le manque à peu près total d'animaux susceptibles de subir utilement la domesticité les avait empêchés de traverser les phases et d'acquérir les connaissances de la vie pastorale. » Quoi qu'il en soit, on conçoit que l'idée de faire naître des plantes par la culture au lieu de vivre en cueillant au hasard les fruits spontanés de la terre, de même que celle d'élever des animaux réduits à la domesticité au lieu de se livrer uniquement à la chasse, de même aussi que celle de faire de la pisciculture pour rendre la pêche plus certaine et plus abondante, n'ont pas pu ne pas se suivre dans ce travail de l'humanité, qui a pour résultat d'engendrer successivement tous les progrès, et de marcher sans cesse, souvent avec des décadences, puis avec des relèvements, vers la perfection.

J'en ai dit assez, Messieurs, pour vous faire comprendre l'importance de l'agriculture et la somme de satisfactions et de richesses qu'on en peut retirer.

Persévérez donc ! La route que vous suivez est la bonne, puisqu'elle vous a permis d'obtenir de remarquables produits.

Les récompenses qui vont vous être décernées seront la justification de vos justes efforts ; mais elles ne sauraient vous empêcher d'avancer plus avant dans la voie du progrès.

Sur l'horticulture

Mesdames, Messieurs,

Les premiers peuples ont été des peuples pasteurs dont la vie se passait à élever des troupeaux et à recueillir les fruits dont le sol était naturellement chargé.

Mais, à mesure que les peuples se développèrent et s'étendirent sur la surface du globe, de nouveaux besoins se firent sentir, et, aux peuples pasteurs, succédèrent les peuples chasseurs.

Ce fut un bel âge, Messieurs, que celui où les hommes commencèrent à s'attaquer aux animaux sauvages pour se nourrir de leur chair et couvrir leur nudité de leurs peaux.

Laissant à des serviteurs le soin de cultiver la terre, ils affrontèrent hardiment le danger et disputèrent la profondeur des forêts aux hôtes redoutables qu'elles renfermaient.

Ces peuples devinrent plus tard de terribles guerriers, et leur existence fut partagée entre la chasse et la guerre.

Mais au milieu de ces luttes, ils avaient laissé une large place aux cérémonies religieuses et funèbres.

C'est alors qu'ils demandèrent à la nature des produits plus précieux que ceux dont ils avaient depuis longtemps la libre jouissance.

Ils prirent des fleurs dont ils ornèrent leurs têtes ; ils composèrent des guirlandes qui servirent à rehausser l'éclat de leurs cérémonies ; ils formèrent des bouquets qu'ils offrirent à leurs dames ; ils firent des gerbes sur lesquelles ils couchèrent les corps de ceux de leurs parents qui s'étaient endormis dans leur dernier sommeil.

Peu à peu le goût de la culture se développa en eux, et ils en arrivèrent à établir de splendides jardins où toutes les merveilles de la création se trouvaient réunies.

Ce fut le commencement de l'horticulture.

Les poètes s'emparèrent ensuite de ces plantes et leur attribuèrent des noms en rapport avec leur couleur et leur parfum.

Depuis cette lointaine époque l'art de l'horticulture a fait d'immenses progrès. L'horticulteur ne s'est pas borné à conserver les espèces : il a voulu créer à son tour. De là, ces nouvelles fleurs qui décorent aujourd'hui nos jardins et qui sont l'attestation la plus frappante du génie humain.

C'est que, Messieurs, rien n'est plus attrayant que l'étude des plantes, du sol qui les porte, de la lumière et de l'air qui les font croître, et des progrès scientifiques qui aident à leur développement.

Si j'en juge par les spécimens qui ont été apportés ici, je puis dire que rien d'aussi beau, rien d'aussi parfait, rien d'aussi intéressant, n'avait été obtenu jusqu'à ce jour.

Il y a dans cette culture un progrès qui surprend, qui étonne, et qui fait prévoir pour l'avenir des surprises encore plus extraordinaires.

Je félicite donc messieurs les exposants de l'empressement qu'ils ont mis à nous apporter de pareils élèves, qui sont un vrai régal et pour nos yeux et pour nos sens.

Et vous, Mesdames, qui êtes venues rehausser de votre présence cette cérémonie, permettez-moi de vous adresser mes plus sincères remerciements.

Vous avez pensé, j'en suis sûr, qu'il y avait une place pour vous parmi toutes ces fleurs qui sont vos sœurs, car vous avez comme elles la grâce et la beauté.

15

Sur la nécessité du travail

Messieurs,

Mes chers enfants,

On a quelquefois raillé les distributions de prix ; on a proposé d'y renoncer. Je ne suis point de cet avis. Ces solennités scolaires sont d'abord l'unique rendez-vous de l'enfance et de l'âge mûr, de ceux qui s'en vont et de ceux qui viennent, du présent et de l'avenir, et n'est-il pas utile qu'ils s'entrevoient, qu'ils s'entretiennent de temps à autre, et que ceux qui, bientôt, vont être le passé, vous remettent, ô mes enfants, le soin de leurs espérances ?

Ces solennités sont aussi, à la Sorbonne, dans les lycées, dans les collèges, ici, sur tout le territoire, dans nos villes et dans nos campagnes, ces solennités sont comme une revue de tout ce que la République a fait pour l'enseignement à tous les degrés ; et, comme la République n'est pas une abstraction, qu'elle est la démocratie constituée, vivante et agissante, cette revue montre à son tour avec quelle sûreté et quelle noblesse le peuple français, dès qu'il est libre, dès qu'il n'est pas opprimé ou trompé, court à la satisfaction du plus élevé des besoins, le besoin de savoir.

Oui, ce sont des chiffres qu'il est bon de redire chaque année, malgré ce qu'ils ont fini par avoir de banal, malgré le parti pris de dénigrement de ceux qui nous en font reproche ; oui, répétons-le : au milieu de nos malheurs, et quoique chargée par l'Empire d'un surcroît de dettes de 12 milliards, la France républicaine a porté en quinze ans le budget annuel de l'instruction publique de 24 millions à peine à 133 millions.

Et encore n'a-t-elle qu'ébauché cet enseignement technique et professionnel qui fait aujourd'hui la préoccupation de tous les esprits soucieux de notre grandeur et de notre richesse.

Pour vous, enfants, le voilà donc arrivé ce jour des récompenses, qui est aussi le début des vacances. Durant quelques semaines, vous allez trouver la vie plus légère et meilleure. C'est parce que vous aurez travaillé toute l'année et que vos vacances seront la récompense de votre travail. Demandez à ces oisifs que quelquefois l'enfance admire et envie, demandez-leur si leurs perpétuels loisirs les amusent. Ils vous répondront qu'ils s'ennuient, qu'ils vont sans entrain d'une distraction à l'autre, et qu'ils n'arrivent qu'à grand'peine à remplir leurs heures. Allez ! le travail est une inflexible loi que nul ne transgresse impunément ; mais c'est aussi une loi féconde qui ne laisse aucun de nos efforts sans résultat, aucune de nos peines sans récompense.

Chaque retour des vacances marque pour vous non seulement le retour d'un repos bien gagné, mais une étape de votre route vers la virilité.

Quand vous y serez parvenus, ce ne seront plus des vacances qui viendront récompenser vos labeurs : vous serez probablement condamnés comme nous à travailler sans cesse ; mais ce travail vous tient en réserve des joies cent fois plus grandes et plus parfaites que celles des récréations et des congés.

Il vous donnera la satisfaction de vous suffire à vous-mêmes, d'assurer l'indépendance et la dignité de votre vie, de fonder une famille et d'instruire vos enfants.

Vous saisirez alors ce que j'appellerai la solidarité et la générosité du travail. Vous comprendrez qu'il y a deux parts dans le travail de tout homme : celle qu'il garde pour lui, qui l'aide à surmonter les difficultés de l'existence et à constituer une épargne, s'il est à la fois heureux et prévoyant ; la seconde part, celle qu'il donne aux autres hommes et qui devient comme une épargne générale.

Rien qu'en jetant les yeux autour de vous, vous constaterez, non sans émotion, que cette épargne générale s'accumule toujours ; composée de ce qu'il y a de plus précieux et de plus durable dans le travail, elle forme un trésor incessamment accru, constamment renouvelé, qui se transmet de génération en génération, et qui, dans l'ordre intellectuel comme dans l'ordre matériel, si profondément mêlés d'ailleurs l'un à l'autre, devient le patrimoine commun de l'humanité, disons mieux, l'accumulateur et l'agent d'une civilisation sans cesse plus étendue et plus haute.

Oui, depuis le jour où l'homme ne s'est plus contenté des productions spontanées de la nature, depuis le jour où il a semé, où il a récolté, où il a emmagasiné, depuis ce jour, le trésor du travail s'est augmenté pour l'amélioration des humains. Vous lui devez de vivre dans un bien-être plus grand que vos devanciers, et vos descendants lui devront une existence plus heureuse que la vôtre.

Ah ! comme ils ont peiné, ceux qui ont réuni les premiers éléments de ce trésor, et lequel de ces deux sentiments est le plus sacré : de notre reconnaissance pour nos aïeux ou des espérances que vous nous inspirez ?

La difficulté d'augmenter ce trésor diminue d'ailleurs à mesure qu'il grossit. Voyez : au début, l'effort de l'homme est un effort presque uniquement physique; aussi ceux qui sont doués de la plus grande force matérielle dédaignent tout ce qui n'est pas la lutte brutale, asservissent leurs semblables et les obligent à travailler pour eux; mais, peu à peu, des communautés se forment qui arrivent à produire au delà de leurs besoins, et la conquête, seul moyen jusque-là d'arriver à la puissance, voit s'élever en face d'elle cette rivale, l'épargne, qui diminue l'empire de la force.

Parmi ces outils que l'homme invente pour faciliter sa besogne ou en faire une partie, surgit tout à coup la grande machine libératrice, la presse à imprimer. Oh! alors la civilisation n'aura plus de reculs. Peu à peu l'imprimerie livre à tous l'accès de l'étude. Vainement on la soumet aux règlements les plus sévères; sans doute il faut un privilège pour s'en servir, un autre privilège encore pour en publier les productions : elle a bientôt fait ce que jamais l'écriture n'aurait pu faire. Au manuscrit unique ou presque unique, interminable et minutieux chef-d'œuvre de copistes ingénieux dont profiteront seuls quelques lettrés choisis, succède le livre rapidement tiré à de nombreux exemplaires, le livre qui vulgarise les idées, les méthodes, les découvertes, qui en assure la conservation et en noue la tradition.

La pensée, il est vrai, n'est pas libre encore, non plus que le travail manuel : l'homme de lettres a besoin de la protection du prince et du noble, aux amusements duquel il est souvent obligé de servir ; l'artisan est parqué dans les jurandes et les maîtrises ; mais le travail s'acharne toujours ; des méthodes plus promptes, plus générales, sont révélées ; des pensées nouvelles éclairent l'humanité ; peu à peu se forme une élite dévouée de penseurs et d'hommes d'action, et vous voyez apparaître, enfin, la suprême émancipatrice, la Révolution française, qui libère à la fois et pour jamais le travail et le travailleur.

Depuis cette délivrance que nos pères ont scellée de leur sang et qui fait que notre nation, malgré tant d'infortunes, demeurera toujours grande dans la mémoire des hommes, le trésor du travail ne compte plus ses accroissements. Toutes les sciences, tous les arts, s'unissent pour l'enrichir. Il faut moins de temps aujourd'hui pour joindre deux océans qu'il n'en fallait naguère à une ville pour élever sa maison commune. Plus l'homme acquiert de moyens de perfectionner son travail, plus la seconde part de ce travail, celle qu'il laisse à ses semblables, prend d'importance et de grandeur. Marque suprême de l'excellence du travail et aussi suprême récompense du travailleur, du travailleur de tout ordre. Ouvrier conscient de la transformation universelle, il augmente le patrimoine commun, il diminue sans cesse la part de la fatalité et de l'injustice.

Ces récompenses des laborieux efforts, vous les mériterez à votre tour. Mieux que nous, si nos vœux sont entendus, vous contribuerez à enrichir encore ce patrimoine matériel et moral. Vous regagnerez ce que d'autres ont laissé perdre ; vous compléterez ce que nous avons essayé de commencer. Vous vous appliquerez à faire régner l'égalité en France par le travail et le savoir, vous rappelant que plus une nation compte de travailleurs éclairés, de travailleurs ayant ce sentiment de la solidarité du labeur humain, quel qu'il soit, plus elle a de chance d'être libre et respectée.

De l'éducation de la volonté

Messieurs,

Si peu qu'on aime à discourir, il est toujours agréable de parler devant des vainqueurs. D'abord ils sont bien disposés, sinon à écouter longtemps, du moins à écouter avec complaisance. Heureux celui qui ne parle qu'à des heureux ! Ensuite, à des victorieux on ne saurait dire que des choses flatteuses, eût-on le dessein dans dire d'autres, ce qui est loin de ma pensée. Les conseils les plus austères se tournent alors en éloges, puisqu'en vous les donnant on semble toujours vous féliciter de les avoir suivis ; encourager des lauréats ressemble fort à prêcher des convertis, ce qui est charmant ; parce que c'est juste assez utile encore pour n'être pas un simple divertissement oratoire, et juste assez superflu pour être déjà un objet d'art.

Ainsi, aujourd'hui, j'ai le dessein de vous parler de la volonté et de l'éducation de la volonté dans l'enseignement public ; et certes, voilà un sujet que vous connaissez et une chose dont peut-être vous pourriez me donner des leçons. C'est un grand effort de volonté disciplinée et persévérante qui vous a conduits ici, et louer la volonté devant vous a l'air moins d'un bon conseil que d'une flatterie ingénieuse. J'en cours le risque. Il ne me déplaît pas de vous dire des vérités agréables, d'abord parce que je crois que ce sont des vérités, et si par surcroît elles vous sont douces, ce n'est pas ma faute ; ensuite parce qu'une certaine complaisance pour le succès, quand il n'est encore qu'un commencement d'espoir, ne saurait être tenue pour basse adulation. C'est s'y prendre tant à l'avance que cela peut, à la rigueur, passer pour désintéressé, et s'il est suspect de saluer le soleil levant, remarquez qu'on a toujours dit qu'il est vertueux d'aimer à voir poindre l'aurore. Je vais donc, sans me soucier de paraître courtisan, vous entretenir de vos vertus coutumières, pour vous engager à les faire en vous plus fortes et plus efficaces de jour en jour, pour engager ceux qui vous suivent à les pratiquer plus énergi

quement encore que vous n'avez fait ; je vais vous parler de
volonté et de courage pour que vous soyez plus vaillants que
nous, et pour que vos successeurs le soient plus que vous-mêmes.
Vous voyez que ce n'est pas votre seul agrément que je cherche,
et que je songe déjà au soleil levant d'après-demain.

Exercer la volonté et l'habituer aux lourdes tâches, soyez
sûrs, Messieurs, que c'est là le vrai but que nous devons pour-
suivre de toute notre application et de toute notre constance, à
travers les multiples et difficiles problèmes de l'éducation. Mais
ceci même est un problème et peut-être le plus difficile de tous.
On peut douter qu'il ait une solution. On peut contester que l'éducation de la volonté soit du domaine de l'éducateur. Enseigne-
t-on la volonté ? Dresse-t-on à vouloir ? Donne-t-on le ressort primitif et intime ? Crée-t-on le levier, ou doit-on seulement savoir
s'en servir ? — J'accorde que l'on ne donne pas plus la volonté
à qui ne l'a pas que la conscience ; mais peut-être on peut stimuler et fortifier le vouloir, comme on élève et comme on affine le
sens moral ; peut-être on peut mettre la volonté au milieu d'un
concours de circonstances qui l'invite, la séduise, l'excite et l'é-
chauffe. On peut surtout, sans doute, et c'est là le point, éviter
et écarter soigneusement tout ce qui pourrait l'endormir en la
satisfaisant à trop bon compte, ou la désintéresser en lui laissant
croire qu'on peut aisément se passer d'elle. Avez-vous remarqué
les traits distinctifs, si fortement accusés, des hommes qui ont
fait eux-mêmes, sans secours, ou avec des secours insuffisants,
leur éducation ? Des lacunes, sans doute, des imperfections. Un
certain raffinement surtout manque, et ce vernis, qui n'est pas
celui des maîtres, mais qui est celui des bons écoliers. Je ne dirai
pas : Qu'importe ? Je dirai : Que de qualités en revanche ! Puissance de travail, suite dans le dessein, opiniâtreté, redoublement
de courage et comme d'allégresse devant l'obstacle, qu'ils saluent
comme vieille connaissance ; souvent, originalité ; vanité aussi,
quelquefois, mais plus souvent fierté saine et de bon aloi ; de bons
profits aussi ; car il n'est que la fierté fondée sur le sentiment d'une
volonté sûre d'elle-même pour mener loin.

Or les pères de famille peuvent nous dire : « Ornez, affinez, assouplissez les enfants que nous vous confions, soit ; mais surtout faites qu'ils soient forts. Ils auront besoin d'énergie plus que d'élégance au champ de bataille où nous les menons, où nous les laisserons après nous. Le temps n'est plus des succès de charme et de bonne grâce ; le siècle est, sinon aux violents (et plaise à Dieu qu'il ne soit pas à eux), du moins aux énergiques et aux obstinés. Faites que nos enfants sachent ce qu'il faut vouloir ; mais faites aussi qu'ils sachent vouloir. »

Et maintenant je suppose un de nos adversaires, un malintentionné ou un envieux. Je ne crois pas qu'il y en ait ; mais les suppositions sont permises. Je le laisse parler. S'il parle trop longtemps, je réserve mon droit de l'interrompre. Voici, ce me semble, ce qu'il pourra nous dire :

« Ce que ce père de famille vous demande, non seulement vous ne le donnez pas ; mais votre système va précisément à l'empêcher d'être. Déjà le seul fait d'enseigner est une manœuvre qui sollicite la volonté à abdiquer, ou à rester neutre, ce qui, pour elle, est n'être pas. Passe encore ; car encore faut-il bien enseigner, et l'on ne peut pousser la méthode intuitive jusqu'à la suppression du professeur. Mais l'enseignement public, par sa constitution même et par ses méthodes, supprime toute initiative chez l'enfant. Par cela seul que vous réunissez un grand nombre d'enfants et leur imposez une vie commune, vous les condamnez à s'élever eux-mêmes aussi peu que possible. Avant d'entrer en classe, ils ont déjà un esprit commun, une marque uniforme. Tous les enfants d'une même école chantent leurs leçons sur le même air, sans métaphore. C'est le rythme de la maison. Soyez sûrs que leurs goûts, leurs opinions, leurs préjugés sont aussi rythmés de même, et qu'ils pensent à l'unisson. Un courant s'établit, une méthode s'impose ; la vie commune arrondit les angles. Tous les galets ont la même forme. Un « nouveau » a un air particulier ; c'est que tous les autres ont un air de famille, et qu'il est le seul être original de la compagnie, pour sept ou huit jours. Mauvais milieu pour le développement d'une activité volontaire et libre.

Vos exercices scolaires devraient être la matière et le stimulant de l'activité volontaire de l'enfant. Ils en demandent un peu ; cela est vrai ; mais encore ! Ils suppriment complètement l'initiative et en grande partie l'effort : l'initiative parce qu'ils sont uniformes, l'effort parce qu'ils sont attrayants. On donne à tous les élèves d'une classe le même devoir sur une même matière, souvent avec quatre ou cinq idées qu'ils devront exposer tous dans le même ordre. C'est leur dire : Ayez tous les mêmes idées, les mêmes sentiments et la même méthode pour les exposer. Un certain goût de l'ordre, et d'un ordre encore tout matériel, peut naître en ces conditions. Mais l'initiative, la recherche, le goût de trouver, l'effort d'invention et, pour tout dire, la curiosité de faire quelque chose, où sont-ils, d'où viendront-ils, que deviendraient-ils s'ils existaient? Vos exercices scolaires demandent à l'enfant plutôt de l'aptitude à vous comprendre que de la vigueur à se chercher. Vous formez le goût : on dirait que les hommes de demain n'auront d'autre office que d'admirer les belles œuvres d'art et mépriser les mauvaises. Vous éveillez la sensibilité : nos enfants auront plus souvent le besoin de lutter que le loisir de s'attendrir. Vous inspirez les grandes pensées, les ambitions nobles, le sentiment des grands devoirs. Très bien ! Cependant c'est moins les bons, et même les grands desseins qui manquent à l'homme que la force de les accomplir, et vous enseignez moins à faire de grandes choses qu'à reconnaître tranquillement la grandeur là où elle est. Tout votre système tend et semble viser à former une génération de dilettanti aimables et de contemplateurs intelligents. S'il y a sur vos bancs un futur critique, un futur moraliste, un futur mondain spirituel, la France peut être sûre de ne le point perdre. S'il y a dans vos collèges un futur philosophe, ou orateur, ou artiste, il a quelque chance de venir à bien. Mais s'il y a un enfant capable d'être un jour un homme d'action... vous ne réussirez peut-être pas à l'empêcher de le devenir. »

Voilà l'objection dans toute sa force. Si l'on me reproche quelque chose, ce ne sera pas de l'avoir affaiblie. J'y répondrai d'abord indirectement en portant un peu la guerre sur le terrain de l'adversaire, comme il convient.

Si l'on peut admettre que l'enseignement public émousse un peu la volonté, il ne faudrait pas trop croire que la solitude est admirable pour la fortifier. Elle la développe chez quelques élus; mais chez la plupart elle ne laisse pas de l'endormir. L'homme qui a fait tout seul sa propre éducation n'est que quelquefois un homme supérieur. Quelqu'un aimait trop à répéter qu'il s'était fait lui-même : « Ce n'est pas ce que vous avez fait de mieux », finit on par lui répondre. « L'autodidacte », comme on dit en belle langue pédagogique, est bien quelquefois un homme qui ne s'est pas élevé du tout; un homme qui a fortifié en lui, moins la puissance de se vaincre, qu'une certaine complaisance envers lui-même et une certaine gratitude attendrie à son propre égard. Craignez cela.

Non ! vous n'avez guère à le craindre. Vous êtes dans des conditions qui vraiment ne sont point mauvaises pour le développement de votre énergie personnelle. Admettons que nous l'entravions, nous, professeurs ; vous la sollicitez singulièrement vous-mêmes les uns chez les autres par l'émulation, cette passion salutaire dont on a dit tant de mal, mais qui, à tout prendre, n'est que la volonté qui s'essaye, qui s'exerce, et qui fait sans péril et sans bruit, non sans honneur, son apprentissage. C'est ici qu'est, dans l'enseignement public. la part de l'énergie volontaire. Elle est très considérable, plus grande qu'elle ne sera jamais dans l'éducation privée ou dans l'éducation solitaire. La volonté a besoin, à l'ordinaire, et de modèles et d'adversaires ; elle a besoin d'exemples qui soient des obstacles, et il convient qu'au début, ni ces obstacles ne paraissent énormes, ni ces exemples ne soient décourageants. Vous êtes vous-mêmes les uns pour les autres des modèles proportionnés à vos forces et des obstacles qui paraissent mesurés pour exciter votre ardeur sans le risque de vous jeter dans le désespoir. Ce sont les vraies conditions. L'homme qui s'élève lui-même, c'est la vie tout entière, et c'est comme le monde entier qu'il se propose à lui-même comme obstacle et comme but. Il monte à l'assaut de tous les sommets, ou du moins des plus altiers, du premier coup. Je ne nie point que pour certaines natures ce ne soit là une très salutaire et très puissante excitation. Je la crains pour les caractères du commun tels que les nôtres. A force de trop demander, elle épuise à l'avance la réserve de nos forces. Elle nous mine et nous use avant le temps, et l'effet ordinaire de si grands desseins est que nous nous contentons du dessein, que nous nous asseyons avant de nous être mis en route, et que le but fixé nous devient un simple objet de contemplation. Un dilettante doit souvent être un homme qui s'était proposé la terre à conquérir et qui s'est très vite réduit à seulement la regarder. S'il en est ainsi, je dirai, si vous voulez, que l'éducation solitaire est bonne pour les hommes de génie et qu'il convient de la leur réserver ; mais comme à l'âge où l'éducation commence, il est difficile de savoir si l'on a affaire à un homme de génie futur, le moins hasardeux est de donner à sa volonté le stimulant ordinaire et l'obstacle d'ordre commun. Soyez sûrs que le moment venu il saura fort bien s'en créer d'autres. Croyez donc à l'enseignement public. Il réveille plus de volontés qu'il n'en endort. Pour une originalité qu'il gêne un peu, et qui prendra plus tard sa revanche, et dont il faut dire, si elle est en vérité étouffée par lui, qu'elle était de peu d'haleine, il sollicite bien des énergies, non point peut-être héroïques et surhumaines, puisqu'elles avaient besoin d'être excitées, mais fort honnêtes encore, et qui, sans lui, seraient restées à l'état de bonnes volontés. On appelle bonne volonté, en français, une volonté un peu nonchalante. C'est un euphémisme.

Mais ce n'est guère à l'enseignement public en lui-même qu'on reproche d'énerver le ressort intime des caractères. C'est plutôt nos méthodes qu'on accuse et nos façons de vous faire travailler. Nous vous conduisons trop, dit-on, comme par la main, dans un chemin unique, sans tenir compte de la diversité des complexions et des esprits. Nous enseignons trop. Nous versons trop les idées et les notions en vos esprits comme en des vases d'égale grandeur et de pareille embouchure. Nous travaillons pour vous, c'est-

à-dire à votre place. Ce qu'il faudrait, c'est que votre esprit tra-
vaillât de lui-même, étant besoin qu'il se fortifie, non qu'il
s'emplisse. Voilà l'objection vraie, et combien délicate et compliquée! Elle consiste à nous demander ce qu'en vérité nous avons
pour office nécessaire, sinon de ruiner, du moins, et bon gré mal
gré, d'affaiblir. Nous aplanissons la route devant les pas de l'enfant; mais, justement, l'obstacle est l'éducateur de la volonté.
Nous sommes les guides. De qui ? de ceux qui devront se conduire
eux-mêmes. Nous enseignons; mais, justement, on ne sait jamais
bien que ce qu'on découvre. Il y a là une véritable antimonie,
qu'il ne faut pas essayer de résoudre absolument, mais dont il faut
s'inquiéter, qu'il faut tenir pour la difficulté capitale, sans cesse
renaissante, de notre tâche, et où il faut apporter des tempéraments par une vigilance incessante et une certaine habileté de
tact continue. Car s'il est vrai que c'est un avantage, un gain de
temps, une économie d'efforts que d'apprendre, au début, par les
soins d'autrui, il est très vrai aussi que le moment viendra pour
l'enfant où il faudra bien qu'il commence à apprendre par lui-
même, et il est certain que, ce moment, nous ne faisons que le
reculer. Ce moment venu, il ne faut pas qu'à apprendre sous
notre direction il ait perdu la faculté d'apprendre par lui-même.
Dans le bienfait de l'éducation et dans la nécessité, dans l'heureuse nécessité de l'enseignement public, maintenir et sauver, s'il
est possible, les vertus qui font la force de ceux qui s'élèvent tout
seuls, voilà le problème. Nous rendre immédiatement utiles, voilà
notre premier devoir ; travailler à nous rendre inutiles, voilà le
second. Il y a quelques difficultés dans tout cela.

Nous y pourvoyons, Messieurs, du mieux que nous pouvons,
et nous tâcherons d'y pourvoir de mieux en mieux. Nous essayons
d'abord de respecter et de faire respecter chez l'enfant tout mouvement original qui n'est pas une simple excentricité. Nous nous
interdissons tout *veto* impérieux, toute proscription hautaine ou
ironique. Rencontrons-nous une opinion hasardée, une idée qui
nous semble étrange : nous ne biffons pas ; nous discutons, c'est-
à-dire nous analysons. Nous nous efforçons de repasser par tout

le chemin que l'esprit de l'élève a dû parcourir pour arriver à cette opinion contestable, afin de lui montrer le point juste où il a commencé à s'égarer. Car ce qui est à éviter par-dessus tout, c'est que l'enfant ne s'habitue à prendre la route commune par où il devine que tous passeront, pour s'épargner le soin de chercher et le désagrément d'être repris. Ayez confiance en nous sur ce point, Messieurs. Ayez l'audace d'oser. N'osez point pour le plaisir, au hasard, au gré du paradoxe ; laissez cela aux chroniqueurs ; c'est leur ressource ; ne leur ôtez pas leur provende ; mais ne faites pas à votre paresse le sacrifice de votre originalité ; ne reculez pas devant vos idées ; ne vous contentez pas d'aller au-devant des nôtres : c'est trop de cérémonie ; ne vous contentez pas de recevoir les nôtres avec attention et de nous les renvoyer avec prestesse ; c'est un peu en usage sur les plages au temps des bains de mer ; ce n'est un exercice universitaire qu'en récréation. Pensez un peu par vous-mêmes, osez risquer de vous tromper. La grande erreur, ce n'est pas d'errer, c'est de ne point se mettre en route. Inventez du travail personnel. Apportez-nous des devoirs que nous n'avons pas demandés, résumez devant nous des lectures que nous ne vous avons pas faites, parfois même que nous n'avons pas songé à vous recommander. Dans une bonne classe, dans une bonne compagnie d'écoliers, il doit y avoir d'une part les devoirs et les leçons imposées par le maître comme indispensables, comme nécessaires à la bonne direction générale des études ; d'autre part, par surcroît, des travaux, des leçons, des expositions dont tel élève, puis tel autre, a eu l'idée lui-même et qu'il s'est imposés de son plein gré.

Voilà du surmenage, me direz-vous.

Au contraire !

Vous savez bien que le travail qu'on imagine et qu'on se fixe à soi-même ne surmène pas. Les plaisirs les plus vifs qu'il soit donné à l'homme de goûter lui viennent de sa volonté satisfaite par son propre effort. Le travail obligatoire une fois accompli, le travail volontaire n'est pas autre chose qu'un divertissement. Essayez de ce moyen de chasser l'ennui : il est infaillible. Essayez de ce moyen de rompre la monotonie inévitable d'un cours d'étude : il est excellent. Essayez de ce moyen de vous faire contredire et un peu gronder quelquefois ; cela est fort salutaire. Il arrive trop souvent, en effet, que tout votre travail consiste à présenter le miroir à nos idées, un miroir parfois un peu trouble, parfois un peu grossissant. A quoi bon ? Avons-nous tant de fatuité ? Avez-vous tant d'humilité ? Ni l'un ni l'autre. Vous avez un peu d'incuriosité, et vous finiriez par nous en donner. Un des princes de la pensée française disait un jour en souriant, avec ce tour paradoxal qu'il donne quelquefois à la vérité pour qu'elle soit, paraît-il, de meilleure compagnie : « J'aurais été mauvais chef d'école : je n'aurais aimé que les disciples qui se fussent détachés de moi. » Ne soyez pas trop scandalisés de cette parole ; ne soyez pas trop convaincus que c'est un blasphème. Ne la prenez pas pour un dogme, non ; ne la mettez pas en pratique avec une ardeur hâtive, un empressement indiscret, ou une exactitude trop scrupuleuse. Il ne faut d'excès en aucune chose. Mais encore croyez qu'il y a du vrai dans cette sollicitation dangereuse. Ne nous soyez pas attachés de trop près. Trahissez-nous un peu. Soumettez-nous (et vous voyez que la soumission a encore son honnête part), soumettez-nous des pensées qui ne soient pas tout à fait les nôtres, quand ce ne serait que pour que nous ne soyons pas trop embarrassés à les déclarer agréables. Contredisez-nous, sans parti pris, sans étourderie et sans présomption. Soyez quelque chose comme des hasardeux prudents, des aventuriers circonspects et des schismatiques respectueux. Ce n'est pas aisé, au moins. Non, sans doute, et vous voyez bien que j'y reviens toujours à ne vouloir dans les études, pour le plus grand profit de la volonté, que des choses difficiles.

C'est pour cela que je suis très sensible à cette observation qu'on nous fait, que les devoirs que nous vous imposons sont trop attrayants pour être rudes, et ne sont pas assez rudes pour être profitables. On n'a point tout à fait tort. Soyez persuadés que l'effort est la condition de tout progrès, de tout développement, de tout agrandissement de votre être, partant de toute éducation ;

qu'il ne faut pas que l'exercice scolaire soit un plaisir, sous peine de n'être qu'une manière de passer son temps. Acceptez donc, et nous, cherchons, des exercices qui ne laissent pas d'être pénibles, qui demandent de la persistance dans la recherche et de la vigueur dans la réflexion, des exercices, en un mot, qui soient des manières de s'exercer. Dans l'enseignement scientifique, rien à craindre, et, je crois, rien à inventer sur ce point. La science n'a point les abords si faciles qu'il soit nécessaire de les hérisser. Mais dans l'éducation littéraire, peut-être avons-nous un peu lâché pied. Peut-être nous faudra-t-il revenir à vous assigner des travaux qui, tout en demandant beaucoup à votre intelligence, à votre sagacité et à votre goût, exigent beaucoup, aussi, de votre énergie, de votre concentration et de votre patience. Promesse, menace, ou simplement indiscrétion, je ne puis me tenir de vous dire qu'on s'en occupe. Tout au moins tenez pour assuré que jamais dans l'Université nous ne tresserons des lauriers à l'improvisation, ni ne préparerons une couronne à l'imagination pure, fût-elle brillante. Qu'on nous en raille, il ne nous importe. Nous sommes ici moins pour apprendre à discourir et à causer élégamment, que pour apprendre à penser juste, ce qui n'est pas du domaine de l'improvisation, et à agir avec puissance et avec suite, où l'imagination est de peu d'effet.

Dirai-je toute ma pensée sur cette affaire? Ce n'est peut-être pas ici le lieu de paraître vouloir vous inquiéter sur la parfaite légitimité de récompenses si courageusement gagnées. Et cependant peut-être est-il vrai que nous inclinons un peu trop à accorder nos témoignages d'estime au talent plutôt qu'au travail. Peut-être avons-nous, avions-nous surtout, naguère, trop de penchant à affecter nos couronnes scolaires chacune à un don naturel particulier et à une tournure d'esprit spéciale. Il arrivait ainsi (je ne veux pas dire qu'il arrive) qu'un élève avait un succès isolé, il est vrai, mais flatteur encore, autant pour avoir négligé trois ou quatre parties de l'enseignement que pour en avoir cultivé une, et que le prix qu'il rapportait à la maison, pour qui savait voir, était une aussi sûre indication de ce qu'il avait omis d'apprendre que de ce qu'il savait. Nous nous sommes arrangés déjà, nous disposerons les choses peut-être encore mieux, pour que cela ne puisse plus se reproduire, pour que tout prix soit un prix de mérite, non le signe d'une vocation restreinte ou d'une adaptation habile, pour qu'enfin le mot « mérite » lui-même ne soit jamais tenu pour synonyme d'heureuses dispositions naturelles, ce qui est d'une mauvaise langue française.

Je m'empresse d'ajouter que c'est vous qui nous donnez ici le bon exemple. Vous n'estimez vraiment, vous ne glorifiez que celui de vos camarades qui réussit brillamment en quelque chose et honorablement en toutes choses. Vous n'aimez pas les spécialistes du succès. Vous avez cette idée que vous êtes au collège pour apprendre à travailler, non pour apprendre à réussir, et que le meilleur d'entre vous est celui qui s'est appliqué surtout à celle de ses études pour laquelle il avait moins de facilité et de penchant.

C'est que là est le point, en effet. Je ne dirai point combattre vos penchants, mais discipliner vos inclinations, c'est pour cela que vous êtes sur les bancs. Vous avez des maîtres qui doivent vous apprendre beaucoup de choses, et, surtout, à devenir maîtres de vous-mêmes. Cela s'apprend ; ou plutôt, comme tout au monde, ni cela ne s'apprend, à proprement parler, ni l'éducation n'est inutile pour l'aider à être. Il faut surtout y songer, il faut surtout s'en préoccuper, y ramener sans cesse son esprit. C'est pour cela que je vous en parle aujourd'hui, au moment même où commence pour vous une période de l'année réservée d'ordinaire moins à l'éducation de la volonté qu'à une certaine émancipation de la fantaisie. Que la volonté ait ses vacances, je le veux bien ; mais qu'elle n'abdique point ; qu'elle surveille toujours le caprice de vos inquiétudes et le divertissement de vos désirs. Qu'elle crée en vous une forte et sainte liberté intime qui vous sera une puissance souvent, un refuge toujours.

« Celui-là seul, a dit Gœthe, est digne de la liberté, comme de la vie, qui sait chaque jour la conquérir. » Conquérez jour à jour la maîtrise de vous-mêmes. Combattez-vous pour vous posséder. Il ne faut pas, comme a dit Gœthe encore, « gâter son cœur comme un petit enfant », il faut le traiter virilement, et lui demander de rudes efforts qui n'ont d'autre effet, du reste, que de le fortifier. Ne vous gâtez pas, n'ayez point pour vous de complaisances trop douces, d'indulgences trop faciles, de pardons trop prompts. Ne vous aimez point. Respectez-vous. « L'enfant doit être un objet de respect », a dit le poète; j'ajouterai : surtout de sa part. Considérez vous, avec une gravité presque soucieuse, comme un avenir mystérieux qui veut naître, qui peut-être sera grand, qui, en tout cas, doit être utile, et que ce serait un crime de ruiner d'avance, ou d'affaiblir, ou de renier, ou d'abandonner aux hasards. Proposez-vous de bonne heure un but très lointain, très élevé, et n'écoutez pas trop la voix intérieure qui vous dira qu'il est trop élevé et trop lointain. Cette voix, il est bon de l'avoir en soi; car c'est le bon sens, et il empêchera votre ambition d'être fiévreuse et l'insuccès d'être trop pénible; mais il est bon aussi de ne pas avoir avec elle de trop complaisantes conversations et trop prolongées. Il faut la tenir en réserve pour le besoin, ne pas l'oublier, ne pas la mépriser, mais lui dire avec respect : « Plus tard, un peu plus tard ; nous aurons bien des occasions de causer ensemble. Un âge viendra même où je n'écouterai plus que vous, tout en recommandant aux jeunes gens de ne pas trop vous prêter l'oreille. »

Il est une autre voix, encore plus dangereuse, dont vous devez vous défier comme d'un chant de sirène, c'est celle qui vous dit, quelquefois avec beaucoup de charme, que l'absence de volonté ou le renoncement à vouloir est une élégance, et qu'il n'y a rien de plus distingué dans le monde que le mot : « A quoi bon ? » Je ne sais dans quelle langue ce mot est très joli ; mais, pour autant que je m'y connaisse, je ne trouve pas qu'il fasse si bonne figure dans la langue française. En tout état de cause, je remarque qu'il est répété, et développé jusqu'à remplir des volumes, par des hommes de lettres qui sont les plus énergiques, les plus passionnés, les plus obstinés travailleurs du mot, les plus patients et rudes laboureurs de la phrase, et parfois même de la pensée. Ainsi

16

présentée, cette théorie est une doctrine qui se contredit au moment qu'elle s'affirme, et qui se réfute, ce me semble, à s'exprimer. Dites : « A quoi bon ? » de cette manière, je ne m'y oppose pas absolument. Ou plutôt ne le dites jamais que des choses dont l'expérience a prouvé qu'en effet elles sont vaines. Dites-le des ambitions communes ; j'en suis d'avis ; ces ambitions-là répondent bien à l'étymologie du mot : si la satisfaction intérieure est l'objet que nous poursuivons tous, elles tournent indéfiniment autour du but sans jamais l'atteindre, et, à mesure qu'elles s élargissent, s'en éloignent davantage. Dites-le des succès obtenus par l'intrigue, j'en suis d'avis ; ce sont des échecs : la vanité les recherche, les obtient, et en souffre ; car à chacun d'eux elle sent que s'accuse et s'accroît le mépris général qu'elle voulait fuir, auquel elle vient de donner une nouvelle prise. Dites-le de ces chemins trompeurs et de ces succès à rebours, je suis avec vous. Mais ne le dites pas d'une suite d'efforts destinés à vous faire plus grands et meilleurs à vos propres yeux. Ceci n'est pas vanité ; ceci vaut la peine. Ce qui satisfait pleinement, c'est de façonner sa vie à son gré et à son goût sur un modèle élevé et pur. L'art de la vie consiste à faire de la vie un objet d'art. A cette condition, croyez-moi, on peut vivre ; et à cette condition aussi, songez-y bien, on peut mourir. Vous êtes les enfants d'une race énergique, vaillante et allègre, qui a eu tant de volonté qu'elle a pu grandir sans avoir la persévérance. Elle donne tous les jours les preuves les plus éclatantes de sa puissance, non seulement de vie, mais de résurrection. La France est un pays de renaissance, parce que c'est un pays de volonté. Pour cette cause, dût-elle mourir, elle aurait fait sa tâche de grand et noble peuple. Songez à elle. Vous en serez, dans le sens précis du mot, la garde d'honneur. Ne permettez pas qu'elle s'abandonne et qu'elle se renonce. Royer-Collard, dans un moment d'humeur chagrine, en présence d'une situation qui semblait sans issue, s'écria : « Eh bien ! nous périrons ! c'est une solution ! » A la rigueur, et à l'extrémité, voilà un mot qu'on peut prononcer. Mais Cicéron écrit quelque part : *Vide quam turpi leto pereamus !* Voyez de quelle mort

honteuse nous périssons. Voilà ce qu'il ne faut jamais qu'on
puisse dire ; et voilà ce qu'en France on ne dira pas.

Sur l'utilité du Conservatoire de musique

Mesdemoiselles,
Messieurs,

Entre tous les devoirs de ma charge, celui que je remplis
aujourd'hui en venant vous distribuer vos récompenses est un
des plus agréables dont je puisse m'acquitter, et j'éprouve un
véritable plaisir à vous dire quel intérêt je porte de longue date à
l'art que vous pratiquez.

Cet art est un de ceux qui rencontrent le plus de faveur dans
notre pays. Nous nous piquons d'y exceller, et, en s'occupant de
vous, c'est une supériorité nationale que les pouvoirs publics
s'efforcent de maintenir. Ailleurs, nous avons dû parfois nous
mettre à l'école de l'étranger, et avant de devenir des maîtres,
nous avons longtemps été des élèves.

Le jour où s'interromprait la tradition qui, dans notre pays,
fait du théâtre une institution d'État, il y aurait une grave
erreur à déplorer, un symptôme dangereux à constater. On se
juge par certaines mesures que l'on prend, et une France dont
les chefs ne craindraient pas de se déclarer indifférents à un art
si français serait à plaindre. Soyez donc certains qu'ils ne s'inspi-
reront jamais d'une économie barbare pour attenter au charme, à
l'élégance, à la primauté de l'esprit français. Nous pouvons être
à la fois des Athéniens et des Spartiates ; nous ne serons jamais
des Béotiens.

Constater l'importance nationale de votre art, Mesdemoiselles
et Messieurs, c'est en même temps rappeler vos devoirs. Je suis
sûr que vous ne les méconnaissez pas ; mais, depuis qu'il y a des
présidents de distributions de prix et qui parlent, c'est une obligation pour eux de distribuer des conseils, pour les lauréats de
les écouter. Je me félicite de pouvoir donner aux miens la forme

de l'éloge et d'y joindre juste assez de réserves pour en relever la valeur, en vous montrant ma sincérité.

La critique s'occupe beaucoup du Conservatoire. Si elle n'est pas toujours tendre pour lui, elle prouve par cela même l'intérêt qu'elle lui porte ; lorsque cet intérêt se manifeste sous une forme un peu vive, vous devez encore vous en montrer reconnaissants. Je ne prétends pas que tout soit pour le mieux au Conservatoire ; il y a des améliorations à chercher ; mais elle est quelquefois en butte à des reproches qui ne me semblent pas très fondés.

A entendre vos censeurs, l'enseignement du Conservatoire serait incomplet et étroit ; il ne développerait point l'originalité ; il la tuerait quand elle existe ; il ne la ferait point naître quand elle n'existe pas.

Vraiment le premier de ces reproches a de quoi surprendre. Je ne sache pas de grande école qui ait autant de professeurs que celle-ci ; il n'en est pas où l'on trouve des maîtres d'une notoriété plus éclatante dans l'art qu'ils pratiquent, tout en l'enseignant.

Veut-on parler de la direction donnée à vos études ? Certes, on n'enseigne pas ici tout l'art du comédien : une existence entière suffit à peine pour s'en rendre maître ; on n'apprend pas à chacun de vous tous les opéras, tous les drames, toutes les comédies qu'il peut être appelé à jouer : après trente ans de pratique directe de la scène, vous n'aurez pas abordé tous les rôles de votre emploi. Mais, par l'étude patiente et minutieuse de quelques parties de chefs-d'œuvre, vous vous préparez à les saisir dans leur entier. Rien de plus stérile, à mon sens, que des courses hâtives à travers le domaine de l'art ; elles font passer l'élève à côté de beautés qu'il soupçonne à peine ; elles n'éveillent ni son goût, ni sa curiosité ; elles le lassent sans le former. Lorsque vous aurez bien compris et bien rendu une seule scène de Racine ou de Molière, lorsque vous serez maîtres d'une page de Mozart ou de Beethoven, vous aurez plus fait pour entrer en communion avec leur génie et les interpréter un jour dignement, qu'en apprenant à la hâte des milliers de mots ou de notes, pour les trahir en les traduisant.

Quant à l'originalité, laissez-moi vous dire qu'entre quinze et vingt ans tout ce que l'on peut briguer, c'est le titre de bon élève, et que nulle école ne saurait davantage tuer le talent que le faire naître. Sur les bancs, on doit viser à un seul but, qui est d'apprendre la grammaire, j'entends par là les éléments nécessaires de toute langue, de toute science, de tout art, c'est-à-dire les règles qui constituent la correction. Sans elles, il peut y avoir du génie, exception sur laquelle il est sage de ne pas trop compter; il n'y a pas de talent, chose plus commune, que le travail met à la portée de tous. Soyez d'abord des chanteurs, des comédiens, des musiciens instruits : vous aurez chance de devenir ensuite des artistes distingués.

C'est aussi une injustice que de vous reprocher l'imitation de vos maîtres. Dans tout art, l'apprentissage commence par l'imitation : l'enfant qui s'exerce inconsciemment à devenir un homme imite des millions et des millions d'enfants qui, tous, depuis que le monde est monde, ont fait un certain nombre de choses, toujours les mêmes; l'artiste qui débute doit repasser par le chemin que d'autres ont tracé avant lui. Voulût-il faire autrement, que la nature ne le permettrait pas. Lorsqu'il est parvenu au point où s'arrête l'expérience humaine, libre à lui de pousser plus loin et d'explorer les régions inconnues. Bien heureux même celui qui va jusqu'aux limites déjà fixées, et grâce auquel la génération dont il est n'envie pas celle qui l'a précédée.

La première, la plus indispensable étude pour vous, c'est celle de l'art classique. Se tenant à égale distance des extrêmes, réalisant un idéal de proportion, d'équilibre et de mesure, plus préoccupé de dissimuler sa puissance que de l'accuser, de frapper juste que de frapper fort, c'est lui qui donne le mieux ces leçons de grammaire dont je parlais tout à l'heure. Il est assez vaste pour que chacun y trouve son domaine, assez divers pour servir d'exercice à toutes les aptitudes, assez accessible ou assez élevé pour suffire à tous les degrés de talent naturel. Écoutez donc les maîtres qui vous conseillent de lui demander l'éducation que lui seul peut donner. Certes, il faut être de son temps et ne pas trop résister à ce penchant qui nous porte à préférer dans l'art ce qui nous représente les hommes d'aujourd'hui. Mais le plus sûr moyen d'être de son temps, c'est encore de comprendre le passé et d'en accepter la tradition. De combien d'écueils cela préserve ! De quelles prétentions cela nous épargne le ridicule !

Entre toutes les qualités que donne la pratique de l'art classique, il en est une que je vous recommande particulièrement, c'est la diction : je m'adresse aux artistes lyriques aussi bien qu'aux artistes dramatiques : il y a une diction du chant comme une diction de la parole. Dans l'école classique, en effet, c'est à l'expression que l'art demande le plus. On a spirituellement défini les tragédies et les comédies du répertoire : « Des conversations sous un lustre ». C'est qu'autrefois on attendait peu du mouvement et des moyens matériels : les passions s'exprimaient par l'analyse psychologique et ne pouvaient employer que la parole. Il fallait donc, pour traduire le poète, tirer tout de lui et de soi-même, ne rien attendre du décorateur, du costumier ou du metteur en scène. Et comme le poète parlait simple et large, comme il visait avant tout à la vérité, il fallait faire comme lui, c'est-à-dire s'élever à force d'art jusqu'à la nature. Le théâtre met aujourd'hui à la disposition de l'acteur des ressources et des procédés plus commodes. En attendant que vous les employiez vous-mêmes, pliez-vous ici à la diction des chefs-d'œuvre. Si vous parvenez à vous en rendre maîtres, quelque direction que vous preniez plus tard, quelque branche de l'art que vous abordiez, cette forte éducation vous donnera une supériorité dont le public ne manquera pas de subir l'effet. Vous entendrez dire parfois qu'un bon tailleur ou une habile couturière peuvent suppléer à une diction mal dégrossie ; n'en croyez rien. Soyez assez fiers pour mettre ce que vous tirerez de vous-mêmes avant les secours qui n'ont aucun prix artistique, puisqu'il suffit d'un peu d'argent pour les acheter. Il n'est pas de robe si merveilleuse qui vaille une intonation naturelle.

Messieurs, les temps sont toujours favorables à l'art français. L'État et les particuliers rivalisent pour lui témoigner leurs sympathies. Le public suit avec faveur toutes ses tentatives, et montre son éclectisme en se portant avec empressement à tout ce qui lui est offert d'intéressant.

Persévérez donc avec confiance, jeunes gens, dans la carrière que vous avez entreprise. Cette carrière est difficile et hasardeuse; même dans un jour de fête et de victoire, je dois vous rappeler que de nombreux déboires vous y attendent; mais vous les supporterez vaillamment, si vous avez de votre art la haute idée qu'il mérite.

Il dépend de vous d'élever ou d'abaisser votre profession. Je vous plaindrais si vous la preniez par les petits côtés, et si vous étiez uniquement sensibles aux satisfactions de vanité ou de gain, à la liberté d'existence qu'elle procure. Prenez exemple sur ceux de vos maîtres qui l'ont honorée en s'honorant eux-mêmes.

Sur l'enseignement du dessin.

Mesdames, Mesdemoiselles, Messieurs,

On ne pouvait me faire un honneur auquel je fusse plus sensible, que de m'appeler à présider cette belle et touchante solennité.

Pour témoigner toute la vivacité de ma reconnaissance, je pourrais être tenté de prononcer ici ce qu'on est convenu d'appeler un long et substantiel discours. Rassurez-vous. J'ai remarqué que les discours longs et substantiels sont mal à leur place en de pareilles occasions. S'ils sont généralement périlleux pour ceux qui les prononcent, plus souvent encore ils sont ennuyeux pour ceux qui sont obligés de les subir.

Il y aurait mauvaise grâce, du reste, Mesdemoiselles, à retarder l'instant décisif après lequel vous aspirez avec une légitime impatience. Ce n'est pas quand, après une année de travail incessant et d'études sévères, vous êtes enfin parvenues au moment si ardemment souhaité où vous allez recevoir la juste récompense

de vos efforts, que je voudrais différer la satisfaction qui vous est
due. Il faudrait pour cela n'avoir point visité l'exposition de vos
œuvres, n'avoir pas compris ce qu'elles représentent d'assiduité,
d'application et de persistante volonté. Il faudrait n'avoir point
été touché par cet édifiant spectacle, qui vous vaut, en ce jour,
la présence dans cette enceinte de personnes dont la haute bienveillance est pour vous un grand honneur et pour votre institution un gage de prospérité certaine.

Touché, je l'ai été autant que qui que ce soit. J'ai contemplé
avec une émotion bien douce ces ouvrages où le talent naissant
se manifeste d'une façon saisissante. Grâce à l'empressement obli-
geant de cette directrice éminente que vous entourez d'affection
et de respect, j'ai pu aussi feuilleter vos cahiers d'étude, et je
n'ai pas su me défendre d'une certaine surprise mêlée, je l'avoue,
d'un peu d'admiration.

Pour bien me persuader que c'était là l'ouvrage de simples
étudiantes — laissez-moi vous donner ce titre — il m'a fallu me
souvenir que, dans le domaine de l'art, vous avez largement de
qui tenir. Les femmes artistes, en effet, ont été de tout temps
plus nombreuses en France que partout ailleurs.

Que l'Italie s'enorgueillisse de sa Rosalba Carriera, la Hollande
de Marguerite Haverman, l'Allemagne d'Angelica Kauffmann,
cela est de toute justice ; mais à ces noms illustres nous pouvons
en opposer d'autres qui les valent amplement : ceux de Sophie
Chéron, de Madeleine Basseporte, de Mme Vigée Le Brun, de
Mme Herbelin, de Mme de Mirbel, ont eu à leur heure un retentis-
sement européen, et si l'on voulait grossir la liste, la chose serait
assurément facile ; on pourrait citer les noms de Catherine Du-
chemin, des sœurs Boulogne, de Catherine Perrot, de Dorothée
Masse, d'Anne Strezor, de Thérèse Reboul et de quelques autres
encore, dont les œuvres sont assez mal connues de notre époque,
mais qui furent assurément des artistes d'un rare mérite : car
l'Académie des beaux-arts, alors moins exclusive que de nos
jours, ou peut-être simplement plus juste, leur ouvrit ses portes
et les admit dans son sein.

En ces temps lointains, Mesdemoiselles, le mot *académicienne* était très français. Mais s'il ne l'est plus autant, il ne faudrait pas en conclure que le talent ait faibli, ni que les femmes de nos jours tiennent, dans le monde des arts, une place moins élevée. Je pourrais citer tel nom, qui n'appartient pas encore à l'histoire, mais qui est sur toutes vos lèvres : celui de Rosa Bonheur, et affirmer, sans crainte d'être démenti, que la postérité considérera son admirable talent comme une des gloires de votre sexe et l'honneur de notre temps.

Vous voyez bien, Mesdemoiselles, que ce serait presque dégénérer que de ne pas déployer dans vos études cette intelligence, ce goût dont vous nous donnez tant de preuves, et cela d'autant plus qu'à côté de ces femmes artistes, de ces académiciennes, dont je viens de rappeler les noms, on ne peut presque pas citer chez nous de femme vraiment illustre qui n'ait montré pour les arts du dessin un goût inné et des aptitudes remarquables.

Il ne nous est pas permis d'oublier, en effet, que Mme de Rambouillet fut, en son temps, un architecte accompli, que Mme de Schomberg dessina les jardins de Liancourt, regardés par Fléchier comme les plus beaux de France après ceux de Saint-Cloud ; que Mlle de Montpensier, cette insurgée fameuse, restaura elle-même Saint-Fargeau, et Mme de Sévigné son manoir des Rochers ; que Mme de Coulanges dessina des bijoux exquis et Mme de Lafayette des écrans superbes, et que, enfin, Mme de Maintenon dirigea, à Saint-Cyr, un atelier de broderie où fut créé le point qui porte le nom de cette fameuse maison.

Certes, Mesdemoiselles, il serait imprudent, après ces éclatants exemples, de nier que vous ayez de qui tenir. Vous avez reçu par voie d'héritage une somme considérable de dons précieux, enviables, enviés ; cela est indiscutable. Mais il faut bien reconnaître aussi que ces dons n'auraient pas suffi à vous faire produire toutes ces œuvres fortes et sérieuses que nous avons tous admirées, si une éducation supérieurement conduite n'était venue développer ces qualités natives, que je pourrais appeler des qualités nationales.

Or cette éducation supérieure, cette culture élevée, sont des choses toutes modernes. On n'eût pas songé, il y a cent ans, à enseigner à des jeunes filles toutes les branches des arts du dessin, qu'on rangeait alors parmi les arts d'agrément, et que l'archevêque de Cambrai avait ironiquement appelés les arts superflus.

C'est là une grande réforme réalisée, un grand progrès accompli. L'art, tel qu'on l'enseigne aujourd'hui, n'a assurément rien perdu de son agrément, mais il est devenu en outre profondément utile. L'éducation que vous recevez n'a plus pour but unique de vous aider à charmer vos loisirs. Elle vaut mieux que cela, elle vous assure l'indépendance. Elle vous assigne dans la société un rang auquel la femme pouvait autrefois trop rarement prétendre, et il vous est permis désormais de relever haut la tête et de regarder fièrement devant vous : car vous avez la possibilité de vous suffire. C'est là ce qui constitue votre grande supériorité sur vos devancières. La femme de l'ancien régime demandait chaque matin pieusement à Dieu son pain quotidien ; celle de nos jours peut le demander vaillamment au travail.

Ce qu'il ne faut pas craindre de répéter, en effet, c'est que l'éducation de la femme n'est pas seulement aujourd'hui plus forte, plus solide, plus large dans ses applications, plus féconde dans ses principes : elle est surtout émancipatrice. Au sortir de cette salle, un certain nombre d'entre vous vont rentrer dans leurs familles, dans la société, dans le monde, et là vous pourrez librement mettre à profit toutes les connaissances que vous avez acquises. — Autrefois, il n'en eût pas été ainsi.

Le monde était hiérarchisé, la société enrégimentée, et les corporations, avec leurs statuts inflexibles, leurs règlements étroits, leurs privilèges abusifs, seraient venues mettre obstacle au libre exercice d'une profession longuement apprise. A la pratique indépendante de votre art elles auraient opposé l'apprentissage servile, les examens pénibles passés devant des juges prévenus, et toutes ces difficultés de fond et de forme qu'elles suscitaient aux candidats, bien moins pour maintenir le niveau de la main-d'œuvre que pour décourager le talent naissant et prévenir des concurrences fâcheuses.

Et ajoutons que ce n'est pas seulement par ces côtés matériels que l'éducation contemporaine s'est faite émancipatrice. Elle a aussi dans le domaine de l'art émancipé l'intelligence.

Un grand écrivain du dix-septième siècle, qui, aux heures de sa jeunesse, s'est heureusement occupé de l'éducation des filles, et qui plus tard fut chargée de celle du duc de Bourgogne, Fénelon, dans un livre que vous connaissez toutes, a caressé ce rêve invraisemblable d'un État modèle où chacun était satisfait de son sort. Ce contentement universel, les habitants de ce royaume utopique le trouvaient dans la pratique d'un art, dans l'exercice d'une profession, toujours la même, à laquelle on était prédestiné de père en fils, et dont personne ne songeait à s'affranchir. Ce rêve, Mesdemoiselles, vous êtes bien près de le réaliser, au moins en partie.

Il n'est pas, en effet, de professions au monde qui soient plus attrayantes que celles auxquelles l'enseignement de l'*École de dessin* vous a préparées. Pourquoi cela ? Parce que les maîtres distingués qui vous ont prodigué leurs leçons ne vous ont pas appris seulement la technique d'un métier, mais vous ont dévoilé les secrets d'un art ; parce qu'ils ne se sont pas bornés à vous enseigner à reproduire ce que vous voyez, mais encore à bien voir ce que vous voulez reproduire.

Voir ! tel est, en effet, le point capital dans les arts du dessin. Voir ! Il faut entendre un de nos maîtres français, peut-être le plus parfait en son genre, Chardin, se plaindre amèrement à Diderot de ce que l'enseignement de son temps n'apprenait pas au peintre à voir et à comprendre ce qu'il voyait. « C'est là, s'écriait-il, le supplice de notre vie ! »

Ce supplice n'est plus fait pour vous ! En sortant de l'*École*, vous possédez ce bien enviable entre tous, qu'un grand orateur de l'antiquité appelait des « yeux instruits ». Grâce à cette instruction, tout spectacle va devenir pour vous un sujet d'étude, et par conséquent une source de distraction et de plaisir. L'harmonie des lignes, la pondération des masses, le gracieux entrelacement des contours, le contraste heureux de deux tons, l'association imprévue de deux nuances, seront pour vous l'objet de remarques ingénieuses et l'occasion de rapprochements instructifs. Désormais l'ennui, ce mal des sociétés vieillies, sera banni de votre existence, et le travail, après avoir été votre meilleur compagnon aux heures de féconde activité, restera votre grand consolateur dans les jours d'amertume.

Voilà, Mesdemoiselles, ce qu'ont produit nos institutions modernes, voilà aussi ce dont vous êtes redevables à vos excellents et dévoués professeurs. Vous m'en auriez assurément voulu de ne pas rendre aux unes la justice qui leur est due, et de ne pas témoigner aux autres la reconnaissance que vous conservez de leur dévouement et de leurs soins. Croyez bien que je suis également leur interprète en vous remerciant de votre assiduité et de votre zèle.

Autre

Mesdames, Mesdemoiselles, Messieurs,

L'étude de l'art, dans ce qu'elle a d'élémentaire et par conséquent d'essentiellement soumis à des règles fixes, mathématiques en quelque sorte, a été débarrassée du fatras parasite et des difficultés inutiles qui l'embrouillaient. On en a éclairci et précisé ce qu'on pourrait appeler la partie grammaticale, on en a restauré les vraies conditions ; en un mot, on a subsistué partout l'action du raisonnement et les recherches sincères aux habitudes routinières ou aux tours d'adresse de la main.

Qui ne se rappelle les étranges conventions auxquelles, il n'y a pas beaucoup d'années encore, on attribuait force de loi dans la plupart de nos écoles? Il semblait le plus souvent qu'on n'entendît exiger des élèves que la dose de patience nécessaire pour s'initier aux mystères de la hachure, de l'estompage ou du pointillé. De là, chez les victimes de ce triste régime, le dégoût,

ou tout au moins l'ennui pendant les années d'étude, et, en fin
de compte, quelque chose de pire que l'ignorance, un jugement
faussé, une incapacité complète, même chez les plus habiles, de
concevoir et de rendre directement le vrai. Si l'on eût demandé
alors à l'élève réputé le plus fort en dessin de son lycée ou même
de son école spéciale, à celui qui aurait remporté tous les prix,
si on lui eût demandé de copier, non plus un modèle dédié à la
gloire du « crayon manié », mais un objet réel, — si peu com-
pliquées qu'en fussent les formes, — il se fût trouvé, en face de
ces formes, muettes pour lui par cela seul qu'elles n'avaient pas
été au préalable calligraphiquement traduites, aussi dépourvu,
aussi empêché, qu'il se sentait naguère sûr de la réussite là où
il n'avait à s'approprier que l'éloquence mensongère ou les bavar-
dages du procédé.

Rien de semblable maintenant. Contrairement à l'ancien
usage, on a pensé qu'il convenait de faire précéder l'éducation de
la main par l'éducation de l'esprit et du regard ; on s'est arrêté à
un mode d'enseignement qui habitue les jeunes intelligences à se
rendre compte de la signification propre, de la raison d'être des
formes à reproduire, et c'est pourquoi on a jugé indispensable
pour les élèves de commencer par le dessin linéaire ou géomé-
trique. Mais, quelque large part qu'on ait cru devoir faire à ces
exercices de début, on n'a nullement prétendu, — ai-je besoin de le
dire ? — amoindrir, encore moins supprimer, dans les œuvres à
venir, la part si légitime de l'imagination personnelle, du goût,
de la façon particulière à chacun de sentir et d'interpréter les
choses. On a voulu, au contraire, faciliter l'essor du talent, en le
munissant à l'avance de ce qui peut le mieux le préserver des
imprudences ou des incertitudes, en le persuadant une fois pour
toutes de cette essentielle vérité : que l'art de représenter la forme
humaine, de figurer un objet quelconque, de grouper des ornements même imaginaires, repose sur une science exacte à laquelle,
si bien inspiré qu'il se croie ou si original en réalité qu'il soit,
aucun artiste n'a le droit de se soustraire.

Vos travaux, Mesdemoiselles, suffiraient pour démontrer aux

regards les plus prévenus les avantages de cette conciliation entre l'élément scientifique et le sentiment individuel, entre les exigences de la syntaxe pittoresque et les libertés de l'invention. Les têtes ou les académies dessinées par vous, d'après le plâtre ou d'après la nature, vos compositions, sur des programmes donnés, pour la décoration d'un vase ou d'une étoffe, d'un éventail ou d'un écran, d'une bande de dentelle ou de tapisserie, vos essais de modelage ou de gravure, vos dessins de myologie exécutés de mémoire, tout se ressent de ce fonds d'études solides et rationnelles. Le tout a encore un autre mérite, et un grand mérite à mes yeux. J'y trouve les témoignages, sans équivoque, de la volonté, chez chacune de vous, de ne rien emprunter aux exemples qui l'avoisinent, et, quelque inégalité dans la valeur des œuvres qui puisse en résulter, de faire, à ses propres risques, acte d'indépendance et de franchise.

Or. pour les femmes, — et je pourrais à tout aussi bon droit ajouter pour les hommes, si j'avais ici à les mettre en cause, — il en est des ressources à tirer de soi dans le domaine de l'art comme des luttes intérieures à soutenir dans l'ordre moral ou des inspirations à trouver en face des difficultés ou des tentations. Il faut en toute circonstance, à toute heure, se consulter sincèrement, honnêtement, et se fier, sous le regard de Dieu, aux fermes avis de la conscience, de préférence aux suggestions, si séduisantes qu'elles soient, de l'esprit; il faut en un mot sentir de bonne foi et agir en conséquence. La bonne foi : telle est, Mesdemoiselles, la plus indispensable de vos vertus d'artiste; telle est aussi la meilleure politique à suivre dans la conduite de la vie, la garantie la plus sûre contre les embarras ou les périls. Une femme qui n'a que du cœur peut suffire à tout et se tirer à son honneur de toutes les épreuves : une femme qui n'a que de l'esprit peut, dans bien des cas, n'être pas bonne à grand'chose. De même, en matière d'invention pittoresque ou d'imitation de la nature, celle qui n'aurait que de l'adresse serait en réalité mal pourvue; il lui manquerait le principal. Le principal, le nécessaire est de savoir aimer ce qui est beau, ce qui est bon, d'un amour

intraitable, de rechercher ingénûment le vrai, et, une fois
reconnu, de l'aborder sans fausse honte, de le traduire sans cir-
conlocutions.

Pardonnez-moi de répéter ici des vérités qui, je le sais,
ressemblent fort à des lieux communs ; mais, banales ou non,
elles n'en sont pas moins après tout des vérités, et à ce titre,
elles ne laisseront pas d'excuser, sinon de justifier mes redites.
Et d'ailleurs, puisque me voilà engagé dans cette voie, pourquoi
ne pousserais-je pas le courage de la banalité jusqu'au bout, et ne
me hasarderais-je pas à ajouter un dernier avertissement, aussi
peu imprévu peut-être et, je l'espère, aussi superflu, à ceux que
je vous adressais tout à l'heure ?

L'année scolaire qui vient de s'écouler a été pour bon nombre
d'entre vous, Mesdemoiselles, féconde en succès importants. A la
suite des examens de la ville de Paris, pour le brevet de professeur de dessin dans les écoles communales, examens auxquels
trois cent cinquante aspirantes s'étaient présentées, six élèves
sorties de vos classes ont été comprises, — et elles figurent
dans les premiers rangs, — parmi les dix-neuf que l'on a jugées
dignes de recevoir le diplôme ; dans le concours ouvert par
l'Union centrale pour la composition d'un vase, c'est une de vous
qui a remporté le premier prix ; enfin, lors de l'exposition universelle qui a eu lieu récemment à la Nouvelle-Orléans, un diplôme
d'honneur a été accordé à votre école pour l'ensemble des travaux
qu'elle avait envoyés.

Certes, voilà des résultats hautement significatifs, des témoignages concluants du profit que vous avez su tirer de vos années
d'étude et de l'expérience que vous avez acquise. S'ensuit-il
toutefois que vous n'ayez plus qu'à vous glorifier de ces preuves
faites, qu'à en exploiter désormais le souvenir, sans songer à vous
créer de nouveaux titres, sans pousser plus loin vos efforts ?
Plus que jamais au contraire vous êtes tenues de vous efforcer, et
j'oserai ajouter d'être modestes, par cela même que vous avez
déjà mieux réussi. Tout bon esprit doit voir dans les progrès
accomplis bien moins l'occasion d'une satisfaction actuelle qu'un

engagement pour l'avenir, et incliner d'autant plus naturellement à l'humilité qu'il sent plus vivement ce qui lui manque encore et ce que l'art ou la science exigent de lui.

« Il est advenu aux gens véritablement savants, dit excellemment Montaigne, ce qui est advenu aux épis de blé. Ils vont s'élevant et se haussant, la tête droite et fière, tant qu'ils sont vides ; mais quand ils sont pleins et grossis de grains en leur maturité, ils commencent à s'humilier et à baisser les cornes. » Permettez-moi de recommander ces judicieuses paroles à vos méditations et d'en faire dès à présent l'application à vous-mêmes, puisque vous aussi vous êtes devenues ou en train de devenir, comme disait Montaigne, « véritablement savants ».

En tout cas, et c'est là seulement ce que je voulais indiquer, il sera digne de vous, Mesdemoiselles, de n'exagérer ni vos privilèges ni vos droits, et, — souffrez que je vous y invite de nouveau, — de porter modestement vos succès, présents ou à venir, quelque légitimes qu'ils soient. Pour nous qui, à l'heure où nous sommes, ne nous trouvons pas astreints personnellement à la même réserve, nous pouvons bien nous enorgueillir de vous sans scrupule et vous féliciter ouvertement. C'est ce que je fais, quant à moi, de grand cœur. Tout en attribuant la part qui leur revient, dans les récompenses que vous avez obtenues comme dans celles qui vont vous être décernées, à votre respectable et si unanimement respectée directrice, à vos habiles et zélés professeurs, je m'estime heureux d'avoir à vous déclarer en face que vous avez bien rempli votre tâche et dignement soutenu l'honneur de votre chère maison.

Sur le rôle de la philosophie dans l'éducation

Jeunes élèves,

Parmi les études auxquelles vous vous livrez avec une ardeur dont témoignent vos succès, il en est qu'on ne cesse guère d'attaquer. Entre toutes, la philosophie est particulièrement menacée.

Notons d'abord que la philosophie ne paraît nullement disposée à mourir de sa belle mort. On entend assez souvent de nos jours s'élever, du sein même de l'Université, des voix éplorées qui se lamentent sur la décadence des études. Il convient, j'imagine, d'interpréter ces doléances en se souvenant que le pessimisme est un des fléaux de notre âge. Quoi qu'il en soit, l'optimisme règne dans les classes de philosophie. Les maîtres ont la joie d'y constater l'ardeur au travail, la bonne envie d'apprendre ; et la philosophie qu'on veut bannir de nos établissements où, dit-on, elle ne peut vivre, s'obstine à s'y bien porter.

Mais, je le reconnais, l'attrait qu'a pour vous cette étude ne suffirait pas à la protéger. C'est par le profit net que le sort s'en doit décider. Notre époque est utilitaire ; elle a des raisons majeures de l'être. Qu'on exclue donc de l'enseignement secondaire toute connaissance de luxe ; qu'on y donne tout à l'utile : rien de mieux, pourvu qu'on veuille bien reconnaître que, dans toute société, et surtout en des temps difficiles comme ceux que nous traversons, l'utilité des utilités, la richesse des richesses, et, comme dit Bacon, l'instrument des instruments, c'est l'homme même. — A ce titre, fait de droit partie de l'enseignement secondaire toute étude qui, par son action sur les principes de la pensée et du sentiment, se convertit, si je puis dire, en puissance d'action, en vive force intellectuelle ou morale.

Or, la philosophie est appelée à rendre à la jeunesse ce double service : elle est un principe de force intellectuelle, parce qu'elle complète et couronne les études scientifiques ; elle est un principe de force morale, parce qu'elle complète et couronne les humanités.

La philosophie collabore avec les études scientifiques, en ce sens tout d'abord qu'elle fait mieux comprendre la science, et la fait davantage estimer. Ce qu'on enseigne dans les classes de sciences ce sont les vérités découvertes ; ce qu'on est presque forcé de passer sous silence, c'est le long travail de la découverte elle-même. Au contraire, les programmes de philosophie imposent l'étude des méthodes, c'est-à-dire des moyens de la découverte.

Or, ces méthodes ce n'est certes pas le logicien qui les invente : il les observe en actes dans les recherches mêmes des savants, et il a parfois la bonne fortune d'en rencontrer la description faite de main d'ouvrier, dans les commentaires dont ils ont entouré leurs travaux. Ainsi, sur certains points choisis, au moyen d'exemples éclatants, il fait l'histoire même de la science, et, avec l'aide de ceux qui l'ont créée, il en dégage l'esprit qui éclaire tout.

En même temps, la science, associée à l'idée des efforts qu'elle a coûtés, apparaît plus belle et plus digne de respect. Il est des vérités scientifiques, dit Descartes, qui sont des batailles gagnées ; il en est, dit Newton, qui sont des chefs-d'œuvre de patience ; il en est, nous en avons vu récemment éclore parmi nous, qui, nées d'un ardent désir d'arracher l'homme à la souffrance et à la mort, semblent à la fois des triomphes du génie et des miracles de la bonté. — C'est faire le plus grand tort aux découvertes scientifiques que de les détacher de leurs origines et de ne voir en elles que la seule vérité. Il faut leur conserver toute leur gloire, ne rien laisser perdre de leur vertu. C'est l'effet de la philosophie des sciences. De ces découvertes, avec tous les savants, elle fait sortir des règles pour la conduite de l'esprit ; mais elle en peut dégager bien d'autres leçons : avec Kepler, des leçons d'indomptable persévérance ; avec Newton, des leçons de candide respect de la vérité ; avec Archimède, des leçons de patriotisme ; avec Pasteur, des leçons d'humanité.

Mais la philosophie est elle-même une science particulière, et elle a son action propre sur la pensée. Les sciences physiques et mathématiques, avec leurs procédés de mesure exacte et de rigoureuse démonstration, ont cet avantage inestimable de fournir des types absolus de clarté, de précision, de conséquence. Elles donnent le sentiment de la différence qui sépare ce qui est prouvé de ce qui ne l'est pas, sentiment que si peu d'hommes possèdent, et qui est pourtant le cran de sûreté de la pensée, indispensable pour la défendre des laisser aller du jugement et des vertiges de la croyance. — Mais les plus illustres savants eux-mêmes ont signalé le danger d'une telle discipline. Comme l'œil saturé de lumière se trouve aveuglé pour le demi-jour, ainsi les sciences physiques ou mathématiques, en saturant l'esprit de cette évidence que Pascal ose appeler grossière, émoussent la délicatesse de sa vision pour les vraisemblances et les probabilités. Or, le dommage n'est pas petit ; car le monde où nous vivons est bien loin d'être clair comme de l'algèbre. Dans la pratique de la vie, dans les relations si complexes des hommes entre eux, bien rare est la lumière ! Trop heureux le commerçant, trop heureux le juge, trop heureux le médecin, trop heureux surtout le politique, s'ils voyaient toujours clair en leurs affaires ! On est donc contraint, tout en gardant en soi un haut idéal d'évidence et de preuve, d'en rabattre dans la pratique. — Faudra-t-il donc aller au hasard ? — Non, certes ! Mais on doit affiner en soi le tact des vérités fuyantes, s'initier à cet ordre de recherches que Bacon qualifie si heureusement de *nocturnes*, s'exercer à recueillir les plus pâles lueurs, à tirer parti des moindres indices, à distinguer dans l'incertain même des nuances et des degrés ; on doit, en un mot, apprendre ce grand art de conjecturer que d'Alembert et Leibniz déclarent avec raison plus important que l'art même de la démonstration et de la découverte, parce que, en effet, tout l'art de vivre y est contenu.

Or, les initiatrices de ce grand art, ce sont les sciences morales, et particulièrement la philosophie, à qui ses adversaires ne reprochent point, que je sache, d'offusquer les esprits par trop de clarté.

Mais qu'on n'aille point, d'autre part, lui reprocher d'enfoncer les esprits dans l'obscur, à l'exemple de cet aveugle dont parle Descartes, qui, pour se battre sans désavantage contre un qui voit, l'entraîne dans une cave. Tout compte fait, et si l'on met à part les questions métaphysiques qui, les dernières par nature, sont aussi les dernières dans nos programmes, la philosophie, en dépit du préjugé contraire, est plus à la portée des jeunes esprits qu'aucune autre science morale. Socrate le savait bien, qui croyait pouvoir faire de la philosophie, et de la plus haute, avec le premier venu. C'est qu'en effet le principal objet des recherches philosophiques, c'est la connaissance de l'homme. Or, tous les principes de cette connaissance sont par avance entre les mains de chacun. De tous les faits dont le professeur de philosophie parle à ses élèves, pas un qui ne leur soit déjà connu, dont il ne fassent en eux-mêmes, à chaque instant, l'expérience, dont ils n'aient trouvé cent fois l'expression dans les auteurs qu'ils ont lus. L'enseignement de la philosophie ne débute donc pas en jetant l'écolier dans un monde inconnu ; il le place au contraire sur son terrain le plus familier ; il prend pour base une science qui lui est acquise, cette psychologie naturelle commune à tous et qu'il vise seulement à transformer, par des analyses exactes, qui aboutissent à préciser, à classer, à définir, en une psychologie vraiment scientifique.

Comme l'élève a déjà l'expérience des faits dont on lui parle, il possède aussi dans ces mêmes faits, qu'il peut à volonté remettre sous son regard, un moyen de contrôle perpétuel. Rien de pareil dans les autres enseignements. L'histoire fournit sans doute une indispensable instruction ; de plus, comme moyen d'éducation morale et civique, elle est hors de pair. Il s'en faut qu'elle ait autant de vertu pour l'éducation intellectuelle. On enseigne à l'élève des faits historiques : peut-il vérifier s'ils sont matériellement exacts ou exactement décrits ? On lui en donne l'explication : peut-il la contrôler ? Il n'éprouve même pas le besoin de la contrôler, car les explications qu'on lui propose s'adaptent naturellement aux faits tels qu'on les lui présente. On peut presque dire que le professeur d'histoire fait sa classe à lui tout seul. Il parle ; les mémoires enregistrent ; s'il n'y prend garde, les esprits restent passifs. — La classe de philosophie se fait par l'incessante colloboration du disciple avec le maître. Seul, le professeur de philosophie a ce privilège de pouvoir, en tout sujet, recourir à la méthode socratique d'interrogation, qui donne à l'élève la joie de découvrir ce qu'on voulait lui enseigner. Seul, il provoque le doute et l'examen ; seul, il soulève l'objection, qui prouve à la fois l'action de l'enseignement sur l'esprit et la libre réaction de l'esprit sur l'enseignement. Là se fait le premier essai d'indépendance du jugement. On discute de tout en ce monde : c'est dans la classe de philosophie que les écoliers, qui jusqu'alors ne connaissaient guère que la dispute, s'initient à l'art de discuter. Tout cela c'est la pensée en action, c'est la vie intellectuelle ! S'il existait un dynamomètre de l'esprit, on constaterait sans nul doute, que c'est dans les exercices de la version et du discours, dans l'étude de la géométrie et dans celle de la philosophie, que les élèves fournissent la plus grande somme de travail intellectuel. Si donc le proverbe est vrai qu'en forgeant on devient forgeron, comment se priver du secours de l'un quelconque de ces merveilleux outils à forger les intelligences ?

Mais l'influence de la philosophie ne s'arrête pas à l'intelligence. C'est avec l'âme tout entière, suivant Platon, qu'il faut philosopher ; c'est l'âme tout entière que la philosophie, s'associant aux humanités, doit élever et agrandir.

Notre siècle, a-t-on dit, est le siècle de la science et de l'industrie ; mais jusqu'à ce jour les lettres, les arts, l'histoire, la philosophie, n'ont point manqué à sa gloire. Ce peut être un grand siècle, s'il ne s'achève pas en siècle de fer. Condamnés par l'inexorable concurrence vitale à un mode de penser de plus en plus utilitaire et positif, veillons à ne pas laisser prescrire les droits de l'idéal. Là est la tâche sacrée de la philosophie. Entretenir cette petite flamme en ramenant sans cesse sous le regard de l'homme ces hautes questions sur sa nature, sa destinée, sur la société, sur le monde, qui, alors même qu'on manque à les résoudre, laissent plus grands l'esprit et le cœur qui les ont posées, voilà son œuvre dans le passé : le présent n'est pas tel qu'il puisse l'en dispenser. En y travaillant, elle n'empêche pas seulement de s'éteindre le foyer des arts, de la poésie et de l'éloquence ; elle empêche surtout la nature humaine de se rapetisser et de s'amoindrir.

Ce n'est pas, en effet, le plus signalé service de l'idéal d'avoir enfanté toutes les grandes œuvres ; il a fait grand, tout d'abord, l'homme même qui les a créées. On prétend que nous avons acquis progressivement nos facultés, nos sentiments, nos instincts. S'il en est ainsi, les plus grandes dates de l'histoire nous sont inconnues. Mémorable entre toutes fut celle de la première conception de l'idéal, par laquelle fut fait l'homme! Du jour où, projetée des plus secrètes profondeurs de son âme, la vision de l'idéal, faite de ses aspirations vers le bonheur, la vérité et la justice, se dressa sous son regard, une ère nouvelle s'ouvrit et la vie vraiment humaine commença, avec ses misères et ses grandeurs, ses chutes et ses élans, ses mortels abattements et ses invincibles espérances.

De ce jour-là aussi, la nature humaine elle-même s'est transfigurée sous l'action de cet idéal ardemment et infatigablement contemplé. Toutes nos puissances en ont subi comme une dilatation prodigieuse. Je ne sais quoi de profond et d'illimité se mêlant dès lors à nos affections, à nos douleurs, à nos joies, leur a communiqué une solennité, une poésie inexprimables. Essayez, si vous le pouvez, de mesurer le patriotisme de Jeanne d'Arc! Définissez la charité de saint Vincent de Paul! Sondez les profondeurs des tristesses humaines! Un enfant naît; l'amour maternel s'en saisit : comparez cet amour avec cet objet tel que peut l'envisager l'œil froid d'un naturaliste. Quelle étrange disproportion! Mais l'amour maternel est un grand poète, et, comme le poète, dans la vue d'un enfant il a la vision d'un ange :

> Tête sacrée ; enfant aux cheveux blonds, bel ange
> A l'auréole d'or !

Si l'idéal, bien plus que le réel, ne les expliquait, tous nos sentiments pour la famille, pour la patrie, pour l'humanité, tels qu'ils sont, seraient monstrueux.

Aussi, de bons esprits se récrient : « Ta cruche s'est cassée, ta femme et ton fils sont morts, dit le sage Épictète, eh bien! ce sont des accidents naturels ! » Voilà nos sentiments ramenés à leur juste mesure. — Mais un jour une jeune femme disparaît dans les flots, et du cœur d'un poète ivre d'infini — ce sont aussi les vrais cœurs de pères — jaillit l'immortel sanglot des *Contemplations* : voilà nos sentiments tels que l'idéal les a faits !

C'est de l'homme ainsi exalté au-dessus de lui-même que sortent les grandes acti ns, les grandes œuvres, toutes les gloires de la vie. « L'art, dit Bacon, c'est l'homme ajoutant son âme à la nature. » Admirable définition ! Mais l'art ne serait pas si grand, si tout d'abord à son âme même l'homme n'avait ajouté l'infini.

Ce qui s'est acquis peut se perdre. La question est donc de savoir si, tout entiers à l'exploitation du réel, nous laisserons s'atrophier en nous, faute de culture, cette faculté de l'idéal qui, de même que la graine impalpable représente l'arbre passé et l'arbre à venir, représente en nous les fleurs et les fruits de l'humanité passée, la sève de l'humanité future. Il faut choisir : la vie humaine ne peut être que sublime ou pitoyable. Découronnée de tout idéal, on la voit fatalement aboutir, dit Stuart Mill, le plus grand des utilitaires, à je ne sais quoi de vide et de nul qui ne mérite pas qu'on y tienne. Il s'agit donc de savoir si l'on veut ouvrir l'ère de l'universelle vulgarité et de l'uniforme platitude ; si l'on doit envisager de sang-froid la venue de jours où l'on se dirait des plus nobles actions d'un passé héroïque irrévocablement clos : Quelle folie ! — où l'on se demanderait des plus belles créations du génie humain, du Prométhée d'Eschyle, des Prophètes de Michel-Ange, des Pensées de Pascal, des Symphonies de Beethoven, des Harmonies de Lamartine, toutes choses devenues à jamais lettre morte : Qu'est-ce que cela prouve ?

Nos pertes s'étendraient plus loin encore. Par cette mise en interdit des problèmes moraux, c'est peut-être la base même de notre ordre social qui se trouverait menacée. Aucun État, monarchique, aristocratique ou démocratique, n'a jamais subsisté sans l'existence d'un principe reconnu de tous, qui, résumant en soi l'idéal national, servît à tous, comme le drapeau aux soldats, de centre de ralliement. Or, dans notre pays, après tant de changements, on ne voit plus, ce semble, pour jouer ce rôle auguste, qu'une idée : l'idée du droit. Traduite, il y a bientôt cent ans, en une charte mémorable dont tous les partis, depuis lors, se sont réclamés, seule cette idée peut devenir, en dehors et au-dessus de tous les partis, l'objet de ces sentiments de loyauté et d'allégeance sans lesquels il n'y a pas, dans la patrie, d'unité morale, et qui, s'adressant suivant les temps et les lieux aux dieux protecteurs de la cité, à d'anciennes coutumes, à des personnes, ne s'avilissent pas, j'imagine, pour s'adresser à un viril idéal de justice et de liberté. — Mais, pour que l'idée du droit soit digne d'un tel hommage, pour que, en ralliant les consciences et les cœurs elle les élève et les pacifie, il importe que, sans cesse rattachée par la philosophie à ses origines, elle demeure en possession de ce prestige qu'elle avait dans l'esprit des glorieux penseurs qui l'ont patronnée. Pour tous, pour Montesquieu, pour Rousseau, pour Voltaire, pour Turgot, cette idée n'était que la consécration de l'éminente dignité de l'homme, de sa destinée morale, de ses devoirs. C'est en ce sens que Rousseau, dans le *Contrat social*, proteste au nom du droit contre l'esclavage. C'est en ce sens que Turgot écrit cette grande parole : « La résistance à l'oppression est une ligue avec Dieu même. » C'est bien en ce sens également que la Constituante entendit le droit. En aucun temps, en aucun pays, des législateurs n'ont eu de l'homme une idée plus grande. Et c'est pourquoi, que d'autres, s'ils en ont le courage, jettent la pierre à la grande Assemblée : mais parce qu'elle a écrit dans nos annales nationales cette page de raison et de justice, dont Victor Cousin a dit, ici même, sous la Restauration, que « c'est la plus grande, la plus sainte, la plus bienfaisante qui ait paru dans le monde depuis l'Évangile », parce qu'elle a fait un jour descendre cette protestation de l'idéal au milieu des iniquités et des brutalités de l'histoire, la philosophie morale lui sera à jamais reconnaissante !

Aujourd'hui, grâce à elle, nous sommes, Dieu merci, suffisamment convaincus de notre droit. Mais savons-nous regarder aussi haut pour en reconnaître l'origine et le vrai caractère? Or détacher le droit des principes qui l'expliquaient et le soutenaient en le limitant ; l'isoler de ce noble cortège des idées de devoir, de liberté, de dignité, de respect de soi et des autres, qui lui faisaient une garde d'honneur, c'est l'affaiblir; pis encore, c'est le dégrader. Sans doute, le nom et la forme du droit subsistent dans les esprits,

mais la matière propre du droit disparaît ; et cette forme s'associant alors avec des objets indignes d'elle, le droit devient le
prête-nom de vulgaires convoitises, ou de besoins réels peut-être,
mais qu'il exagère en les sanctionnant. — La philosophie, en
rappelant les vrais titres du droit ᵉ 'elle met au rang des vérités
éternelles, remplit donc une fonct ᵒⁱ sociale de première utilité.

Je dois, en terminant, prévoir u᷄e objection. Pour remplir ces
divers offices, il faudrait, dira-t-on, que la philosophie eût d'abord
résolu, et dans un certain sens, les plus hautes questions qu'elle
agite. Or la métaphysique est-elle faite? qui donc a trouvé et
formulé le système définitif ? — La philosophie n'a pas de si hautes
prétentions. L'expérience et les revers l'ont assagie ; l'âge héroïque des synthèses universelles est passé. Nous pensons être utiles
à nos élèves sans tenir à leur usage des solutions toutes prêtes,
de omni re scibili et quibusdam aliis. Simplement, loyalement,
nous nous contentons de chercher. Saisir toute certitude accessible, dégager quelques vraisemblances, maintenir de simples
possibilités, telle est, en de tels sujets, l'ambition, assez belle
encore, de la philosophie actuelle. Savoir affirmer, douter, ignorer : voilà sa devise. — Et si un jour, ce qu'à Dieu ne plaise,
lassée de ses échecs et découragée par la critique, elle désespérait
de la vérité, une dernière tâche lui resterait encore, ce serait de
maintenir, si l'idéal fait défaut, les droits de l'inconnu, qui ne
fera jamais défaut. Elle aurait à faire toucher du doigt le mystère
irréductible qui, en dépit de toutes les découvertes passées et
futures de la science positive, réside à jamais au cœur des choses,
aussi bien dans le fait banal de la pesanteur que dans les plus
hautes merveilles de la vie et de la pensée. Elle commenterait le
mot du grand Newton : « Semblables à des enfants, nous puisons
dans une coquille quelques gouttes au bord du vaste océan de la
vérité. » Et lorsque la philosophie aurait ainsi opposé tant de
ténèbres à notre imperceptible savoir et constaté, comme dit le
poète, « les énigmes par les lumières », elle aurait fait encore
quelque chose de grand. La vie humaine, il est vrai, dépouillée
de l'auréole radieuse dont les antiques croyances l'avaient cou-

ronnée, apparaîtrait alors comme ceinte d'un nimbe d'obscurité.
Ce serait assez pour la distinguer d'une plate peinture chinoise,
et lui laisser quelque majesté. — Ce serait quelque chose aussi
pour la paix et le courage : car la pensée de l'inconnu, c'est la
réponse, toujours de saison, aux négations tranchantes de ceux
qui prétendent limiter le réel et le possible à l'étroitesse de leur
propre champ visuel; c'est le recours toujours ouvert à l'espérance
contre les insuffisances, les accablements, les écœurements du
réel ; car ce peut être la dernière religion de ceux qui n'en ont
plus d'autre, le dernier ciel de ceux pour qui le ciel s'est voilé,
la muette prière de ceux qui ne savent plus où adresser leurs
prières, la calme et confiante résignation de ces voyageurs dont
parle Plotin, qui, perdus dans la nuit et assis en silence au bord
de la mer, attendent que le soleil se lève enfin au-dessus des flots.
C'est pourquoi de cette nuit qui nous environne et qui paraît si
sombre au premier aspect, mais où le cœur sait voir, on peut
dire à certains moments, en présence de certaines réalités lamen-
tablement évidentes, ce qu'Aristode dit si poétiquement de la
justice, qu'elle réjouit l'œil qui la contemple plus que l'étoile du
soir et l'étoile du matin !

Quoi qu'il arrive, la philosophie pourra toujours mériter d'être
appelée bienfaitrice et consolatrice. Ainsi ceux même qui doutent
le plus de son avenir devraient encore dire avec Schiller : « Que
restera-t-il de toutes les philosophies ? Je ne sais ; mais la philosophie, je l'espère, vivra éternellement. »

Pardonnez-moi, jeunes élèves, d'avoir comme attristé cette
fête en soulevant ici d'aussi sérieuses questions. Aussi bien le chef
actuel de l'Université, qui sait comment il faut la servir, me
donnait-il par avance l'autorisation, l'exemple et le modèle d'un
tel discours, lorsque l'an dernier, à pareil jour, il traitait devant
vous en philosophe et résolvait en politique et en patriote l'un des
problèmes moraux les plus inquiétants de notre époque. Peut-être,
d'ailleurs, ne vous est-il pas permis de vous livrer sans arrière-
pensée même à ces saines joies qui sont la récompense méritée
de vos efforts. Il est bon, il est juste que vos plaisirs les plus

légitimes soient parfois traversés d'amers ressouvenirs et de graves pensées. Ces belles années que d'autres générations, plus favorisées des temps que la vôtre, ont pu abandonner sans péril à une heureuse insouciance, il faut qu'elles soient pour vous comme cette veillée des armes, où, dans le recueillement, le futur chevalier s'armait d'un courage à la hauteur de tous les devoirs. Car vous aurez besoin d'une maturité précoce. Vous allez vous trouver aux prises avec des difficultés terribles. N'oubliez pas les leçons de l'histoire ; ce n'est pas faute de richesses, de prospérité matérielle, de civilisation, de lumières même que les peuples tombent et périssent : c'est faute d'hommes de devoir, d'énergie et de dévouement. Il faut qu'ils sortent par légions de vos rangs. Ce vœu que, dans l'*Iliade*, le héros troyen fait pour son jeune fils : « Qu'il soit plus vaillant encore que son père, » — ce vœu que nous faisons de tout notre cœur pour votre génération, vous l'exaucerez, jeunes élèves : instruits par nos fautes mêmes, vous serez meilleurs que nous ! Soyez plus heureux aussi ! Puisse la fortune, qui ne nous a pas souri, seconder vos efforts ! Puissions-nous, avant de disparaître, recevoir, pour prix du peu que nous aurons fait, cette suprême satisfaction de voir la France, déjà relevée de sa chute, redevenir avec vous tout ce qu'elle a été aux plus beaux jours de son histoire, ce qu'elle est toujours dans nos souvenirs, dans nos regrets, dans nos espérances : grande, prospère, pacifiée, pacifique, portant dans ses fortes mains la justice et la liberté, objet de respect pour tous les peuples, objet d'orgueil pour tous ses enfants !

Sur l'utilité de l'enseignement classique

Messieurs,

Ce sera l'honneur de notre temps d'avoir compris toute l'importance de l'instruction publique. Jamais la jeunesse n'a éveillé une plus ardente sollicitude. Les questions délicates que soulève le problème de l'éducation nationale provoquent dans les sociétés

savantes les plus brillantes discussions ; et elles inspirent des
œuvres remarquables à d'éminents écrivains que l'Université est
fière de compter parmi ses maîtres. La pédagogie est redevenue,
dans la patrie de Montaigne et de Rousseau, une science française.
L'État s'est associé à ce mouvement des esprits ; il n'est pas de
réforme qu'il ait poursuivie avec plus d'unité dans les vues, plus
de persévérance dans l'action, plus de générosité dans les
sacrifices.

Aussi, depuis vingt ans, une œuvre considérable a été accomplie. Les écoles se sont multipliées ; l'instruction primaire pénètre enfin jusque dans nos plus humbles villages, et, animée d'un
esprit nouveau, elle y apporte, avec les connaissances nécessaires
à tout homme, les principes du droit et du devoir qui font le
citoyen. L'enseignement supérieur achève une transformation
dont on peut déjà apprécier les heureux résultats. Quelques-unes
de nos facultés ont reconstitué ces grandes universités dont la
France, la première, avait donné le modèle à l'Europe, et que,
depuis longtemps, elle était réduite à lui envier. Les savants
étrangers qui viendront nous visiter aux fêtes prochaines de notre
glorieux centenaire admireront sans doute la Sorbonne de Riche-
lieu, agrandie et embellie par le talent de nos artistes ; ils seront
plus étonnés encore de voir cette association, toujours plus floris-
sante, de maîtres et d'élèves, qui fait revivre la physionomie de
notre antique Université parisienne.

L'enseignement secondaire ne pouvait rester indifférent à cet
esprit de rénovation. Longtemps il a été le principal fondement
de l'éducation nationale ; dans notre démocratie, il n'a rien perdu
de son importance. Soit qu'il élève à lui, par une heureuse sélec-
tion, les intelligences d'élite que révèle l'instruction primaire, soit
qu'il prépare la jeunesse française aux études supérieures, il a
de graves devoir à remplir. Le premier de tous ces devoirs était
d'approprier son esprit, ses méthodes et ses programmes aux
exigences de la société contemporaine.

L'éducation morale est, aujourd'hui comme autrefois, son
œuvre essentielle. La culture désintéressée de l'esprit ne fait pas

seulement des lettrés, mais des hommes. Les lettres ont ce naturel privilège que, en élargissant l'horizon de l'intelligence, elles font en même temps concevoir l'idée du beau et du bien. Ce que nous admirons dans les œuvres si parfaites de l'esprit humain, qui sont nos modèles classiques, c'est sans doute l'exquise beauté de la forme, mais aussi et surtout la noblesse des idées. La poésie elle-même, qui emporte l'imagination dans un monde idéal, est une grande éducatrice des caractères. Plus elle nous élève et plus elle nous affranchit. Qu'importe que, dans son rêve, elle oublie les nécessités et les faiblesses de la vie présente ? Qu'importe que ses personnages soient des héros plutôt que des hommes, si, dans leur commerce, quelqu'une de leurs vertus, par une salutaire contagion du bien, pénètre dans nos âmes ? On sait l'influence qu'a exercée à toutes les époques le culte des lettres sur ceux qui ont eu le bonheur de s'y livrer. Aux heures les plus tristes de notre histoire, dans les funestes égarements des guerres religieuses, alors que le fanatisme déchaîné, les ambitions personnelles et les passions anarchiques avaient étouffé tout sentiment d'humanité et de justice, qui prêcha avec courage la tolérance et le respect de la loi commune, si ce n'est ces magistrats aussi érudits que sages, les Harlay, les de Thou, les L'Hospital, en qui semblait revivre l'âme même de l'antiquité ? Ainsi la culture intellectuelle produit presque toujours une amélioration morale, et les lettres, dont on a dit qu'elles étaient la parure de la démocratie, sont plus véritablement encore l'esprit qui la soutient et qui l'élève.

Si les lettres inspirent ces solides vertus, qui sont la force et la dignité de la vie, ou ces qualités aimables, qui sont le charme des relations sociales, l'enseignement classique, en conservant parmi nous la religion de l'idéal, n'a pas cessé de faire une œuvre utile. Et cependant il a encore une autre ambition, c'est d'élever la jeunesse pour la société dans laquelle elle est appelée à vivre. Il veut lui faire connaître les idées et les aspirations de notre temps ; il veut les lui faire aimer.

Assurément l'Université se garde bien de jeter dans l'esprit des enfants les troublantes préoccupations de l'heure présente. Assez tôt ils seront engagés dans les luttes que provoque la libre activité d'un peuple et qui sont les conditions mêmes de la vie.

Rien ne serait plus contraire au naturel développement des intelligences et des caractères que l'impatience hâtive de transformer les enfants en hommes. Les fruits précoces ne sont pas les plus sains et les plus savoureux ; et, suivant l'heureuse expression de Rousseau, il est bon de « laisser mûrir l'enfance dans les enfants ».

L'Université se garde encore de toute parole qui serait une atteinte à la conscience ou aux droits sacrés de la famille. Elle n'est ni une secte ni un parti, et son enseignement ne fait pas des fanatiques. Elle estime que la conduite future des jeunes gens qui lui sont confiés doit être le résultat d'une conviction personnelle et réfléchie.

Mais elle ne se défend pas d'être de son temps et de se pénétrer de l'esprit moderne. Elle aime la liberté, et son enseignement est libéral. Elle montre, avec la philosophie, que l'homme est libre, et qu'il puise dans cette liberté même, non seulement la juste notion de ses droits et ses devoirs, mais encore le sentiment de sa dignité et de sa force. Elle montre, avec l'histoire, que les peuples, comme les individus, sont maîtres de leurs destinées, et que ces destinées sont glorieuses ou obscures, heureuses ou misérables, selon que l'on garde la passion jalouse de la liberté ou qu'on la perd, selon qu'on apporte un intérêt vigilant aux affaires publiques, ou que, par une coupable indifférence, on en confie à d'autres le souci et la direction.

Cet esprit de liberté que notre enseignement fait naître, la discipline le dirige et le fortifie. La discipline dont nous parlons n'est pas la soumission tout extérieure qu'impose la crainte du châtiment, mais l'assentiment réfléchi à une règle nécessaire. Nos collèges ne sont plus ces « geôles de jeunesse captive » que détestait Montaigne, où seule la voix impérieuse du commandement se fait entendre. Nous aimons à nous adresser à la raison des enfants, et à faire appel à ces sentiments de droiture et de

bonté si naturels à leur âge. N'est-ce pas, en effet, à ce premier
âge de la vie, où l'âme s'ouvre d'elle-même à toutes les inspirations généreuses, que la parole du maître a le plus facile accès
pour arriver jusqu'à elle ? N'est-ce pas à cet heureux moment
qu'il trouve, pour donner un salutaire conseil, ces occasions pro-
pices dont parle le poète :

Mollissima fandi tempora.

L'obéissance voulue et raisonnée à la loi, qui est la vraie discipline morale, n'est-elle pas le devoir et en même temps la
garantie d'une société libre ? Le consentement de la volonté à
une règle intérieure fait que l'homme s'appartient, de même que
le respect d'une loi commune fait que les peuples restent maîtres
d'eux-mêmes.

Mais l'éducation de la jeunesse nous inspire, dans le temps
présent, de plus graves soucis. Il ne suffit pas qu'elle soit une
force libérale, il faut qu'elle devienne un agent de progrès. Notre
époque est agitée par un souffle nouveau ; elle aspire, dans sa
passion de justice et d'égalité, à un avenir toujours meilleur.
Les humbles veulent s'élever, les ignorants veulent s'instruire,
les déshérités de la vie veulent avoir leur part du bien-être
commun. Pouvons-nous rester indifférents à ces ambitions légitimes, et n'est-ce pas une obligation pressante de dire à la jeunesse qui nous écoute, qu'elle aura dans cette société nouvelle de
nouveaux devoirs à remplir ? Elle peut exercer sur notre pays la
plus heureuse influence, en faisant accepter de tous cette supériorité que lui donnent une instruction plus complète et une
situation sociale plus élevée. Il suffit qu'elle justifie par ses services la confiance qu'on aura placée en elle, et que, pénétrée des
sentiments de justice et de solidarité, elle tende la main à ceux
qui sont plus bas pour les élever toujours plus haut. Une élite
qui s'ouvre à tous les talents et qui est accessible à toutes les
idées de réforme ne perd jamais, même dans les sociétés les plus
jalouses d'égalité, son autorité sur le peuple et son action légitime
sur les affaires publiques. Si, au contraire, elle reste indifférente,

endormie dans une frivole insouciance ou dans une satisfaction égoïste, sa supériorité, loin d'être une force, devient un obstacle, et elle voit s'accomplir, sans elle et malgré elle, une œuvre dont elle est la première victime. Ainsi l'éducation qui laisserait la jeunesse étrangère aux aspirations de notre démocratie risquerait d'être stérile ou funeste.

L'amour de la liberté, le respect de la loi, la croyance au progrès, telles sont les idées qui sont le fonds commun de notre enseignement. Elles donnent à l'éducation cette unité morale qui en fait la force. Car cette aspiration commune à un même idéal, cette intime association des âmes dans une même pensée, n'est-ce pas le lien qui forme la patrie ? Ainsi que l'a dit, en son magnifique langage, le grand écrivain à qui le ministre de l'Instruction publique donnait si justement, dans une solennité récente, le plus haut témoignage de la reconnaissance nationale : « Une nation est une âme, un principe spirituel. Deux choses qui, à vrai dire, n'en font qu'une, constituent cette âme, ce principe spirituel. L'une est dans le passé, l'autre dans le présent... Avoir des gloires communes dans le passé, une volonté commune dans le présent... voilà la condition essentielle pour être un peuple. »

Ce n'est pas seulement l'éducation morale, mais l'instruction elle-même qui doit s'inspirer des besoins de la société contemporaine. Déjà, à la fin du dix-septième siècle, Fleury écrivait avec raison : « Il me semble que nous devons accommoder nos études à l'état présent de nos mœurs, et étudier les choses qui sont d'usage dans le monde, puisqu'on ne peut changer cet usage pour l'accommoder à l'ordre de nos études. » Cette réforme qui paraissait opportune dans une société aristocratique, où l'instruction était le privilège d'un petit nombre, les exigences de notre temps l'ont rendue nécessaire. L'affluence des élèves, le nombre et la diversité des professions qui plus tard solliciteront leur activité, l'étendue et l'importance des sciences nouvelles qui ont élargi le champ, autrefois restreint, des connaissances humaines, tout demandait une transformation profonde dans le régime de nos études.

Aussi bien personne aujourd'hui ne méconnaît cette nécessité. La création de l'enseignement spécial en a été la première conséquence. En remplaçant l'étude des langues anciennes par celle de la littérature française et des langues vivantes, en faisant une part plus grande aux sciences exactes, l'Université a fondé un enseignement directement utile à une partie de la jeunesse et mieux approprié à ses besoins. Mais cet enseignement a-t-il conservé cet esprit large et libéral qui seul fait la véritable éducation ? En réalité, c'est se demander si notre littérature, après s'être inspirée des chefs-d'œuvre de l'antiquité, suffit elle-même à servir de modèle, et si elle apporte ce fonds d'idées générales qui donnent à l'intelligence sa rectitude et son étendue.

Or, est-ce une témérité de prétendre que cette éducation libérale, vos lettres françaises sont capables de la donner ? N'ont-elles pas emprunté aux écrivains de la Grèce et de Rome tout ce que leur génie a produit de meilleur, et ne peuvent-elles pas, à leur tour, nourrir notre esprit de cette substance si fortifiante ? Nos prosateurs et nos poètes, de Montaigne jusqu'à Michelet, de Corneille jusqu'à Victor Hugo, n'ont-ils pas conçu et réalisé toutes les formes du beau ? Comment admettre qu'une intelligence élevée dans l'étude et l'admiration de tant d'œuvres si fortes et si originales, si délicates et si charmantes, n'atteindrait pas à son complet développement ? Nous avons une trop haute idée de notre génie national pour ne pas croire à l'heureuse influence des lettres françaises et des humanités modernes.

Mais quelle que soit l'utilité de l'enseignement spécial, l'enseignement classique restera en honneur parmi nous. Heureuse est la tradition séculaire qui nous pousse à rechercher les éléments d'une éducation supérieure dans le commerce des grands génies de l'antiquité ! Le courant de la civilisation ancienne ne coulera jamais trop large dans notre démocratie. Tous assurément ne retirent pas un égal bénéfice des études gréco-latines. Ceux-là seuls en emportent tout le profit qui, par une naturelle disposition de leur esprit, sentent plus vivement la beauté des chefs-d'œuvre et s'inspirent davantage de ces incomparables modèles. Mais il n'est pas d'intelligence qui n'ait été assouplie et fortifiée par la discipline des études classiques. Cette semence du beau et du bien n'est jamais perdue tout entière : quelques grains germent au fond des natures dont l'apparence est le plus ingrate, grandissent peu à peu, et plus tard donnent des fleurs et des fruits.

Avouons-le cependant : dans notre siècle utilitaire — et il a bien des raisons pour l'être — cette action bienfaisante des études classiques n'eût pas suffi à les protéger. A leur tour, elles ont dû s'accommoder aux exigences de la société contemporaine. Elles ont élargi peu à peu leur cadre pour faire place à des connaissances nouvelles. Les langues vivantes, qui longtemps n'ont été qu'un ornement pour nos programmes, sont devenues l'objet d'une étude longue et sérieuse. L'enseignement de l'histoire, qui s'arrêtait au seuil de notre siècle, s'étend jusqu'à nos jours. La géographie, trop longtemps sacrifiée, à pris l'importance qui lui convient. Les sciences enfin se sont installées dans toutes nos classes, et, comme les heureux conquérants, se sont taillé un large domaine.

Ces enseignements nouveaux, loin d'être une cause de faiblesse pour nos études, leur donneront plus de force encore, et contribueront, pour leur part, à l'éducation des esprits, à condition d'en bien saisir la raison et la méthode. Que n'a-t-on pas dit contre ce qu'on a appelé, non sans quelque dédain, les *leçons de choses ?* Et cependant, quand nous habituons l'enfant à regarder et à voir ce monde merveilleux qui sollicite sa curiosité si mobile et si impatiente, ne provoquons-nous pas en lui l'esprit d'observation ? Quand nous répondons aux questions incessantes qui se pressent alors sur sa bouche, n'éveillons-nous pas, en lui donnan le plaisir de connaître, le généreux désir de savoir ? Cet enseignement de faits n'est pas seulement utile par le profit direct qu'on en retire ; il a, dans l'éducation, une portée plus haute. Dans le régime de nos études, qui donne une si grande importance à l'idée. il n'est pas mauvais d'habituer les jeunes intelligences à voir les faits et à compter avec eux. Plus tard, la raison se formera, et ce sont les sciences encore qui, enseignées non plus dans leurs éléments les plus simples, mais dans leurs théories élevées, lui donneront toute la perfection à laquelle elle peut atteindre. Elles apprendront à voir les causes des phénomènes et à en déduire les conséquences, à étudier les liens apparents ou cachés qui les enchaînent les uns aux autres ; et ainsi la rigueur de leur raisonnement fera la rectitude de la pensée. Car ce qui importe, dans notre éducation littéraire, ce ne sont pas autant les sciences elles-mêmes que l'esprit scientifique qu'elles font naître.

Quel est celui de nos enseignements qui n'exerce pas une part d'influence sur le développement des esprits ? Est-ce l'étude des langues vivantes, qui sont pour l'intelligence une gymnastique si utile, que des maîtres éprouvés voudraient les substituer aux langues anciennes comme instrument principal de culture intellectuelle ? Est-ce l'histoire, ce guide nécessaire de l'éducation morale et civique, qui est en même temps un auxiliaire précieux des études littéraires ? Est-ce enfin la philosophie, cette science des sciences, qui forme à la fois l'intelligence et le caractère, et qui met en valeur ce qu'il y a de meilleur dans l'homme, je veux dire l'homme même ?

Non ! notre enseignement classique n'a rien perdu à s'élargir; et cette transformation même, qu'on déplore quelquefois comme une décadence, n'est qu'un rajeunissement. Cette ouverture de l'intelligence sur le monde qui nous entoure, ce sentiment du réel, et, pour le dire en un mot, cet esprit scientifique, n'est-ce pas le caractère d'une éducation vraiment moderne ? N'est-ce pas ce même esprit qui fait la grandeur de ce siècle ? Et certes, nous ne parlons pas des sciences elles-mêmes, ni des merveilles qu'elles ont produites, ni des découvertes admirables qu'elles ont faites. Qui n'en est frappé et comme ébloui ? Mais dans la littérature même, cet esprit scientifique a produit la plus heureuse révolution. C'est lui qui a inspiré nos historiens quand, utilisant les récentes découvertes, ils ont osé plonger leur regard dans la vie mystérieuse de l'humanité naissante ; quand, exhumant les restes précieux du passé, ils ont fait revivre, avec Augustin

Thierry, cette robuste bourgeoisie du moyen âge à qui nous devons la première conquête de nos libertés politiques ; quand enfin ils ont apporté dans les obscurités des époques lointaines telle lumière que, pour me servir de la belle expression de Michelet, l'histoire a été une résurrection. C'est lui qui pousse le philosophe à étudier de près les ressorts les plus secrets de l'organisme vivant et à rechercher dans les phénomènes de la vie l'explication de la vie elle-même. C'est lui qui a provoqué dans tous les genres littéraires ce goût d'une analyse fine et exacte et qui nous découvre les mouvements cachés des passions humaines. Qui pourrait dire enfin que la poésie ne trouvera pas dans les forces de la nature, disciplinées et asservies par la science, une source d'inspiration nouvelle ?

Le pays n'aura pas à déplorer cette transformation de nos études. En variant les formes et les programmes de notre enseignement, nous donnons à un plus grand nombre d'intelligences l'occasion de se connaître elles-mêmes et de se distinguer. L'enseignement a pour but de provoquer la naissance et de faciliter le développement de tous les talents. Celui-là sera le mieux approprié aux besoins de notre démocratie qui révélera à chacun son aptitude particulière et qui, par la variété des programmes et la souplesse de l'organisation, tirera le meilleur parti de tous les dons naturels. Notre vieil édifice classique peut rester debout sur ses assises solides. Mais il doit se prêter, dans ses différentes parties, à des aménagements plus modernes. Donnons à nos collèges non pas seulement des noms nouveaux, mais une physionomie nouvelle. Que chacun d'eux puisse avoir ses cadres, ses méthodes, ses maîtres attachés à sa fortune et unis dans une même pensée ; qu'il soit, en un mot, une personne vivante ! L'unité est la fin de l'éducation morale, parce que la patrie est une ; elle n'est pas la fin de l'éducation intellectuelle. Car elle ne serait plus alors que la médiocre uniformité des esprits.

Une crainte m'arrête : ne demandons-nous pas trop à l'intelligence des enfants, et faisons-nous dans notre régime scolaire une part assez grande à leur éducation physique ? Je me rassure en relisant le discours que le ministre de l'Instruction publique prononçait dans une de ces fêtes destinées à honorer la force et la souplesse, la vigueur et l'agilité, ces qualités de notre race française, aujourd'hui plus que jamais précieuses. Dans un langage élevé, où se trahissaient, sous la parole élégante du lettré, les préoccupations de l'homme d'État, il rappelait que le peuple qui avait produit les œuvres les plus parfaites de l'esprit humain, dans les lettres et dans les arts, était celui-là même qui avait poussé le plus loin l'éducation physique et qui avait glorifié la force et la beauté humaines à ce point qu'il en faisait l'apanage des dieux.

L'Université s'inspirera de ces nobles idées : elle continuera à demander à la Grèce la pensée généreuse qui fit les Platon et les Phidias ; elle lui demandera aussi le secret de sa force, qui fit les vainqueurs de Marathon et de Salamine. Ainsi elle accomplira sa tâche tout entière, et elle donnera à la société ce que la société attend d'elle : des hommes pour le pays, des citoyens pour la République et des soldats pour la patrie !

Sur le rôle de la philosophie dans l'éducation

Messieurs, mes jeunes amis,

C'est une tâche toujours délicate de parler devant la jeunesse et pour la jeunesse.

Le discours solennel qui clôt l'année scolaire est comme la morale de l'enseignement qu'on vous donne. Pour ceux d'entre vous qui vont quitter le lycée et entrer dans la vie, il doit être une sorte de viatique, un adieu accompagné de leçons et de conseils, qui seront souvent négligés sans doute, mais que vous garderez au fond du cœur pour les retrouver aux heures douteuses ou difficiles. C'est ce qu'a bien compris le maître si distingué dont vous venez d'applaudir la parole. Je ne puis que mêler mes félicitations à vos applaudissements et m'associer à ses généreuses exhortations.

Si j'avais cependant à faire, une réserve j'exprimerais peut-être le regret de n'avoir pas trouvé dans ce beau discours une affirmation encore plus énergique de la confiance que nous souhaitons de voir chez les maîtres de la jeunesse. Il semble, je ne sais si je me trompe, qu'il y règne autour de certaines idées essentielles une sorte d'incertitude et de vague tristesse ; et c'est une impression sur laquelle il ne serait pas bon de nous séparer.

Au risque d'être trouvé trop optimiste, je vois les choses sous un meilleur aspect. J'ai fait à cet égard, l'an dernier, une profession de foi dont je n'ai rien à retirer. Puisque l'occasion m'en est offerte, j'y voudrais insister, au contraire. C'est surtout aux partisans de cette doctrine qu'il doit être permis de chercher à faire des prosélytes. Les autres, les pessimistes et les sceptiques, en feront toujours trop.

Il est un premier point sur lequel nous avons besoin tout d'abord de nous éclaircir et de nous rassurer : je veux parler de l'état où se trouvent réellement à cette heure nos études classiques tant critiquées, tant discutées, et sur le sort desquelles ce qui vient d'être dit incidemment n'est pas précisément fait pour nous tirer d'inquiétude.

Est-il vrai que le latin et le grec, dont nous célébrons en ce moment même la fête dans cette enceinte, soient sérieusement menacés, déjà tombés en décadence et près de s'évanouir ? Faut-il s'en réjouir avec les uns ou prendre le deuil avec les autres ? Ou plutôt, si le mal existe et qu'on veuille le combattre, quel remède y peut-on apporter ?

Ce sont là des questions brûlantes qui vous touchent autant que nous-mêmes, ou pour mieux dire qui intéressent le pays tout entier. Elles sont posées aujourd'hui de telle façon qu'on ne peut les passer sous silence. Je ne saurais me dispenser de m'en expliquer devant vous.

Assurément notre système d'enseignement secondaire a été, dans ces derniers temps surtout, l'objet d'attaques fort vives et fort pressantes, très spécieuses aussi, il ne faut pas nous le dissimuler, et propres à émouvoir beaucoup d'esprits.

Quoi d'étonnant que, même en matière scolaire, une institution qui date de plus de deux cents ans puisse prêter à des critiques fondées? C'est beaucoup de vivre après deux siècles, et c'est être encore bien vivant que d'exciter de la part de ses adversaires de semblables efforts.

La vérité est que la révolution économique et sociale qui s'est accomplie dans ce siècle en entraîne d'autres après elle, que le système d'éducation qui a pu suffire à un état aristocratique gouverné sans contrôle par une élite élégante et riche, ne saurait donner satisfaction à tous les besoins nouveaux d'une grande démocratie, laborieuse, militante, obligée de lutter pour gagner sa vie chaque jour et pour garder sa place au milieu de la concurrence universelle devenue la loi du monde moderne.

Quand tout a changé autour de nous, les institutions, les conditions de la vie, les relations avec les peuples, comment le régime de l'enseignement public pourrait-il demeurer immuable? L'Université ne pouvait méconnaître ce mouvement. — Loin de contester les besoins nouveaux auxquels il a donné naissance, depuis quelques années, vous le savez, elle s'applique, comme c'est son devoir, à les servir en leur préparant un enseignement mieux approprié, différant par certains côtés de l'ancien enseignement classique, assez large et assez élevé cependant pour maintenir très haut le niveau des carrières nouvelles ouvertes au génie industriel de la nation.

On dispute beaucoup sur le point de savoir si les langues anciennes d'où dérivent notre langue et notre littérature sont seules capables d'entretenir les qualités qui ont fait le goût et l'esprit français. Certains prétendent qu'on y peut aussi bien parvenir par une étude plus approfondie des chefs-d'œuvre qu'elles ont inspirés à la littérature moderne, à la nôtre d'abord et à celles des grandes nations qui nous entourent.

Qu'importe cette querelle? Je proclame volontiers pour ma part que les œuvres du génie grec et du génie romain, parce qu'elles sont plus voisines de la nature, restent les monuments les plus parfaits de l'intelligence et de l'art, les sources les plus pures de la poésie et de l'éloquence, du beau et, si l'on veut, du bien. Quel que soit le caractère utilitaire de notre époque, je ne suis pas de ceux qui se résigneraient à bannir de l'enseignement toute connaissance de luxe. Sachons le reconnaître, le commerce intime de l'antiquité donne à ceux qui ont pu le pratiquer avec fruit une parure supérieure. Un tel luxe sera toujours nécessaire à une nation jalouse de toutes les gloires. Gardons-nous soigneusement de l'exclure.

Mais est-ce à dire qu'il ne puisse y avoir d'enseignement moral ou esthétique, d'éducation vraiment libérale en dehors du contact direct avec le grec et le latin? Qui l'oserait soutenir? Pourquoi dès lors en imposer l'étude à ceux qui n'en ont pas le loisir ou n'en sentent pas le besoin? Et si ceux-là pourtant veulent s'instruire et donner à leur esprit une culture générale, faut-il donc leur refuser tout secours, sous prétexte qu'entre les vieilles études classiques et les études primaires il n'y a pas de milieu? Faut-il les renvoyer à l'enseignement technique et professionnel, bon pour « former des esprits tels qu'en réclament l'agriculture, le commerce et l'industrie », comme si ces formes chaque jour plus importantes de l'activité humaine étaient incompatibles avec l'étendue des connaissances et la distinction de l'esprit?

Je ne crois vraiment pas qu'on doive porter à ce point le respect, et, si vous me permettez le mot, le préjugé du passé. — A considérer les choses avec impartialité et sang-froid, il ne paraît pas contestable qu'à des situations différentes, des enseignements différents sans être nécessairement inégaux, puissent fort bien convenir. C'est l'affaire de l'Université et des conseils éclairés qui la guident d'organiser ce double enseignement, de manière à concilier avec les nécessités du présent les traditions et les intérêts qu'ils ont si justement à cœur de sauvegarder.

Si l'enseignement classique y doit perdre une partie de sa clientèle qui ne le suivait plus, il faut bien le dire, qu'à regret et sans grand profit, il en conservera la meilleure part, la plus dévouée. Désormais libre de se consacrer tout à elle, n'est-il pas permis d'espérer qu'il lui donnera des soins d'autant plus efficaces, que ces études qu'on disait compromises retrouveront une nouvelle vigueur, et qu'il en sortira une élite mieux préparée que jamais à cette culture supérieure qui restera toujours la source de tout progrès.

Voilà, résumée en quelques traits, l'œuvre que nous nous efforçons de mener à bonne fin, que nos devanciers avaient entreprise et qui, par une évolution progressive, s'achève et se précise aujourd'hui en dépit de certaines hésitations peu justifiées, selon nous, ou de scrupules tardifs qu'on opposerait en vain à la logique des choses. Il ne faut ni exagérer ni amoindrir la portée de cette œuvre. Je parlais de révolution tout à l'heure : ce n'est pas d'une révolution qu'il s'agit, mais simplement d'une réforme ; et les réformes faites à temps, l'expérience le prouve, sont le meilleur moyen d'éviter les révolutions.

Celle-ci répond à un besoin réel et sérieux ; l'opinion publique la réclame. Le moment est venu de la faire. L'émulation qu'elle aura pour effet de créer entre les deux enseignements, sinon rivaux, du moins parallèles, ne peut que profiter à tous les deux. A chacun de faire ses preuves. Je garde, pour ma part, assez de foi dans les vieilles humanités qui ont élevé la génération à laquelle j'appartiens, pour ne pas douter qu'elles sauront se défendre et conserver dans l'avenir la haute direction de notre éducation nationale.

Quant à la philosophie qui a fait, Monsieur, l'objet de votre discours, elle plane au-dessus de ce débat. Son sort n'est pas en jeu, car elle a sa place marquée dans l'un et l'autre enseignement, ou, pour mieux dire, aucun enseignement ne saurait se passer d'elle.

Vous nous en avez dit les multiples raisons. Ce n'est pas seulement parce que la philosophie enseigne la méthode d'où dépend la formation des sciences, ni parce qu'elle se consacre spécialement à l'étude de l'homme, cet instrument supérieur de toute science et de toute activité, non moins intéressant, non moins nécessaire à connaître sans doute sous le rapport intellectuel et moral qu'au point de vue de ses organes. La philosophie

fait davantage. Tandis que la science pénètre de plus en plus profondément les secrets du monde tangible et visible, elle franchit
les limites du connu à la poursuite de ces problèmes mystérieux
dont nous ne pouvons nous désintéresser et qui, sans jamais être
résolus, solliciteront éternellement la curiosité inquiète de
l'humanité. Par là, vous l'avez dit, la philosophie est la gardienne
de l'idéal, dont nous ne voulons pas laisser s'éteindre le flam-
beau. C'est son rôle principal dans l'éducation. Il n'en est pas de
plus considérable. A vous entendre, Monsieur, on peut juger
qu'elle ne s'en est jamais plus heureusement et plus noblement
acquittée.

Mais s'il en est ainsi, pourquoi le doute et la tristesse dont
quelques-unes de vos paroles m'ont paru empreintes? Pourquoi
parler de résignation à ces jeunes gens que la vie appelle, et nous
comparer, même en hypothèse, à ces voyageurs perdus dans la
nuit qui attendent en silence que le soleil se lève?

Non! ce n'est pas là assurément votre conclusion, et votre
enseignement comporte une autre leçon pour la jeunesse. Quand
elle a parcouru les espaces infinis de la pensée sans en rapporter
la certitude, cette philosophie dont vous parlez si éloquemment
ne se réfugie pas dans une contemplation muette et stérile. S'il
ne lui a pas été donné de découvrir le but et la fin de toutes
choses, du moins a-t-elle pu reconnaître et déterminer les raisons
d'ordre supérieur qui doivent guider notre conduite. Impuissante
en face de certains problèmes, elle a cependant sa large part de
vérités et de démonstrations utiles. En nous révélant la dignité
de l'homme, ne nous montre-t-elle pas clairement les devoirs de
moralité et de justice qui en découlent? En nous arrachant à
l'égoïsme instinctif de notre nature, en nous faisant sentir les
liens qui nous attachent aux autres hommes et plus intimement
à ceux de notre race, ne nous enseigne-t-elle pas le dévouement
à l'humanité et l'amour de notre pays?

C'est la philosophie, on l'a dit avec beaucoup de justesse,
« qui nous fait comprendre, avec les formes successives de la
société depuis l'antiquité jusqu'à nos jours, le progrès corres-

pondant des sentiments moraux ou sociaux et les exigences crois-
santes de la vie civique ». Et n'est-ce pas assez pour conclure,
non pas au repos dans une attente vaine, mais au mouvement et
à l'action ?

En même temps d'ailleurs qu'elle nous fait de l'action un
devoir, la philosophie nous arme pour l'accomplir. Par elle, nous
nous formons à la sagesse, c'est-à-dire que nous apprenons à
juger les choses à leur juste valeur, à discerner le vrai du faux,
à faire la part qui leur revient à l'honneur et à l'intérêt et, ce
qui est la maxime par excellence, à puiser nos motifs de contentement en nous-mêmes, non dans les autres. Voilà, mes amis, ce
que je me permets d'ajouter à l'excellente leçon que vous venez
d'entendre.

Agir est notre loi ; c'est pour cela que vous êtes dans la vie ;
et le champ même borné qu'elle ouvre devant vous est assez vaste
et assez beau pour vous y élancer avec ardeur. Non ! il n'est pas
exact, il n'est pas, selon nous, philosophique de dire, comme on
le rappelait tout à l'heure, « que la vie humaine ne peut être que
sublime ou pitoyable ».

Entre ce sommet et cet abîme, il y a la réalité qu'on semble
méconnaître, il y a la vie telle qu'elle est, accessible à tous les
hommes de bonne volonté, avec ses épreuves et ses douleurs,
sans doute, mais aussi avec ses joies, ses devoirs et ses récompenses ; la vie qui, par les occasions qu'elle nous offre de nous
perfectionner nous-mêmes, d'aider nos semblables, de servir la
patrie, de travailler à sa prospérité et à sa grandeur, est en elle-
même un but bien digne de nos efforts.

Ce sont ces pensées fortifiantes que la philosophie, présidant
à l'éducation tout entière, l'accompagnant du commencement
jusqu'à la fin, doit faire pénétrer dans les intelligences et y enra-
ciner de telle façon qu'on ne puisse plus les en arracher. Et
c'est là l'esprit qui caractérise l'enseignement universitaire. On
peut le calomnier, le travestir ; nous ne sommes responsables que
de ce que nous disons, non de ce qu'on nous fait dire. L'enseignement philosophique ainsi compris, s'inspirant du sentiment

de l'idéal, fondé sur la notion désintéressée du devoir, nullement antireligieux, mais nullement dogmatique, est celui-là même que l'État a mission de donner et en vue duquel la nation lui confie la direction de l'éducation publique.

De longtemps encore, l'État ne pourra abdiquer ce rôle, car la lutte qu'il soutient n'est pas près de finir. La liberté, qui est l'honneur de ce temps et du régime où nous vivons, lui a rendu une nouvelle ardeur. Il semble à certains jours qu'elle n'ait jamais été plus âpre et plus violente. Dans cette lutte où, comme on le disait déjà il y a plus de cinquante ans, deux pouvoirs se disputent l'âme de la jeunesse, l'Université, qu'elle ne l'oublie jamais, combat pour l'esprit moderne contre l'esprit du passé.

Messieurs, ceux-là se trompent assurément s'ils croient nous ravir les libertés si chèrement conquises ; ils ne l'espèrent pas. Mais la Révolution n'a pas seulement renversé la Bastille et détruit l'ancien régime : elle a affranchi la pensée. A quoi servirait-il d'avoir fondé des institutions libres, si ces institutions, par une contradiction étrange et dont on a pourtant vu des exemples, devaient tomber dans les mains des ennemis de la liberté ?

Nous qui, par patriotisme aussi bien que par le devoir de notre fonction, ne pouvons séparer les intérêts de l'État de ceux de l'enseignement public, c'est la pensée que nous avons constamment présente à l'esprit.

Cette pensée est aussi la vôtre, Messieurs, car vous avez comme nous ces grands intérêts dans les mains. Il ne s'agit plus seulement de former des savants, des lettrés ou des philosophes. Il faut, vous l'avez dit, faire non pas des chevaliers, mais des citoyens prêts à combattre pour tout ce qui constitue la patrie, pour son patrimoine intellectuel et moral, comme pour sa puissance industrielle et pour l'intégrité de sa frontière.

Faites-nous d'abord des âmes viriles et de libres esprits : cela convient à toutes les carrières. Que l'Université conserve et entretienne précieusement ses glorieuses traditions, mais qu'en même temps elle se pénètre des réalités de la vie moderne ; qu'elle ne s'effraye pas aux innovations que réclame le progrès des choses, et sache au contraire se modifier elle-même pour mieux préparer les générations qu'il faut à la France nouvelle. N'oublions rien du passé, mais ayons toujours les yeux tournés vers l'avenir.

Alors nous pourrons dire à ces jeunes gens que vous vous reprochiez d'attrister : « Mes amis, ayez confiance, votre sort et celui de votre pays dépendent de vous. De même que, dans quelques années, ces vieilles murailles, trop étroites, où s'est lentement et péniblement développée la pensée humaine, auront fait place à un vaste et magnifique amphithéâtre ouvert au plus libre enseignement, de même, au siècle prochain qui sera le vôtre, vous verrez s'élever sur les débris des régimes passés une France plus belle, plus heureuse et plus grande que nos pères ne l'ont jamais connue. »

Autre

Messieurs, mes jeunes amis,

A toutes nos leçons de philosophie je ne viens pas, rassurez-vous, en ajouter une nouvelle : je voudrais seulement vous montrer que celles que vous avez reçues vous ont préparés à la vie pratique, beaucoup plus qu'on ne le pense communément, et que peut-être vous ne l'avez cru vous-mêmes, si vous savez faire l'usage qu'il faut des forces qu'elles ont dû vous donner, dans ce monde réel où vous allez entrer.

Votre instruction a été presque toute théorique : ne vous en plaignez pas. Quand on dit que le pays manque d'hommes, ce n'est pas d'hommes d'affaires ni d'hommes de gain que l'on veut dire. Si c'est de grands caractères et d'esprits de haut vol, Dieu nous préserve d'espérer les obtenir d'un abaissement de la culture générale! Comment élèverait-on les cœurs et agrandirait-on les intelligences, par un enseignement utilitaire, qui ne remonterait plus aux sources supérieures du savoir et de la sagesse? Croyez-le bien, si vous n'êtes pas dans l'action les hommes que vous devez être, ce ne sera pas pour avoir trop connu la spéculation désintéressée, ce sera faute de l'avoir goûtée comme il convient.

Et d'abord, n'a-t-on pas étendu, dans la classe même de philosophie, la part des études qui, ayant pour objet les choses concrètes, sont d'une utilité immédiate? A voir de quel cœur vous avez accueilli les questions d'économie politique, ajoutées pourtant à un programme déjà bien chargé, on ne peut douter que l'innovation ne fût excellente. Cette satisfaction offerte à ceux qui craignent que notre enseignement n'ait un caractère trop idéal vous a montré que nous ne refusons pas de prendre pied dans le réel. Vos maîtres aiment la vérité pour elle-même, toute vérité; mais ils ajouteraient volontiers, avec Locke, « surtout les vérités utiles ». Comment dédaigneraient-ils la science de la richesse, qui a des liens si étroits avec la moralité privée, la grandeur nationale, la paix publique, le bonheur des hommes ? Là est le secret de l'intérêt passionné que vous avez pris à cette étude : il est de bon augure pour l'avenir du pays.

Mais gardez-vous de croire que les parties plus élevées de notre enseignement n'aient pas une vertu plus grande encore pour vous apprendre à bien vivre.

Certaines questions que nous agitons offrent les difficultés les plus graves ; aussi, bien des gens sont-ils disposés à penser que nous ferons mieux de ne point les soulever devant vous. Mais ne voient-ils pas combien le dommage serait grand, combien grande la diminution intellectuelle et morale de la France, si les jeunes gens destinés à jouer un rôle dirigeant dans la société y arrivaient au sortir d'études exclusivement positives, sans avoir jamais vu se poser devant eux les questions dernières.

Je veux croire nos efforts aussi vains qu'on le dit; qu'importe ? C'est un pauvre argument contre les recherches d'un ordre supérieur, que d'aller demandant à quoi elles aboutissent; comme si, pour un être dont cette haute curiosité est la plus grande noblesse, il n'était pas toujours bon de chercher, n'arrivât-on qu'à savoir qu'on ignore.

En vérité, ils sont dupes d'une erreur singulière, ceux qui, déclarant ces problèmes insolubles, croient possible et désirable d'en détourner à jamais les esprits. Mais surtout, comment ne comprennent-ils pas que la seule façon, s'il en était une, de rendre les esprits à la science et à la pratique, désabusés des promesses de la spéculation, ce serait encore de leur en faire toucher le fond, ou plutôt de leur laisser voir par eux-mêmes qu'elle est sans fond ? Le *positivisme*, comme il s'appelle, n'est-il pas le produit de la critique de Kant, encore plus que l'œuvre d'Auguste Comte ?

Mais peut-être entendrez-vous dire que nous courons un risque grave, c'est de ne faire de vous que des sceptiques. Messieurs, si ce reproche était mérité, nous en serions au désespoir ; car le scepticisme est un mal à la mode : on ne rencontre que gens qui affectent des dehors cavaliers, insupportables encore plus que dangereux. Ceux mêmes qui dénoncent le mal le plus bruyamment en sont souvent le plus gravement atteints. Quelle misère, si vous alliez accroître le nombre de ces désabusés et de ces impuissants !

Mal vous en prendrait, car notre pays, au fond, et notre temps ne sont rien moins que sceptiques, quoi qu'on en dise. Nous vivons dans un âge d'ardente activité, et l'action s'accommode mal de l'incertitude. Ce siècle est travaillé par le besoin du mieux.

Certaines croyances sont mortes ; mais d'autres sont nées ou en voie de naître. Le respect n'a pas disparu, comme on le dit, il se transforme ou se déplace. Sans doute il est un respect qui s'en va, c'est celui des apparences : nos habitudes de critique et de grande publicité lui sont mortelles. Mais le respect des personnes et de leurs droits, le respect des faibles, le respect de la pensée n'est-il pas plus général qu'on ne l'a jamais vu ? Le sentiment de la dignité humaine ne s'est-il pas accru ? Aux pédants de vertu, aux mérites qui se proclament eux-mêmes, le bon sens public fort éveillé répond volontiers par un sourire incrédule ; il n'admet pas sans discussion les prétendues supériorités qui revendiquent avec hauteur le droit de faire la loi aux autres. Mais il semble qu'on n'a jamais salué de meilleur cœur les honnêtes gens ; et je ne crois pas que le nombre en ait jamais été plus grand.

Le scepticisme dont on se plaint est donc plus souvent feint que réel. Ceux qui s'en vantent ne seraient pas de si bonne humeur, s'ils en avaient sérieusement senti le tourment. En fait, ils sont croyants dans les trois quarts de leurs actes ; croyants à eux-mêmes, sinon aux autres, croyants même au bien et à l'honneur, car on voit, à l'occasion, ces fanfarons d'incrédulité faire assez fièrement leur devoir.

Toutefois, Messieurs, le scepticisme est un si pauvre état de l'esprit, que l'apparence même en est déplaisante. L'affecter est au moins ridicule. De toutes les attitudes que la jeunesse peut être tentée de prendre, pour anticiper sur les années et simuler les malades de l'âge mûr, c'est assurément la plus sotte et la plus triste.

Nous sommes donc sans inquiétude à cet égard. Vous ne serez ni de vrais sceptiques, parce qu'en apprenant à penser, vous avez appris à bien vivre et non à douter de la vie ; ni des sceptiques de bel air, parce que vous verrez très vite que ce n'est point le fait d'hommes d'esprit.

Mais, Messieurs, s'il est puéril de douter de tout, il est bon de douter de quelque chose. Oui, la culture que vous recevez au lycée, si elle n'a pas manqué son but, a dû vous donner des habitudes d'analyse et de réflexion, vous apprendre à distinguer le vrai du faux, ce qui est prouvé de ce qui ne l'est pas. Son principal bienfait est de vous préserver du dogmatisme à outrance. Ce n'est pas être sceptique, apparemment, que de se défier beaucoup de soi-même et, au besoin, un peu des autres, que de vouloir voir clair, que d'être exigeant en fait de preuves et refuser de prendre les audaces pour des raisons. Vous serez, nous l'espérons bien, des esprits avisés et libres.

Cela ne veut pas dire des esprits tranchants, sans modestie, brouillons par outrecuidance ; tout au contraire. C'est le plus sûr avantage d'une instruction élevée, par cela seul qu'elle nous fait sentir la difficulté de la moindre question et mesurer notre igno-

rance, de nous donner une humble opinion de nous-mêmes. Cela
est assez pour déclarer indispensables à l'achèvement de l'éducation les hautes études philosophiques. Elles délivrent l'esprit de
ses entraves ; mais avant tout elles l'affranchissent de la présomption, c'est-à-dire de l'intolérance ; par où elles sont une véritable
semence de paix sociale. Puissent-elles nous sauver des fanatiques, de ceux qui trouvent claires toutes les questions, ont sur
toutes choses des solutions toutes faites, se croient en possession
de la vérité totale et par suite en droit de nous l'imposer ; comme
de ceux qui, proclamant insolubles les problèmes qui les passent,
voudraient nous imposer jusqu'à leurs négations et leur découragement.

Le règne de la tolérance ne sera définitivement fondé que
lorsque nous compterons un assez grand nombre d'esprits larges,
qui, pour avoir vu l'homme à l'œuvre contre les difficultés, auront
conçu pour ses labeurs un sentiment de bienveillance et de respect. A un pays libre il faut des citoyens convaincus que la vérité
se découvre par le travail de tous, sort de la discussion, ne fait
son chemin que par la raison, ne triomphe qu'avec le temps.
Dans cette disposition d'esprit, on est prêt à étudier les questions
au lieu de les trancher ; au lieu de condamner ses adversaires,
on s'efforce de les réfuter. Quelle nation ne ferait-on pas, avec
des citoyens élevés à cette école de mutuelle indulgence ! Et
comme ils sont mal inspirés, ceux qui, visant au même idéal, ne
voient pas que le premier intérêt de la nation est l'entière émancipation des esprits, du plus grand nombre possible d'esprits, par
de mâles études !

Maintenant, Messieurs, voulez-vous me permettre un conseil ?
Cet esprit d'analyse et de contrôle, que vous ferez bien de ne
jamais perdre, appliquez-le tout d'abord à vous-mêmes : c'est
tout le secret de l'honnêteté publique. « A toutes les pensées, dit
Épictète, demande soigneusement le mot du guet, et tu ne seras
pas surpris. » Demandez le mot du guet aux suggestions de
l'égoïsme et de l'orgueil ; ne laissez passer dans vos opinions et
dans votre conduite rien d'inavouable. Défiez-vous surtout de cet

19

égoïsme à plusieurs, l'esprit de parti, d'autant plus dangereux qu'il imite les vertus et prend les plus beaux noms.

Socrate disait que, dans une cité libre, il est impossible de ne pas appartenir à un parti : vous serez donc d'un parti ; votre devoir d'hommes éclairés sera d'avoir un avis sur les affaires de votre pays, sur son passé et son avenir. Mais, afin de pouvoir rester à jamais fidèles à votre parti sans vous manquer à vous-mêmes, choisissez-le d'abord avec un soin religieux, sans autre souci que le bien public ; puis, loin d'y abdiquer toute personnalité et tous scrupules, portez-y, au contraire, la marque de votre caractère. Vous avez le bonheur (gardez-vous de vous en défendre) d'être des âmes neuves, sans préjugés ni ressentiments : soyez justes pour tout le monde. Mais surtout, à quelques vivacités que puissent vous entraîner nos luttes d'opinions, prenez avec vous-mêmes l'engagement de ne jamais rien faire, rien dire, rien écrire, qui, pour atteindre un adversaire, risque de blesser la patrie.

Le contrôle incessant qu'exercent les partis les uns sur les autres, et que tous exercent sur le pouvoir, est un grand bien. C'est cette vie au grand air qui fait la santé des sociétés libres. Accoutumons-nous à voir ce spectacle, d'abord un peu confus, sans en prendre peur. Comme disait un de nos maîtres en sagesse civique : « Sachons dormir au bruit. » Regarder les situations en face, voir les choses comme elles sont, les dire comme on les voit, ne trembler ni lorsqu'il y a lieu, parce que cela n'est pas brave, ni lorsqu'il n'y a pas lieu, parce que cela est ridicule, signaler les dangers pour les prévenir, non pour les aggraver, tout dire sans perdre l'esprit de justice, tout entendre sans perdre le sang-froid, — voilà les fortes habitudes que notre pays est en train de prendre. Il dépend de nous tous, il dépendra de vous, mes jeunes amis, de hâter cet apprentissage et d'atténuer ce qu'il a de périlleux. Dites si quelque chose peut vous être plus utile qu'un peu de philosophie, pour bien jouer dans de telles conditions votre rôle de citoyens.

Beaucoup de gens, il est vrai, vous diront que cette conception de la liberté raisonnable, de l'ordre obtenu par l'accord des volontés éclairées et justes, est un idéal chimérique ; que cette possession de soi-même n'est point dans la nature de l'homme. — Défiez-vous, Messieurs, de ces condamnations qu'on porte ainsi contre les hommes en général, ou contre son temps en particulier.

Sans doute, notre siècle est un âge de travail : il peut avoir ses heures de trouble ; mais, ne voyons ni le présent aussi laid, ni l'avenir aussi noir que des esprits moroses nous les peignent. Un certain optimisme est nécessaire pour faire en ce monde œuvre qui vaille. Quoi ! on est d'accord sur ce qui serait le mieux, et on se laisserait si vite rebuter parce que la tâche est difficile ! On convient qu'un état de choses serait digne d'être réalisé ; puis on le déclare impossible et on s'en console aussitôt.

Il est, Messieurs, un optimisme banal et suspect, bien différent de celui auquel je vous convie. Il consiste à trouver bon tout ce qui arrive, légitime tout ce qui réussit, à proclamer le progrès ou impossible, parce que tout est pour le mieux, ou fatal et assuré quoi que l'on fasse, autre manière de s'en désintéresser. Tout accepter parce que tout s'explique, vivre satisfait quelles que soient les souffrances des autres, déclarer l'injustice chose naturelle et la misère chose nécessaire, ce serait le dernier mot de la sagesse ! Contre cette déplorable philosophie de l'histoire, qui n'est que l'adoration du fait accompli, vous ne serez jamais trop en garde.

Tout n'est pas pour le mieux, n'en doutons pas. Le monde verra bien des changements. Les hommes rougiront certainement un jour de choses dont ils sont fiers aujourd'hui. C'est assez de nous résigner aux calamités irrémédiables, ne prenons jamais notre parti des autres.

La vraie philosophie de la vie serait, si je ne me trompe, un optimisme décidé, mais vigilant, fait d'espérance, de bienveillance et de bonne volonté, non d'aveuglement sur le présent ou d'illusions vaines sur l'avenir.

Quand on songe combien la vie de l'individu est courte, c'est une pensée consolante de lui assigner comme fin le bien toujours croissant de l'espèce, laquelle persiste et se renouvelle. Mais le progrès n'est nullement fatal; il ne se fera pas de lui-même, si nous nous croisons les bras. Il est possible et dépend de nous, cela suffit. Il s'accomplira si nous le voulons, si nous sommes assez nombreux et assez ardents à le vouloir.

En tout cas, puisque l'idéal n'est pas douteux, notre devoir est clair : faisons de notre mieux avec vaillance et bonne humeur, et fions-nous au temps, fions-nous à la raison cachée qui règne au sein des choses, du soin de faire germer ce que nous aurons semé.

Rôle des lettres et des sciences dans l'éducation

Messieurs,

Je tiens à dire d'abord tout le bien que je pense du beau discours que nous venons d'applaudir et qui est d'une philosophie si saine et si ferme, d'un tour si vif et si personnel, d'un sentiment si viril et si généreux. Ce n'est pas en France qu'on court le risque de voir jamais s'éteindre la race des savants qui sentent et qui parlent en lettrés délicats et convaincus !

Oui, vous l'avez bien dit, nous voulons, par l'enseignement scientifique, faire des esprits libres, à la fois affranchis et disciplinés; oui, par la culture classique, nous formons des âmes, nous élevons les cœurs, nous préparons l'homme, le citoyen, le patriote. Voilà bien la synthèse de l'œuvre universitaire. Si l'Université nouvelle a fait et dû faire à l'assaut pressant des notions positives de larges concessions, si elle a fait asseoir à son foyer — exclusivement consacré, par les statuts de ses fondateurs, au latin et aux mathématiques — non seulement les sciences physiques, chimiques et naturelles, mais la plus récente de toutes, l'histoire, trame et substance de la science sociale, elle n'a jamais renié, elle ne reniera jamais cette éducation gréco-romaine, qui a façonné, en quelque sorte, le génie français, qui lui a donné la force, la mesure, la clarté, tout ce qui le rend attrayant et populaire parmi les hommes. Les changements que nous avons introduits dans cette tradition vénérable n'ont immolé que des méthodes, sans rien enlever, — l'expérience déjà l'atteste, — à la somme du vrai savoir. Il faut juger, Messieurs, toute œuvre dans son ensemble. Cette Université novatrice, cette Université révolutionnaire, qu'on accuse de froideur pour les études classiques, a fait pour elles ce que personne auparavant n'avait tenté : elle en a sauvé la source, elle en a assuré l'avenir, en reconstituant les facultés des lettres.

C'est ici même, dans cette vieille Sorbonne — qu'on n'appellera plus longtemps, je l'espère, la vieille Sorbonne, et que nous verrons s'élancer rajeunie et agrandie de ses murailles délabrées, — c'est ici que la résurrection s'est accomplie : c'est bien le lieu et le moment, ce me semble, de mettre à l'ordre du jour de l'Université tout entière les ouvriers de cette tâche féconde. Messieurs les doyens, professeurs et maîtres de conférences de la faculté de Paris, les maîtres illustres, les érudits, les orateurs n'ont jamais fait défaut à votre compagnie. Depuis le temps où les Villemain, les Cousin, les Guizot donnaient à l'Université renaissante une auréole de gloire dont le rayonnement n'est pas encore éteint, la tradition ne s'est pas interrompue des grandes et belles leçons où se presse la jeunesse studieuse, où la ville accourt, et qui ne contribuent pas peu à maintenir dans notre pays le goût des choses de l'esprit et l'honneur des lettres françaises.

Mais si la Faculté a toujours eu des auditeurs, vous savez bien qu'elle n'avait pas d'élèves. Or, il faut à l'enseignement supérieur, non des curieux, mais des étudiants. Réduit aux auditoires frivoles ou passagers, aux leçons d'apparat où se complaît, dans les villes de province, l'oisiveté mondaine, à la fabrication monotone des bacheliers, l'enseignement supérieur des lettres était en péril : stérile, bien malgré lui, superficiel par nécessité, il semblait condamné à descendre lentement, mais sûrement, les degrés d'une élégante décadence, quand un souffle nouveau l'a ranimé. Ce souffle est bien le vôtre, Messieurs, c'est l'œuvre excellente de vos conférences. La transformation date d'hier, et déjà les effets éclatent à tous les yeux. Grâce à vous, la Faculté des lettres est devenue, elle aussi, un laboratoire; elle aussi a pris du champ, elle a débordé son étroite enceinte; en attendant qu'on la loge, elle campe modestement, bravement, sous des baraques, comme il sied aux armées en campagne. Et quelle campagne ne fait-elle pas ? La meilleure qui se puisse faire, la guerre aux routines persistantes, aux méthodes surannées, aux études sans profondeur, aux frivolités qui nous encombrent, aux lieux communs qui nous rabaissent, la guerre au nom de la saine critique et de la science sévère. Les conférences de la Faculté des lettres de Paris ont à peine deux ans d'existence et elles comptent à cette heure six cents élèves inscrits, présents, assidus, participant effectivement aux exercices pédagogiques qui ne sont possibles que dans les cours fermés : boursiers de licence et d'agrégation, professeurs des lycées et des collèges de l'Académie, professeurs et maîtres auxiliaires des lycées de Paris, élèves de l'École normale supérieure, de l'École des Chartes, de l'École des sciences politiques, de l'École des hautes études, maîtres d'étude et instituteurs, sans parler d'un groupe important d'auditeurs libres, mais laborieux; ainsi se forme le plus sérieux assurément, le plus appliqué, le mieux recruté des corps d'étudiants que l'Université de France ait jamais connu. Le branle est donné, le mouvement s'est étendu de Paris à la province, et Lyon, Bordeaux, Montpellier, Toulouse, Douai, Nancy, Poitiers, donnent déjà plus que des espérances.

Et si vous vous demandez, jeunes amis qui m'écoutez, ce qu'on attend de tout ce labeur et pour qui se fait ce grand effort, sachez que c'est pour vous, toujours pour vous, puisqu'il s'agit de former ceux qui seront vos maîtres. Les facultés cherchaient leur voie, elles l'ont trouvée : fournir à l'enseignement secondaire des licenciés et des agrégés, des maîtres enfin dignes de ce nom. Quel service serait plus grand, quel office plus noble au temps où nous sommes? Isolé sur les hauteurs, enfermé dans son égoïsme, l'enseignement des facultés dépérissait; rattaché par des liens nouveaux aux autres ordres d'études, il reprend une sève nouvelle et son utilité sociale apparaît à tous les yeux.

Messieurs, qu'il me soit permis de le dire devant cette assemblée, qui groupe et qui rapproche, une fois par an, les professeurs de l'enseignement supérieur et ceux de l'enseignement secondaire : l'Université a trop longtemps souffert de la séparation des divers ordres qui la constituent; entre ces deux grandes fractions du corps enseignant, pas de liens sérieux, pas de communications organisées, mais un fossé profond qui faisait, en quelque sorte, de chacune d'elles un monde à part.

Messieurs, l'Université renouvelée doit être une, comme la science moderne. C'est pourquoi nous avons voulu qu'elle fût représentée à tous ses étages dans les conseils académiques, comme dans le conseil supérieur; mais ce n'est pas assez. Il y faut, en outre, la pénétration réciproque, la communauté de méthodes, l'association effective et, en quelque sorte, quotidienne. Si l'enseignement supérieur se compromet en s'isolant, l'enseignement secondaire se suiciderait à coup sûr en se flattant de vivre de son propre fonds. Les hautes études sont la sauvegarde et la raison d'être des études moyennes.

C'est sur les hauts sommets que s'alimente la source éternelle qui charrie jusqu'aux petites écoles, jusqu'à l'enseignement enfantin et populaire, les paillettes d'or du savoir humain. Ce qui est évident pour les sciences plus particulièrement appelées positives, celles qui vivent de découvertes et s'élèvent incessamment dans la connaissance des lois du monde, n'est pas moins vrai de tout le reste. N'est-ce pas par la philologie, œuvre exclusive des hautes études, que les méthodes grammaticales, l'enseignement du latin et du français lui-même, ont subi de nos jours, jusque dans les collèges et dans les écoles, une transformation si heureuse et si féconde? C'est aussi par en haut, par les facultés, que l'enseignement de l'histoire s'est renouvelé depuis vingt-cinq ans. Comment voudriez-vous qu'il franchît la porte des lycées et qu'il marquât de son esprit les générations nouvelles, s'il se heurtait à des maîtres ignorants de ses procédés, étrangers ou rebelles à sa discipline? Car ce ne sont pas seulement les résultats généraux, ce sont les méthodes mêmes qu'élabore le haut enseignement, c'est par les habitudes imprimées aux esprits qu'il est vraiment maître et seigneur ; mais ce pli ne se prend pas dans la solitude, et tout cela ne s'acquiert ni ne se donne de seconde main. Un jour viendra, il faut que ce jour vienne, où tous les professeurs de l'ordre secondaire sortiront de l'École normale ou de l'enseignement des facultés.

A cette espérance, j'ajoute un vœu, presque une prière. Pour réaliser complètement une fusion si désirable, je voudrais que cette élite de nos jeunes maîtres, qu'une ambition, légitime à coup sûr, ou l'attrait, plus noble encore de la libre recherche, entraîne irrésistiblement vers l'enseignement supérieur, s'imposât à elle-même un stage d'une certaine durée dans les postes laborieux de l'enseignement secondaire. A se mettre à la portée des esprits enfantins, la science la plus haute ne déroge pas. Ces années d'épreuve volontaire porteraient avec elles, ce me semble, un grand profit à la fois intellectuel et moral. On n'est sûr, en vérité, de bien savoir que ce qu'on est capable d'apprendre aux autres ; et qu'on soit philosophe ou historien, on ne connaît bien l'esprit de l'homme qu'après l'avoir épelé dans l'âme de l'enfant.

Et quant à vous, mes jeunes amis, vous dont l'éducation classique s'achève ici sous les couronnes, vous les élus et les meilleurs, en quittant cette maison de science, promettez-vous d'y revenir. La vie pratique est sur le seuil, l'éducation professionnelle va s'emparer de vous : n'en précipitez pas la marche nécessaire. Laissez aux nobles études, aux études désintéressées, le plus de place que vous pourrez. Prenez le temps de gravir quelques degrés de plus dans le savoir. Laissez-vous tenter par ces hauteurs dont la Sorbonne vous montre le chemin. Même sans briguer ses titres ni ses diplômes, mêlez-vous à ses exercices, pénétrez-vous de ses méthodes, faites au moins dans ces régions vivifiantes un voyage de reconnaissance : vous en reviendrez plus forts et plus libres.

Monter, monter toujours, c'est pour les individus comme pour les peuples, la seule façon de ne pas déchoir. Sur ce champ de bataille pacifique, où toutes les activités se donnent rendez-vous, le lutteur qui s'arrête est bientôt dépassé ; les nations qui se reposent commencent à descendre. C'est par les hautes études que le niveau s'élève, c'est par elles que s'opère la marche en avant. Il faut les aimer et les aider, les honorer et les défendre. Le temps n'est plus où on les délaissait par indifférence, où on les mutilait par économie. Le gouvernement républicain, qui les a restaurées, ne les laissera ni négliger ni amoindrir. Dans une démocratie industrieuse et agitée, comme la nôtre, on ne saurait trop le répéter, l'enseignement supérieur n'est pas le superflu ; c'est simplement le nécessaire.

Sur les arts décoratifs

Mes amis,

C'est un jour de fête pour vous que celui-ci : laissez-moi vous dire tout d'abord que c'en est un aussi pour moi. Oui, je suis heureux, très heureux d'avoir été appelé à féliciter les vainqueurs dont les noms vont être proclamés, à rendre justice à leurs travaux, à leur décerner les récompenses qu'ils ont méritées ; et ce m'est une joie véritable d'avoir à remercier les maîtres habiles qui vous prodiguent leur expérience et leur affectueuse sollicitude et l'homme dévoué que l'administration a mis à la tête de votre école. Il m'est doux d'avoir cette occasion de lui dire en quelle haute estime sont tenus ses talents et son caractère. Il vous donne, sans compter, son activité, ses forces, son intelligence et son cœur ; qu'il sache bien que vous n'êtes pas les seuls à lui en être reconnaissants.

J'ai visité avec lui votre exposition ; il me l'a montrée avec quelque fierté. C'est qu'en effet elle est pleine de promesses. On y sent la vie, la jeunesse, la santé. Il y a dans vos concours de composition des choses charmantes. Certains morceaux ont été jugés dignes de servir de modèles industriels : c'est là un grand succès, et l'on peut y voir une précieuse indication pour l'avenir.

Donc, l'année écoulée a été bonne; que l'année prochaine soit meilleure. Prenez dès à présent avec vous-mêmes l'engagement de redoubler d'efforts. Votre propre intérêt, ce que vous devez à tous ceux qui vous aident de leurs conseils et de leurs leçons, le souci de la renommée d'une école dont l'histoire déjà longue est marquée par de grands services rendus au pays, vous y engagent; j'ajoute que le patriotisme vous en fait un devoir.

Nulle part on n'a excellé comme en France à relever l'industrie par l'art. Cette supériorité nous a enrichis; elle nous a valu dans le monde entier une réputation qui nous a inspiré un très juste orgueil. Volontiers nous nous laissons aller à croire qu'elle avait découragé les nations étrangères, qui n'essayeraient même pas de nous la disputer. Eh bien! c'était une erreur, et nous l'avons bien vu. Certaines d'entre elles étaient décidées au combat et déjà assez bien armées — les dernières expositions industrielles nous l'ont prouvé — pour nous donner quelques inquiétudes. Les qualités natives de la race française empêcheraient, sans doute, que nous eussions le dessous : mais le plus prudent était de ne pas s'y fier, et puis ce n'était point assez de n'être pas vaincus, il fallait n'être pas égalés.

Certes, les destinées de l'art pur préoccupent à juste titre le gouvernement. Il veut, et il serait coupable de ne pas le vouloir, qu'il soit la parure de notre République, comme il l'a été de la république d'Athènes, dans l'antiquité, et plus tard des républiques italiennes de Gênes, de Florence, de Venise. Il en provoque sans cesse les manifestations; il l'appelle à décorer nos palais, nos hôtels de ville, nos musées; il fait plus pour lui que n'a jamais fait la monarchie; mais il sait aussi qu'il a le devoir de ne rien abandonner de ce qui constitue une partie de la prospérité et de la gloire de la France; et voilà pourquoi, averti par ces progrès de l'industrie d'art chez les étrangers que je vous rappelais, comprenant qu'il n'y avait pas de temps à perdre, il s'est résolu à agir sans retard et à mettre le pays en état de soutenir la lutte.

Il lui fallait favoriser et répandre partout l'étude du dessin, en améliorer les méthodes et l'enseignement, multiplier les bons modèles et les mettre à la disposition de tous. Le Parlement lui a fourni des subsides. En maint endroit, le concours empressé des autorités locales, de généreuses initiatives particulières, le dévouement des professeurs, l'ardeur des élèves ont secondé puissamment l'État. Ça a été comme une conspiration de bons vouloirs dans le pays tout entier.

Beaucoup a été fait. Est-ce assez? Non.

Cette vaste enquête sur la situation des ouvriers d'art qui vient de se terminer et dont votre directeur vous parlait, il y a un instant, ne saurait nous laisser de doute; pendant que nous marchions, on n'était pas stationnaire en Angleterre, en Allemagne, en Autriche-Hongrie, et même on y avait fait de tels pas, que nous avons lieu plus que jamais de prendre la chose fort au sérieux.

Oui! il faut des efforts nouveaux plus vaillants encore et plus énergiques. C'est pourquoi je vous disais : Redoublez d'ardeur au travail pour l'amour de la France! Soyons, d'ailleurs, pleins d'espoir. Il s'est fondé hors de chez nous de nombreuses écoles richement dotées, soit; nous pouvons en avoir autant et qui ne seront pas moins largement pourvues; nos rivaux ont l'habileté, la patience, la persévérance, j'y consens; rien de tout cela ne nous manque, il me semble. Ont-ils autant que nous la grâce, la délicatesse du goût, l'invention ingénieuse et facile, l'imagination féconde et brillante, enfin tout ce qui m'a enchanté dans votre exposition? Je crois bien que non, et voilà pourquoi je dis : La victoire nous restera. Les étrangers ne nous égaleront pas et nous nous surpasserons.

Ils ont donc une belle tâche, un noble emploi à faire de leur intelligence et de leurs talents, ceux qui se consacreront à cet art industriel auquel vous préparent si bien les leçons que vous recevez. Ne le dédaignez pas, ne cédez pas facilement à la tentation de devenir des peintres et des statuaires. Dites-vous qu'il faut être bien sûr d'avoir la vocation pour s'y risquer. Ce lieu privilégié, charmant entre tous, dont vous êtes les hôtes aujourd'hui, a des séductions qui peuvent être dangereuses; défiez-vous-en. Il est aisé de faire de pauvres tableaux et de pauvres statues; mais il vaut beaucoup mieux ne pas en faire, cela ne rapporte ni honneur ni profit. Mieux vaut mettre son orgueil à être un artisan parfait qu'à être un artiste mauvais ou seulement médiocre.

Demeurez donc fidèles à votre école, où l'on vous connaît, où l'on vous aime, où l'on vous fraie la voie vers un avenir qui ne vous réservera pas de déceptions cruelles, qui pourra vous donner la fortune, et mieux encore. L'art industriel a bien aussi ses célébrités et ses gloires.

Vous voilà en vacances; reposez-vous, mais que vos loisirs ne soient pas stériles. Pendant deux mois, vous n'aurez plus les leçons de vos maîtres; mais il est un autre enseignement, celui que donne la contemplation des belles choses. Visitez nos musées, allez au Louvre, consacrez de longues heures aux galeries de la peinture et de la sculpture.

La vue des chefs-d'œuvre du grand art profite même à ceux qui ne lui ont pas voué leur vie. Le beau, dans sa plus pure et sa plus haute expression, ayant pénétré leur âme, elle en garde quelque chose qui se retrouve dans leurs créations plus modestes et leur donne une valeur qu'elles n'auraient pas eue sans cela. Et puis, — ceci dit en passant, — quand vous aurez bien regardé la *Vénus de Milo*, le *Gladiateur*, la *Diane de Gabies*, peut-être l'admiration que vous éprouverez vous engagera-t-elle à vous appliquer davantage au dessin d'après l'antique, où vous avez quelques progrès à faire. Vous serez tout naturellement attirés par les monuments de l'industrie artistique d'un autre temps. On vous verra souvent devant les vitrines de la galerie d'Apollon et dans les salles de l'hôtel de Cluny; ces faïences, ces émaux, ces ivoires, ces bijoux, ces meubles d'un travail exquis, vous raviront par leur grâce, leur délicatesse et leur fini; mais peut-être si vous songiez à être, vous aussi, des céramistes, des émailleurs, des ivoiriers, des joailliers ou des ébénistes, leur perfection vous effraiera-t-elle. Ne désespérez pas; dites-vous que ceux à qui nous les devons ont eu, eux aussi, leurs découragements, qu'ils ont su en triompher ; qu'à force d'étudier les ouvrages de leurs devanciers, ils sont arrivés à être des maîtres comme eux, et qu'ayant, vous, leur courage et leur persévérance, et les merveilles qu'ils vous ont laissées vous servant d'exemples et de modèles, un jour pourra venir où vous ferez aussi bien qu'eux.

Ainsi, ce temps de vacances aura été pour vous un temps bien employé. Ayant beaucoup vu, vous aurez beaucoup appris ; votre esprit sera élevé, votre jugement fortifié, et lorsque l'école rouvrira ses portes, vous retournerez à vos travaux accoutumés prêts à de plus vaillants efforts, ayant la ferme volonté d'honorer par vos talents cette France que vous aimez d'un ardent amour et qui compte sur vous.

Sur les obligations civiles et les devoirs humains

Messieurs,
Mes jeunes amis,

« Servir la patrie, a dit Victor Hugo, est une moitié du devoir ; servir l'humanité est l'autre moitié. » Ces deux parties, loin d'être inconciliables, se complètent l'une l'autre. De même que la pratique des vertus privées prépare à celle des vertus publiques, de même l'esprit de communauté, le désintéressement réfléchi, toutes ces ressources de dévouement et d'activité laborieuse que crée et qu'entretient le sentiment national, sont autant de prises faites sur la perfection par l'ensemble du monde vivant ; et le meilleur moyen que vous ayez, mes jeunes amis, de devenir et de rester des hommes vraiment dignes de ce nom est d'acquérir d'abord et de développer en vous toutes les qualités du citoyen.

L'éducation que vous recevez unit ce double objet ; et soit dans le commerce fortifiant et salutaire des anciens, soit dans la fréquentation choisie des modernes, soit dans l'étude des sciences, de l'histoire, des langues vivantes ou de la philosophie, vos maîtres ne vous demandent pas seulement de recueillir des exemples de style, des formes littéraires, des souvenirs de noms, de dates ou de faits, des vérités théoriques ou expérimentales : ils vous invitent surtout à retenir ces préceptes moraux et ces méthodes intellectuelles qui, plus tard, au milieu des difficultés de la vie sociale, devront servir de lumière à votre raison et de guide à votre volonté.

Les leçons qui vous sont données sont à la fois réglées sur l'idée de la France et sur celle de l'humanité, et le caractère qu'on s'efforce de vous assurer est celui qui convient à un peuple libre, né pour le beau et pour le bien, voué, par ses traditions et sa destinée, à l'œuvre générale de la civilisation.

On ne cherche pas, sans doute, à vous imposer une sèche et froide uniformité. L'infinie variété de tempéraments et d'aptitudes dont votre jeunesse contient le germe précieux, loin de disparaître dans l'avenir, pourra largement s'épanouir au plein air. Il faudrait que, sous la diversité des traits individuels, il fût toujours possible de retrouver la substance des âmes fortes et des cœurs généreux.

Et je rapproche à dessein ces deux mots de force et de générosité. On vous a souvent parlé, et avec raison, de la nécessité d'éveiller en vous les puissances intimes de votre nature ; on vous a engagés à prendre conscience de votre personnalité, à délivrer votre jugement de la tyrannie des formules, à façonner votre intelligence et à l'accoutumer aux franches allures par ce que Montaigne appelait « l'honneste curiosité de s'enquérir de toutes choses », à ne pas laisser s'altérer et se fausser dans l'inertie les ressorts de votre volonté, à vous habituer enfin, par l'exercice de l'effort, au mépris raisonné des obstacles, à la promptitude et à la sûreté dans la délibération, à l'aisance et à la fermeté dans la résolution.

N'oubliez pas pourtant que la vraie force ne va pas sans grandeur et sans bonté et que, dans la société où il faudra marquer votre place, vous n'aurez pas seulement à donner la mesure de votre vouloir et la preuve de votre sagacité, mais à protéger contre les entraves de l'égoïsme l'élan spontané de vos facultés affectives.

Certes, on ne saurait estimer trop haut le prix d'une volonté solide, appuyée sur des convictions profondes et garantie par une absolue possession du moi. Rien de si vil et, au demeurant, de si dangereux que ces âmes désemparées qui se laissent flotter à tous les courants, qu'aucun souffle soutenu ne conduit, et que poussent seuls les fantaisies du hasard ou les caprices de l'intérêt. Mais, après avoir conquis l'empire de vous-mêmes, ce n'est pas pour vous, mes jeunes amis, c'est pour les autres que vous devrez en user. Vous ne confondrez jamais l'énergie avec l'opiniâtreté, la fierté avec l'orgueil, l'ambition avec la convoitise, l'amour de l'indépendance avec les suggestions hypocrites de l'esprit d'indiscipline.

La discipline, dont Kant fait le premier article d'un programme rationnel d'éducation, on vous l'a rendue douce, bienveillante et paternelle. Je ne m'en plains pas. Aucun de vous n'y peut voir désormais une règle arbitraire ou une sujétion pénible ; mais qu'aucun de vous, non plus, n'aille la considérer comme une loi provisoire et limitée dont les effets s'arrêteraient aux portes du collège.

L'apprentissage que vous aurez fait de l'obéissance et du respect ne vous sera pas inutile, plus tard, dans le contact avec la liberté. « La place naturelle de la vertu, dit Montesquieu, ne se trouve pas plus auprès de la liberté extrême qu'auprès de la servitude. » Et il remarque que le véritable esprit d'égalité « ne consiste point à faire en sorte que tout le monde commande ou que personne ne soit commandé, mais à obéir et à commander à ses égaux ». Vous aurez donc, mes amis, à prélever sur votre liberté personnelle le tribut que vous devez à la liberté d'autrui ; vous aurez à corriger sans cesse la notion de vos droits par la notion corrélative de vos devoirs ; vous aurez à subordonner votre volonté au pouvoir supérieur de la volonté générale.

Rappelez-vous le langage que Platon fait tenir à Socrate et aux lois elles-mêmes : « Partout il faut obéir aux ordres de la patrie ou user avec elle de persuasion, comme il est permis ; car si c'est une impiété de faire violence à son père ou à sa mère, c'en est une beaucoup plus grande de forcer sa patrie. »

Une démocratie dans laquelle les citoyens n'auraient pas des caractères mâles et des corps robustes serait condamnée à l'obscurité des décadences et à la honte des effacements ; mais une démocratie dans laquelle le dérèglement des volontés débridées risquerait de troubler l'harmonie sociale et l'ordre légalement établi serait exposée aux secousses mortelles de la violence et aux déchirements de l'anarchie.

L'autorité qui s'appuie sur le consentement populaire n'exige ni des soumissions humiliées ni des abdications dégradantes ; elle n'est autre chose que l'émanation des volontés individuelles, la synthèse des libertés éparses, la personnification morale d'un ensemble de personnalités humaines.

Accepter cette autorité perpétuellement contrôlée, ce n'est pas s'abaisser à une capitulation de conscience ; c'est s'élever, au-dessus des conceptions étroites et des intérêts aveugles, jusqu'à la haute et large compréhension des idées directrices et des nécessités immuables. Ce n'est pas renoncer aux droits de l'égalité ; c'est au contraire les affirmer et les défendre : car c'est compléter, redresser, épurer l'amour de l'égalité par le sentiment plus noble de la justice et de la fraternité.

Je parle de sentiment, Messieurs, et en effet, bien que la connaissance de la justice relève d'abord de notre entendement, je voudrais que nous missions à rechercher le juste et à le propager un peu de flamme et d'imagination. L'imagination n'est pas toujours une « maîtresse d'erreur et de fausseté ». Elle est souvent l'auxiliaire et l'interprète des grandes pensées au sortir du cœur. Elle les anime, les vivifie, les colore d'une lueur d'infini. A quoi de plus nécessaire dépenser la chaleur de cette faculté créatrice, à quoi de plus nécessaire et de plus louable, qu'à la poursuite du droit et de l'équité ?

Passionnez-vous, jeunes gens, pour cette cause sacrée. Répétez-vous bien que, même dans un siècle de science et de pensée, l'avenir restera souriant et propice à ceux-là surtout qui auront su conserver intacte la force de sentir. On dirait parfois que notre pays, ce pays qui a toujours besoin d'un idéal, et qui l'a placé tantôt dans la fondation de l'unité nationale, tantôt dans la revanche des libertés asservies et dans l'anéantissement du despotisme, tantôt dans le rayonnement de la gloire militaire ; on dirait parfois qu'il est embarrassé de ses réserves d'enthousiasme, et que, ne sachant trop comment les employer, il aime mieux les compromettre que de les laisser dormir. On dirait surtout que la jeunesse est, par moment, travaillée d'une soif immodérée d'action et gênée par le trop plein de sa vitalité. Ce sont là des signes qui doivent nous rassurer plutôt que nous émouvoir; ils prouvent que la France ne se laissera jamais embrumer par le pessimisme et refroidir par l'indifférence; ils prouvent que la nation n'est pas morte aux mouvements sincères et aux entrainements instinctifs ; et comme sa sincérité est ordinairement clairvoyante, comme ses instincts sont toujours généreux, c'est, malgré tout, le bon sens et la bonne humeur qui finissent par l'emporter.

Quel profit cependant pour la patrie si jamais de telles richesses de cœur n'étaient gaspillées, et si nous savions désormais les utiliser sans déchet au triomphe du bien public ! Lorsque vous serez des hommes, mes chers amis, tournez le meilleur de vos aspirations vers ce but commun ; et ne vous découragez pas s'il vous paraît trop élevé, trop lointain, trop inaccessible. Il y a longtemps que les peuples sont en marche pour l'atteindre ; les plus favorisés, je veux dire les plus sages et les plus instruits, ne sont pas encore près d'y toucher. Il reste toujours des injustices à corriger, des douleurs à guérir, des misères à consoler. Vous n'aurez pas la prétention de les supprimer toutes. Essayez, du moins, comme ceux qui vous auront précédés, d'en alléger quelques-unes. D'autres vous suivront, qui reprendront et continueront la tâche commencée, et c'est de ces efforts partiels et de ces poussées successives qu'en dépit des haltes momentanées et des reculs apparents, est fait le progrès ininterrompu de l'humanité.

Sur la musique

Messieurs,

Les anciens considéraient la musique comme une langue universelle, et son étude préparait, comme celle des mathématiques, à l'étude de la philosophie. Hermès et Pythagore définissaient la musique « la science de l'ordre en toutes choses ». C'est assez dire qu'ils lui donnaient le sens beaucoup plus étendu d'harmonie.

Dès l'antiquité, on n'avait point trouvé de moyen plus efficace pour graver dans l'esprit des hommes les principes de la morale et l'amour de la vertu que l'usage de la musique. Ceci s'explique naturellement ; car la grandeur des sentiments et l'élévation des idées cherchent par des accents proportionnés à se faire un langage digne d'elles.

La musique faisait partie des études regardées comme indispensables chez les anciens pythagoriciens ; ils s'en servaient pour exciter le cœur à des actions louables et pour s'enflammer de l'amour de la vertu. Selon ces philosophes, notre âme n'était, pour ainsi dire, formée que d'harmonie, et ils croyaient rétablir, par le moyen de l'harmonie sensuelle, l'harmonie intellectuelle et primitive des facultés de l'âme, c'est-à-dire celle qui, selon eux, existait en elle avant qu'elle animât nos corps et lorsqu'elle habitait les cieux.

Innée chez l'homme, comme le sentiment de la parole, la musique n'a point eu, à proprement parler, d'origine. Il y eut sans doute un homme qui, le premier, s'avisa de souffler dans un roseau creux et inventa la flûte ; mais personne n'a inventé le chant. D'après les anciennes traditions, consignées par les poètes, et que l'un des plus grands, Lucrèce, a rendues de la façon la plus large et la plus précise, le chant des oiseaux, le murmure du vent dans les roseaux et dans les branches des arbres, donnèrent à l'homme les premières idées des modulations harmoniques.

Ce roseau creux sur lequel, d'après le poète, les bergers modu-
lèrent leurs plaintes amoureuses, donna naissance à toute la
musique instrumentale. Le bois et le métal furent façonnés à
l'envi. Tous ces noms de héros et de demi-dieux auxquels la
mythologie et même la Bible attribuèrent l'invention de la musique : Osiris, Jubal, Tubalcaïn, Hermès, Cadmus, Chiron,
Amphion, Apollon, Musée, ne sont que des personnifications
mythiques ; tout au plus peut-on rapporter à ces personnages
fabuleux l'invention de la musique instrumentale ou des instruments de musique : les cymbales, les trompettes, la lyre, la flûte,
le psaltérion.

On trouve dans l'Inde, à une époque presque indéfiniment
reculée, les traces d'un art musical établi sur des bases fixes. Les
Indous attribuaient l'origine de la musique à Sereswati, la déesse
de la parole, en même temps que l'invention du *vinia*, le plus
ancien instrument musical connu et qui devait se rapprocher de
la flûte.

La Chine est, après l'Inde, le pays où l'on trouve les traces les
plus anciennes d'un système établi.

L'Égypte, ce grand foyer de civilisation antique, ne connut
qu'un art musical tout à fait rudimentaire. Sur la foi de Diodore
de Sicile, plusieurs historiens ont répété que les Égyptiens considéraient la musique comme un art frivole et dangereux. Goguet,
en s'appuyant de témoignages des Platon, d'Hérodote et de Clément d'Alexandrie, observe que l'assertion de Diodore ne doit pas
être prise à la lettre. En rapprochant le *Traité des lois* de Platon
de l'ouvrage sur le même sujet de Clément d'Alexandrie, on
reconnaît que les Égyptiens jugeaient certains genres de musique
susceptibles de corrompre les mœurs et, pour qu'ils ne pussent
jamais être adoptés, ils avaient défendu toute espèce d'innovation
et toute pratique tendant à s'éloigner des modes prescrits. Il ne
s'agit donc pas de proscription de la musique en général. Cette
défense de tout changement s'étendait aussi à la sculpture, à la
peinture, comme aux lois et aux mœurs ; elle forme même un
des traits principaux de la physionomie de ce peuple. Hérodote,

en décrivant quelques-unes des fêtes de l'Égypte, dit expressément qu'on y jouait de la flûte et qu'on y chantait des hymnes. Comme les Égyptiens n'avaient ni solennités civiles ni théâtres, qu'ils ne connaissaient aucun des jeux favoris des Grecs, la musique ne pouvait être employée que dans les cérémonies religieuses et aux funérailles. Du reste, ils ne paraissent avoir connu aucun système régulier. Autant qu'on peut le conjecturer à l'aide de rares témoignages et surtout par les peintures murales, les instruments usités en Égypte étaient : 1° la harpe, ou *tébouni*, sur laquelle on a fort peu de renseignements ; il paraît que les cordes de cet instrument étaient faites avec des intestins de chameau, ainsi qu'on les fabrique encore dans le pays ; 2° la lyre à trois ou quatre cordes ; 3° le psaltérion ; 4° les différents genres de flûte ; 5° les sistres ; 6° le tympan ou tambour de guerre. L'harmonie n'a pas été connue des Égyptiens ; on pense pourtant qu'ils ont fait usage de l'antiphonie, mode d'exécution provenant naturellement de la réunion des voix d'hommes et de femmes.

Le peuple hébreu a été, dans toute l'antiquité, célèbre par l'emploi qu'il sut faire de la musique pour augmenter la pompe du culte religieux. Non seulement les livres sacrés des Juifs, mais aussi plusieurs historiens étrangers à ce peuple parlent de cette musique de manière à nous faire regretter la perte de ces manifestations artistiques du peuple juif.

La *Genèse* attribue à Jubal l'invention des premiers instruments de musique. Dans l'histoire du patriarche Jacob, il est encore question de musique vocale et instrumentale, d'une manière qui fait voir qu'alors l'une et l'autre, si imparfaites qu'elles fussent, étaient connues parmi les Hébreux. La musique n'avait pas encore fait de grands progrès du temps de Moïse, qui composa le premier hymne en faveur de Jéhovah. Cependant, par le chant de victoire qu'il entonna avec les Israélites après le passage de la mer Rouge, on voit qu'alors les femmes prenaient déjà part aux cérémonies religieuses et que la musique vocale était accompagnée de danses et du son des instruments. Plusieurs auteurs ont même conclu de ce fait que la musique n'était exercée que par les femmes, assertion assez conforme aux mœurs des Orientaux. Pour se faire une idée approximative des chants des Israélites, il ne faut pas oublier qu'ils s'exécutaient presque toujours en dansant et que le mouvement de la danse n'admet pas un dessin mélodique régulier. Probablement, ces chants n'étaient que des clameurs tumultueuses, telles, à peu près, que les chants égyptiens accompagnés du sistre, et tels que sont encore aujourd'hui les chants de tous les peuples des extrémités de l'Orient et de l'Afrique.

Pendant la conquête de la Palestine par les Hébreux et dans les premiers temps de cette conquête, la musique guerrière fut principalement en faveur. Sous le gouvernement des juges, plusieurs faits semblent démontrer que, à cette époque, les femmes s'occupaient principalement de musique. La longue et paisible administration de Samuel fut très favorable aux arts et en particulier à celui de la musique, qui paraît avoir été enseignée dans les écoles publiques que les livres des Hébreux désignent sous le nom d'écoles des prophètes. Les exemples de l'emploi de la musique par les prophètes sont très nombreux chez les Hébreux ; mais c'est sous le règne de David que cet art acquit son plus haut degré de vulgarisation. Ce roi mêla la musique aux cérémonies de la religion ; les Israélites, marchant devant l'arche sainte, faisaient résonner les lyres, les harpes, les tambourins, les sistres, les cymbales et le buccin, instruments empruntés aux nations voisines ; car on ne trouve nulle part chez les Juifs vestige d'invention. Cependant, on voit dans la version des *Septantes* que David fabriqua un instrument de musique nommé *psaltérion*. Lorsque l'arche fut enfin placée dans la cité, ce prince créa des chanteurs et des instrumentistes religieux. Héman, Assaph et Echant furent désignés pour chanter en jouant des cymbales métalliques ; Zacharie, Ozel, etc., célébraient les mystères en s'accompagnant du *psaltérion*; Mathathias, Eliphala, soutenus par la harpe à huit cordes, chantaient les cantiques de victoire ; Chonénias, le premier des lévites, présidait à la prophétie, c'est-à-dire au chant qui déterminait la mélodie ; Schénias,

Josaphat et d'autres prêtres sonnaient de la trompette devant l'arche; Jéhiel jouait du psaltérion et de la lyre. David, on le voit, fit donc marcher de pair la musique vocale et la musique instrumentale.

Salomon protégea aussi la musique, qui, comme tous les autres arts, progressa sous son règne. Josèphe rapporte que, à l'exemple de son père, ce prince entretint à sa cour une nombreuse troupe de musiciens et de musiciennes. La dédicace du temple de Jérusalem fut effectuée avec une pompe extraordinaire ; un grand nombre de musiciens figurèrent dans cette cérémonie. On peut supposer que c'est à cette occasion qu'il fit fabriquer plusieurs milliers d'instruments de musique, et notamment un instrument tout particulier dont la matière était un alliage d'or et d'argent. Josèphe, qui nous apprend ce fait, ne nomme pas l'instrument. On sait que Samarie osa vainement disputer à Jérusalem la palme de la magnificence pour les solennités religieuses.

Depuis l'inauguration du temple, on retrouve à peine quelques indications sur la musique des Juifs. La Bible, qui est leur principale histoire, nous apprend que les chanteurs concoururent au gain de la bataille livrée par Josaphat aux Ammonites et aux Moabites ; disposés suivant l'ordre qu'ils occupaient dans le temple, ils servirent d'avant-garde. A en juger par les hymnes et les cantiques qui nous restent, la musique hébraïque devait avoir, comme la langue, quelque chose de grave, de noble et d'élevé ; la mélopée des chants de Jérémie, le Simonide des Hébreux, devait être plaintive et pathétique. Le goût de la musique, bien qu'affaibli par la captivité, se perpétua à Jérusalem jusqu'aux derniers jours de cette cité. Tacite dépeint les prêtres jouant de la flûte et du tambour. Divers passages de la Bible permettent aussi de croire que les Hébreux aimaient à entendre de la musique pendant leurs repas. Il est également constant qu'ils l'employaient dans les cérémonies funèbres, et le rabbin Maimonide assure que le plus pauvre Israélite ne louait pas moins de deux flûtes et d'une pleureuse pour les funérailles de sa famille. A l'époque où Hérode le Grand monta sur le trône, la poésie et la musique hébraïques cédèrent le pas à la poésie et à la musique grecques.

Nous n'avons que des notions très obscures et très restreintes sur la musique des Phéniciens. Ils inventèrent, dit-on, deux instruments, l'un nommé *phénicien*, l'autre appelé *noblum;* celui-ci est regardé par quelques auteurs comme le psaltérion ancien. Ces peuples s'en servaient pour accompagner la danse de leurs mimes, pour célébrer les fêtes de Bacchus ; ils employaient aussi dans les funérailles une flûte longue d'une palme, appelée *gingrios* ou *gingria,* qui rendait un son aigu, mais lugubre, et qui empruntait son nom aux lamentations des Phéniciens sur la mort d'Adonis. Il y avait aussi une danse nommée *gingros* ou *gingras,* parce qu'on la dansait au son de ces flûtes.

On attribue aux Tyriens l'invention du triangle, dont la forme s'est conservée jusqu'aux temps modernes. Ils avaient aussi des instruments à vent.

On ne peut pas mettre en doute que la musique ait été connue des Assyriens, qui se servaient du pandore, instrument à trois cordes; des Babyloniens, dont la civilisation était si raffinée, et des Scythes, qui inventèrent le *pentacorde,* instrument à cinq cordes. Pour en jouer, ils se servaient d'une mâchoire de chien au lieu de plectrum.

Les Grecs, comme tous les autres peuples, ont attribué à la musique une origine céleste, et leur estime pour cet art était proportionnée aux effets surprenants qu'ils lui attribuaient. Leurs auteurs ne croient pas nous en donner une trop grande idée en nous disant qu'elle était en usage dans le ciel, qu'elle faisait l'amusement principal des dieux. Athénée nous assure qu'autrefois toutes les lois divines et humaines, la connaissance de ce qui concernait les rois et les héros, les vies et les actions des hommes illustres étaient écrites en vers et chantées publiquement par des chœurs, au son des instruments.

La syrinx ou flûte de Pan était attribuée à cette divinité, la lyre à Apollon, la flûte à Minerve. Le nombre des cordes de la

yre fut peu à peu augmenté et les Grecs inscrivirent au nombre
de leurs bienfaiteurs les auteurs ingénieux de ces modifications,
Olympus et Therpandre. Les aèdes ou poètes, comme nous le
voyons dans Homère et par la légende d'Orphée, d'Amphion, etc.,
étaient en même temps des musiciens. Mais le chant ne consis-
tait, sans doute, qu'en une sorte de déclamation qui accentuait
les paroles; la lyre ou la flûte marquait la cadence. C'étaient là
les instruments perfectionnés; il y en avait de plus primitifs et
de plus bruyants. La corne du bœuf et du bélier, dont on tirait
des sons rauques, des feuilles de métal que l'on frappait violem-
ment, une peau tendue sur une caisse et que l'on faisait résonner
soit avec la paume des mains, soit avec des baguettes, consti-
tuaient l'orchestre des prêtres de Cybèle, et la Fable nous apprend
que les vagissements de Jupiter avaient été étouffés par les
curètes sous le bruit d'airain de leurs boucliers heurtés les uns
contre les autres. Lucrèce, imbu profondément de toute la poésie
grecque, a rendu ces accords sauvages dans des vers d'une admirable harmonie :

> *Tympana tenta tonant palmis et cymbala circum*
> *Concava raucisono minantur cornua cantu...*

Malgré le poète, nous croirons volontiers que les anciens
tiraient de ces grossiers instruments plus de tapage que de musique.
Le gong et le tam-tam des Chinois, la trompe des chevriers suisses,
le tambour de basque des gitanos ont perpétué jusqu'à nous ces
traditions lointaines; car rien n'est invariable comme les mœurs
primitives.

Une seconde période de la musique grecque, que l'on peut
faire commencer au rétablissement des jeux pythiques, l'an 586
avant l'ère chrétienne, rend manifestes quelques perfectionnements. Le plus considérable consiste dans la séparation du chant
et de l'accompagnement, scission qui contraignit de confier
chaque partie distincte à un musicien particulier.

Les Romains modifièrent fort peu les procédés musicaux des
Grecs; la flûte est presque le seul instrument qu'on leur connaisse

d'abord ; ils considéraient comme un grand honneur d'attacher à la personne de leurs triomphateurs un joueur de flûte qui l'accompagnait partout, et ce n'est que dans la décadence de la république qu'on voit les joueuses de cithare et de lyre admises à distraire, pendant leurs longs festins, ces maîtres du monde. Ce n'est guère que vers l'an 415 que l'institution des jeux scéniques popularisa la musique. Suivant Horace, vers l'an 510, Lucius inventa à Rome une comédie, uniquement composée d'un récit versifié, débité sur le théâtre avec accompagnement de flûte d'abord, puis d'instruments à cordes. Plus tard, vers 560, on accorda des privilèges aux musiciens de tous les pays qui viendraient s'établir à Rome. Le règne d'Auguste fut favorable à l'art musical. Ce prince récompensait ceux qui offraient les plus riches spectacles publics, et Néron porta l'art musical à son plus haut point de splendeur chez les Romains. L'art musical se soutint encore à Rome sous le règne de Galba ; mais depuis la mort de ce prince jusqu'à la chute de l'empire romain, plus rien, sur ce sujet, ne mérite l'attention.

Les instruments de musique employés par les Romains leur sont presque tous venus des Étrusques et des Grecs, et ceux que préférait ce peuple belliqueux étaient les instruments à vent.

Selon Diodore de Sicile, Grégoire de Tours et Fauchet, les Gaulois connaissaient la musique dès l'an 2140 de la création, et Bardus, un de leurs rois, établit, dans la Gaule, des écoles publiques de musique, dont les chefs s'appelaient *bardes*, du nom de leur fondateur, cinquième roi des Gaules. Les bardes n'avaient pas pour seule mission l'instruction de la jeunesse ; ils marchaient à la tête des armées, jouant de la harpe et du psaltérion, et s'accompagnaient en chantant des hymnes et des cantiques propres à calmer ou à enflammer l'ardeur des généraux et des soldats.

La musique servait aussi dans les pompes funèbres et rehaussait l'éclat des cérémonies religieuses.

Mais la musique, telle que nous la connaissons, ne date véritablement que du moyen âge, et elle a pris naissance dans les chants de l'Église catholique.

L'Église primitive fonda des écoles de chant dont on fait remonter l'institution au pape Sylvestre, en 330; saint Grégoire assigna des revenus à ces écoles et apporta au plain-chant des modifications qui ont fait donner à sa méthode le nom de chant grégorien; enfin, un moine italien, Gui d'Arezzo, inventa la notation musicale telle qu'on la pratique encore aujourd'hui, en donnant aux six premières des noms tirés des syllabes initiales d'une hymne liturgique. La septième note, le *si*, ne fut inventée qu'au dix-septième siècle, ou peut-être au seizième.

A partir de Gui d'Arezzo, l'art fit des progrès rapides; la découverte de l'orgue et de ses combinaisons harmoniques mit sur la voie des combinaisons vocales. L'apparition de l'orgue excita l'enthousiasme.

Parallèlement à la musique d'église, les trouvères et les troubadours en France imaginaient, pour accompagner leurs chansons, des combinaisons musicales plus souples, plus tendres, plus passionnées. La plupart d'entre eux, ne pouvant exceller à la fois dans les compositions musicale et poétique, s'adjoignaient un musicien de profession, et leurs œuvres, répétées partout dans les châteaux et les villages, devinrent populaires.

Enfin, vers 1550, Palestrina imprima à la musique religieuse son véritable caractère et ouvrit la carrière à une brillante pléiade de compositeurs.

Longtemps encore après le signal donné en Italie, la musique resta chez nous dans une situation bien inférieure. Sous Henri II, Catherine de Médicis attira autour d'elle des artistes italiens qui entretinrent chez nous le goût dominant de leur pays. Ducaurroy, Salmon, Beaulieu et Beausoyeur sont les seuls musiciens français de cette période dont le nom mérite d'être cité, et Lulli ne nous initia au drame lyrique que quatre-vingts ans après Monteverde.

C'est seulement le dix-huitième siècle qui vit éclore le plus grand développement de l'art musical. En Italie, Scarlatti, Pergolèse, Porpora, etc., écrivent des œuvres étincelantes dans tous les genres; en France, Rameau, Méhul, Monsigny, Philidor; en Allemagne, Bach, Gluck et peu après Mozart, atteignent une hauteur que dépasseront à peine les grands génies de notre époque, Beethoven, Rossini, Meyerbeer, Gounod et tant d'autres. Cet art admirable a suivi, depuis le seizième siècle, dans l'expression des idées et des sentiments, une progression qui étonne et rien ne peut faire supposer qu'il ait dit encore son dernier mot. La statuaire avait dit le sien, il y a près de trois mille ans, entre les mains de Phidias !

Tel est, Messieurs, l'historique de la musique, de cet art que nous aimons parce qu'il charme nos loisirs, console nos douleurs et enflamme notre imagination.

Sur la gymnastique

Messieurs,

Dans l'ancienne Grèce, l'éducation de la jeunesse comprenait trois branches distinctes : la grammaire, la musique et la gymnastique, auxquelles Aristote en ajoute une quatrième, le dessin ou la peinture. Mais on accordait une telle importance à la gymnastique, qu'on la cultivait avec plus de soin et qu'on lui consacrait beaucoup plus de temps qu'à toutes les autres ensemble. En outre, tandis que celles-ci étaient nécessairement délaissées à une certaine époque de la vie, on ne discontinuait pas l'étude de la gymnastique. Les anciens, et surtout les Grecs, pensaient que l'esprit ne peut avoir toute sa vigueur que lorsque le corps est en parfaite santé, et leurs médecins ne voyaient pas de meilleur moyen que de soumettre le corps à des excercices réglés avec intelligence.

La gymnastique chez les Grecs comprenait l'*agonistique* et l'*athlétique :* la première s'adressait à tous les citoyens, tandis que l'athlétique s'adressait exclusivement à ceux qui se préparaient à disputer les prix dans les jeux publics.

Les populations chrétiennes du moyen âge, de même que les Romains, n'envisagèrent la gymnastique qu'au point de vue de la guerre, comme le prouvent les éloges donnés par les écrivains de cette époque aux héros de la chevalerie. Mais quand la poudre à canon vint se substituer à la force du corps pour décider du sort des batailles, la gymnastique tomba complètement en désuétude. Cependant, à la fin du dix-huitième siècle, des hommes éclairés reconnurent qu'il y avait quelque chose à recueillir dans l'héritage du passé. Salzmann fonda à Munich une école de gymnastique, et son exemple trouva promptement des imitateurs dans la plupart des États de l'Europe. Bientôt on ne se borna plus à un pur empirisme. On formula une théorie; on posa des principes et on leur donna une base véritablement scientifique. C'est de cette époque que date la gymnastique moderne. En ce qui concerne la France, c'est au colonel Amoros (1825) que revient l'honneur de l'avoir, le premier, rendue presque populaire. Toutefois, la gymnastique fut d'abord exclusivement abandonnée aux efforts des particuliers. Quelques années plus tard, l'État s'occupa de l'introduire dans les établissements militaires.

Nous pouvons dire, Messieurs, que la gymnastique est aujourd'hui complètement entrée dans nos mœurs, puisqu'elle fait partie de notre enseignement national.

Il n'est pas un point de notre territoire où l'on ne trouve des sociétés parfaitement organisées.

Les pouvoirs publics eux-mêmes ne sont pas restés insensibles à ce développement spontané; ils ont compris tout ce qu'on en pouvait tirer pour le bien de la France, et ils n'ont pas hésité à l'encourager.

C'est que la gymnastique a pour objet de fortifier le corps, de transformer des enfants débiles en des êtres pleins de vigueur, de préparer des hommes pour la famille et des soldats pour défendre la patrie.

J'ai été frappé, Messieurs, pendant vos exercices, de la parfaite régularité de vos mouvements, de la souplesse et de l'agilité de vos figures, des prodiges de force que vous nous avez montrés, et je suis demeuré convaincu que les résultats que vous aviez obtenus ne seraient pas perdus et que vous seriez les premiers à en retirer un avantage.

Dans l'adolescence, à l'époque de la puberté, dans l'âge adulte, la gymnastique a toujours montré son utilité.

Elle développe les muscles et assure aux organes un développement normal.

Continuez donc, Messieurs, à pratiquer cet art si salutaire; pratiquez-le sous l'œil attentif de vos professeurs dont la compétence est indiscutable, et qui, seuls, peuvent vous préserver des excès qui pourraient devenir pour vous un danger.

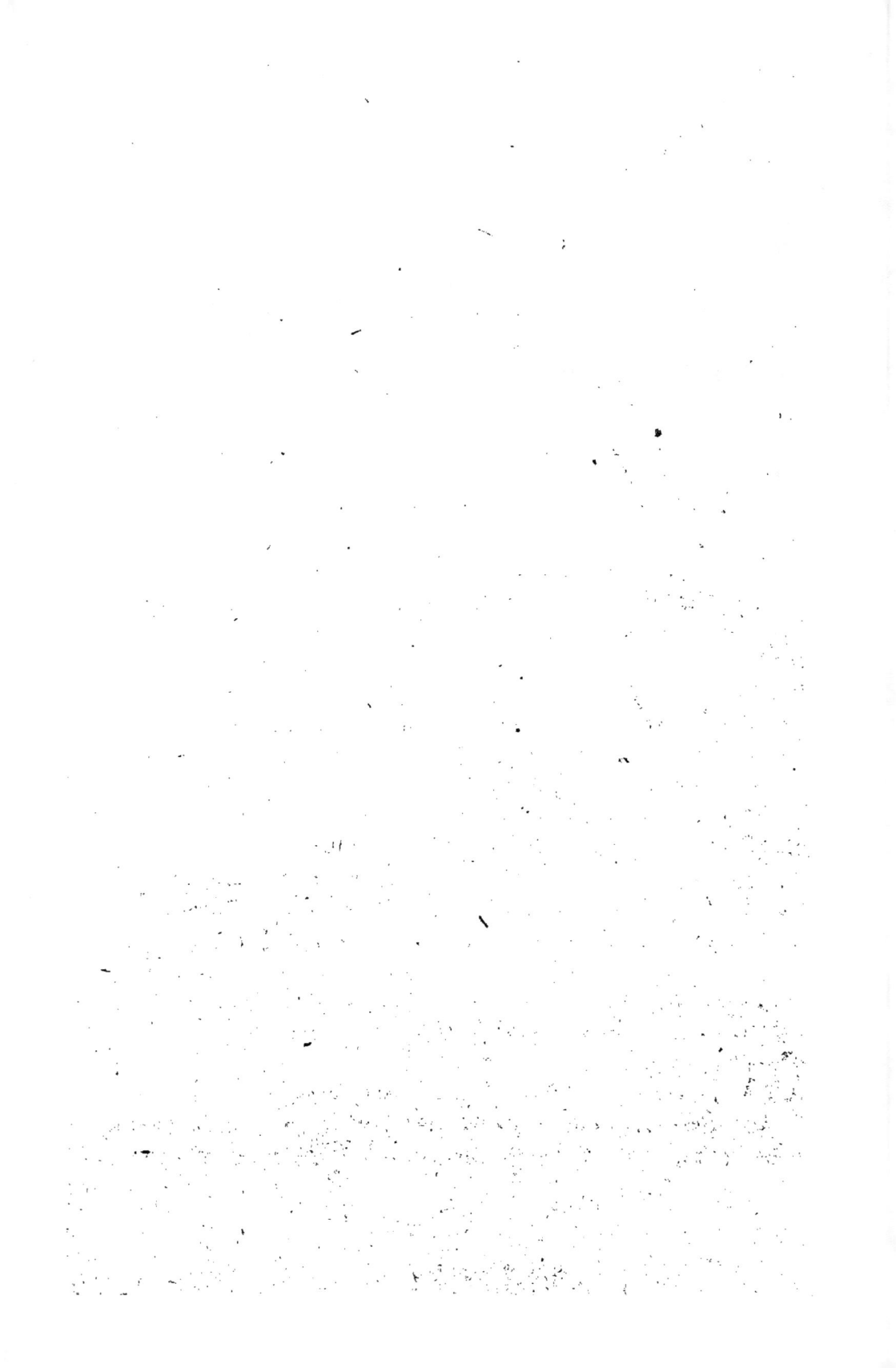

Éloges funèbres

« L'éloge funèbre, dit M. Villemain, est sans doute une des
plus anciennes formes qu'ait reçue l'éloquence. Quel événement
devait plus vivement impressionner les hommes, surtout dans
les premiers âges, que la mort du plus vénéré ou du plus brave. »

C'est dans les livres saints, comme le remarque M. Villemain,
que se rencontre le plus ancien éloge funèbre. « Ils nous font
entendre la plainte de David sur la mort de Saül et de Jonathas.
David célèbre les deux guerriers tombés aux champs de bataille;
il vante leur courage, leur beauté ; il publie et recommande
leurs mémoires ; il décrit le deuil du peuple qui les a perdus ;
rien n'est à la fois plus solennel et plus spontané que le témoignage des vivants à la gloire de ceux qui viennent de mourir. »

L'Égypte nous présente l'éloge funèbre aux époques les
plus lointaines. « Les parents, dit Diodore de Sicile, font l'éloge
du défunt. Ils ne parlent pas de sa naissance ; mais, remontant à
son enfance, ils y montrent l'instruction et l'éducation qui sont
devenues la règle de sa vie. Ils passent ensuite à l'âge viril, rappelant sa piété envers les dieux, sa justice, sa modération et ses
autres vertus. Dans une prière aux dieux infernaux, ils demandent pour lui une place parmi les âmes pieuses, et la multitude
répond à ces paroles en exaltant la gloire du mort, qui, dans les
enfers, va se trouver à jamais réuni aux âmes bienheureuses. »

La Grèce emprunta peut-être aussi cet usage aux Égyptiens.
« La coutume d'enterrer les morts, dit Cicéron, commença à

Athènes dès le temps de Cécrops... On faisait ensuite des banquets funèbres où les parents venaient prendre place couronnés de fleurs, et c'éiait dans ces festins qu'on prononçait l'éloge du défunt, lorsqu'il y avait matière à le louer ; car c'était un crime de mentir dans ces occasions. » Déjà la sincérité est imposée à l'éloge funèbre. Sous Solon, on interdit l'usage des éloges, excepté dans les obsèques publiques, où ils devaient être prononcés par ceux qui en avaient été officiellement chargés. C'était, en effet, un usage très répandu. Nous lisons dans l'*Agamemnon* d'Eschyle : « Les vieillards d'Argos demandent en frémissant à Clytemnestre qui ensevelira Agamemnon, qui le louera sur sa tombe. » Homère, Eschyle, Sophocle et Euripide nous montrent des héros pleurés par leurs amis ou par leurs proches ; qu'on lise les plaintes d'Andromaque, d'Hécube et même d'Hélène devant le cadavre d'Hector, ou celles d'Antigone et d'Ismène devant le cadavre de leur frère.

Sous Solon, l'éloge fut interdit par une loi somptuaire, qui voulut prévenir surtout les écarts de l'ostentation et de l'orgueil. « Jusqu'aux guerres médiques, dit M. Cafflaux dans une thèse très remarquable, les éloges funèbreent fur individuels, familiers, de peu d'étendue, sans aucun caractère officiel, sans prétentions littéraires ; la simplicité, l'abandon, le pathétique d'une vraie douleur étaient leurs qualités les plus ordinaires. »

Athènes décida que ces éloges seraient collectifs, prononcés devant le monument des guerriers morts pendant la durée d'une campagne et confiés à l'orateur le plus habile. Le choix de l'orateur était fait sans doute par le sénat et ratifié par le peuple. Les funérailles publiques sont d'une date bien plus ancienne que l'éloge public. « Les Athéniens, dit Diodore, après avoir raconté la bataille de Platée, ornèrent les sépulcres de ceux qui avaient succombé pendant la guerre persique ; ils instituèrent des jeux funèbres et des luttes autour de leurs tombes, et une loi décida que d'éminents orateurs feraient leur éloges et perpétueraient le souvenir des hauts faits qui leur avaient valu une sépulture publique. » Ces éloges, comme nous l'apprend Denys d'Halicarnasse,

furent la glorification exclusive du courage ; cela était bien
naturel, quand Athènes dut son salut et sa liberté à l'épée de ses
enfants, quand on avait vaincu à Marathon, à Salamine, à Platée.
Nous avons une page d'un éloge funèbre prononcé par Gorgias,
et quelques lignes de l'éloge prononcé par Périclès pour les
Athéniens tués dans la guerre de Samos. Le morceau de Gorgias
n'est qu'une série d'antithèses puériles. En effet, dit Philostrate,
cet éloge fut composé avec un art extrême. Excitant les Athéniens à
la guerre contre les Perses, il s'étendit sur l'éloge des vainqueurs
des Perses, montrant que des victoires remportées sur les barbares, il résulte des chants de triomphe ; de celles qu'on rem-
porte sur les Grecs, des chants de deuil. Athènes, alors victo-
rieuse, n'avait pas peur de laisser couler les larmes ; c'est à cette
époque que Périclès prononça ces attendrissantes paroles :
« L'année a perdu son printemps », et descendit de la tribune,
couronné de fleurs par les mères un instant consolées. Cette
poétique comparaison a dû appartenir à l'éloge funèbre des guerriers morts pendant l'expédition de Samos et dont il ne nous reste
que ce passage authentique : « Ces hommes sont devenus immortels comme les dieux eux-mêmes ; mais par les honneurs
qu'on leur rend et les biens dont ils jouissent, nous jugeons qu'ils
sont immortels. Les mêmes signes existent dans ceux qui meu-
rent pour la défense de la patrie. » L'éloge monte jusqu'à une
sorte d'apothéose. Plus tard, le caractère belliqueux de l'éloge se
transforma, surtout à partir de la guerre du Péloponèse, quand
les revers d'Athènes commencèrent. C'est alors que l'éloge
d'Athènes, qui avait pu épisodiquement, dans la période précédente, faire partir de l'éloge funèbre, en devint dans ce temps
malheureux la partie principale. L'éloge des guerriers descendit
si bien de son importance première, qu'il perdit jusqu'à sa place
reconnue et désignée dans le discours ; on le mit soit au commencement, soit à la fin, au choix de l'orateur. L'éloge était collectif, égal pour tous, sans désignation de noms ni de hauts faits,
et s'étendant aux morts de toutes les époques. L'appréciation de
leur mort était faite froidement et majestueusement, dans le but

de comprimer l'émotion et de prévenir les épanchements de la douleur. On trouve dans ces éloges funèbres des conseils aux vivants, des exhortations aux fils et aux frères, des consolations à la famille, l'absence presque complète de consolations empruntées aux espérances d'une autre vie, en style riche et paré qui tient le milieu entre la prose et la poésie. Thucydide a mis dans la bouche de Périclès l'éloge des guerriers morts la première année de la guerre du Péloponèse. Le fond de l'œuvre prise dans son ensemble est bien de Périclès. Cette guerre commençait par des malheurs ; Périclès devait donc raffermir les courages et montrer, malgré les pertes passées et les calamités présentes, le succès certain dans l'avenir. Il fit l'éloge des ancêtres, puis et surtout l'éloge de son temps, de sa politique à lui, et de la démocratie athénienne telle qu'il l'avait faite. Il chercha à passionner la foule qui l'écoutait par un ingénieux parallèle entre Athènes et Lacédémone, et à faire sortir aux yeux des siens la conviction d'une supériorité immense, du sein même d'une cérémonie qui n'attestait que des fautes et des revers. La perte de quelques hommes s'efface devant l'illustration de la patrie, qui les récompense par l'oubli de leurs fautes individuelles et par une impérissable renommée. Les consolations sont sévères, mesurées, contenues. Tel est le discours le plus remarquable que l'antiquité nous ait légué sur cette matière.

Lysias fit l'éloge funèbre des Athéniens morts dans la guerre de Corinthe. Ce n'est plus un plaidoyer personnel, comme le discours de Périclès ; c'est un panégyrique. L'éloge n'est déjà plus qu'une occasion de plaire ingénieusement aux vivants sous prétexte de louer les morts. Lysias remonte aux époques les plus reculées de l'histoire d'Athènes, qu'il raconte depuis la victoire remportée sur les Amazones. C'est une série d'épisodes traités avec une précision élégante. En faisant l'éloge des guerriers morts dans la guerre de Corinthe, Lysias prête à leur dévouement un caractère de magnanimité digne de la haute idée qu'il veut donner d'Athènes. Il parle au cœur bien plus que ne l'avait fait Périclès ; ses paroles sont empreintes d'une tendre sympa-

thie; mais il rentre bien vite dans le ton officiel. « On ne saurait
« imaginer, dit M. Villemain, une diction plus simple et plus
« pure, une suite d'idées plus régulière et plus naturelle. Et si
« le style faisait seul l'éloquence, ou plutôt si les grandes beautés
« du style pouvaient naître sans la vive émotion de l'âme, il fau-
« drait nommer cet ouvrage de Lysias un chef-d'œuvre oratoire.
« Mais on y sent en même temps le défaut de pathétique et
« d'enthousiasme qui résulte des formes convenues des pané-
« gyriques. » Ce sont ces défauts que critique Platon dans le
Ménexène; il veut signaler les dangers et les ridicules de l'éloge
funèbre, et donne le modèle d'un éloge terminé par une admirable prosopopée. Cette voix qui sort pour ainsi dire de la tombe
attendrit, console, et, quand elle conseille, est religieusement
obéie. Quel qu'ait été le véritable motif de Platon, cette allocution
est une innovation heureuse; c'est un premier effort pour laisser
là les morts de toutes les époques, et concentrer exclusivement
les regards sur ceux qui sont l'objet principal de la cérémonie.

Démosthène fut chargé de faire l'éloge des guerriers morts à
Chéronée. Il se prête en frémissant aux doctes niaiseries que
l'usage lui impose ; mais, impatient de pareilles exigences, il
franchit d'un bond les limites convenues. Il n'ose rompre avec le
passé, sans vouloir néanmoins s'y astreindre : de là les prétendus
défauts qu'on a voulu voir dans sa composition. Si l'on n'y reconnaît pas au même degré que dans ses autres productions les qualités éminentes de l'orateur athénien, on ne peut dire cependant
que cette œuvre soit tout à fait indigne de lui. Cet éloge funèbre
ne fut pas mis par les contemporains au nombre des productions
les plus remarquables de Démosthène, mais on ne peut nier qu'il
soit de lui. L'orateur aborde franchement le panégyrique d'A-
thènes, sans explications comme sans détours; mais il abrège; il
est pressé d'arriver aux morts de Chéronée, le véritable sujet à
ses yeux. Il débute par le tableau de leurs vertus privées ; mais,
comme Périclès, il glorifie la politique en célébrant les morts, et
revendique également la victoire pour ceux qui, des deux côtés,
vainqueurs comme vaincus, sont tombés sur le champ de bataille.

Il termine par des consolations adressées sur un ton mâle et ferme. « Démosthène, dit M. Cafflaux, se sent absous par son « patriotisme comme par le choix de ses concitoyens; fort de « sa conscience, il a déjà ce noble orgueil du cœur qui, plus tard, « lui inspirera cet admirable mouvement de son *Discours pour* « *la couronne :* Non, Athéniens, vous n'avez pas failli. »

Hypéride fut chargé de faire l'éloge de Léosthène et des guerriers morts pendant la guerre Lamiaque. Cette magnifique harangue, que nous ne connaissions que par la faveur dont elle jouit dans l'antiquité et par le fragment de Stobée, fut retrouvée à Thèbes, en Égypte, par M. Stobart, et publiée en 1858 par M. Churchil Babington. L'innovation la plus hardie d'Hypéride été de commencer par l'éloge du général.

Quand Athènes perdit son éloquence en même temps que sa liberté, elle conserva l'usage de venir déposer son offrande sur la tombe de ces braves à qui elle devait un passé si glorieux. Fatiguée des déclamations froides des sophistes, elle ordonna qu'on lirait le *Ménexène* de Platon, et le polémarque fut chargé de cette fonction. Himérius, sophiste du quatrième siècle et professeur d'éloquence à Athènes, nous a laissé un éloge funèbre qui n'est pas sans valeur. Cependant on vit alors succéder à l'éloge collectif de nombreux éloges individuels. La veuve de Mausole, la reine de Carie, Artémise, proposa un prix considérable pour le meilleur éloge funèbre composé en l'honneur de son époux. Théodecte, Théopompe, Naucratès et même Isocrate, dit-on, entrèrent en lice; Théopompe l'emporta sur ses rivaux. Dans l'éloge d'Évagoras, Isocrate n'a pas voulu faire un éloge funèbre; mais les rhéteurs ont dû cependant mettre à profit son discours. Chacun pouvait prononcer l'éloge funèbre de son père, de son maître, de son bienfaiteur, de son ami; les femmes même jouirent à leur tour de cet honneur; car Diogène Laërce nous rapporte que Xénocrate composa l'éloge d'une certaine Arsinoé. Suivant M. Cafflaux, huit parties composent alors l'éloge funèbre personnel :

1º L'*éloge* proprement dit, comprenant tout ce que peuvent

fournir à l'auteur la naissance, l'éducation, les mœurs, les avantages physiques, moraux et extérieurs ; 2° les lamentations ; 3° les comparaisons ; 4° le bonheur du personnage pendant sa vie, après sa mort ; 5° l'immortalité de l'âme ; 6° et 7° les consolations et les exhortations à la famille ; 8° une prière aux dieux. Les rhéteurs nous ont laissé quelques éloges funèbres faits sur ce modèle. Aristide fit l'éloge du jeune Étéonée ; mais ce n'est qu'une déclamation prétentieuse et ampoulée. Libanius a fait l'éloge funèbre de Julien ; c'est une œuvre historique écrite par un orateur. Thémistius a fait l'éloge de son père Eugène d'une façon froide et pédantesque. *Choricius* de Gaza, sophiste chrétien, nous a laissé deux éloges funèbres, l'un de Procope, son maître, l'autre de Marie, mère de Marcian, évêque de Gaza, et d'Anastase, évêque d'*Éleuthéoropolis ;* ces rhéteurs prenaient les plus grandes précautions pour qu'aucun mot malsonnant, aucun néologisme ne vint détruire le charme d'élégance qu'ils croyaient attaché à l'emploi exclusif des termes mythologiques. Ils voulaient, avant tout, plaire à la foule. Les Pères de l'Église subirent aussi cette nécessité. Dans l'éloge funèbre de saint Basile par saint Grégoire de Nazianze, M. Villemain remarque trop d'allusions mythologiques, trop d'anecdotes puériles.

Un certain nombre d'éloges funèbres ont été perdus : 1° l'éloge de Scamdus, par Hérode Atticus ; 2° l'éloge d'Hérode Atticus par le sophiste Adrien ; 3° l'éloge du sophiste Julien, par Proæresius ; 4° l'éloge d'Eusèbe, par Libanius.

L'éloge funèbre était aussi usité chez les Romains. Denys d'Halicarnasse nous décrit les funérailles de Brutus, et son éloge prononcé du haut de la tribune par Valerius Publicola : « Je ne puis dire avec certitude si Valerius fut le premier auteur de cette coutume ou si elle était déjà établie sous les rois. Il me paraît seulement, par les écrits des plus anciens poètes et des plus célèbres historiens, que l'usage de louer les grands hommes à leurs funérailles est très ancien chez les Romains, et qu'ils ne l'ont point emprunté des Grecs. » Les Romains ont fait de l'éloge funèbre une récompense nationale, chose qui ne se vit jamais à

Athènes que pour la totalité des morts tombés dans une campagne. L'aristocratie romaine eût dédaigné de prodiguer à la plèbe une pareille distinction ; Athènes, avec ses goûts démocratiques, eût souffert impatiemment tant d'honneurs accumulés sur une seule tête. Tandis qu'à Rome, au rapport de Quintilien, un sénatus-consulte confiait souvent à un magistrat le soin de louer un mort illustre, à Athènes et dans la Grèce proprement dite, l'éloge funèbre resta toujours chose privée et toute de famille ; on ne saurait trouver un seul exemple d'éloge prononcé au nom d'une ville quelconque sur la tombe d'un grand citoyen. Les éloges funèbres, à Rome, se prononçaient sur la place publique du haut de la tribune aux harangues. César, étant questeur, prononça devant le peuple romain les éloges funèbres de sa tante Julia et de sa femme Cornélie. Ces discours étaient devenus comme une sorte d'étiquette pompeuse, assez voisine du caractère que l'oraison funèbre a pris quelquefois dans nos temps modernes.

Avec le christianisme, l'éloge funèbre prend, en effet, une autre physionomie. C'est moins un éloge du mort qu'une apologie de la religion et un enseignement pour les vivants. Saint Grégoire fit l'éloge de son frère Cœsarius, puis de sa sœur Gorgonia, enfin de son père, qni fut avant lui évêque de Nazianze ; il fit avec encore plus d'éloquence l'éloge de son ami, saint Basile. « Si l'on veut, dit M. Villemain, se former une idée générale du talent de saint Grégoire, on doit le considérer comme un écrivain agréable et brillant, plein de politesse et d'élégance. Ce n'est pas un orateur sublime ; il a trop peu de mouvement et trop peu d'artifice dans le style. Peut-être aussi manque-t-il de pathétique. Il ne sait pas, dans l'oraison funèbre, fondre assez habilement les faits et la morale ; il fait des digressions sans mesure et sans intérêt. Son goût n'est pas irréprochable... Riche en images, en similitudes, en termes métaphoriques, il plaît surtout à l'imagination. »

Saint Grégoire de Nysse, frère de saint Basile, a fait aussi son éloge funèbre. Ce discours est purement théologique. Le même orateur prononça aussi l'éloge de Pulchérie, fille de Théodose, et celui de l'impératrice Placcile. Saint Ambroise a fait l'éloge funèbre de son frère Satyrus et celui de l'empereur Valentinien. Plusieurs épîtres de saint Jérôme sont de véritables éloges funèbres inspirés par le sentiment d'une perte récente et remplis de douleur et d'éloquence. On a souvent cité sa lettre sur la mort de Népotien, adressée à l'évêque Héliodore. « Ces divers orateurs ont écrit, dit Villemain, au milieu de la décadence des lettres et de la corruption du goût. Ils s'élevèrent par les élans d'une nature vigoureuse et la force de l'enthousiasme religieux. Ils furent sublimes dans le siècle des sophistes et des rhéteurs. En prenant tous les défauts de leurs contemporains, ils y mêlèrent une sorte de grandeur et d'énergie. Bossuet, en choisissant les Pères de l'Église pour modèles, devait les corriger et les embellir, et se montrer à la fois plus sublime et plus pur. »

Tel est l'historique de l'éloge funèbre.

N'ayant à nous occuper que de celui qui est prononcé lors des obsèques, au bord de la tombe, nous insistons pour qu'il soit le plus court possible.

Quelques lignes suffisent dans ce cas, et il faut bien se garder de prolonger, par un discours, une situation douloureuse pour les parents et pénible parfois pour les assistants, que peuvent contrarier le lieu choisi ou les effets de la température.

A l'occasion d'obsèques.

Messieurs,

L'homme qui va dormir ici son dernier sommeil ne s'en va pas tout entier.

Il laisse après lui le souvenir d'un parfait époux, d'un père dévoué, d'un excellent citoyen.

Il n'en faut pas davantage, Messieurs, pour justifier les regrets que nous éprouvons pour lui; il n'en faut pas davantage pour justifier les larmes que nous versons sur son cercueil.

Sorti d'un rang très modeste, il avait fini, grâce à un travail acharné, à une intelligence hors ligne, par se créer une position honorable; et c'est au moment où il espérait terminer en paix une vie si bien remplie, au milieu de cette famille qui l'adorait, que la mort est venue, cruelle et impitoyable, mettre un terme à ses rêves heureux, à ses riants projets d'avenir.

Saluons donc une dernière fois ce parfait honnête homme, cet excellent citoyen.

X..., que la terre te soit légère... Adieu! Adieu!

Autre.

Messieurs,

Avant de dire un dernier adieu à l'ami couché dans son froid suaire, permettez-moi de vous entretenir un instant de ses qualités.

Nul, plus que lui, n'avait le sentiment du devoir et de l'honneur.

Chef de famille, il avait donné à la patrie des citoyens dévoués; il avait lui-même, Messieurs, à l'époque de nos désastres, versé courageusement son sang sur les champs de bataille.

Il pratiquait la charité modestement et sans ostentation, et nombreuses sont les bonnes œuvres auxquelles il prit part.

Parmi nous, il ne comptait que des amis. L'aménité de son caractère, ses charmantes relations, son dévouement à toute épreuve, la sympathie qui se dégageait de sa personne, tout concourait à faire de lui un de ces hommes que l'on recherche, non à cause de leur situation personnelle, mais seulement à cause de leurs réelles qualités.

Investi de fonctions publiques à différentes reprises, vous savez comment il les a remplies. Ses électeurs lui ont prouvé le cas qu'ils faisaient de lui, et j'ajoute que notre commune perd en lui un de ses membres les plus dévoués.

Il a subi la loi commune; la mort l'a pris au milieu de ses plus belles années. Comme le chêne frappé par la foudre, il a été abattu dans toute sa force, dans toute sa vigueur.

Que nos regrets, Messieurs, lui rendent cette terre légère ; qu'il repose en paix dans l'éternité et que son souvenir reste en nous, comme le dernier gage de notre sympathie et de notre amitié.

Autre

Messieurs,

Je dois à mes fonctions la triste nécessité de prendre la parole au bord de cette tombe, avant que le cercueil de celui que nous pleurons disparaisse à jamais.

Si quelqu'un a droit au repos éternel, c'est assurément l'ami que nous venons de perdre.

Étendu depuis longtemps sur son lit de douleur, la mort a été pour lui la messagère bienfaisante qu'appellent à grands cris ceux pour qui chaque heure est une heure de souffrance.

Certes, il avait un courage à toute épreuve, car il supportait sans se plaindre les douleurs qui le torturaient sans cesse.

Au milieu de ses souffrances, il avait la consolation d'avoir près de lui une épouse et des enfants dévoués qui s'ingéniaient à faire pénétrer dans son âme, profondément troublée, de ces rayons de lumière qui, en ranimant le corps, font naître des lueurs d'espérance.

Ne le plaignons pas, Messieurs, car la mort pour lui a été réellement la délivrance.

Mais, s'il ne nous est pas permis de le plaindre, nous devons toutefois le regretter, car nul, plus que lui, n'avait su se créer de nombreuses et sincères amitiés.

Conseiller municipal, il avait, dès son entrée au conseil, conquis l'estime de ses collègues, qui avaient reconnu en lui un de ces caractères nobles et élevés qui en imposent à tous, même aux adversaires.

Son intelligence et sa droiture bien connues lui avaient valu de nombreuses affaires, qu'il avait traitées avec une compétence indiscutable.

Sa mort est donc pour nous une perte réelle.

Qu'il nous serve d'exemple, Messieurs, et comme lui, faisons passer avant toute chose l'amour du bien et du devoir.

Dors en paix, mon cher collègue, ta mémoire nous reste ; c'est assez pour nous exciter à marcher sur tes traces et à faire de nous des citoyens honorables et vertueux.

Autre

Messieurs,

Je salue pour la dernière fois le citoyen qui gît, là, dans son cercueil.

Je le salue dans un sentiment mêlé d'admiration et de regrets.

Ce que fut l'homme, aucun de nous ne l'ignore.

Sa vie n'a été employée qu'à faire le bien autour de lui. Il y a consacré tout son temps et sa fortune.

Que de larmes, Messieurs, il a essuyées ; que de blessures il a pansées ; que de courages il a raffermis ; que de désespoirs il a évités.

Il n'en est pas un parmi nous qui n'ait été l'objet de sa bienveillante amitié. Il avait le don de se faire aimer quand même, et il n'est pas jusqu'à ses adversaires qui ne professaient pour lui une profonde estime.

Ces hommes-là sont rares, Messieurs, à l'époque où nous vivons, dans ces temps d'égoïsme et de lâcheté. Saluons-les bien bas, car ils représentent l'honneur et la vertu dans toute l'acception du mot.

Adieu, mon cher ami. Si du haut de ta dernière demeure, tu peux jeter un coup d'œil sur ceux qui vont rendre à la terre ta dépouille mortelle, tu dois être satisfait des regrets qui l'accompagnent.

Les pleurs de ta famille éplorée doivent te faire voir le vide
que tu laisses parmi elle ; mes paroles émues doivent te faire
connaître combien ta disparition nous est douloureuse.

Adieu, mon ami, encore une fois, adieu !

Autre

Messieurs,

L'armée et la religion se sont unies pour rendre les derniers
devoirs au vaillant soldat dont nous allons dans un instant livrer
la dépouille mortelle à la terre.

Sans doute, il eût été préférable pour lui de tomber sur un
champ de bataille ; c'était son vœu le plus ardent et le plus cher.
La fatalité n'a pas permis qu'il en fût ainsi.

Et pourtant, Messieurs, la croix qui orne son cercueil est un
indice suffisant de son mérite, de son courage et de sa valeur.

S'il ne donna pas sa vie à la patrie, il n'en versa pas moins
son sang en face de l'ennemi. La mort ne le voulut pas alors,
bien qu'elle frappât sans trève autour de lui.

Et, ce que l'ennemi n'avait pu faire, une cruelle maladie l'a fait.

X... est mort, Messieurs, comme un soldat qu'il était... avec
courage, avec résignation.

Il est mort en chrétien, il est mort en Français.

Le drapeau tricolore peut flotter sur son cercueil ; il recou-
vrira un des meilleurs et des plus fidèles enfants de la France.

Toujours préoccupé de ses devoirs, il ne connaissait que
l'inflexible discipline militaire. S'il était dur pour les autres, il
était bien autrement dur pour lui. Il ne connaissait aussi ni trève,
ni repos. Son labeur de chaque jour était considérable. Il donnait
à tous l'exemple des vertus militaires, sans lesquelles il ne peut
y avoir ni soldats, ni armées.

De tels exemples, Messieurs, fortifient et encouragent.

L'armée perd donc en lui un de ses meilleurs officiers, et la
patrie un de ses plus dévoués enfants.

Que le deuil qu'il laisse dans nos cœurs soit une consolation pour sa famille éplorée.

Si l'homme a disparu, son souvenir restera parmi nous, et nous le conserverons comme on conserve le culte de ce qui a été grand, de ce qui a été beau.

Adieu, X..., dors en paix dans ce champ du repos, sous ces couronnes, symboles des regrets de ta famille et de nos amitiés... Dors, et que nul ne trouble désormais ton sommeil. Adieu, X..., adieu.

Autre

Messieurs,

L'homme que nous accompagnons à sa dernière demeure fut un fonctionnaire honnête et laborieux, préoccupé de remplir exactement ses devoirs, et faisant honneur au corps auquel il appartenait.

Il était déjà depuis quelques années parmi nous, et nous avions eu souvent l'occasion de reconnaître combien il était d'un commerce agréable, même dans l'exercice de ses délicates fonctions.

Il était très apprécié par ses chefs qui l'avaient en grande estime, et il est à présumer que si la mort ne l'avait pas terrassé, il aurait été appelé à un poste supérieur.

Il avait, Messieurs, les plus grandes qualités qu'un homme de son rang puisse posséder. Il était affable et bienveillant ; il était probe et honnête. Respectueux envers ses chefs, il était indulgent pour ses subalternes, qui l'entouraient de leur sympathie et de leur dévouement.

Les éloges posthumes que nous lui décernons seront pour sa famille en pleurs la meilleure consolation.

Si elle regrette aujourd'hui l'époux, le père qu'elle a perdu, elle peut être fière d'en posséder le souvenir.

Il ne s'éteindra jamais dans les cœurs de tous ceux qu'il a

obligés ; il ne s'éteindra jamais dans les cœurs de ceux qui, comme moi, ont pu se dire de ses amis.

Avant que la terre ne le recouvre tout entier, je lui adresse un dernier adieu au nom de ses chefs, au nom de ses collègues, au nom de ses amis.

Autre

Il y a quelques jours, Messieurs, celui que nous venons de conduire à sa dernière demeure était parmi nous plein de santé.

Nul n'eût pu prévoir qu'une catastrophe fût si prochaine, tellement il paraissait heureux et confiant dans l'avenir.

Hélas ! Messieurs, tous ces rêves se sont évanouis et le deuil a remplacé toutes ces illusions.

Il ne reste plus rien maintenant de cette intelligence hors ligne, de ces rares capacités qui, dans de nombreuses circonstances, lui avaient valu de flatteuses félicitations.

Parlerai-je des vertus du père de famille?

Ah ! Messieurs, la profonde douleur dans laquelle sa femme et ses enfants sont plongés répond mieux que je ne saurais le faire.

S'il fut bon père de famille, il fut aussi bon citoyen.

Il connaissait tous ses devoirs, et il les remplissait avec la passion que nous lui connaissions, passion qui laissait en lui la douce satisfaction d'une vie honnête et bien remplie.

Suivons ses traces, Messieurs, et lorsque, comme lui, nous viendrons dormir ici notre dernier sommeil, qu'on puisse dire comme nous disons de lui aujourd'hui : Ce fut un parfait honnête homme.

Adieu, X.., repose dans la paix éternelle, et que le souvenir de tes vertus soit pour ta famille et tes amis la partie la plus précieuse de ton héritage.

Adieu ! Adieu !

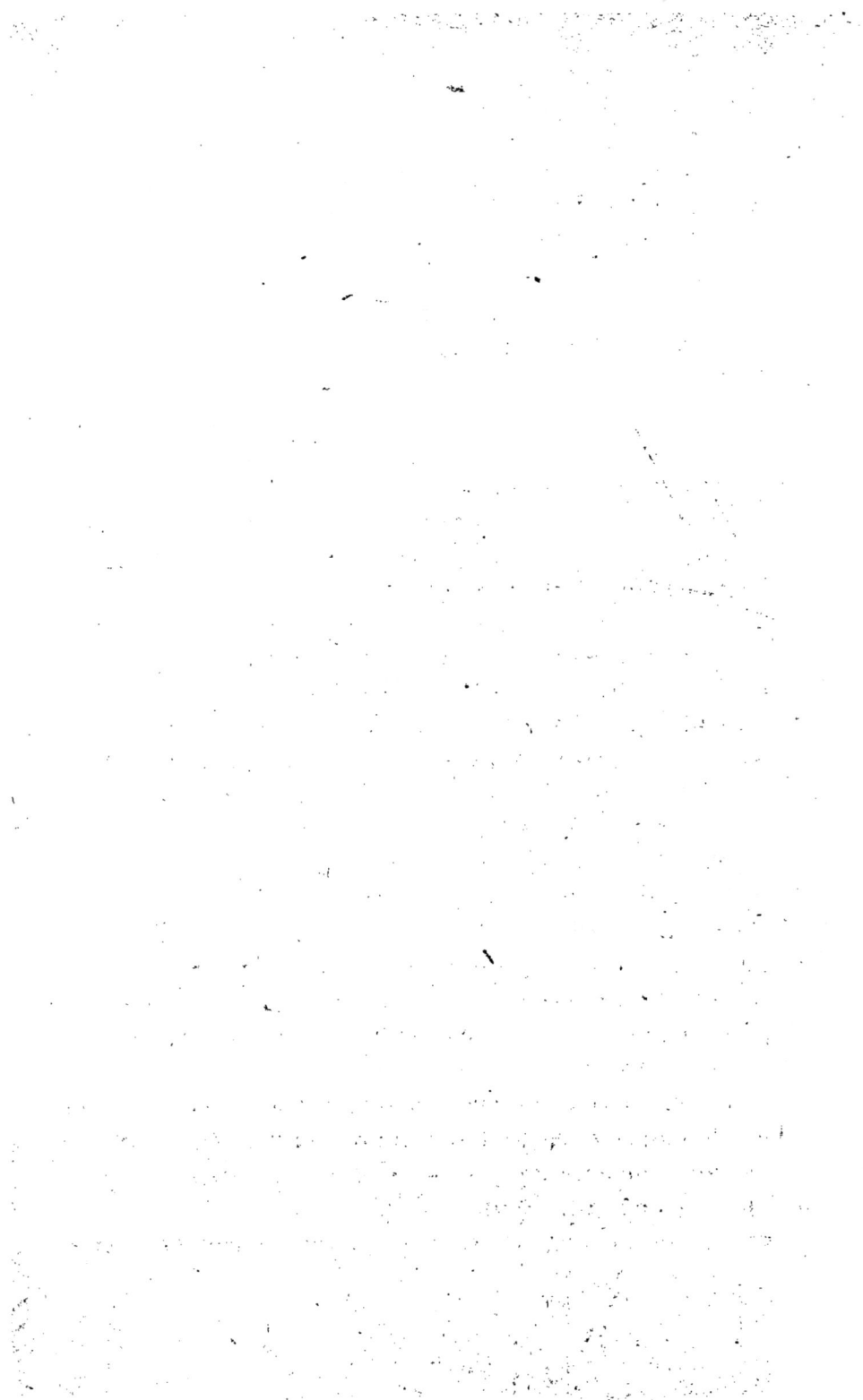

Harangue

On entend par *harangue* le compliment officiel qu'un membre quelconque de l'autorité adresse à un personnage de rang très élevé dans une circonstance solennelle, telle que son arrivée dans une ville ou dans un établissement qu'il vient visiter.

Nous ne croyons pas qu'il existe un genre d'éloquence plus difficile à traiter que celui-ci. Son propre domaine, c'est le compliment, c'est-à-dire les félicitations et les louanges..

Si c'est un chef d'État, on ne doit pas manquer d'exalter sa sagesse, sa bonté, sa profonde prévoyance politique, son affabilité, sa générosité, son dévouement à la nation. Mais il faut le faire en termes mesurés et se garder de l'exagération qui conduit infailliblement au ridicule.

La harangue doit être courte; c'est une des conditions absolues pour qu'elle produise son effet.

Dans ce cas, on peut se dispenser de la lire. Quelques lignes sont vite apprises par cœur, surtout si l'on n'a pas à craindre un manque de mémoire. Dans le cas contraire, il ne faut pas hésiter à l'écrire et à la déclamer.

A ceux qui, négligeant nos conseils, seraient tentés d'entrer dans des développements trop importants, nous ferons connaître ce que certains souverains ont pensé des longues harangues qu'ils étaient parfois obligés d'écouter.

Henri IV disait à ses courtisans, en leur faisant remarquer

combien il avait de cheveux blancs : « En vérité, ce sont les
« harangues que l'on m'a débitées depuis mon avènement à la
« couronne qui m'ont fait blanchir comme vous voyez. »

Quand elles l'ennuyaient par trop, il savait bien rompre en
visière à l'orateur. Un jour qu'il faisait son entrée dans une
grande ville, le chef de la députation municipale commença ainsi
un discours où brillait son érudition : « Sire, Annibal partant de
Carthage... » Ce début fit frémir le vainqueur d'Ivry, que talon-
nait un formidable appétit ; aussi, interrompant le harangueur :
« Ventre-saint-gris ! lui dit-il, Annibal partant de Carthage avait
« probablement dîné, et je vais en faire autant. » La belle harangue resta sur le carreau.

Un autre jour, passant par une petite ville, il dut s'arrêter
devant la députation qui accourait pour le haranguer. L'orateur
ayant commencé son discours, fut irrévérencieusement interrompu
par un âne, qui se trouvait à vingt pas de là et qui se mit à
braire à gueule déployée. « Messieurs, dit le malin Béarnais,
« parlez chacun à votre tour ; je ne vous entends pas. »

Le même prince se trouvant à Rouen, le président du parlement
se présenta pour lui faire une harangue. Mais à peine eut-il
commencé, qu'il demeura court. Un courtisan dit alors au roi
avec un sang-froid comique : « Sire, Votre Majesté ne doit pas
« s'étonner de cela : elle sait que les Normands sont sujets à
« manquer de parole. »

Louis XIV ne fut pas moins harangué que son illustre aïeul,
ce qui a également donné lieu à des incidents assez curieux. On
connaît la harangue, habile dans sa simplicité et sa concision,
que fit le maire de Reims à ce prince, faisant son entrée dans la
ville en 1668. « Sire, dit-il au roi en lui présentant des bouteilles
« de vin et des poires de rousselet sèches, nous apportons à Votre
« Majesté notre vin, nos poires et nos cœurs ; c'est tout ce que
« nous avons de meilleur dans notre ville. — A la bonne heure !
« s'écria Louis XIV en lui frappant sur l'épaule, voilà comme
« j'aime les harangues. » Il faut croire qu'à cette époque Reims
n'était pas encore célèbre par ses biscuits et ses pains d'épice ;

sans quoi, ils n'eussent pas manqué de figurer sur le traditionnel plat d'argent.

Dans une autre circonstance, un échevin de Saumur, choisi pour haranguer ce prince, débuta ainsi : « Sire, les habitants de « votre bonne ville de Saumur ont tant de joie de Votre Majesté, « que.... que... » Il demeura court. « Oui, sire, continua mali- « gnement le duc de Brézé, les habitants de Saumur ont tant de « joie de voir Votre Majesté, qu'ils ne peuvent l'exprimer. »

Mais la harangue la plus curieuse qui ait été adressée à Louis XIV est la suivante. Le magistrat chargé du discours officiel commença par ces mots : « Les César et les Alexandre... » Puis, troublé par l'imposante majesté du roi, il s'arrêta brusque- ment et ne put jamais retrouver le fil de son compliment. Louis XIV lui dit alors avec un sourire bienveillant : « Eh bien ! « les César et les Alexandre?... — Eh bien ! n'étaient que des « j... f... en comparaison de Votre Majesté », riposta l'orateur, dont ce jet subit d'éloquence naturelle amusa beaucoup le roi.

De toutes les harangues qui se rapportent au règne de Louis XIV, la plus noble, la plus délicate est celle que le duc de Grammont, ambassadeur de ce prince, adressa au roi d'Espagne lorsqu'il demanda au nom du roi de France la main de l'infante sa fille; la guerre venait alors de cesser entre les deux pays : « Sire, dit-il, le roi mon maître vous offre la paix »; puis, s'in- clinant avec une grâce respectueuse devant la princesse : « Et à « vous, madame, son cœur et sa couronne. »

Le maire d'une petite ville ne pouvant venir à bout d'une harangue qu'il adressait à Louis XV, le roi, las de le voir se tourmenter et se frapper le front, lui dit : « Finissez en trois « mots ! — Vive le roi ! » s'écria l'orateur, retrouvant à propos sa présence d'esprit.

Napoléon Ier eut aussi ses harangueurs. En entrant dans une de nos villes du nord, quelque temps après son mariage avec Marie-Louise, il dut passer sous un arc de triomphe où l'éloquence municipale s'épanouissait dans ce distique écrit en lettres d'or :

> Il n'a pas fait une sottise
> En épousant Marie-Louise.

Napoléon sourit, et, présentant au maire une tabatière enrichie de diamants : « Monsieur le maire, lui dit-il, il paraît que
« vous cultivez les muses ; cela n'est pas défendu par le code.
« Veuillez accepter cette tabatière, et

> « Quand vous y prendrez une prise,
> « Souvenez-vous de Marie-Louise. »

Puisque nous en sommes à Napoléon, rappelons une anecdote assez piquante qui se rapporte à son fils, le roi de Rome. Celui-ci n'avait encore que six mois, lorsqu'une députation, ayant pour chef M. de Sémonville, crut devoir se mettre en rond autour du berceau pour le haranguer, ce qui donna lieu à cette épigramme :

> Quand Sémonville harangua
> Le jeune prince dans sa couche :
> « Messieurs, votre discours me touche, »
> Dit le prince en faisant caca ;
> Et ça passa de bouche en bouche.

Ne passons pas sous silence la harangue qu'un ambassadeur turc adressa à Léon X. D'abord, au lieu de le gratifier de la Sainteté traditionnelle, il lui donna de la Hautesse tout du long, brouillant le Coran avec l'Évangile de la manière la plus plaisante ; puis il conclut en affirmant à Léon X qu'il était le Grand Turc des chrétiens, ce qui dut bien le divertir.

Passons aux personnages secondaires.

Certaines harangues sont prescrites par le cérémonial, et c'est vraisemblablement à une exigence de ce genre qu'obéissait ce M. de Sémonville, dont nous venons de parler. Il eût dû s'inspirer de l'exemple que lui avait fourni, dans une circonstance identique, un premier président du parlement, qui, haranguant le duc de Bourgogne dans son berceau, se contenta de lui dire : « Nous
« venons, Monseigneur, vous offrir nos respects ; nos enfants
« vous offriront leurs services. »

Lorsque le petit-fils de Louis XV se rendit en Espagne, pour y recevoir la couronne dont le testament de Charles II l'avait déclaré héritier, il se vit harangué de toutes façons et sur tous les tons, depuis Paris jusqu'au delà des Pyrénées. Ce ne fut pas la moins rude corvée de son voyage. Cependant, en passant à Chartres, le prince éprouva une agréable surprise : il y fut reçu par un certain abbé Gastelier, qui s'exprima ainsi : « Sire, j'ai entendu « dire que les longues harangues étaient souvent incommodes et « ennuyeuses; Votre Majesté me permettra de lui en faire une « très courte. » Et le curé se mit aussitôt à chanter :

Les bons bourgeois de Chartres et ceux de Montlhéry
Sont charmés de vous voir ici ;
Petit-fils de Louis, que Dieu vous accompagne,
Et qu'un prince si bon,
Don don,
Cent ans et par delà,
Là là,
Règne dedans l'Espagne !

Philippe V, charmé de la muse chansonnière de l'excellent abbé, lui dit en souriant : « Bis ! » Sans se faire prier, le pasteur répéta son couplet, que le roi paya par une libéralité de cent louis. « Bis ! sire, » s'écria à son tour le curé. Le jeune roi rit très fort et doubla la somme.

Le prince de Condé passant par une petite ville de Bourgogne, le maire se présenta pour le haranguer. « Monseigneur, lui dit-il, j'ai, comme vous le voyez, le droit de vous ennuyer; je ne le ferai cependant point valoir, à condition que vous obtiendrez pour notre ville une exemption de gens de guerre. » Le prince parut fort satisfait de cette harangue et promit ce qu'on lui demandait. « Songez-y, Monseigneur, reprit le maire, sinon l'année prochaine, lorsque vous nous honorerez d'une seconde visite, je ferai valoir mon droit. » Cette menace fut plus puissante que ne l'eussent été toutes les prières.

Ce même prince, passant par une autre ville, fut accueilli par la harangue suivante, émanée de la propre bouche du chef du corps municipal : « Monseigneur, nous n'avons point tiré le canon en votre honneur pour vingt bonnes raisons : la première, c'est que nous n'en avons pas. — Oh ! bien ! s'écria le prince, je vous fais grâce des dix-neuf autres en faveur de celle-là. »

Le vainqueur de Rocroi, dont nous venons de parler, ne tremblait pas plus devant les membres d'une université que devant les Espagnols ou les impériaux. Un jour, en Allemagne, à Munser, le prince de Condé fut harangué en latin par le doyen de l'université, et il répondit avec la plus grande facilité et la plus grande pureté dans cette même langue de Cicéron, ce qui lui fit plus d'honneur aux yeux de ces savants allemands que toutes ses victoires.

Descendons encore un degré et venons-en aux fonctionnaires publics.

Le maire d'une ville du Languedoc s'exprima un jour ainsi, en souhaitant la bienvenue à un nouveau gouverneur : « Monseigneur, deux choses ont toujours incommodé vos prédécesseurs lorsqu'ils sont venus prendre possession de leur gouvernement : les cousins et les longues harangues. Je prie Dieu qu'il vous garantisse du premier de ces fléaux, et, pour ma part, je vous garantirai du second. »

Dans une ville de province, le recteur de l'université ayant cru devoir haranguer en latin, pour plus de solennité, un présidial qu'on installait, le doyen président se contenta de lui répondre : « *Appointé.* — Comment, appointé ? répliqua le docteur. — Oui, appointé, reprit le doyen. Quand nous n'entendons pas tout à fait certaines causes, nous les appointons, et comme il y a longtemps que mes confrères et moi ne sommes plus en intimité avec le latin, nous appointons votre harangue. »

Les magistrats d'une petite ville qui allait être honorée de la présence d'un prince, ne se sentant pas capables de subvenir à eux tous aux frais d'éloquence nécessaires en cette circonstance solennelle, chargèrent le maître d'école de jouer pour eux le rôle de Cicéron. Celui-ci se mit donc à leur tête et débita gravement au prince cette harangue : « Monseigneur, les ignorants que voilà (et en même temps il étendit la main vers les magistrats) ont chargé le pédant que voici (et il se mit l'index sur la poitrine) d'assurer Votre Altesse qu'ils sont ses très humbles et très obéissants serviteurs. »

Une des plus curieuses harangues que l'on connaisse est la suivante, rapportée par Boursault dans ses *Lettres amusantes :*

Un des lieutenants généraux de l'armée de Piémont, passant par une petite ville située sur les bords du Rhône, fut ainsi harangué par le maire : « Monseigneur, tandis que Louis le Grand fait aller l'Empire de mal en pire, damner le Danemark et suer la Suède ; tandis qu'il gêne les Génois, berne les Bernois et cantonne le reste des cantons ; tandis que son digne rejeton fait baver les Bavarois, rend les troupes de Zell sans zèle et fait faire des esses aux Hessois ; tandis que Luxembourg fait fleurir la France à Fleurus, met en flammes les Flamands, lie les Liégeois, fait danser Castagna sans castagnettes ; tandis que le Turc hongre les Hongrois, fait esclaves les Esclavons et réduit en servitude la Servie ; enfin pendant que Catinat démonte les Piémontais, que Saint-Ruth se rue sur les Savoyards et que Larré l'arrête, vous, Monseigneur, non content de faire sentir la pesanteur de vos doigts aux Vaudois, vous faites encore la barbe aux Barbets. Ce qui nous oblige, Monseigneur, à être avec un très profond respect vos très humbles et très obéissants serviteurs, les maires, échevins et habitants de la ville de... »

Prenons maintenant un exemple dans l'histoire contemporaine :

Un bon vieux paysan de la Franche-Comté, appelé aux honneurs de l'écharpe municipale, monte sur une chaise au sortir de l'élection et harangué en ces termes, d'une voix émue, ses nouveaux administrés : « Mes chers concitoyens, mon cœur n'oubliera jamais l'heureux jour où vous avez fait à mes cheveux blancs l'honneur de les mettre à votre tête. »

Mais voici le chef-d'œuvre du genre, que nous avions gardé précieusement pour la fin ; ce sera le bouquet. Louis XIV ayant daigné faire présent de sa statue équestre à une petite ville, toute la municipalité fut sur pied et en grande tenue pour venir recevoir le cadeau royal. Le maire, d'un ton pénétré, harangua la statue, et les consuls haranguèrent le cheval.

Nous arrêtons là nos citations. Nous pensons en avoir assez dit pour faire comprendre de quelle manière on doit traiter la harangue, afin de ne pas s'exposer à être l'objet de la risée des uns et des autres.

Toast

Ce mot anglais, qui a fini par remplacer notre vieille expression *santé*, portée dans un repas, signifie proprement une rôtie. Voici l'origine de l'acception bachique de ce nom qui tient à des temps reculés. Jadis la personne qui, en Angleterre, portait une santé à la fin du repas, mettait une croûte de pain rôtie *(toast)* dans son verre ou plutôt dans sa tasse ou coupe. Après avoir fait le tour de la table, la tasse que chaque convive avait portée à ses lèvres revenait au premier, qui buvait la liqueur et mangeait la croûte rôtie. L'usage de la rôtie a passé, mais le mot qui l'exprimait est resté ; de là l'expression actuelle *porter un toast* pour dire *boire à la santé*.

L'usage de boire à la santé existait chez les anciens, et même se pratiquait chez eux avec beaucoup plus de solennité que chez nous. Quand Homère nous représente Hébé versant aux immortels le divin nectar, tous les dieux s'invitant à boire et se présentant la coupe les uns aux autres, il est certain que le poète ne fait que prêter aux divinités de l'Olympe une habitude existant déjà de son temps à la table des Grecs. D'ailleurs, dans le même poème, on peut voir Ulysse et Ajax envoyés près d'Achille et assis au festin que leur offre celui-ci ; à la fin du repas, Ulysse se lève, et lui présentant la coupe, lui dit : Salut, Achille !... Plus loin, quand l'un et l'autre sont rentrés dans la tente d'Agamemnon, chacun, debout, s'empresse de leur présenter la coupe. Et dans l'*Odyssée*, Ulysse, sur le point de quitter les Phéaciens, étant

assis au banquet d'adieu, se lève vers la fin, et prenant une
coupe, la met dans la main d'Arété, épouse d'Alcinoüs, et lui
dit : *Je vous salue... soyez heureuse.*

Ces passages et plusieurs autres prouvent incontestablement,
que, du temps d'Homère, la coutume existait chez les Grecs de se
saluer dans les repas, la coupe à la main, et toujours debout.

Plus tard, on agit plus méthodiquement dans cette importante
affaire. Dès le début du repas, on tirait au sort le roi du festin ;
il fixait l'instant où l'on porterait les santés. Ensuite le chef faisait remplir de vin sa coupe, l'appliquait légèrement à ses lèvres,
la faisait passer de main en main, et chacun goûtait la liqueur à
son tour. Ce préliminaire du festin était considéré comme le sym-
bole et le garant de l'amitié qui devait unir les convives. Mais
pendant le cours du repas, on se portait encore des santés individuelles qui se rendaient avec une scrupuleuse exactitude. Vers la
fin des repas arrivaient les santés solennelles; alors il fallait
boire à longs traits et se soumettre aux lois rigoureuses de la
table; celui qui refusait de boire était obligé de sortir : parfois on
se contentait de répandre sur sa tête le vin qu'il avait refusé. Le
roi du festin portait les santés ; on les lui rendait sur-le-champ.
Le son de la lyre et les chants se mêlaient aux vœux qui accompagnaient ces santés ; enfin tout se terminait par des libations en
l'honneur des dieux ou des héros dont on descendait ou dont on
croyait descendre. Tel est le résumé de ce qui se passait chez les
Grecs en fait de santés. On appelait cet usage *philotésie*.

Les Romains pratiquèrent aussi cette agréable coutume. On
croit qu'avant l'époque de leurs conquêtes du côté de l'Asie ils y
mettaient la plus grande simplicité, et le modeste *propino* était
sans doute leur seule formule, c'est-à-dire qu'ils se contentaient
de prononcer ces mots sacramentels : Je souhaite que vous et
nous, que toi et moi, nous nous portions bien. Mais quand le
luxe asiatique eut envahi Rome et ses provinces, on mit beaucoup plus de cérémonie et d'éclat dans la manière de porter les
santés.

Quand le terme du repas approchait, quand les services pro-

prement dit étaient achevés, on faisait disparaître les mets pour
faire place aux coupes qui étaient destinées aux santés et aux
libations. Les santés regardaient les convives ; les libations étaient
pour les dieux. Mais l'usage des libations a été antérieur à celui
des santés, qui en a découlé. Les anciens étaient très religieux, et
l'on sait que, depuis la haute antiquité, ils ne commençaient ni
ne finissaient jamais le repas sans une invocation aux dieux. On
apportait ordinairement près de la table les images soit de Jupiter
conservateur, soit du bon génie, soit des dieux domestiques et
tutélaires (les lares); on leur adressait des vœux, on leur faisait
des libations, puis on buvait en les saluant. Qnant aux santés, les
Romains ne se servaient point de l'expression boire à la santé,
mais ils disaient boire les coupes ; et ils entendaient par là ce que
nous exprimons par porter les santés ou porter les toasts. Mais
dans les repas particuliers, dans le tête-à-tête, ils disait simplement, en présentant la coupe, *propino*. Ils se servaient aussi de
l'expression envoyer la coupe pour signifier boire à la santé de
quelqu'un; par exemple, voulait-on saluer un convive, on versait
du vin dans sa propre coupe, on la portait à ses lèvres, et, après
en avoir pris quelques gouttes, on la lui envoyait pour qu'il
l'achevât, et l'esclave la reportait à son maître.

Dans les grands festins, les coupes étaient, ainsi que les convives, couronnés de fleurs, et quelquefois on effeuillait des roses
dans la liqueur ; alors au lieu de dire boire les coupes, on disait
boire les couronnes. On ne buvait les coupes et les couronnes
qu'à la fin du repas ; c'était à ce moment qu'on se livrait à toutes
sortes de jeux et de plaisanteries bachiques et galantes : par
exemple, avant d'envoyer la coupe à sa maîtresse, on écrivait
parfois son nom sur la table avec du vin, comme nous l'apprend
Ovide :

Blanditiasque leves tenui prescribere vino ;
Ut dominam in mensa se legat illa tuam.

D'autres fois on s'imposait la loi de boire non pas autant de
coupes, mais autant de cyathes (petites tasses) qu'il y avait de

lettres dans le nom de telle ou telle personne. Ainsi, la santé de l'empereur, qui devint presque une rigueur dans les grands repas, était marquée par six cyathes.

Quand les santés étaient toutes portées et que les amusements étaient terminés, on renouvelait la solennité par laquelle on avait commencé le repas, c'est-à-dire qu'on faisait des libations et des prières. Ces libations consistaient à jeter quelques gouttes de vin sur la table ou par terre, en oblation pour les dieux auxquels on adressait une invocation. Plusieurs coupes étaient quelquefois dédiées à différentes divinités et la fête finissait par la coupe de Mercure, que l'on invoquait comme le patron de la nuit et le dispensateur des songes agréables.

Voilà pour les Romains. Chez les barbares, Celtes, Bretons, Germains, l'usage du *toast* existait aussi, mais on n'y mettait point tant de cérémonie. Lorsqu'on prenait place à table, la cruche de vin ou de cervoise y était servie et devenait commune à tous les convives. Celui qui se disposait à boire, tenant la cruche ou coupe en main, saluait son voisin et lui disait : Je bois à toi, c'est-à-dire je bois le premier afin que tu boives ensuite ; après avoir bu, il lui remettait sa cruche, qui circulait ainsi de l'un à l'autre. Du reste, nous ne voyons chez aucun de ces peuples la trace de libations ni d'invocations religieuses.

Si du paganisme nous passons au christianisme, nous voyons les chrétiens conserver l'usage fraternel des *toasts* et, dans leurs agapes ou repas communs, nous les voyons exprimer des vœux, en buvant, soit pour la santé du corps, soit pour la vie future. Mais cet usage ne tarda pas à être censuré comme entaché de sensualisme. Saint Ambroise, au quatrième siècle, s'élève contre lui dans son *Traité sur Élie et sur le jeûne*. Un abus d'ailleurs s'y glissa : on prit l'habitude de boire non seulement à la santé des vivants, mais encore à la mémoire des morts, surtout de ceux considérés comme saints ; cet acte fut regardé comme une idolâtrie et une profanation. Un concile de Nantes l'anathématisa ; Hincmar, archevêque de Reims, écrivit pour en démontrer l'abus ; Charlemagne lui-même le défendit ; enfin tant de proscriptions produisirent leur effet et il disparut ; on s'en tint donc à boire à la santé des vivants.

Dès les premiers siècles de l'ère vulgaire, quand un grand personnage voulait honorer quelqu'un et lui témoigner de la considération, il lui faisait passer sa coupe avec le reste de la liqueur qu'elle contenait. C'était une faveur signalée. La coutume de présenter la coupe comme marque d'honneur se maintint tout le moyen âge, comme l'attestent les romans de chevalerie.

Ce fut au treizième ou au quatorzième siècle que s'introduisit dans notre langue le mot *pléger* ou *plesger*. Plesger, c'était exiger que celui à la santé de qui l'on buvait répondît à cette provocation en buvant à son tour à celle du provocateur. Ce mot était encore en usage vers la fin du seizième siècle ; mais, au siècle suivant, il tomba insensiblement en désuétude. Un mot venu d'Allemagne, qui eut plus de vitalité, fut *trinquer*, de *trinken*, boire, qui signifie boire à la santé en choquant les verres. Mais le mot ne fut pas adopté par les hautes classes ; du reste, pendant le siècle de Louis XIV, les mœurs françaises perdirent leur antique caractère de familiarité et de simplicité cordiale ; on devint grave, sévère ; une froide étiquette présida aux cérémonies, et l'usage de fraterniser en buvant, devenu de mauvais goût, fut proscrit par tous les manuels de bonne compagnie.

Le premier résultat de cette suppression, a été de faire régner dans les repas une gêne, une tristesse, qui ne tournaient point au profit de la conversation, ni même de l'appétit. Beaucoup de gens timides ne retrouvaient leur langue qu'au moment des santés ; c'était celui qu'ils attendaient pour s'épanouir et pour se livrer à leur gaieté naturelle : n'ayant plus cette ressource, ils continuaient à garder le silence. Cependant les santés avaient trouvé un asile dans la semaine de l'Épiphanie. On saisissait cette époque pour les renouveler ; mais l'on n'eût bientôt plus cette ressource, les événements de 1793 ayant fait disparaître la royauté, même à table.

Après Brumaire, l'usage des santés, que la classe bourgeoise avait d'ailleurs continué à pratiquer, reparut peu à peu, dépouillé cependant de ce qu'il avait de trop bruyant et d'incommode ; sous le premier Empire, on portait les santés au moment du dessert ; elles se bornaient à deux ou trois et ne devenaient jamais prétexte à boire immodérément. Louis-Philippe, à l'imitation des mœurs anglaises, fit pénétrer chez nous le *toast* (le nom et la chose nous sont venus en même temps), non le toast cordial et familier de nos bons aïeux, mais le *toast* politique et oratoire qui transforme la table en tribune et la salle du festin en Chambre des députés.

Le *toast* en Angleterre n'était pas autrement accaparé par la politique. Il y avait aussi le *toast* galant, que nous devons également mentionner ici, d'autant que Voltaire en parle avec éloge : « Les Anglais, dit-il, qui se sont piqués de renouveler plusieurs coutumes de l'antiquité, boivent à l'honneur des dames. C'est ce qu'ils appellent *toster* ; et c'est parmi eux un grand sujet de dispute si une femme est *tostable* ou non ; si elle est digne qu'on la *toste*. » On avait établi pour ces *toasts* galants des règles parfois assez singulières, mais à l'exécution desquelles on mettait une ponctualité digne de la Table ronde. Par exemple, pour faire plus d'honneur à une dame, le gentleman qui buvait à sa santé jetait au feu quelque partie de sa parure, un bijou, un colifichet, enfin un objet quelconque à lui appartenant ; aussitôt tous les autres convives étaient obligés de suivre son exemple, c'est-à-dire de jeter au feu un objet à eux appartenant et qui fût de même nature ; rien au monde ne pouvait les en dispenser, c'était affaire d'honneur.

Nous nous résumons donc en disant : que la principale qualité d'un toast est d'être court ; d'être dégagé de toutes phrases prétentieuses et de se borner à l'expression d'un vœu ou d'un souhait.

En France, il est d'usage que celui, seul, qui a la présidence du banquet porte le premier toast.

Il le fait, en quelques mots, en rappelant l'objet qui a réuni autour de lui un si grand nombre de personnes. Il formule ses vœux, adresse ses remerciements aux invités et, levant son verre il déclare boire à .....

Si c'est en l'honneur d'un personnage important que le banquet a été organisé, il lève son verre en s'adressant à ce dernier, qui répond à son tour par un autre toast, ou prononce un discours si c'est un homme politique.

Les toasts doivent toujours être portés debout.

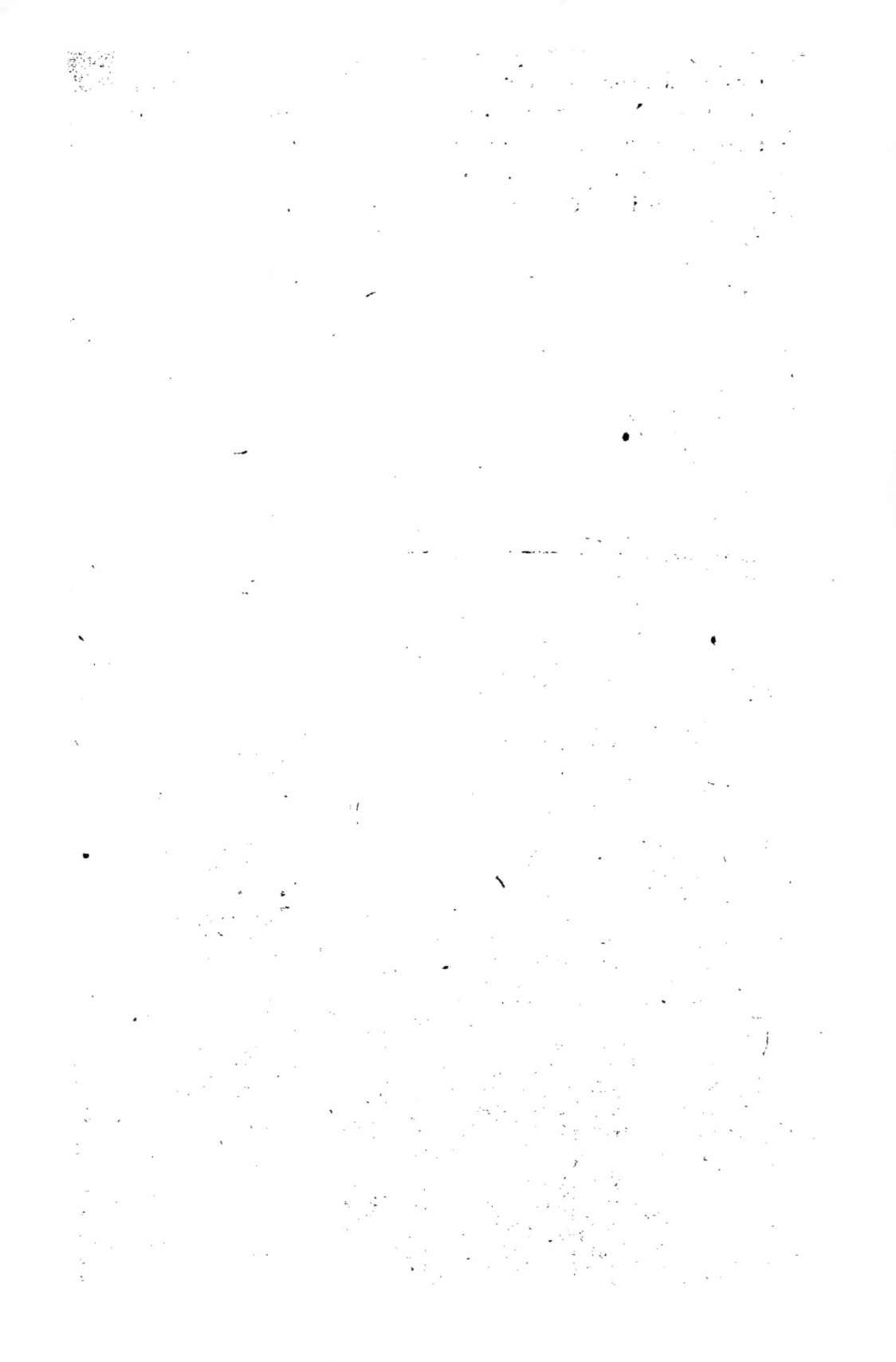

TABLE DES MATIÈRES

Dictionnaire Encyclopédique
D'ADMINISTRATION GÉNÉRALE

CONTENANT

1º Toutes les lois, décrets, circulaires et instructions ministérielles se rapportant à l'administration générale ;

2º Un exposé complet de la législation. commentée et expliquée par la doctrine et la jurisprudence ;

3º Un traité sur la police administrative, judiciaire, municipale et rurale, comportant, sous la forme la plus détaillée, les droits et les devoirs des Fonctionnaires chargés de la constatation et de la répression des infractions aux lois;

4º Des notions précises sur la comptabilité communale, et des conseils pratiques sur les affaires contentieuses des communes et des établissements publics ;

5º Des modèles et formules de tous les actes que les Magistrats et Fonctionnaires sont appelés à dresser, ainsi que des modèles de tous les actes civils et commerciaux, sous seing privé, que chacun peut être appelé à passer, avec indication du montant des droits d'enregistrement et de timbre à payer ;

6º Des renseignements généraux sur les juridictions supérieures, les conseils de guerre, les tribunaux correctionnels et civils, les tribunaux de commerce, les juridictions consulaires, les justices de paix et les conseils de prud'hommes.

Par **D. de MAILHOL,** ancien magistrat

La législation a subi, durant ces dernières années, de tels changements, que la plupart des ouvrages de droit, de jurisprudence et d'administration sont aujourd'hui complètement hors d'usage.

La loi du 5 avril 1884, surtout, bouleversant de fond en comble l'ancienne législation, a créé pour les magistrats municipaux de nouveaux devoirs et de nouvelles attributions.

On a donc pensé qu'il convenait de réunir dans un même travail tout ce qui a trait à l'administration en général, de façon à placer sous la main de toute personne intéressée, tous les documents qui peuvent lui être utiles. On a fait, en un mot, une vaste encyclopédie qui, comprenant la matière de plus de *50 volumes*, renferme plus de *5,000 formules* de délibérations, arrêtés, certificats, procès-verbaux, etc., et plus de *100,000 arrêts* de la Cour de Cassation et du Conseil d'État.

Cet ouvrage, éminemment pratique, a donc sa place toute indiquée, aussi bien dans la bibliothèque de nos diverses administrations, que dans celle de tous magistrats, juriconsultes et fonctionnaires.

Le succès de cette publication a été tel que plus de 6.000 exemplaires ont été vendus depuis 1885.

3 vol. in-8º colombier et supplément, imprimés sur 2 colonnes, caractères compacts. Prix, brochés : **80 fr.** Reliés demi-chagrin, plats toile : **95 fr., franco en gare.**

Le même, édition en **2** volumes, franco : **60 fr.**

Les personnes possédant déjà le tome Ier peuvent acquérir le second au prix de **30 fr.**, franco en gare.

Les lettres et envois de fonds doivent être adressés au *Directeur de la Librairie Spéciale*, 33, rue Jacob, à Paris. Il n'est donné aucune suite aux demandes non accompagnées de leur montant en un mandat-poste.

CODE-FORMULAIRE

DES

TRIBUNAUX DE SIMPLE POLICE

CONTENANT UN

TRAITÉ DE PROCÉDURE

ET UN

RÉPERTOIRE DES CONTRAVENTIONS DE POLICE

PAR

C.-P. DAYRE

Un volume grand raisin. Prix, *franco*............... **10** francs

————————

Cet ouvrage est bien supérieur à tous ceux qui ont été faits jusqu'ici.

Rédigé d'après un ordre méthodique, il convient à toutes les personnes qui ont affaire avec les tribunaux de police : juges, officiers du ministère public, greffiers, huissiers, avocats y trouveront des solutions à toutes les difficultés qui pourront se présenter à eux, soit avant, soit au cours de l'audience.

Tous les arrêts rendus par la Chambre criminelle de la Cour de Cassation se trouvent placés après chaque article et permettent de connaître quelle est la jurisprudence établie.

De même, on a indiqué toutes les circulaires, instructions et décisions du garde des sceaux relatives à la simple police.

Les tarifs, concernant les actes judiciaires, ont été très fidèlement annotés par les instructions de l'administration, de sorte que toute personne peut se rendre un compte exact de la régularité des frais qui ont été faits.

Plus de 500 formules de jugements, ordonnances, réquisitoires, exploits, taxes, etc., se trouvent en outre dans ce volume et en font, principalement pour les juges, officiers du ministère public, greffiers et huissiers, un guide précieux.

Cette édition date de 1892

DICTIONNAIRE SPÉCIAL

DE

LANGAGE SECRET

A CLEFS MULTIPLES

DONT UNE NE COMPORTANT JAMAIS PLUS DE **TROIS LETTRES**

*A l'usage des Ambassadeurs et Ministres plénipotentiaires, Consuls et Agents con-
sulaires, Magistrats et Fonctionnaires divers, Agents de change et Banquiers,
Armateurs, Commissionnaires en marchandises, Exportateurs, Industriels et
Commerçants, et de toute personne voulant assurer le secret de sa correspondance par la voie de la poste, du télégraphe ou des journaux.*

PAR **D. de MAILHOL**

1 fort vol. in-18 jésus, papier teinté, de 500 pages, rel. Prix, *franco*, **10 francs.**

Les gouvernements, dans leurs correspondances avec certains de
leurs agents, font usage d'un chiffre qui rend leurs communications
indéchiffrables pour ceux qui n'en possèdent pas la clef.

Ce que les gouvernements font dans un intérêt d'État, toute personne
peut être appelée à le faire dans son propre intérêt.

En effet, combien de fois n'a-t-on pas eu quelque confidence à faire à
un collègue, à un ami, à un parent ; confidence dont pouvait dépendre
parfois l'honneur et la fortune. Charger le langage clair d'une telle mission n'était-ce pas courir le risque d'une divulgation de nature à tout
compromettre ?

En faisant usage du *langage secret* rien de tout cela n'est à
craindre ; les dépêches n'étant compréhensibles que pour celui qui en
possède la clef, il s'ensuit qu'on peut écrire les choses les plus délicates
sans avoir à redouter quelles soient connues, en supposant même que
la lettre puisse tomber un jour entre les mains d'une personne étrangère.

D'un autre côté, on pourra réaliser dans la transmission **des ordres
de Bourse** et dans l'envoi de toute dépêche télégraphique, **UNE ÉCO-
NOMIE** de plus de **50 pour 100** sur le prix du tarif, tout en assurant
le secret le plus absolu et simplifiant la rédaction du texte.

Le système **à l'aide de lettres** appartient à M. DE MAILHOL, et a
déjà été adopté par la plupart de nos administrations financières.

Si nous ajoutons que **SEUL**, notre dictionnaire permet, par un système nouveau, de recevoir ou d'expédier les dépêches et les lettres en
n'importe quelle langue, on en aura indiqué toute la valeur. Que l'on
reçoive une dépêche cryptographique écrite en espagnol, en italien ou en
anglais, il suffira d'avoir en main un dictionnaire espagnol-français,
italien-français, anglais-français, pour obtenir immédiatement, **sans
connaître la langue**, la traduction exacte de la dépêche ou de la lettre.
On pourra de même, avec le même système, expédier sa dépêche en
l'écrivant en espagnol, en italien ou en anglais, et toujours sans avoir
besoin de connaître la langue.

DICTIONNAIRE DES COMMUNES

De la FRANCE, de la CORSE, de l'ALGÉRIE, de la TUNISIE et des COLONIES

Contenant des notions très étendues sur le service des postes, des télégraphes, de la caisse d'épargne postale, des téléphones, des colis postaux français, coloniaux et étrangers.

INDIQUANT EN OUTRE, PAR ORDRE ALPHABÉTIQUE :

1° *Les noms de toutes les communes, avec le département, l'arrondissement, le canton et le chiffre de la population.* — 2° *La désignation de tous les bureaux de poste, les bureaux télégraphiques, les gares de chemins de fer ouvertes au service des colis postaux, et la distance de ces divers lieux à la localité desservie.* — 3° *Les renseignements les plus complets sur le service des recouvrements, tant en France qu'à l'Étranger.*

PAR D. de MAILHOL

1 fort volume in-8° colombier de 800 pages, reliure anglaise, *franco :* **25 francs**

Ce dictionnaire est une œuvre toute nouvelle, et sans rivale.

Nouvelle, parce que jusqu'ici nul n'avait songé à réunir dans un même volume des indications dont l'utilité est incontestable pour le commerce, l'industrie et les administrations publiques et privées.

Sans rivale, parce que tous les ouvrages qui ont traité de ces diverses matières n'ont jamais approché de l'exactitude et de la perfection qui distingue notre publication.

Enfin, si l'on considère, d'une part, l'économie de temps que l'on retirera en la consultant, et d'autre part, *les frais que l'on évitera* en dirigeant les recouvrements ou les dépêches sur des points exacts, on reconnaîtra aussitôt l'avantage considérable qu'il y a de la posséder.

Nous n'avons d'ailleurs rien négligé pour faire de ce Dictionnaire un ouvrage exceptionnel.

Les documents officiels ont été consultés avec le plus grand soin ; la jurisprudence, fixant l'interprétation des lois et règlements, a été fidèlement reproduite ; enfin, par des détails très complets et très étendus, on a fait connaître l'organisation si compliquée des divers services dont se compose l'Administration des Postes et Télégraphes, organisation si peu connue jusqu'ici du public.

CODE-FORMULAIRE

DES

AGENTS DE LA FORCE PUBLIQUE

CONTENANT UN

TRAITÉ SUR L'ORGANISATION, LES DEVOIRS
LES ATTRIBUTIONS, LA RESPONSABILITÉ DE CES AGENTS

Et un Répertoire général des Crimes, Délits et Contraventions
Prévus par le Code pénal, les Lois spéciales et les Règlements de police

à l'usage des militaires de la gendarmerie
des gardes champêtres et forestiers, des gardes-chasse
des gardes-pêche, des gardiens de la paix
et sergents de ville, des inspecteurs et agents de police, etc.

PAR C.-P. DAYRE

1 volume grand in-18, de 355 pages. Prix *franco* : **5** francs
La douzaine : **36** francs

———

Voici comment la *Revue générale d'administration du ministère de l'intérieur* a apprécié cet ouvrage dans son numéro du 7 juin 1884 :

« M. Dayre, dit-elle, avait donné dans son *Grand Manuel formulaire de police administrative et judiciaire* (1) un guide précieux aux maires, juges de paix, commissaires de police...; il vient de rendre le même service à leurs utiles auxiliaires, les gardes champêtres, agents de police, etc.

« Son nouvel ouvrage indique dans l'ordre le plus simple, c'est-à-dire l'ordre alphabétique, les nombreuses circonstances dans lesquelles les agents ont à intervenir et donne, en même temps, un modèle de procès-verbal convenable à chaque cas : ce qui sera fort apprécié des modestes serviteurs de la légalité, pour qui la rédaction des procès-verbaux est souvent si laborieuse. »

Nous n'avons rien à ajouter à ces lignes élogieuses qui, mieux que nous ne saurions le faire, font connaître la valeur et le mérite de l'ouvrage.

(1) Cet ouvrage est épuisé.

DICTIONNAIRE SPÉCIAL

DE

MÉDECINE

CONTENANT

1º *La nomenclature exacte, par ordre alphabétique, de toutes les maladies locales
et générales, aiguës et chroniques,
avec l'indication des signes auxquels on peut les reconnaître, et le traitement
hygiénique et médical qu'elles comportent;*
2º *Un exposé complet des médicaments qui peuvent être employés suivant les cas;*
3º *Une étude sur les poisons végétaux et minéraux, et les antidotes
à administrer avant l'arrivée du médecin;*
4º *Des conseils très développés sur les secours à donner aux asphyxiés,
blessés et noyés;*
5º *La description générale, appuyée de gravures hors texte,
de toutes les plantes médicinales;*
6º *Un tableau des falsifications et altérations des denrées alimentaires, avec
le moyen de les reconnaître.*

PAR LE DOCTEUR **J. BARTHEZ**

Illustré de gravures sur bois et de 24 planches hors texte
Un volume grand in-8e, imprimé sur deux colonnes

Prix, broché (*franco*), **15** fr.—Pour les Colonies et l'Étranger (*franco*), **16** fr. **50**

Le même, édition spéciale avec 24 Aquarelles, rel. d.-chag. rouge, prix (*franco*), **30** fr.
Pour les Colonies et l'Étranger (*franco*), **33** fr.

Nous sommes arrivés à une époque où le besoin de s'instruire prime toutes les nécessités sociales.
Il ne faut donc pas s'étonner si chacun cherche aujourd'hui, dans quelque position qu'il se trouve,
à s'inspirer à des sources scientifiques connues jadis seulement d'un certain nombre de privilégiés.

La médecine, notamment, avait jusqu'ici échappé au courant de vulgarisation qui s'est développé sur les autres sciences, de sorte que les ouvrages écrits sur la matière, uniquement destinés aux praticiens, étaient incompréhensibles pour toute personne étrangère à l'art médical.

Il nous a donc paru que nous faisions une chose utile en publiant un Dictionnaire spécial de Médecine, qui, débarrassé des longues et fatigantes descriptions, des termes scientifiques par trop abstraits, pouvait être compris de tous ceux qui avaient quelque intérêt à le consulter.

Cet ouvrage est surtout destiné aux GENS DU MONDE, aux ECCLÉSIASTIQUES, aux COMMUNAUTÉS RELIGIEUSES, aux CHEFS D'INDUSTRIE et d'INSTITUTION, aux FAMILLES, à tous ceux qui se dévouent au soulagement des malades, et à ceux qui, EXPLORATEURS, MISSIONNAIRES et COLONS, sont privés, par suite de l'absence de médecins, des secours nécessaires.

L'auteur ne s'est pas dissimulé toutes les difficultés qu'il rencontrerait pour donner à son œuvre, avec le caractère scientifique qui lui est indispensable, les éléments suffisants pour le mettre à la portée de ceux à qui il s'adressait. Il avait à se prémunir surtout contre le danger qu'il pouvait y avoir de faire usage de termes et de gravures pouvant offusquer la pudeur des lecteurs. Il a su éviter cet écueil, et ce n'est pas là le moindre mérite de ce Dictionnaire.

N'est-ce pas, en effet, faire une œuvre de haute vulgarisation que de produire un travail qui peut être mis dans toutes les mains et laissé sur toutes les tables ?

Que n'a-t-on pas dit contre les nombreux ouvrages de médecine usuelle publiés jusqu'ici, ouvrages que l'on est obligé de mettre sous clef, les uns parce qu'ils contiennent des passages et des dessins blessant la pudeur, les autres parce qu'ils renferment des appréciations outrageantes sur la religion !

Ce Dictionnaire comble donc une lacune. Il donne à tous, sans distinction d'âge et de sexe, le moyen de s'instruire dans les sciences médicales, de manière à pouvoir, dans un grand nombre de circonstances, se passer du secours du médecin.

Pour chaque maladie, l'auteur a indiqué la *définition*, les *symptômes*, les *causes*, la *marche*, la *durée*, la *terminaison*, les médicaments à employer et le *régime* à suivre.

Il a aussi porté tous ses soins sur la description des *plantes médicinales*, sur leurs propriétés thérapeutiques, leur culture, leur récolte, leur préparation et leur usage.

Afin de faciliter l'interprétation du texte, on a reproduit, sur une planche séparée, la gravure de chaque plante.

Enfin, il s'est particulièrement étendu sur les *stations thermales*, où tant de malades s'en vont, chaque année, chercher la guérison de leurs souffrances ou de leurs infirmités.

Il a indiqué non seulement la valeur curative des eaux, l'usage qu'on doit en faire, mais encore l'époque et la durée des saisons et les prix de la vie matérielle.

Tel qu'il est, cet ouvrage, nous en sommes persuadé, rendra les plus grands services aux malades et aux personnes en parfait état de santé. Aux uns, il fera connaître le traitement à suivre; aux autres, les règles hygiéniques à observer.

La santé est le bien le plus précieux que l'homme puisse conserver. Lorsqu'on l'a perdue, il ne faut rien négliger pour la recouvrer, car, en laissant le mal se développer, on le rend par cela même inguérissable.

Quelques tisanes, des médicaments ordinaires peu coûteux, pris à temps, suffisent presque toujours pour enrayer la maladie et obtenir une prompte guérison.

Les excès passagers eux-mêmes n'amèneront aucun résultat fâcheux si l'on sait réparer immédiatement le désordre qu'ils ont introduit dans l'organisme.

HYGIÈNE et MÉDECINE, voilà, en un mot, les sciences que chacun doit connaître. Elles seules permettent d'apprendre à conserver la santé et à soulager les affections qui nous peuvent atteindre.

MANUEL DES CANDIDATS

AUX FONCTIONS DE

COMMISSAIRES ET INSPECTEURS SPÉCIAUX

DE POLICE

PAR C.-P. DAYRE

OUVRAGE RÉDIGÉ CONFORMÉMENT AU PROGRAMME OFFICIEL

Sixième édition, revue et corrigée

1 volume grand in-8°. Prix *franco*............................... 6 francs

---

Nous n'avons pas à faire l'éloge d'un ouvrage qui a valu à son auteur, non seulement les plus hautes félicitations, mais encore le plus grand succès qu'il soit possible d'espérer.

Les nombreuses éditions qui ont été faites jusqu'ici prouvent, en outre, mieux que nous ne saurions le faire comprendre, le mérite et la valeur de cette publication.

Le but de l'auteur a été de donner aux candidats un ouvrage renfermant des notions plus que suffisantes, non seulement pour répondre d'une manière satisfaisante à toutes les parties du programme, mais encore pour leur permettre de tenir un emploi quelconque dans l'administration dès le jour de leur nomination.

C'est, d'ailleurs, le seul ouvrage de ce genre qui existe : on ne saurait donc trop le recommander à ceux qui, désireux de concourir, chercheraient vainement ailleurs les indications et les renseignements qui y sont contenus.

Nous ajouterons que le volume contient le texte complet du programme officiel de 1879.

CODE PORTATIF

DE

L'ORGANISATION MUNICIPALE

SUIVI

D'une Table alphabétique et analytique des Matières

PAR D. de MAILHOL

1 joli volume in-32. Prix..................... 0 fr. 50, *franco* : 0 fr. 60.
Par cent à la fois............................ 30 francs, *franco* en gare.

Ce volume, par son format portatif, convient à toute personne, fonctionnaire ou contribuable, susceptible d'avoir à traiter d'affaires municipales.

On y trouvera tous les renseignements se rapportant à la nouvelle organisation communale, comprenant : l'administration financière des communes, les élections des maires, adjoints et conseillers municipaux, les attributions des conseils municipaux, les pouvoirs de police des maires, etc., etc.

CODE
DE LA
COMPÉTENCE ÉTENDUE
DES JUGES DE PAIX
EN MATIÈRE CORRECTIONNELLE
PAR Edmond GUYON
Juge de paix de Tébessa (Algérie)
Ancien juge de paix de Laghouat, Sainte-Barbe du Tlélat, Perrégaux et Batna (Algérie)

1 volume grand in-8°. Prix *franco* : **3** fr. **50**

Cet ouvrage, le premier qui ait été écrit sur la matière, s'adresse non seulement aux juges de paix d'Algérie, de Tunisie et des colonies, et à leurs suppléants, mais encore aux officiers chargés du ministère public, aux greffiers, aux huissiers, aux interprètes judiciaires, aux avocats, défenseurs, etc.

Au magistrat du siège, il donne la solution de toutes les difficultés de procédure correctionnelle. Il éclaircit certains points restés douteux. Il le guide à travers les écueils dont sont semés des Codes qui n'avaient pas prévu sa juridiction extraordinaire et spéciale. Aussi, en reproduisant les articles de ces Codes qu'il annote, les a-t-il soigneusement triés et amputés de tout ce qui se rattache exclusivement aux juridictions criminelles régies par eux.

Au magistrat du parquet, il indique nettement la marche à suivre, depuis l'heure où le délit a été commis jusqu'au jour où il est expié.

Au greffier, à l'huissier, à l'interprète judiciaire, il trace leurs devoirs, et énumère soigneusement tous les actes que la loi exige d'eux.

Enfin, à tout ce qui gravite autour de ce prétoire correctionnel *sui generis* ; à tout ce qui s'intéresse à sa jurisprudence ; à l'avocat, au défenseur officieux, au publiciste, au colon algérien qui suit d'un œil jaloux le développement de ses libertés, aux plaideurs, au prévenu lui-même, que la loi protège autant qu'elle l'atteint, il offrira d'utiles renseignements.

CODE
DES
DÉBITANTS DE BOISSONS
A L'USAGE DES
Limonadiers, Cafetiers, Cabaretiers, Maîtres d'Hôtels Aubergistes, Gérants de Cercles, Logeurs, Restaurateurs Marchands de Vins, etc.
PAR D. de MAILHOL

1 volume in-18 jésus. Prix *franco*.................. **3** francs
Par cinquante exemplaires à la fois.............. **50** —

Cet ouvrage contient tout ce qui concerne la législation, la jurisprudence et les règles de police relatives à ces diverses professions. Il renferme, en outre, un résumé sur les rapports des débitants avec l'administration des contributions indirectes et un traité sur les falsifications et tromperies.

Un tableau, indiquant les moyens de découvrir les falsifications, est placé dans ce volume, et sera un auxiliaire précieux pour ceux qui pourraient avoir quelque intérêt à le consulter.

On trouvera également de nombreuses formules pour demandes d'autorisation, réclamations en réduction de patentes, etc.

DICTIONNAIRE HISTORIQUE ET HÉRALDIQUE

DE LA

NOBLESSE FRANÇAISE

RÉDIGÉ DANS L'ORDRE PATRONYMIQUE

D'après les archives des anciens parlements, les manuscrits
de D'HOZIER et les travaux des auteurs

CONTENANT

*La Notice des familles nobles existant actuellement en France
avec la description et le dessin de leurs armes*

PAR **D. de MAILHOL**

Les documents concernant la noblesse sont, dans leur ensemble, peu connus du public qui souvent, soit à l'occasion d'alliances à contracter, soit pour tout autre motif, aurait intérêt à connaître l'origine de certaines personnes qui se réclament du passé qui valut à leurs ancêtres les marques de la faveur souveraine.

D'un autre côté, les familles nobles en traversant les âges, ont multiplié leurs branches à un tel point qu'il est parfois difficile de les distinguer entre elles.

Il nous a donc paru que nous faisions une œuvre vraiment opportune en publiant un ouvrage qui fixera l'**État complet** de la Noblesse Française au dix-neuvième siècle, et perpétuera, dans les siècles à venir, les noms des familles qui s'éteindront, comme se sont éteints ces ordres de chevalerie qui ont laissé après eux des légendes de gloire et d'honneur.

On aurait tort de croire que, parce que nous vivons actuellement sous un régime démocratique, les titres de noblesse n'ont plus aucune valeur. C'est une erreur. Le présent ne saurait effacer le passé dans ce qu'il a de plus glorieux et de plus brillant. Si le souffle de 89 a bouleversé notre état social en créant pour tous les citoyens français une égalité relative, il n'a rien enlevé aux souvenirs qui commandent l'admiration et le respect.

La Noblesse Française a donc intérêt à ne pas laisser perdre le prestige dont elle a toujours été entourée. Ceux qui ont reçu de leurs aïeux un nom qui rappelle des actions d'éclat ou des services rendus à la Monarchie et à la Patrie ont le devoir de transmettre à leurs descendants des documents publics connus de tous, que ces derniers puissent invoquer au besoin.

Les ouvrages précédemment publiés, fort nombreux, d'un prix très élevé, et souvent incomplets, ne mentionnent généralement que les familles de noblesse très ancienne ou celles ayant exercé quelques grandes charges dans l'État; mais ils ne s'occupent pas de celles à qui leur modeste blason n'a donné qu'une notoriété restreinte.

Il s'ensuit que les recherches que l'on peut être appelé à faire dans ces ouvrages n'amènent, la plupart du temps, que des résultats incomplets ou douteux.

C'est pour obvier à ces inconvénients que nous publions notre Dictionnaire qui sera et restera le **VRAI LIVRE D'OR** de la Noblesse Française. Grâce à lui on aura sous la main tous les renseignements que l'on pourra désirer sur les personnes pourvues d'un titre de noblesse, et on s'évitera ainsi des recherches toujours très longues et parfois fort laborieuses.

CONDITIONS DE LA SOUSCRIPTION :

L'ouvrage formera **3** magnifiques volumes in-8° jésus, de **1.800** pages chacun, imprimés sur papier vélin. Le tome I⁰ʳ contiendra en outre : un vocabulaire du blason avec planche hors texte en couleurs, et de nombreuses figures dans le texte.

Le prix de l'ouvrage est de **120 fr.**, rendu franco en gare.

Les personnes qui libéreront immédiatement leur souscription bénéficieront d'un rabais de **20 pour 100** et ne paieront que **96 fr.** au lieu de **120 fr.** Ce qui a paru de l'ouvrage leur sera envoyé immédiatement.

CODE-FORMULAIRE

DE

POLICE JUDICIAIRE

CONTENANT

Toutes les Lois, Décrets, Arrêts des Cours et Tribunaux
Instructions ministérielles

SE RAPPORTANT

A LA PROCÉDURE CRIMINELLE

AVEC

DES MODÈLES ET FORMULES DE TOUS LES ACTES QUE LES OFFICIERS
DE POLICE SONT APPELÉS A REMPLIR

PAR **C.-P. DAYRE**

2 volumes in-8° jésus. Prix, *franco*..................... **12 francs**

La réputation de cet ouvrage n'est plus à faire. Depuis longtemps la deuxième édition est épuisée.

Devant les nombreuses demandes qui se produisaient chaque jour, l'auteur s'est décidé à faire une nouvelle édition qui aura l'avantage d'être au courant de la législation et de la jurisprudence actuelles.

Cet ouvrage sera donc pour les officiers de police judiciaire un guide sûr et pratique dans les opérations délicates auxquelles ils seront appelés à prendre part; il leur permettra en outre d'imprimer à leurs actes ce cachet d'autorité que la science juridique, bien plus que l'expérience, est seule à même de donner.

CODE-FORMULAIRE

DE

POLICE ADMINISTRATIVE

CONTENANT UN

TRAITÉ DE PROCÉDURE ADMINISTRATIVE

ET UN

Répertoire de police générale, municipale et rurale

PAR

C.-P. DAYRE

La première édition de cet ouvrage, parue il y a plus de dix ans, est depuis longtemps épuisée.

En présence des demandes qui nous sont faites journellement, nous nous sommes décidé à préparer une nouvelle édition qui sera considérablement augmentée et mise au courant de la législation.

Les lois de police ont actuellement une importance considérable; l'opportunité de la réimpression de cet ouvrage ne saurait donc être discutée.

Les personnes désireuses de souscrire sont priées d'en informer sans retard l'éditeur, le tirage devant être limité au nombre des souscripteurs.

Un volume in-8° de 1000 pages, *franco*.................... **12 fr.**
Payable à la réception.

RÉPERTOIRE GÉNÉRAL

DES

LOIS USUELLES

DÉCRETS, ORDONNANCES ET AVIS DU CONSEIL D'ÉTAT

Interprétés et commentés par la doctrine des Auteurs et par la jurisprudence de la Cour
de Cassation

Par **D. de MAILHOL**

Avec la collaboration d'une Société de jurisconsultes et de fonctionnaires

Ce Répertoire constitue la compilation la plus importante qui ait
été faite jusqu'ici ; il renferme plus de 100.000 arrêts et décisions, et
contient la matière de plus de 20 volumes. Les auteurs ont entrepris là un travail considérable de recherches qui leur a demandé
plusieurs années d'un labeur opiniâtre et parfois très difficultueux.

Aux Préfets, aux Maires, aux Administrateurs, aux Fonctionnaires, il offrira tous les renseignements utiles à l'exercice de leurs
fonctions. Il leur permettra, par un coup d'œil rapide, de se remé-
morer l'ensemble de la législation française sur tout ce qui touche à
leurs multiples attributions.

Aux *Magistrats du Siège*, aux *Avocats* présents à la barre,
aux *Professeurs* dans leurs chaires, aux *Officiers ministériels*, il
donnera, sous la même rubrique et dans l'ordre alphabétique et
chronologique, toutes les dispositions législatives augmentées des
documents qui les modifient, les complètent ou les expliquent.

Cet ouvrage répond, par conséquent, à un besoin réel. Il comble
une lacune, car il met sous la main, rassemblées en un même
volume, tout ce qui constitue la législation française, depuis les
plus anciens édits, ordonnances et lettres-patentes de nos rois, jusqu'aux derniers travaux de nos Chambres, ce que l'on chercherait
vainement dans les ouvrages de même nature qui ont été publiés
jusqu'à ce jour.

CONDITIONS DE LA SOUSCRIPTION :

Le *Répertoire général des Lois usuelles* formera un beau volume in-8° d'environ
1.600 pages. Son prix est de **30 fr.**, réduit pour les souscripteurs à **25 fr.**, payables
à la réception du volume.

DICTIONNAIRE ENCYCLOPÉDIQUE

DES

SCIENCES ET DES ARTS

APPLIQUÉS AU

COMMERCE ET A L'INDUSTRIE

CONTENANT

1° *La définition exacte de chaque article,*
avec un résumé historique sur l'époque de son invention
ou de sa découverte,
sur ses transformations successives, ses divers perfectionnements, etc. ;
2° *Des renseignements généraux sur les objets fabriqués*
ou manufacturés ;
3° *Des notions particulières sur l'importance,*
la production annuelle des principales maisons :
4° *La description et le dessin de leurs marques, avec l'indication des récompenses*
honorifiques qu'elles ont obtenues ;
5° *Les vues d'ensemble et de détail des usines,*
fabriques, manufactures, et des appareils de fabrication

PAR **D. de MAILHOL**

Cet ouvrage, qui s'adresse à tous ceux qu'intéresse le développement du commerce et de l'industrie, est une œuvre toute nouvelle destinée à fournir les renseignements les plus précis et les plus complets sur l'état du commerce et de l'industrie en France.

Les nombreuses découvertes, que la science a faites jusqu'à ce jour, ont donné une importance considérable à la production ; de même que les procédés nouveaux, employés dans la fabrication, procédés qui ont fait parfois l'étonnement et l'admiration du monde entier, ont agrandi le domaine déjà bien vaste de notre réputation nationale.

On ne saurait donc rester indifférent à un état de choses qui constitue pour notre pays une source de richesse et de prospérité.

La science n'a pas dit son dernier mot ; en parcourant cet ouvrage on se rendra compte facilement des progrès considérables qu'elle a faits et on jugera par là de ceux qu'elle peut faire encore.

CONDITIONS DE LA SOUSCRIPTION :

L'ouvrage formera deux magnifiques volumes in-8° jésus de 1,200 pages, imprimées sur deux colonnes en caractères compacts.

Le prix de l'ouvrage complet est de **60 fr.**, réduit à **40 fr.** pour les personnes qui libéreront immédiatement leur souscription. Dans ce dernier cas, l'ouvrage leur sera adressé, par la poste, au fur et à mesure de l'impression.

IMPRIMERIE CH. LÉPICE, RUE DES CÔTES, MAISONS-LAFFITTE

www.ingramcontent.com/pod-product-compliance
Lightning Source LLC
Chambersburg PA
CBHW060117200326
41518CB00008B/847